KB252855

개정증보판

공공기관 총인건비인상률

이진관 저

SAMIL | 삼일인포마인

2024년 7월에 공공기관 총인건비 인상률 초판을 발행한 이후, 공공기관 총인건비 담당자로부터 많은 연락을 받았습니다. 이 책이 공공기관 총인건비 담당자의 업무에 많은 도움이 된 것 같아, 큰 보람을 느꼈습니다.

2025년 중 이 책이 빠르게 절판된 후, 구매를 원하시는 분들의 연락을 많이 받았습니다. 2026년 초에 새로운 규정을 반영하여 새로 발행하겠다고 약속드렸는데, 그 약속을 지키게 되어 다행이라고 생각합니다.

개정증보판은 2025년도 총인건비 제도의 변경 사항 그리고 2026년도 예산운용지침까지 반영하였습니다. "2024. 12. 19. 대법원 판례변경에 의한 법정수당 증가분, 당기 미집행 인건비의 차기 이월 등" 총인건비 변경 사항과 "무기계약직 총인건비 관리, 퇴직자 총인건비 관리 등" 특수한 주제를 별도로 정리하였습니다. 또한 근로기준법, 소득세법의 주요 근거 규정에 대한 내용도 추가하였습니다.

이 책 또한 총인건비 담당자분들에게 큰 도움이 되기를 희망합니다. 감사합니다.

2026년 1월

이진관

　총인건비 인상률 제도는 공공기관에서 근무하는 직원의 인건비에 직접적인 영향을 미치는 중요한 정부 정책입니다. 공공기관은 매년 정부가 발표하는 공공기관 총인건비 인상률 가이드라인(guideline)을 기준으로 모든 직원의 인건비를 결정하기 때문입니다.

　공공기관은 반드시 총인건비 인상률 가이드라인을 준수해야 하며, 만약 이를 위반하는 경우 그에 상응하는 페널티(penalty)를 받게 됩니다. 따라서 모든 공공기관은 총인건비 인상률을 준수하기 위해 노력하고 있으며, 그 어떤 공공기관도 의도적으로 이를 위반하면서까지 과다한 인건비를 지급하지 않습니다. 하지만 총인건비 인상률을 위반하는 공공기관은 매년 나오고 있습니다. 공공기관이 총인건비 인상률을 위반하는 주요 원인은 총인건비 제도의 복잡성 때문입니다. 총인건비 인상률을 정확하게 산출하기 위해서는 본서에 담긴 대부분의 내용을 이해하고 계산해야 할 정도로 깊이 있는 전문성이 요구됩니다.

　하지만 총인건비 인상률의 중요성에 비해 총인건비 인상률 제도에 대해서는 학문적인 연구도 미비하고, 또한 총인건비 인상률을 산출하는 방법을 설명하는 기본서조차 없는 실정입니다. 따라서 각 공공기관의 총인건비 담당자는 법규 형식의 정부 지침을 스스로 해석해야 하고, 회계와 세무에서 각각 별도로 계산하고 있는 인건비를 총인건비 제도에 맞게 변환하여 총인건비 인상률을 산출해야 하는 업무적 부담을 가지게 됩니다. 특히 업무상 과실이 발생하는 경우, 해당 공공기관이 총인건비 인상률 위반에 따른 페널티(penalty)를 감수해야 하기 때문에, 실제 담당자의 부담은 매우 크다고 할 수 있을 것입니다.

　이에 필자는 공공기관 총인건비 담당자뿐만 아니라 모든 임직원과 경영진이 총인건비 제도에 대해 쉽게 이해할 수 있도록 다음의 내용을 본서에 담았습니다.

1) 총인건비 제도의 기본 개념
2) 총인건비 항목별 처리 방식과 도출 원리
3) 총인건비 인상률 템플릿과 검증양식의 입력 방법과 사례
4) 총인건비 제도에 반영된 정부 정책

5) 과거부터 현재까지 총인건비 제도의 주요 히스토리(history)

6) 공공기관의 총인건비 관리 방안

아무쪼록 본서가 공공기관의 임직원이 총인건비 제도를 이해하고, 또한 총인건비 담당자가 해당 업무를 원활히 수행하는데 도움이 되기를 바랍니다. 본서에 대한 질문은 언제든지 가능합니다.(byhedge@naver.com)

2024년 7월
이진관

제2장 인건비와 총인건비 / 47

차 례

제3장 증원소요인건비 / 169

제4장　임금피크제 / 253

제5장 총인건비 관리 전략 / 329

공공기관과 총인건비 인상률

1절 공공기관 개요

1 우리나라의 공공기관

(1) 「공공기관의 운영에 관한 법률」과 「지방공기업법」

우리나라의 공공기관은 크게 「공공기관의 운영에 관한 법률」에 따른 공공기관과 「지방공기업법」에 따른 공공기관으로 구분된다. 「공공기관의 운영에 관한 법률」에 의한 공공기관은 공기업, 준정부기관, 기타공공기관으로 구분되며 주로 중앙정부의 정부부처와 관련된 업무를 담당하고 있다. 「지방공기업법」에 따른 공공기관은 지방직영기업과 지방공사·공단으로 구분되며, 주로 지방정부와 관련된 업무를 수행한다.

근거 법률	세부 유형
「공공기관의 운영에 관한 법률」	공기업, 준정부기관, 기타공공기관
「지방공기업법」	지방직영기업, 지방공사·공단

(2) 「공공기관의 운영에 관한 법률」에 의한 공공기관

「공공기관의 운영에 관한 법률」은 직원의 정원 규모, 수입액, 자산규모가 일정 기준 이상인 경우에는 공기업, 준정부기관으로 지정하도록 규정하고 있으며, 그 이외의 공공기관은 기타공공기관으로 지정해야 한다. 즉, 자산, 매출액, 정원 등 규모가 큰 공공기관은 공기업 또는 준정부기관으로 지정하고, 규모가 작은 공공기관은 기타공공기관으로 지정하는 방식이다. 그러나 규모 기준을 만족함에도 불구하고 기관 운영의 독립성, 자율성 확보 필요성이 높은 기관에 한해서는 기타공공기관으로 지정하는 것도 가능하다.

「공공기관의 운영에 관한 법률」

제5조(공공기관의 구분) ① 재정경제부장관은 공공기관을 다음 각 호의 구분에 따라 지
　정한다.
　　1. 공기업, 준정부기관: 직원 정원, 수입액 및 자산규모가 대통령령으로 정하는 기준
　　　에 해당하는 공공기관
　　2. 기타공공기관: 제1호에 해당하는 기관 이외의 기관
　② 제1항 제1호에도 불구하고 재정경제부장관은 다른 법률에 따라 책임경영체제가 구
　축되어 있거나 기관 운영의 독립성, 자율성 확보 필요성이 높은 기관 등 대통령령으로
　정하는 기준에 해당하는 공공기관은 기타공공기관으로 지정할 수 있다.

「공공기관의 운영에 관한 법률」 시행령

제7조(공기업, 준정부기관의 지정기준) ① 재정경제부장관은 법 제5조 제1항 제1호에 따
　라 다음 각 호의 기준에 해당하는 공공기관을 공기업, 준정부기관으로 지정한다.
　　1. 직원 정원: 300명 이상
　　2. 수입액(총수입액을 말한다): 200억 원 이상
　　3. 자산규모: 30억 원 이상

　공기업과 준정부기관을 구분하는 기준도 「공공기관의 운영에 관한 법률」에서 정하고 있
다. 해당 기준은 총수입액 중 자체수입액이 차지하는 비중이 50% 이상인지 여부이며, 50%
이상인 공공기관은 공기업으로 지정하고, 그렇지 않은 경우에는 준정부기관으로 지정한다
(단, 국가재정법에 따라 기금을 관리하거나 기금의 관리를 위탁받은 공공기관은 자체수입
비중이 85% 이상인지 여부를 기준으로 결정한다).

「공공기관의 운영에 관한 법률」 시행령

제7조(공기업, 준정부기관의 지정기준) ② 재정경제부장관은 법 제5조 제3항에 따라 총
　수입액 중 자체수입액이 차지하는 비중이 100분의 50(「국가재정법」에 따라 기금을
　관리하거나 기금의 관리를 위탁받은 공공기관의 경우 100분의 85) 이상인 공공기관
　을 공기업으로 지정한다.

　상기 「공공기관의 운영에 관한 법률」에 따른 공공기관의 현황은 연도별로 다음과 같다.
2021년 350개에서 2024년 327개까지 3년간 공공기관의 개수는 23개 감소하였으며, 특히
2023년에는 공기업과 준정부기관에 포함되어 있던 일부 공공기관이 기타공공기관으로 지
정 변경[1]됨에 따라 유형별 공공기관의 비중이 크게 달라지기도 하였다.

2024년 이후 공공기관의 개수는 점차 늘어 2026년에는 342개로 전년도에 비해 11개 증가하였다.

연도	2021년	2022년	2023년	2024년	2025년	2026년
공기업	36개	36개	32개	32개	31개	30개
준정부기관	96개	94개	55개	55개	57개	58개
기타공공기관	218개	220개	260개	240개	243개	254개
합계	350개	350개	347개	327개	331개	342개

(3) 「지방공기업법」에 의한 공공기관

「지방공기업법」에 의한 공공기관은 지방자치단체가 직접 설치하여 경영하는 방식과 법인을 설립하여 경영하는 방식으로 구분된다. 지방자치단체가 직접 설치하여 사업수행을 하는 공공기관은 지방직영기업이라고 하며, 일반회계와 구분된 공기업특별회계를 별도로 설치하여 운영한다. 지방직영기업의 조직과 인력은 지방자치단체에 소속되어 있다. 지방직영기업은 주로 상수도, 하수도, 공영개발 등의 업무를 수행하고 있다.

지방자치단체가 직접 법인을 설립하여 경영하는 방식에 의한 공공기관은 지방공사ㆍ공단이라고 한다. 따라서 지방공사ㆍ공단은 지방자치단체와는 독립적으로 운영된다. 지방공사ㆍ공단에는 도시철도공사, 도시개발공사 등이 포함되어 있다.

> **「지방공기업법」**
>
> **제1조(목적)** 이 법은 지방자치단체가 직접 설치ㆍ경영하거나, 법인을 설립하여 경영하는 기업의 운영에 필요한 사항을 정하여 그 경영을 합리화함으로써 지방자치의 발전과 주민복리의 증진에 이바지함을 목적으로 한다.
>
> **제2조(적용 범위)** ① 이 법은 다음 각 호의 어느 하나에 해당하는 사업 중 제5조에 따라 지방자치단체가 직접 설치ㆍ경영하는 사업으로서 대통령령으로 정하는 기준 이상의 사업과 제3장 및 제4장에 따라 설립된 지방공사와 지방공단이 경영하는 사업에 대하여 각각 적용한다.

「지방공기업법」에 의한 공공기관의 유형별 개수 현황은 다음과 같다. 공공기관의 개수는 2020년 총 407개에서 2025년 총 420개로 13개 증가하였다. 2025년 9월 기준 지방직영기업

---

1) 2022년 「공공기관의 운영에 관한 법률」이 개정되어 공기업, 준정부기관 지정 요건이 변경되었으며 이에 따라 공기업 4개, 준정부기관 39개가 기타공공기관으로 지정 변경되었다.

은 254개, 지방공사·공단은 166개로 구성되어 있다.

연도	2020년	2021년	2022년	2023년	2024년	2025년
지방직영기업	254개	254개	252개	252개	253개	254개
지방공사·공단	153개	156개	159개	160개	165개	166개
합계	407개	410개	411개	412개	418개	420개

2 우리나라 공공기관 규모

(1) 매출액 규모

공공기관의 개수뿐만 아니라 공공기관의 매출액 규모도 계속해서 증가하고 있다. 공기업, 준정부기관, 기타공공기관의 매출액[2]을 살펴보면, 2024년 기준 매출액은 약 638조 원[3]으로 산출된다. 또한 2024년도 총 411개의 지방직영기업과 지방공사·공단의 영업수익[4]은 약 26조 원으로 산출된다. 중앙공공기관의 매출액과 지방공공기관의 영업수익을 합산한 결과는 약 664조 원으로 계산된다.

2024년도 기준 우리나라의 실질 GDP는 2,292조 원으로 우리나라 공공기관 745개(중앙 327개, 지방 418개)의 매출액(또는 영업수익) 664조 원과 단순히 비교하는 경우, 공공기관의 매출액은 실질 GDP의 약 28.9%에 해당하는 규모로 나타난다.

(2) 공공기관 자산 규모

공기업, 준정부기관, 기타공공기관이 보유하고 있는 자산의 규모는 2024년 기준 약 1,152조 원이고, 지방직영기업과 지방공사·공단이 보유하고 있는 자산의 규모는 2022년 기말 기준 247조 원이다. 우리나라 공공기관은 1,399조 원의 자산을 보유하고 있다.

우리나라 중앙정부에 대한 국가재무제표상 자산이 2024년 기말 기준 약 3,218조 원인 것

---

2) 공공기관 경영정보 공개시스템(알리오)의 통계를 기준으로 계산하였으며, 각 공공기관의 고유사업 매출액을 활용하였다.

3) 연결 재무제표를 기준으로 단순 합산한 금액으로 한국전력공사의 자회사인 한국남동발전, 한국남부발전, 한국동서발전, 한국서부발전, 한국중부발전, 한국수력원자력의 매출액(약 46조원)을 차감하는 경우 592조 원으로 산출된다. 또한 국민건강보험공단과 한국산업은행, 중소기업은행, 한국수출입은행의 매출액도 포함되어 있다.

4) 지방공공기관 통합공시(클린아이)의 통계를 기준으로 계산하였으며, 지방직영기업과 지방공사·공단의 영업수익을 활용하였다.

을 감안하면, 우리나라의 공공기관은 국가의 자산과 비교하여 약 43.5% 규모의 자산을 보유하고 있는 것을 확인할 수 있다.

(3) 공공기관 종사자 규모

2025년 9월 말 기준 「공공기관의 운영에 관한 법률」에 따른 공공기관[5] 임직원의 정원은 약 42만 7천 명, 현원은 약 40만 1천 명으로 집계되고 있다. 또한 「지방공기업법」에 따른 공공기관[6]은 2024년 12월 말 기준 지방직영기업에 1만 5천여 명, 지방공사·공단에 7만 3천여 명이 근무하고 있다. 이를 모두 합산하면 우리나라의 공공기관에는 약 48만 9천여 명이 종사하고 있다는 것을 확인할 수 있다.

국가통계포털(KOSIS) 기준 2025년 총인구(중위 추계)가 5,168만 명인 것을 감안하면, 공공기관에 근무하고 있는 임직원의 수는 총인구의 약 0.95%로 산출된다.

앞에서 우리나라 공공기관의 매출액, 자산, 종사자의 수치를 검토하였으며, 우리나라에서 공공기관이 차지하는 비중이 매우 크다는 것을 확인할 수 있다. 특히 반올림하면 국민의 약 1%가 공공기관에 종사하고 있는 상황에서, 공공기관 종사자의 인건비에 영향을 미치는 총인건비 정책은 그 중요성이 매우 크다고 볼 수 있다.

---

5) 출처: 공공기관 경영정보 공개시스템 알리오(alio.go.kr)
6) 출처: 지방공공기관 통합공시 클린아이(cleaneye.go.kr)

2절 총인건비 인상률 개요

1 총인건비 인상률의 정의

(1) 경영평가

앞에서 설명한 공공기관은 관련 법률에 따라 연도별 경영실적에 대한 경영성과평가를 받아야 한다. 공기업과 준정부기관은 「공공기관의 운영에 관한 법률」 제48조(경영실적 평가)를 근거로, 지방공공기관은 「지방공기업법」 제78조(경영평가 및 지도)를 근거로, 기타공공기관은 각 주무부처의 별도 지침 등을 근거로 경영평가가 진행된다.

경영평가는 공정하고 객관적인 평가를 위해 매 회계연도 개시 전까지 평가기준과 방법을 정한 평가편람을 작성[7]하고, 이를 근거로 평가가 진행된다. 아래는 2025년도 기준[8] 공기업을 평가하는 평가지표의 구성과 각 항목별 가중치를 요약한 표이다. 평가지표는 크게 경영관리 계량지표, 경영관리 비계량지표, 주요사업 계량지표, 주요사업 비계량지표의 4가지 부문으로 구성되며, 모든 가중치의 합은 100점 만점으로 설정되어 있다.

범주	평가지표	계	비계량	계량
경영관리	1. 경영전략	5.5	3.5	2
	2. 안전 및 책임경영	18	12	6
	3. 재무성과관리	15.5	4	11.5
	4. 조직 운영 및 관리	11	8	3
주요사업	주요사업 종합평가	50	26	24
	합계	100	53.5	46.5

---

7) 출처: 2025년도 공공기관 경영평가 편람(수정)
8) 평가지표와 지표별 가중치는 매년 달라지기 때문에, 공공기관 평가 담당자는 매년 확정된 평가편람을 기준으로 경영평가를 준비한다.

(2) 총인건비 인상률 지표

상기의 여러 가지 평가지표 중 "4. 조직 운영 및 관리" 지표는 비계량 평가와 계량 평가(3점)로 구성되어 있으며, 이 중 계량 평가(3점)가 공기업의 총인건비 인상률을 평가하는 지표이다. 준정부기관도 마찬가지로 총인건비 인상률을 3점 만점으로 평가하고 있다. 공기업, 준정부기관과 달리 주무부처가 평가하는 기타공공기관은 대부분 총인건비 인상률을 3점 만점으로 지표를 설정하고 있고, 지방공기업평가원에서 평가하는 지방공공기관은 대부분 총인건비 인상률 지표의 가중치를 1점으로 설정하고 있다.

총인건비 인상률 지표는 평가 연도의 총인건비와 직전 연도 총인건비를 비교하여 인상률을 산출한 후, 그 인상률이 공기업, 준정부기관 예산운용지침[9]의 총인건비 인상률을 준수하였는지 여부로 평가하는 지표이다. 만약 예산운용지침의 총인건비 인상률을 준수하였다면 3점을 획득하고, 준수하지 못하면 0점이 되는 방식을 적용한다.

 총인건비 인상률의 산출 근거

(1) 근거 규정

이 책은 공기업과 준정부기관이 적용하고 있는 「총인건비 인상률 템플릿」을 기준으로 설명한다. 공기업과 준정부기관은 중앙정부에 속한 공공기관으로, 경영 전반에 대해서는 재정경제부의 관리 대상이 된다. 즉, 공기업, 준정부기관의 「총인건비 인상률 템플릿」은 우리나라 공공기관의 인건비 관리를 위한 핵심적인 정책이 반영되어 있다고 할 수 있다. 이에 따라 대부분의 기타공공기관도 동일한 「총인건비 인상률 템플릿」을 준용하여 사용하고 있다.

따라서 이 책에서 설명하고 있는 총인건비 인상률의 규정은 기타공공기관과 지방공공기관이 적용하고 있는 규정과 일부 차이가 있을 수 있다. 기타공공기관과 지방공공기관 담당자는 이 책의 내용을 재정경제부의 인건비 정책의 방향성과 총인건비 인상률의 논리를 이해하는 목적으로 활용할 수 있을 것이다.

공기업, 준정부기관의 「총인건비 인상률 템플릿」은 다음의 규정을 근거로 설계된다. 공기업, 준정부기관은 아래의 규정에 따라 인건비, 상여, 복리후생비 등을 집행해야 하며, 정원, 직제규정, 인사규정 등을 운영하고 있기 때문이다.

---

9) 기타공공기관과 지방공공기관의 기준은 다를 수 있다.

(2) 주요 규정의 내용

(가) 공기업, 준정부기관 예산운용지침

재정경제부는 「공기업, 준정부기관 예산운용지침」[10]을 연도별로 공시하고 있다. T년도에 대한 예산운용지침은 T−1년도에 공시한다. T년도 예산운용지침의 내용 중 총인건비 인상률에 영향을 미치는 사항은 「총인건비 인상률 템플릿」과 「경영관리 계량지표 교육 교재」에도 동일하게 반영한다.

(나) 공기업, 준정부기관의 경영에 관한 지침

「공기업, 준정부기관의 경영에 관한 지침」은 과거 공기업, 준정부기관의 인사운영에 관한 지침, 공공기관의 조직과 정원에 관한 지침, 공공기관 구분회계 운영지침, 기관장 경영성과협약서, 공공기관 임금피크제 권고안 등이 통합되어 작성되었다. 「총인건비 인상률 템플릿」에 영향을 미치는 사항은 정원, 증원, 임금피크제, 탄력정원제, 개방형계약직, 인사교류 등이 있다.

(다) 공공기관의 혁신에 관한 지침

「공공기관의 혁신에 관한 지침」은 과거 공공기관 방만경영 정상화계획 운용지침, 공공기관 명예퇴직제도 개선방안, 연도별 공공기관 인력운영 방안 등이 통합된 지침이다. 「총인건비 인상률 템플릿」에 영향을 미치는 사항은 복리후생비, 퇴직금제도 등이 있다.

---

10) 과거에는 예산편성지침과 예산집행지침으로 구분되어 있었으나, 2022년도부터 예산운용지침으로 통합되었다.

(라) 공공기관 경영평가 편람

「공공기관 경영평가 편람」은 공기업, 준정부기관의 경영실적 평가를 위한 원칙과 세부 규정을 정한 편람이다. 「공공기관 경영평가 편람」에는 「총인건비 인상률 템플릿」의 평가 근거가 규정되어 있으며, 또한 인건비와 총인건비의 산출에 필요한 규정, 보정 사항 등이 포함되어 있다.

T년도의 평가를 위한 편람은 T−1년도에 확정되며 이를 본편람이라고 일컫는다. 실제 T년도 중에 본편람의 내용 중 법률이 개정되었거나 공공기관의 주요 사업에 중요한 변화가 발생한 경우에는 해당 내용을 수정하는 절차를 거치며, 이에 따라 최종 확정된 편람을 수정 편람이라고 한다. 결과적으로 T년도에 대한 평가는 수정편람을 기준으로 이루어진다.

구분	T−1년도	T년도	T+1년도
편람	T년도 본편람 확정	T년도 수정편람 확정	T년도에 대한 경영평가

(마) 「총인건비 인상률 템플릿」

T년도의 총인건비를 평가하기 위한 「총인건비 인상률 템플릿」은 공기업과 준정부기관에 대하여 T년도 10월경에 공지된다. 이는 T년도 10월 중에 확정된 「공공기관 경영평가 편람(수정)」의 내용을 「총인건비 인상률 템플릿」에 반영해야 하기 때문이다. 「총인건비 인상률 템플릿」에는 T년도에 대한 「공기업, 준정부기관 예산운용지침」, 「공공기관 경영평가 편람」의 내용이 모두 반영되며, 「공기업, 준정부기관의 경영에 관한 지침」과 「공공기관의 혁신에 관한 지침」 중 총인건비에 영향을 미치는 주요 사항도 모두 반영된다.

(바) 경영관리 계량지표 교육 교재

「경영관리 계량지표 교육 교재」는 「총인건비 인상률 템플릿」의 작성 방법을 상세히 설명한 자료로 한국조세재정연구원에서 작성하고 있다. 이 교재에는 「공기업, 준정부기관 예산운용지침」, 「공공기관 경영평가 편람」, 「공기업, 준정부기관의 경영에 관한 지침」, 「공공기관의 혁신에 관한 지침」의 내용과 이를 근거로 설계된 「총인건비 인상률 템플릿」의 내용까지 모두 포함하고 있다.

인건비 예산과 총인건비 한도

(1) 인건비 예산

　예산의 개념은 일반적으로 차년도에 자금을 어떻게 확보하고 어디에 집행할지에 대한 일련의 계획을 의미한다. 이때 자금 집행에 대한 계획을 수립했다는 것은 해당 자금이 확보되었다는 것을 의미하기도 한다. 여기서 파생된 인건비 예산의 개념은 "공공기관이 인건비를 지급할 재원이 있는지?"를 의미한다. 예컨대 임직원의 인건비를 지급하기 위해 총 10억 원이 필요한 경우, 공공기관이 실제로 10억 원의 현금을 보유하고 있는지의 개념이다. 인건비 예산을 확보하기 위한 방법은 여러 가지이다. 제품의 매출 또는 용역의 제공을 통해 현금을 확보하는 방법, 정부로부터 출연금, 보조금을 수령하는 방법, 주요자산을 처분하거나 금융기관으로부터 자금을 차입하는 방법 등이 있다.

(2) 총인건비 한도

　총인건비 한도의 개념은 "당기에 공공기관이 총인건비를 얼마나 지급할 수 있는지?"의 집행 한도를 의미한다. 예산운용지침상 총인건비 인상률 가이드라인을 적용하여 산출하며, 당 회계연도에 집행할 수 있는 구체적인 한도 금액의 개념이다. 총인건비 한도는 「총인건비 인상률 템플릿」을 통해 산출한다.

(3) 인건비 예산과 총인건비 한도 개념의 비교

　총인건비 인상률을 정확히 이해하기 위해서는 우선 인건비 예산과 총인건비 한도의 개념을 구분해야 한다. 인건비 예산은 공공기관이 충분한 자금을 확보하고 있는지의 개념이고, 총인건비 한도는 공공기관이 총인건비 인상률 가이드라인에 따라 얼마나 지급할 수 있는지의 개념이다. 따라서 총인건비를 원활히 지급하기 위해서는 두 가지 조건을 모두 만족시켜야 한다. 총인건비 한도는 넉넉해야 하고, 인건비 예산도 총인건비 한도만큼 충분해야 한다.

(4) 주요 질의 · 회신

<u>질문 1) 인건비 예산이 남아있는데, 왜 지급하지 않는가?</u>

답변 1) 인건비 예산이 남아 있더라도, 총인건비 인상률 한도가 이보다 적다면 그 예산은 집행할

수 없다. 예를 들어, 인건비 예산을 10억 원 확보했다고 하더라도 총인건비 인상률 한도가 7억 원이라면 3억 원은 반드시 남겨야 한다.

질문 2) 퇴사한 직원이 많은데, 잔여 인건비로 처우개선이 가능한가?

답변 2) 다수의 직원의 퇴사하는 경우, 해당 직원들의 인건비로 설정한 인건비 예산은 사용할 수 없기 때문에 잔여 예산으로 남게 된다. 반면, 총인건비 측면에서는 퇴사한 직원에 해당하는 만큼 증원소요인건비(뒤에서 자세히 설명한다)를 총인건비에서 차감해야 하며, 따라서 총인건비 한도는 그만큼 감소하게 된다. 즉, 직원의 퇴사로 인건비 예산은 남게 되지만, 총인건비 한도 또한 동일하게 감소하기 때문에 잔여 인건비 예산을 다른 직원의 인건비로 사용하는 것은 불가능하다.

이때 잔여 예산의 전용과 관련하여, 「2026년 공기업, 준정부기관 예산운용지침」은 인건비 관련 비목에 잉여재원이 발생하더라도 원칙적으로 인건비 이외의 다른 비목으로 전용할 수 없도록 규정하고 있다. 다만, 인턴 사원 채용, 군입대 휴직자 및 육아휴직자 등에 대한 대체인력 채용 등 지출이 불가피하게 발생하여 전용하는 경우는 예외로 할 수 있도록 하고 있다.

질문 3) 총인건비 한도에는 여유가 있지만, 인건비 예산이 없는 경우는 어떻게 해야 하나?

답변 3) 공공기관은 총인건비 한도까지 인건비를 집행할 수 있다. 하지만, 인건비 예산이 부족한 경우, 즉, 급여를 지급할 자금(돈)이 없어서 인건비를 집행할 수 없는 경우도 발생할 수 있다. 이때 총인건비 인상률 평가 방식은 공공기관의 실제 총인건비 인상률과 정부의 총인건비 인상률 가이드라인을 단순히 비교하는 방식이기 때문에, 인건비 예산을 어떻게 확보하였는지는 고려하지 않는다. 따라서 총인건비 인상률의 평가 측면에서는 예산을 확보한 방법이 적정하지 않더라도 총인건비 인상률만 준수하였다면 전혀 문제가 되지 않는다. 다만, 공공기관의 근거 법률, 예산운용지침 등에 규정된 예산 확보 방법을 위반하는 경우 해딩 법률 위반, 지침 위반이 될 수 있기 때문에 예산 확보에 대해서는 별도의 검토를 수행해야 한다.

이에 대하여 「2026년 공기업, 준정부기관 예산운용지침」은 예산 집행상 불가피한 경우에는 기관장이 이사회 등의 승인을 거쳐 수입, 지출계획서의 단위사업 또는 목의 금액을 전용할 수 있도록 규정하고 있다. 이 경우 기관장은 지체 없이 전용 내역을 주무기관의 장에게 보고하여야 한다. 특히 인건비, 급여성 복리후생비, 경상경비 각 총액의 증액 전용은 「공공기관의 운영에 관한 법률」 제40조 제4항의 절차를 준용해야 하고, 재정경제부장관, 주무기관의 장 및 감사원장에게 통보하여야 한다.

<u>질문 4) 인건비 예산이 남는 경우, 인건비 비목 상호 간에는 전용이 가능한지?</u>

답변 4) 「2026년 공기업, 준정부기관 예산운용지침」은 인건비 관련 비목에 잉여재원이 발생하는 경우 원칙적으로 인건비 관련 비목 상호 간에는 전용이 가능하다. 또한 기관장은 「2026년도 예산 및 기금운용계획 집행지침」의 자체 전용권 위임 범위 내에서 자체 전용할 수 있다. 그러나 이와 같은 전용을 위해서는 답변 3)에 표시된 것처럼 이사회의 승인, 「공공기관의 운영에 관한 법률」의 준용 등 필요한 절차를 모두 거쳐야 한다.

한편, 「2026년도 예산 및 기금운용계획 집행지침」은 총액인건비 예산 운영방안으로 총액인건비(인건비와 운영경비) 간에는 자체 전용을 허용하도록 명시하고 있다. 따라서 총액인건비와 기타사업비 간에는 전용이 금지된다.

 4   총인건비 인상률의 특징

(1) 개요

「공공기관 경영평가 편람」은 총인건비 인상률을 산출하는 산식을 아래와 같이 간단하게 표현하고 있다. 하지만 실제 총인건비 인상률을 산정하기 위한 템플릿은 매우 복잡한 내용으로 구성되어 있으며, 모든 내용을 정확하게 이해하기 위해서는 본 교재의 내용을 충분히 숙지해야 한다.

[공공기관 경영평가 편람]

총인건비 인상률 = (평가 연도 총인건비 − 전년도 총인건비) / 전년도 총인건비

구체적인 교재의 내용을 살펴보기 전에 우선 총인건비 인상률의 네 가지 특징부터 살펴본다. 「총인건비 인상률 템플릿」은 이와 같은 특징을 기반으로 설계되어 있다.

총인건비 인상률의 특징

1) 총인건비 인상률은 기관별로 평가한다.
2) 증원소요인건비를 통해 전기와 당기의 균형을 맞추어야 한다.
3) 증원소요인건비와 임금피크제 조정 효과 등은 평균값을 활용하여 산출한다.
4) 총인건비 인상률에는 정부정책으로 인한 효과가 반영된다.

(2) 기관별 총인건비 평가

(가) 개인별 평가의 한계

첫 번째 특징은 총인건비 인상률 평가는 개인이 아닌 기관을 기준으로 평가한다는 점이다. 현실적으로 개인을 기준으로 총인건비 인상률을 평가하는 것은 불가능한 일이다. 예컨대, 개인별로 총인건비 인상률을 평가한다는 것은 모든 공공기관 종사자의 급여 데이터를 하나씩 살펴보고 검증하여 가이드라인을 준수하였는지 확인해야 함을 의미하며, 일정한 평가 기간 내에 필요한 절차를 완료하는 것은 매우 어려운 일일 것이다.

(나) 개인별 차별 요소

또한 개인별로 다르게 지급하는 각종 수당, 개인별 평가에 따라 차등 지급하는 성과급 등 여러 요소로 인해 개인별 인상률은 차이가 발생할 수밖에 없다. 예를 들어, 개인별 인건비 인상률은 시간외수당의 지급 여부, 성과평가의 결과 등에 따라 아래와 같이 직원마다 크게 차이가 나타날 수 있다. 만약 개인별로 인상률 가이드라인을 적용해야 한다면 직원A는 가이드라인을 위반한 것으로, 직원B는 가이드라인을 준수한 것으로 보아야 할 것이고, 이렇게 평가하는 경우에는 직원A와 같이 높은 성과를 창출할 유인이 사라지게 될 것이다. 따라서 모든 개인의 총인건비 인상률을 일정 수준 이내로 강제하는 방식은 성과평가, 시간외근무 등 인사 운영을 불가능하게 만들기 때문에, 개인별 인건비 평가는 적용할 수 없는 방식이라고 보아야 한다.

구분		기본급	시간외수당	성과급		합계	인상률
지원A	20×1년	48,000,000	0	C등급	2,000,000	50,000,000	20%
	20×2년	50,000,000	2,000,000	S등급	8,000,000	60,000,000	
직원B	20×1년	48,000,000	1,000,000	S등급	7,000,000	56,000,000	−6.25%
	20×2년	50,000,000	0	C등급	2,500,000	52,500,000	

(다) 개인별 평가와 기관별 평가의 비교

기관별 평가는 각 개인의 인상률은 고려하지 않는 방식이다. 20×2년의 총인건비 인상률 가이드라인을 10%라 가정하고 아래의 사례를 살펴보자. 직원A는 총인건비 인상률이 40%로 가이드라인을 초과하였고, 직원B와 직원C는 가이드라인을 준수하였다. 만약 개인별로 평가한다면 아래의 기관은 지원A로 인해 총인건비 인상률 가이드라인을 준수하지 못한 것으로 볼 수 있다. 그러나 총인건비 인상률 평가는 기관별 평가이기 때문에 모든 직원의 총인건비를 합산하여 비교해야 한다. 따라서 아래의 사례는 기관 기준 총인건비 인상률이 10%이기 때문에, 총인건비 인상률 가이드라인을 준수한 것으로 본다.

구분	총인건비		총인건비 인상률
	20×1년	20×2년	
직원A	1,000,000	1,400,000	40%
직원B	1,000,000	900,000	−10%
직원C	1,000,000	1,000,000	0%
기관 합계	3,000,000	3,100,000	10%

(3) 증원소요인건비 개념

(가) 기본 개념

전기와 당기의 인원 구성이 서로 다르면 전기 총인건비와 당기 총인건비를 단순히 비교하는 방식으로 산출한 총인건비 인상률은 정확한 인상률이라고 할 수 없다. 전기와 당기를 정확히 비교하기 위해서는 별도의 조정이 필요하다. 이를 위해 총인건비 인상률은 증원소요인건비라는 개념을 활용하고 있으며, 전기와 당기의 직급별 인원이 동일하도록 조정한다.

(나) 전기와 당기의 균형

예를 들어, (사례1)과 같이 증원소요인건비를 반영하지 않으면 각 개인에게 지급한 인건비를 고려하지 않더라도 총인건비 인상률은 매우 크게 산출될 것이다. 매년 공공기관에 근무하는 인원이 늘어날 때마다 공공기관은 총인건비 인상률 한도를 위반하게 된다. 따라서 이와 같은 불합리함을 제거하기 위해 전기와 당기의 인원을 조정하는 산식이 필요하다.

아래의 (사례2)는 증원소요인건비 개념을 산식에 반영한 것이다. 당기의 인원이 10명이고, 전기의 인원이 6명이기 때문에 증원소요인건비에는 4명의 인원을 가산하여 반영해야 한다. 이와 같은 조정을 통해 전기와 당기의 평균인원이 균형을 맞출 수 있게 되고 실제 총인건비가 얼마나 증가하였는지 총인건비 인상률을 산출할 수 있게 된다.

[증원소요인건비의 개념]

당해연도 총인건비 〈 (전년도 총인건비 + 증원소요인건비) × (1 + 인상률)
　(사례1) 10명 〈 6명 × (1 + 인상률)
　(사례2) 10명 〈 (6명 + 4명) × (1 + 인상률)

(다) 직급별 인원 조정

좀 더 구체적으로 살펴보면 공공기관은 나름의 직급 체계를 갖추고 있기 때문에, 직급별 인원을 기준으로 전년도와 당해연도의 총인건비를 비교하는 것이 더 정확한 결과가 산출될 것이다. 따라서 증원소요인건비는 아래와 같은 개념으로 도출된다. 즉, 당해연도 인원과 전년도 인원의 차이를 산출하고, 해당 인원의 차이에 직급별 평균단가를 곱하여 증원소요인건비를 산출한다.

직급	당해연도 인원(A)	전년도 인원(B)	증원소요인건비(C=A−B)
1직급	3	2	1
2직급	5	3	2
3직급	10	8	2
4직급	20	15	5
5직급	30	22	8

상기의 식을 확장하면 아래와 같이 나타난다. 이때 전년도 총인건비(B × 전년도 평균단가)와 증원소요인건비(C × 전년도 평균단가)의 합계 금액에 인상률을 곱하여 당해연도 총인건비(A × 당해연도 평균단가)와 비교하기 때문에 증원소요인건비는 전년도 인건비를 기준으로 산출해야 한다. 이를 통해 산식의 좌변(당해연도 평균단가)과 우변(전년도 평균단가 × (1+인상률))이 서로 동일한 요소를 가지는 적정한 계산 결과가 도출될 것이다.

[증원소요인건비의 개념 확장]

당해연도 총인건비 〈 (전년도 총인건비 + 증원소요인건비) × (1 + 인상률)
당해연도 종인건비 〈 (전년도 총인건비 + 인원변동 × 평균단가) × (1 + r)
A × 당해연도 평균단가 〈 (B × 전년도 평균단가 + C × 전년도 평균단가) × (1 + r)
A × 당해연도 평균단가 〈 (B + C) × 전년도 평균단가 × (1 + r)

(4) 평균값의 활용

(가) 개요

세 번째 특징은 총인건비 인상률의 세부 요소를 계산하기 위해 평균값을 활용한다는 것이다. 증원소요인건비와 임금피크제로 인한 영향을 반영하기 위해 직급별 평균인원과 직급별 평균단가 정보를 사용한다. 평균값을 활용하게 되면 단기적으로는 실제와 차이가 나타날 수 있지만, 장기적으로는 그 차이가 0으로 수렴되도록 「총인건비 인상률 템플릿」이 설계되어 있다. 하지만 공공기관이 실제로 인력과 인건비를 운영하는 과정에서 발생하는 단기적 차이는 공공기관의 인력 운영에 매우 중요한 변수로 작용한다.

(나) 평균인원과 평균단가

「총인건비 인상률 템플릿」에서 활용하는 인원은 원칙적으로 1년 기준 직급별 평균인원이다. 예를 들어 증원소요인건비를 산출하기 위해서는 당기의 연평균 인원에서 전기의 연평균 인원을 차감하여 단일의 수치를 구해야 한다. 「총인건비 인상률 템플릿」은 이를 평균인원이라는 용어로 표현하고 있다.

1년 기준의 직급별 평균인원은 월별, 직급별 인원 정보를 토대로 산출한다. 이를 정확히 산출하기 위해서는 한 달을 기준으로 직급별 인원의 변동을 파악해야 한다. 인원의 변동 원인은 매우 다양하고 이를 반영하는 원칙도 사안별로 다르기 때문에 자세한 내용은 "제3장 증원소요인건비"에서 설명한다. 그리고 평균인원에 곱하여 증원소요인건비 등을 산출하는데 사용하는 요소는 직급별 평균단가이다. 평균단가를 산출하는 방법도 제3장에서 자세히 설명한다.

즉, 당해연도 총인건비와 전년도 총인건비는 실제 발생한 금액을 활용하는데 비해, 증원소요인건비, 임금피크제 효과 조정 등의 금액을 산출할 때는 직급별 연도별 평균인원과 직급별 평균단가를 활용한다.

[증원소요인건비의 개념]

당해연도 총인건비 〈 (전년도 총인건비 + 증원소요인건비 + 임금피크제효과) × (1 + 인상률)
  ↑ 실지급액   ↑ 실지급액   ↑ 평균값   ↑ 평균값

(5) 정부정책의 반영

(가) 정부 정책

총인건비 인상률 제도의 네 번째 특징은 「총인건비 인상률 템플릿」에 정부의 각종 정책이 반영되어 있다는 점이다. 성과연봉 제도, 직무급 제도, 임금피크 제도, 비정규직의 정규직 전환 정책 등 합리적인 임금체계 도입을 장려하기 위한 정부의 정책뿐만 아니라 최저임금 대상자에게 높은 인상률을 적용하는 방안, 파업으로 인한 효과를 보정하는 방안, 코로나19 등으로 인한 인상률 왜곡현상을 조정하는 방식, 탄력정원제도의 활용, 육아휴직, 유연근

무제, 중증장애인 채용 권고, 개방형 계약직 제도의 도입 등 인건비와 관련한 다양한 정부 정책도 모두 「총인건비 인상률 템플릿」에 반영되어 있다.

2010년 성과연봉제 우선 도입
2014년 방만경영 정상화 계획 운용지침
2015년 임금피크제 도입
2016년 성과연봉제 확대 도입
2017년 비정규직의 정규직 전환
2020년 직무급제 도입
2020년 코로나19로 인한 인건비 조정
2025년 통상임금 대법원 판례 변경에 의한 효과 조정

(나) 정부정책과 총인건비 인상률 템플릿

정부의 정책이 「총인건비 인상률 템플릿」에 영향을 미치는 방식은 크게 네 가지로 구분된다. 첫 번째 방식은 당기의 총인건비에만 영향을 미치는 것이다. 예를 들어 직무급제의 도입과 성과연봉제의 도입은 총인건비 집행액의 구성요소가 달라지게 하는 영향을 미쳤다.

두 번째 방식은 당기의 총인건비뿐만 아니라 전기의 총인건비도 조정하는 방식이다. 해외근무수당, 자녀수당 등을 총인건비에서 제외할 때에는 당기와 전기에서 대상 금액을 차감하는 방식으로 적용된다.

세 번째 방식은 당기의 총인건비 한도를 조정하기 위해 별도의 템플릿이 추가되는 방식이다. 방만경영의 정상화와 임금피크제의 도입은 총인건비 인상률 한도를 일정 수준으로 제한하기 위해 별도의 템플릿을 설계하여 반영하도록 하였다.

네 번째 방식은 평균인원 계산을 조정하는 방식이다. 육아휴직, 시간선택제 근로자, 중증장애인의 채용 등은 총인건비 인상률의 평균인원을 조정하여 반영한다. 또한 탄력정원, 개방형 계약직과 같은 정책은 해당 정책의 취지와 정원과 현원에 대한 이해를 바탕으로 「총인건비 인상률 템플릿」을 작성해야 한다.

정부의 정책을 「총인건비 인상률 템플릿」에 어떻게 반영할지에 대해서는 일반적으로 공공기관이 자율적으로 선택하는 방식이 아니라 정부에서 가이드라인을 제공하고 이를 따르는 방식으로 적용된다. 공공기관은 정부의 정책 취지와 해당 정책이 「총인건비 인상률 템플릿」에 어떻게 반영되어 있는지 이해한 후, 각 공공기관의 상황에 적합한 방식으로 정책을 이행하고 그 결과를 「총인건비 인상률 템플릿」에 반영해야 한다.

(다) 총인건비 인상률 산출 방식의 높아지는 난이도

총인건비에 대한 정부의 정책은 계속해서 개발되고 있고, 과거의 정책 또한 그 목적 달성을 위해 꾸준히 유지되고 있다. 「총인건비 인상률 템플릿」은 이러한 정책을 모두 종합적으로 반영하고 있기 때문에 총인건비 인상률을 산출하는 과정 또한 점점 더 어려워지고 있다. 아래는 연도별 총인건비 인상률 가이드라인상 한도를 위반한 공공기관의 개수이다. 담당자는 「총인건비 인상률 템플릿」에 반영되어 있는 사항을 정확히 이해하고 있어야 한다.

연도	2017년	2018년	2019년	2020년	2021년	2022년	2023년	2024년
위반기관	2개	3개	3개	4개	4개	1개	1개	−

(라) 정부정책의 영향 사례

[정부정책이 「총인건비 인상률 템플릿」에 미치는 영향(사례)]

1) 정부정책의 이해

[공공기관의 혁신에 관한 지침]

제23조(일·가정 양립지원) ① 공공기관은 근로자의 일·가정 양립을 지원하기 위하여 시간선택제 일자리 발굴·확대, 기관별 여건에 맞는 유연근무제 도입·운영, 가족친화인증제도, 자동육아휴직제도, 남성육아휴직 활성화 추진, 임신·육아기 근로자 대상 특별휴가 및 난임휴직 도입·운영, 근무지 전보 시 임신·육아 중인 직원 우선 고려, 승진 시 다자녀 양육자 우대 등의 조치를 하도록 노력하여야 한다.

[2025년도 공공기관 경영평가 편람]

육아휴직 활용, 가족친화문화 형성 등 일·가정 양립을 위한 다양한 노력과 성과

2) 기관 내부 규정의 이해

[기관 내부 규정 예시]

시간선택 근로제도의 운영을 활성화하기 위해, 주당 근무시간을 20시간으로 줄이더라도 기존 급여의 60%를 지급한다.

3) 「총인건비 인상률 템플릿」 효과

당해연도 1월 1일부터 1년간 B직원이 주당 근무시간을 20시간으로 변경한 경우, 「총인건비 인상률 템플릿」에 미치는 효과는 다음과 같이 계산한다(전년도는 모두 주당 40시간 근무하였고, 당해연도 인상률은 0%로 가정한다).

직원 이름	직급	전년도 총인건비	당해연도 총인건비
B	3직급	5,000,000	3,000,000
C	3직급	4,500,000	4,500,000
D	3직급	4,200,000	4,200,000
E	3직급	4,000,000	4,000,000
F	3직급	3,800,000	3,800,000
합계		21,500,000	19,500,000

당해연도 집행액 = 19,500,000

전년도 집행액 = 21,500,000

당해연도 증원소요인건비 = 21,500,000 / 5 × (−0.5명) = −2,150,000

당해연도 집행 한도 = 21,500,000 − 2,150,000 = 19,350,000

따라서 당해연도 총인건비 집행액은 당해연도 집행 한도를 150,000원 초과하였다.

 「총인건비 인상률 템플릿」의 구조

(1) 명칭과 약어

「총인건비 인상률 템플릿」은 8개의 템플릿으로 구성되어 있다. 이 중 3개의 템플릿은 2~4개의 하위 템플릿을 포함하고 있기 때문에, 총 14개로 구성된 템플릿의 내용과 작성방법을 이해해야 한다. 각 템플릿의 명칭은 아래와 같으며, 이 책에서는 템플릿의 명칭을 그대로 표현하거나 약어를 사용하여 표현하였다.

명칭	약어
(2) 인건비 집계를 위한 Template	(2) 템플릿
(3) 총인건비 인상률 지표의 점수계산을 위한 Template	(3) 템플릿
(3-1) 증원소요인건비 계산을 위한 Template	(3-1) 템플릿
(3-2) 직급별 평균인원 계산을 위한 Template	(3-2) 템플릿

명칭	약어
(3-3) 근속승진 및 증원소요인건비 대상 인원의 파악	(3-3) 템플릿
가. 정원 및 현원 차이	(3-3)의 가. 템플릿
나. 근속승진	(3-3)의 나. 템플릿
다. 증원소요인건비 대상 인원	(3-3)의 다. 템플릿
(3-4) 직급별 평균단가 계산을 위한 Template	(3-4) 템플릿
(3-5) 별도직군 승진시기 차이에 따른 인건비 효과 조정을 위한 Template	(3-5) 템플릿
가. 별도직군 승진 가능 인원(승진T.O) 계산	(3-5)의 가. 템플릿
나. 별도직군 승진 가능 인원 내 미승진자 인원 계산	(3-5)의 나. 템플릿
다. 미승진자 평균인원	(3-5)의 다. 템플릿
라. 별도직군의 승진시기 차이에 따른 인건비 효과	(3-5)의 라. 템플릿
(3-6) 초임직급 정원 변동에 따른 인건비 효과 조정을 위한 Template	(3-6) 템플릿
가. 초임직급 정원	(3-6)의 가. 템플릿
나. 초임직급 정원 변동에 따른 인건비 효과	(3-6)의 나. 템플릿

(2) 템플릿의 내용

「총인건비 인상률 템플릿」의 내용과 목적을 간략히 설명하면 아래와 같다. 구체적인 내용과 실제 템플릿을 작성하는 방법, 유의사항 등은 제2장, 제3장, 제4장에서 상세히 설명한다.

(가) (2) 인건비 집계를 위한 Template

공공기관이 임직원에게 지급한 인건비를 집계하기 위한 양식이다. 모든 인건비가 완전하게 집계되었는지 확인하는 것이 중요하다. "제2장 인건비와 총인건비"에서 자세히 설명한다.

(나) (3) 총인건비 인상률 지표의 점수계산을 위한 Template

(2) 템플릿에서 집계한 인건비를 총인건비로 변환한 후 각종 조정사항을 가감하여 총인건비 인상률을 산출할 수 있도록 만들어진 양식이다. "제2장 인건비와 총인건비"에서 자세히 설명한다.

(다) (3-1) 증원소요인건비 계산을 위한 Template

(3-3)의 다. 템플릿에서 산출된 증원소요인건비 대상 인원에 (3-4) 템플릿에서 산출된

직급별 평균단가를 곱하여 증원소요인건비를 산출하는데 활용하기 위한 양식이다. "제3장 증원소요인건비"에서 자세히 설명한다.

(라) (3-2) 직급별 평균인원 계산을 위한 Template

직급별 평균인원을 산출하기 위한 양식이다. 월별로 인원을 집계하여 연평균 인원을 산출하며, 여기서 산출된 월별 인원을 토대로 (3-3) 템플릿을 작성한다. 또한 (3-4) 템플릿의 직급별 평균단가 산출을 위한 산식의 분모로도 활용된다. "제3장 증원소요인건비"에서 자세히 설명한다.

(마) (3-3) 근속승진 및 증원소요인건비 대상 인원의 파악

3개의 하위 템플릿으로 구성되어 있으며, (3-2) 템플릿에서 산출된 월별 인원에서 시작하여 증원소요인건비 대상 인원을 구하기까지의 과정으로 설계되어 있다. "제3장 증원소요인건비"에서 자세히 설명한다.

템플릿	내용
가. 정원 및 현원 차이	정원, 현원, 복직자를 기준으로 누적차를 계산한다.
나. 근속승진	누적차를 기준으로 근속승진을 계산한다.
다. 증원소요인건비 대상 인원	(3-2) 템플릿과 (3-3)의 나. 템플릿을 통해 증원소요인건비 대상 인원을 산출한다.

(바) (3-4) 직급별 평균단가 계산을 위한 Template

직급별로 집행한 월별 총인건비금액을 (3-2) 템플릿의 평균인원으로 나누어 직급별 평균단가를 산출하는 용도로 활용된다. "제3장 증원소요인건비"에서 자세히 설명한다.

(사) (3-5) 별도직군 승진시기 차이에 따른 인건비 효과 조정을 위한 Template

별도직군 방식을 선택한 공공기관이 불가피한 사정으로 승진을 제때 하지 못하는 경우, 이를 보정하기 위하여 사용하는 양식이다. 4개의 하위 양식으로 구성되어 있다. "제4장 임금피크제"에서 자세히 설명한다.

템플릿	내용
가. 별도직군 승진 가능 인원(승진T.O) 계산	승진 가능인원을 계산한다.
나. 별도직군 승진 가능 인원 내 미승진자 인원 계산	미승진자를 계산한다.
다. 미승진자 평균인원	연평균 미승진자를 계산한다.
라. 별도직군의 승진시기 차이에 따른 인건비 효과	인건비 효과를 산출한다.

(아) (3-6) 초임직급 정원 변동에 따른 인건비 효과 조정을 위한 Template

초임직급 방식을 선택한 공공기관의 임금피크제 효과를 조정하기 위한 양식이다. 2개의 하위 양식으로 구성되어 있다. "제4장 임금피크제"에서 자세히 설명한다.

템플릿	내용
가. 초임직급 정원	연평균 초임직급 정원을 계산한다.
나. 초임직급 정원 변동에 따른 인건비 효과	인건비 효과를 산출한다.

3절 총인건비 인상률 가이드라인

 **1** 총인건비 인상률 가이드라인

(1) 총인건비 예산 편성

「2026년 공기업, 준정부기관 예산운용지침」은 2026년도 총인건비 예산을 2025년도 총인건비 예산의 3.5% 이내에서 증액 편성하도록 규정하였다. 총인건비 예산은 원칙적으로 직전년도 말 정규직(일반정규직과 무기계약직) 정원을 기준으로 편성해야 한다. 따라서 각 공공기관은 2026년 총인건비 예산을 편성할 때, 2025년 기말 정원에 1인당 예산액을 곱한 후 3.5%를 증액하여 편성하게 된다.

단, 총인건비 인상률 평가는 예산 금액이 아닌 실제 집행 금액을 기준으로 이루어지기 때문에, 상기 규정에서 평가에 활용되는 정보는 인상률 정보이다. 공기업, 준정부기관의 연도별 총인건비 인상률 가이드라인은 아래와 같다. 일반적으로 공공기관은 내부의 성과평가를 통해 개인별로 연도별 급여 인상률을 다르게 적용하고 있다. 따라서 아래의 가이드라인 인상률이 성과평가의 기준점이 될 것이다.

연도	2019년	2020년	2021년	2022년	2023년	2024년	2025년	2026년
인상률	1.8%	2.8%	0.9%	1.4%	1.7%	2.5%	3.0%	3.5%

한편 「2025년 공기업, 준정부기관 예산운용지침」은 2024년 12월 19일 대법원의 통상임금 판단기준 변경 판례에 따른 인건비에 대하여 별도의 예외 규정을 신설하였다. 이에 대한 구체적인 내용은 "법정수당"에서 설명한다.

(2) 미집행 금액의 이월

「2026년 공기업, 준정부기관 예산운용지침」은 2025년도 총인건비 예산 한도 내에서 미집행한 금액은 2026년도에 증액하여 편성할 수 있다는 규정을 신설하였다. 예컨대 2025년도 총인건비 한도가 110억 원이고 2025년도 총인건비 집행액이 100억 원이라면 2025년에 미집행한 총인건비 금액은 10억 원으로 산출된다. 해당 공공기관은 미집행 금액 10억 원을 2026

년도의 총인건비 예산에 추가로 편성하여 집행할 수 있게 되었다. 단, 2026년도로 이월된 미집행 금액은 2026년도에 모두 집행해야 하며, 2027년도로 재차 이월할 수는 없다는 사실에 유의해야 한다.

「총인건비 인상률 템플릿」은 직전년도에 실제 집행한 금액을 기준으로 인상률을 적용하여 당기의 총인건비 한도 금액을 산출하도록 규정하고 있기 때문에, 공공기관 입장에서 집행 금액과 한도 금액의 차이는 최소화하는 것이 바람직하다고 여겨졌다. 하지만 해당 차이를 최소화할 경우 총인건비 인상률 가이드라인을 위반할 위험이 증가하기 때문에, 일정한 여유 금액을 남겨둘 수밖에 없는 상황도 존재하였다. 신설된 규정은 이와 같은 공공기관의 어려움을 고려한 항목으로 보인다.

총인건비 관리방식이 과거에는 집행 금액에 초점을 두었다면, 상기 규정으로 인해 앞으로는 "증원소요인건비와 임금피크제 효과" 관리를 통한 총인건비 한도 증가가 더 중요하게 여겨질 것으로 판단된다.

(3) 총인건비 인상률의 영향

총인건비 인상률 지표는 매년 공공기관 종사자에게 두 가지 영향을 미치게 된다. 첫 번째, 매년 급여가 얼마나 오르게 되는지 그 규모의 측면에서 직접적인 영향을 미친다. 「공기업, 준정부기관 예산운용지침」의 총인건비 인상률 가이드라인이 높게 설정되어 있다면 각 공공기관은 임직원에게 더 많은 급여를 지급할 수 있게 된다.

기본급이 증가하면 기본급과 연동되는 평균임금, 통상임금, 월기본급, 기준월봉 등도 동시에 증가하기 때문에 가이드라인이 증가할수록 임직원이 수령할 수 있는 금액은 더 증가하게 된다.

두 번째, 총인건비 인상률 지표가 전체 가중치(100점)에서 차지하는 비중이 3점(지방공공기관은 1점)으로 매우 높기 때문에, 이 지표의 준수 여부가 공공기관의 경영평가 결과에 영향을 미칠 수 있다. 경영평가에 있어서 단 0.1점으로도 평가 등급이 달라질 수 있고, 경영평가 결과에 따라 지급하는 경영평가 성과급은 각 평가 등급별로 다르기 때문에[11] 3점의 가중치를 가진 총인건비 인상률 지표는 매우 중요한 평가지표로 여겨진다.

---

11) 경영평가 성과급의 등급별 차이는 대략적으로 공기업의 경우 월기본급의 50%, 준정부기관의 경우 기준월봉의 20% 정도의 차이가 있다고 보면 이해하기 쉬울 것이다.

(4) 총인건비 인상률 가이드라인 위반 시 효과

(가) All or Nothing 방식

총인건비 인상률 지표는 All or Nothing 방식으로 기관의 총인건비 인상률 준수 여부를 평가한다. 총인건비 인상률 가이드라인을 준수하는 경우에는 100점 만점으로 가중치 3점을 얻게 되지만, 가이드라인을 위반하는 경우에는 총인건비 인상률 지표에서 0점을 얻게 된다. 1,000억 원을 위반하거나 1원을 위반하는 경우 모두 동일하게 0점으로 평가된다는 점에 유의해야 한다.

(나) 경영평가 등급에 미치는 영향

공기업, 준정부기관 경영평가는 총인건비 인상률 지표의 가중치를 3점으로 설정하고 있으며, 이는 경영평가 결과에 매우 중요한 영향을 미치는 수준의 가중치이다. 따라서 총인건비 인상률 지표에서 0점을 득하는 경우에는 경영평가 결과 D등급 또는 E등급(이하 부진기관)을 받게 될 가능성이 높아지게 된다. 이는 총인건비 인상률 위반이 미치는 간접적인 효과라고 볼 수 있다. 「공공기관 경영평가 편람」과 「2026년 공기업, 준정부기관 예산운용지침」은 부진기관에 대하여 기관장과 상임이사에 대한 해임 건의, 경상 경비와 업무추진비의 추가 삭감을 규정하고 있다.

> **「2026년 공기업, 준정부기관 예산운용지침」**
> - 2024년도 경영실적 평가결과 D등급 기관은 2025년도 경상경비 예산액에서 0.5%를 삭감하고, E등급 기관은 1% 삭감하여 편성한다.
> - 2024년도 경영실적 평가결과 D등급 기관은 2025년도 업무추진비 예산액에서 0.5%를 삭감하고, E등급 기관은 1%를 삭감하여 편성한다.

(다) 다음연도 총인건비 인상률 한도에 미치는 영향

총인건비 인상률 산식은 전년도 총인건비를 기준으로 당해연도 총인건비 한도를 계산하도록 설정되어 있다. 그러나 만약 총인건비 인상률을 위반하였다면 다음연도 총인건비 인상률의 한도를 계산할 때 직전연도 총인건비를 그대로 활용할 수 없다. 왜냐하면 위반된 전년도 총인건비를 그대로 활용하는 것은 총인건비 인상률 위반 공공기관에게 오히려 혜택을 주는 것이기 때문이다.

따라서 T년도에 총인건비 인상률 위반한 경우 T+1년도의 총인건비는 T년도에 총인건비 인상률을 위반하지 않았을 때의 금액을 기준으로 조정해야 한다. 이 때 직전년도(T년도)의 총인건비를 조정하였기 때문에 (3-4) 직급별 평균단가 계산을 위한 Template의 전년도 직급별 평균단가 금액도 수정해야 한다. 구체적인 내용은 후술하였다.

또한, 2025년도에 총인건비 인상률을 초과하여 집행한 기관은 월기본급과 기준월봉도 총인건비 인상률 이내로 조정한 후에 해당 금액을 기준으로 2026년도의 성과급을 지급해야 한다.

즉, 총인건비 인상률 가이드라인을 위반하는 경우 한도 초과 금액은 인정되지 않으며, 한도 초과 금액이 영향을 미치는 항목은 원칙적으로 모두 조정해야 한다. 아래의 「2026년 공기업, 준정부기관 예산운용지침」은 이에 대해 명시적으로 규정한 내용이다.

> **「2026년 공기업, 준정부기관 예산운용지침」**
> - 2025년도에 총인건비 인상률을 위반한 기관은 인상률 위반 금액만큼 인건비를 감액하여 편성한다.
> - 2025년도 총인건비 인상률을 초과하여 편성·집행한 기관은 월기본급·기준월봉을 2025년 총인건비 인상률 이내로 조정하여 성과급을 지급하여야 한다.

(라) 총인건비 인상률 한도를 2년 이상 위반한 공공기관

총인건비 인상률을 2년 이상 위반한 공공기관은 총인건비 인상률 가이드라인을 위반하지 않은 가장 최근 연도를 기준으로 총인건비 인상률을 준수한 경우를 가정하여 재계산해야 한다. 아래 사례를 살펴보자. T-3년부터 T년까지 3년 동안 총인건비 인상률을 계속해서 위반한 경우, T년도 대비 T+1년도의 실제 총인건비 인상률을 계산하기 위해서는 T-3년부터 총인건비 인상률 가이드라인 한도를 준수한 것을 가정하여야 한다. 즉, T-3년 총인건비 집행액에 인상률 한도인 1%를 적용하여 T-2년 집행액을 재계산하고 이를 반복하여야 한다. 이와 같은 계산 방식은 구체적으로 「총인건비 인상률 템플릿」에 명시되어 있다.

···	T-3년	T-2년	T-1년	T년	···
인상률 한도	1%	1%	1%	1%	
실제 인상률	2%	2%	2%	?	
결과	1% 위반	1% 위반	1% 위반		

② 차등인상률

(1) 차등인상률의 개념 및 필수 정보

(가) 차등인상률의 개념

「공기업, 준정부기관 예산운용지침」은 당해연도(T년도)의 총인건비 예산을 전년도(T-1년도)에 비해 몇 %만큼 증액하여 편성할 수 있는지 총인건비 인상률 가이드라인을 매년 제시한다. 이때 「공기업, 준정부기관 예산운용지침」은 각 공공기관의 전전년도(T-2년도) 정규직 1인당 평균임금의 수준을 해당 공공기관이 속한 산업의 평균임금 및 전체 공공기관의 평균임금과 비교하여 총인건비 인상률을 다르게 적용할 수 있도록 규정하고 있다. 이는 전반적으로 임금수준이 높은 공공기관의 총인건비 인상률은 낮게, 임금수준이 낮은 공공기관의 총인건비 인상률은 높게 설정할 수 있도록 하기 위함이다.

(나) 필수 정보

어떤 인상률을 적용해야 하는지 확인하기 위해서는 3가지 정보(① 해당 공공기관의 정규직 1인당 평균임금, ② 해당 공공기관이 속한 산업의 평균임금, ③ 전체 공공기관의 평균임금)가 필요하다. 「2026년 공기업, 준정부기관 예산운용지침」은 차등인상률에 대해 아래와 같이 규정하고 있다.

> **[2026년도 차등인상률 예시]**
> - 2026년도 총인건비 예산은 2025년도 총인건비 예산이 3.5% 이내에서 증액하여 편성하고, 예산의 범위 내에서 집행한다.
> - 상기 인상률에도 불구하고, 2024년도 정규직 1인당 평균임금이 해당 산업 및 공공기관 평균임금의 일정 수준에 해당하는 경우 아래와 같은 인상률 내에서 증액 편성한다.
>   ① 해당 산업 평균임금의 90% 이하이며 공공기관 평균의 60% 이하: 4.5% 이내
>   ② 해당 산업 평균임금의 90% 이하이며 공공기관 평균의 70% 이하: 4.0% 이내
>   ③ ①, ②에 해당하지 않으면서 해당 산업 평균임금의 60% 이하: 4.0% 이내
>   ④ 해당 산업 평균임금의 110% 이상이며 공공기관 평균의 120% 이상: 3.0% 이내

(2) 정규직 1인당 평균임금

(가) 개념

「2026년 공기업, 준정부기관 예산운용지침」은 정규직 1인당 평균임금을 다음과 같이 산출하도록 규정하고 있다. 정규직 인건비에는 일반정규직 인건비와 무기계약직 인건비가 모두 포함되며 평균임금이 왜곡되지 않도록 단시간 무기계약직 인건비와 경영평가 성과급 그리고 최저임금대상자에 대한 인건비를 차감한다.

연간 상시근무인원은 현실적으로 적용 가능한 월할 계산 방식을 규정하고 있다. 또한 무급 휴직자 등을 제외하여 1인당 평균임금이 과소 계산되지 않도록 정하고 있다.

> **「2026년 공기업, 준정부기관 예산운용지침」**
>
> 정규직 1인당 평균임금은 일반정규직과 무기계약직 총인건비 집행액(「공공기관의 운영에 관한 법률」 제48조에 의한 경영평가 성과급, 최저임금대상자 인건비는 제외)을 연간 상시근무인원(무급 휴직자 등을 제외하고 월할 계산한 인원)으로 나누어 구한 금액(만원 미만 절사)을 말한다. 다만, 연도 중 총인건비 인상률 이외에 베이스 조정이 있는 기관은 동 규모를 고려하여 산정한다.

(나) 실무 사례

「2026년 공기업, 준정부기관 예산운용지침」에 표시된 산식에 따라 실제 1인당 평균임금을 산출하는 과정은 다음과 같다. 총인건비집행액과 연간 상시 근무인원 자료(data)는 공공기관 경영정보 공개시스템(Alio)에 공시된 자료를 기준으로 산출한다. Alio에 이미 공시된 자료라고 하더라도 그 이후에 수정이 가능하기 때문에, 기본적으로는 예산운용지침 배포 시점에 공시된 자료를 활용한다.

[정규직 1인당 평균임금]
정규직 1인당 평균임금 = 총인건비집행액/연간 상시 근무인원
총인건비집행액 = 정규직 + 무기계약직 − 단시간무기계약직 − 경평성과급 − 최저임금인건비
연간 상시 근무인원 = 상시 종업원수

한편, 최저임금인건비는 공공기관 경영정보 공개시스템(Alio)에 공시되지 않기 때문에 정규직 1인당 평균임금 산출에 반영되지 않는다. 만약 최저임금인건비의 조정이 차등인상률 결과에 영향을 미치는 경우에는 해당 공공기관이 최저임금인건비의 영향을 반영한 정규

직 1인당 평균임금을 재계산하여 재정경제부와 사전에 협의해야 한다. 이때 총인건비집행액에서 최저임금인건비가 차감되었으므로 분모인 상시 종업원수도 조정하는 것이 분자-분모 대응의 원칙에 부합할 것이다.

또한 실무적으로 「소득세법」 시행령 제16조에 해당하는 실비변상적 성격의 해외근무수당도 총인건비집행액에서 차감하여 정규직 1인당 평균임금을 산출하고 있다.

> **「소득세법」 시행령**
>
> 제16조(국외근로자의 비과세급여의 범위) ① 법 제12조 제3호 거목에서 "대통령령으로 정하는 급여"란 다음 각 호의 것을 말한다.
> 2. 공무원, 「대한무역투자진흥공사법」에 따른 대한무역투자진흥공사, 「한국관광공사법」에 따른 한국관광공사, 「한국국제협력단법」에 따른 한국국제협력단 및 「한국국제보건의료재단법」에 따른 한국국제보건의료재단의 종사자가 국외 등에서 근무하고 받는 수당 중 해당 근로자가 국내에서 근무할 경우에 지급받을 금액 상당액을 초과하여 받는 금액 중 실비변상적 성격의 급여로서 외교부장관이 재정경제부장관과 협의하여 고시하는 금액

(3) 해당 산업 평균임금과 공공기관 평균임금

(가) 해당 산업 평균임금

산업 분류는 통계법 제22조에 의한 한국표준산업분류(KSIC)에 따라 "A. 농업, 임업 및 어업~S. 협회 및 단체"의 총 19개로 구성되어 있다. 각 공공기관은 자신이 속한 산업이 19의 산업 분류 중 어떤 산업 분류에 해당하는지 인지하고 있어야 한다.

산업별 평균임금은 고용부의 고용형태별근로실태조사를 바탕으로 상시 근로자 300인 이상 대규모 기업에 대해 민간 정규직 근로자 연봉을 기준으로 산출한다. 연봉에는 정액급여, 초과급여, 특별급여 자료가 포함되며 비정기적인 실비변상적 성격의 수당은 제외되고 있다. 평균임금은 상기 급여항목을 연평균으로 환산하여 산출한다.

(나) 공공기관 평균임금

「2026년 공기업, 준정부기관 예산운용지침」은 공공기관 평균임금을 정규직과 무기계약직으로 구분하여 공시하고 있다. 여기서 정규직은 일반정규직과 무기계약직을 모두 포함하는 개념이다.

앞에서 정규직 1인당 평균임금을 공공기관 평균임금과 비교한다고 설명하였다. 이때 정

규직 1인당 평균임금은 일반정규직과 무기계약직을 모두 포함하여 산출하기 때문에, 공공기관 평균임금도 일반정규직과 무기계약직을 모두 포함하는 정규직 평균임금을 적용하는 것이 합리적이다.

(4) 차등인상률 기타 사항

(가) 무기계약직 차등인상률

「2026년 공기업, 준정부기관 예산운용지침」은 공공기관의 무기계약직에 대하여 차등인상률을 적용할 수 있도록 규정하고 있다. 정규직이 차등인상률 적용 대상인지 여부는 고려하지 않으며, 무기계약직 1인당 평균임금이 공공기관 무기계약직 평균임금보다 낮은 수준의 공공기관은 무기계약직 인건비를 다음과 같이 증액하여 편성할 수 있다.

[2026년도 무기계약직 차등인상률 예시]
- 공공기관 무기계약직 평균임금의 85% 이하: 4.5% 이내
- 공공기관 무기계약직 평균임금의 75% 이하: 5.0% 이내

(나) 정부출연연구기관

「정부출연연구기관 등의 설립에 관한 법률」 등에 따라 운영 중인 정부출연연구기관(특정연구기관 포함)과 부처 직할 연구기관은 원칙적으로 차등인상률 적용을 제외할 수 있다.

하지만 「정부출연연구기관 등의 설립에 관한 법률」 등에 따른 경제인문사회연구회 및 국가과학기술연구회의 소속 연구기관에 대해서는 기관별 임금수준, 업무특성 및 성과 등을 고려하여 전체 총인건비 한도 내에서 소속 기관 간 인상률을 차등하여 적용할 수 있도록 연구회에 별도의 판단 여지를 제공하고 있다.

(다) 성과연봉제와 차등인상률

성과연봉제에 따른 기본연봉 인상률 차등적용으로 인해 2025년 대비 2026년 기본연봉의 감소가 불가피한 경우, 기본연봉이 감소하지 않도록 기본연봉 차등폭을 최소한의 범위 내에서 축소할 수 있다.

제2장

인건비와 총인건비

1절　인건비와 총인건비의 개념

1 　인건비의 개념과 특징

(1) 인건비의 개념

「공공기관 경영평가 편람」은 인건비에 대하여 아래와 같이 설명하고 있다. 각 공공기관이 임직원에게 지급한 인건비를 어떤 계정과목으로 회계처리를 하였는지와 무관하게 급료, 임금, 제수당뿐만 아니라 사실상 급여로 볼 수 있는 복리후생비까지 모두 인건비에 포함해야 한다.

공공기관 경영평가 편람

인건비는 건설중인 자산, 당기제조원가, 판매비와 관리비(혹은 영업비용), 영업외비용(특별손실포함)에 포함된 임직원(일용잡급 포함)에 대한 급료, 임금, 제수당 등과 퇴직급여충당금전입액을 말하며, 사실상 급여의 일부로 볼 수 있는 복리후생비 및 경영평가성과급 부분을 포함한다.

(2) 인건비의 특징

「공공기관 경영평가 편람」에서 정하고 있는 인건비의 개념은 크게 세 가지 특징으로 요약할 수 있으며, 아래에서 하나씩 구체적으로 살펴본다.

인건비의 특징

가. 인건비의 집계는 재무제표에서 출발한다.
나. 모든 임직원에게 지급한 인건비를 포함한다.
다. 사실상 급여 개념의 포괄주의 방식을 적용한다.
라. 실무적으로는 급여대장 및 부속서류를 기준으로 집계한다.

(가) 인건비의 집계는 재무제표에서 출발한다.

「공공기관 경영평가 편람」은 임직원에게 지급한 급여, 복리후생비 등을 모두 인건비에 포함해야 한다고 정의하고 있다. 이때 인건비의 집계는 어떻게 회계처리를 하였는지와 무관하게 그 실질에 따라 이루어지도록 정하고 있다. 따라서 당기의 손익계산서에 반영된 비용뿐만 아니라, 건설중인자산 또는 제품, 재공품 등 자산으로 인식한 인건비도 당기 인건비에 포함해야 한다. 예컨대 손익계산서에 표시된 급여, 복리후생비 등의 금액만 인건비로 집계하는 것은 인건비를 과소 집계한 것이며, 당기에 발생하여 자산으로 인식한 급여 등의 금액도 인건비에 포함해야 한다.

상기와 같은 인건비의 집계 방식이 의미하는 바는 인건비의 집계는 재무제표에서 출발해야 한다는 것이다. 공공기관이 임직원에게 지급하는 근로 제공의 대가는 모두 회계처리를 통해 재무제표에 반영되기 때문에, 인건비를 집계하는 과정은 재무제표에서 인식한 급여, 복리후생비 등을 구분하여 식별하는 개념으로 이해할 수 있다. 단순하게 손익계산서의 급여, 복리후생비 등만 집계하는 것이 아닌 건설중인자산 명세서, 제조원가명세서 등의 내용도 파악해야 하고, 기타 계정과목도 확인하는 절차가 필요하다.

즉, 인건비를 집계하는 것은 회계처리의 과정을 반대로 수행하는 방식이기 때문에, 인건비를 정확하게 집계하기 위해서는 회계처리 방식과 재무제표에 대한 이해가 어느 정도 필요하다. 편람의 문구를 이해하기 위해 필요한 회계원리의 내용을 아래와 같이 간략하게 소개한다.

인건비 집계 관련 회계원리

① 비용의 인식은 비용을 발생시킨 원인에 따라 회계처리해야 한다. 예를 들어 제품을 제조하는 과정에서 발생한 인건비는 제품제조원가로 회계처리하고, 영업부서, 관리부서에서 발생한 인건비는 판매비와관리비로 회계처리한다. 건물의 건설공사 과정에서 발생한 인건비는 건설중인자산으로 회계처리하고, 완공된 시점에 판매목적이면 재고자산으로 사용목적이면 유형자산으로 대체한다. 즉, 인건비는 손익계산서상의 비용으로 처리할 수도 있고, 재무상태표상의 자산으로 인식할 수도 있다.

② 이익잉여금을 처분하는 방식으로 인건비를 지급하는 경우를 대비하여, 「총인건비 인상률 템플릿」은 이익잉여금에서 집계한 인건비도 입력할 수 있도록 설계되어 있다.

③ 지급하는 인건비의 성격에 따라 계정과목이 달라질 수 있다. 기본급, 직무급 등은 급여로 회계처리하고 건강진단비, 선택적복지비 등은 복리후생비로 회계처리한다. 임직원 교육에서 발생한 금액은 교육훈련비로, 임직원에 대한 포상은 포상비로, 시험출제, 감독, 사내강사 등과 같은 비용은 지급수수료로 회계처리할 수 있다. 따라서 재무제표를 기준으로 인건비를 집계할 때에는 급여, 상여, 복리후생비뿐만 아니라 교육훈련비, 포상비, 지급수수료 등의 계정과목도 확인하는 절차가 필요하다.

④ 재무제표 인식 기준은 발생주의를 원칙으로 하기 때문에, 해당 회계연도에 발생한 인건비만 집계해야 한다. 일반적으로 인건비는 근로 제공 시점을 발생주의 인식의 기준으로 삼는다. 예를 들어 T년도에 임직원이 근로를 제공하였다면 그에 대한 대가는 T년도에 비용으로 인식해야 한다. T년도에 실제로 대가(현금 등)를 지급하지 못하였다고 하더라도 T년도에 미지급비용으로 회계처리하는 것을 원칙으로 한다. 인건비[12] 또한 재무제표를 기준으로 집계하기 때문에 원칙적으로는 발생주의를 따른다고 볼 수 있다.

드물지만 인건비와 관련된 회계처리에 오류가 발생할 수도 있다. 예를 들어 직원에게 인건비를 지급하고 "급여"의 계정과목을 사용하여 회계처리를 해야 하지만, 담당자의 실수로 인해 "교통비", "재료비" 등 인건비와는 전혀 무관한 계정과목을 사용할 수 있다. 이와 같이 인건비를 잘못된 계정과목으로 회계처리 했다고 하더라도, 해당 금액은 「총인건비 인상률 템플릿」의 인건비에 포함해야 한다. 회계처리 오류로 인한 인건비 집계 누락을 확인하기 위해서는 급여대장과 비교해 보거나, 근로소득세 원천징수 자료와 비교하는 절차가 필요하다.[13] 이는 총인건비 인상률을 검증하는 평가위원도 반드시 거치는 절차이기 때문에, 총인건비 인상률 담당자는 사전에 반드시 확인을 해야 한다. 뒤에서 자세히 설명한다.

아래의 사례는 여러 가지 명세서에 포함된 인건비를 어떻게 집계하는지를 표시한 것이다. 각 명세서에 포함된 급여, 퇴직급여, 복리후생비 등의 계정과목별 금액을 모두 파악하여 인건비를 집계하고, 지급수수료와 같이 특수한 계정과목에 포함된 인건비도 식별하여 가산한다.

---

12) 「총인건비 인상률 템플릿」은 총인건비를 산출할 때 현금주의를 원칙으로 삼고 있다. 따라서 임직원에게 실제 지급한 금액을 기준으로 총인건비를 계산해야 하며, 발생주의로 집계한 인건비를 현금주의를 적용한 총인건비로 전환히는 과정이 필요하다. 뒤에서 상세히 설명한다.

13) 따라서 총인건비를 관리하는 담당자는 기본적인 회계지식을 바탕으로 급여대장과 회계장부, 원천징수 자료 그리고 인건비 집계 결과를 서로 대사할 수 있어야 한다.

(나) 모든 임직원에게 지급한 인건비를 포함한다.

인건비는 모든 임직원에게 지급한 금액을 모두 포함하여 집계해야 한다. 임원뿐만 아니라 정규직, 무기계약직 그리고 비상임이사와 청년인턴, 비정규직(일용급 포함)에게 지급한 인건비도 포함하는 방식이다.

총인건비 인상률은 정규직에 대한 인건비만 포함하기 때문에 인건비와 총인건비의 범위에 차이가 있다는 점에 유의해야 한다. 실제 (2) 인건비 집계를 위한 Template은 임원, 비상임이사, 정규직 인건비와 무기계약직, 비정규직, 청년인턴 인건비를 구분하여 집계하고 있으며, (3) 총인건비 인상률 지표의 점수계산을 위한 Template은 인건비 합계에서 임원, 비상임이사, 무기계약직, 비정규직, 청년인턴 인건비를 제외하여 총인건비를 산출하는 방식으로 구성되어 있다.

(다) 사실상 급여 개념의 포괄주의 방식을 적용한다.

인건비의 범위를 정하는 데는 크게 열거주의와 포괄주의의 두 가지 방법이 있을 수 있다. 「공공기관 경영평가 편람」은 사실상 급여로 볼 수 있는 항목은 인건비에 포함해야 한다고 명시하며 인건비를 포괄주의 방식으로 집계하도록 규정하였다. 따라서 임직원이 근로를 제공하고 받은 대가는 일단 인건비에 포함해야 한다. 이와 같이 포괄주의 방식을 선택한 이유는 열거된 항목 이외의 방식으로 우회하여 급여를 지급하는 것을 방지하기 위함이다(우리나라 세법은 유형별 포괄주의 방식을 활용하고 있다). 예를 들어 공공기관이 직원에게 현금

이외의 고가의 물품을 지급하였다면, 이는 근로 제공의 대가로 사실상 급여로 볼 수 있기 때문에 인건비에 포함해야 할 것이다.

즉, 인건비는 "사실상 급여"라는 개념을 사용하여 포괄적으로 정의하고 있고, 정책적인 목적을 위해 인건비에서 제외하는 항목은 별도로 규정하고 있다. 구체적인 제외 항목은 「공공기관 경영평가 편람」과 「공기업, 준정부기관 예산운용지침」, 「총인건비 인상률 템플릿」에 명시되어 있다.

(라) 실무적으로는 급여대장 및 부속서류를 기준으로 집계한다.

인건비는 발생주의 회계처리에 의한 인건비도 포함해야 하기 때문에 재무제표에서 출발하여 집계하는 방식을 원칙으로 하고 있지만, 실무적으로는 급여대장 및 부속서류를 기준으로 집계하는 방식이 효과적이다. 각 임직원에게 지급한 급여, 성과급, 수당 등의 항목은 급여대장에 직급별, 월별, 항목별로 일목요연하게 정리되어 있기 때문에, 급여대장을 기준으로 인건비를 집계하는 방식을 권고한다.

단, 급여대장에 반영되어 있지 않은 항목은 별도의 부속서류를 통해 정리해야 한다. 예를 들어 건강검진비, 포상금, 경조사비 등은 개인별로 지급한 내역을 정리하여 (2) 인건비 집계를 위한 Template에 포함해야 한다.

2 인건비의 집계

(1) 인건비의 집계 원칙

인건비의 범위에 포함되는 항목은 (2) 인건비 집계를 위한 Template에 항목별로 구분하여 입력해야 하며, 실제 템플릿 양식은 아래와 같이 요약할 수 있다. 급여 성격의 인건비는 기본급, 상여금, 제수당 등으로 구분하여 "급료, 임금, 제수당"에 입력하고 복리후생비 성격의 인건비는 4대보험 사용자부담분, 급식비, 통신비 등으로 구분하여 "복리후생비"에 입력한다.

인건비 항목			판관비	영업외 비용	제조 원가	타계정 대체	이익 잉여금	합계
급료, 임금,		기본급						
	상여금	인센티브 상여금						

인건비 항목			판관비	영업외 비용	제조 원가	타계정 대체	이익 잉여금	합계
제수당	제수당	그 외 상여금						
		법정수당						
		해외근무수당						
		그 외 제수당						
	임원 인건비							
	비상임이사 인건비							
	……							
	기타항목							
	급료, 임금, 제수당 소계 ⓐ							
복리 후생비	사내근로복지기금출연금							
	국민연금 사용자부담분							
	……							
	급식비							
	통신비							
	기타 항목							
	복리후생비 소계 ⓑ							
잡급 및 무기 계약직	비정규직							
	무기계약직							
	청년인턴							
	소계 ⓒ							

(2) 인건비의 집계 사례

각 대상자별로 발생한 인건비가 다음과 같을 경우 (2) 인건비 집계를 위한 Template을 어떻게 작성해야 할까?

구분	정규직	임원	무기계약직	비정규직	합계
급여	1,000	100	200	50	1,350
법정수당	100	10	50	5	165
급식비	200	–	–	3	203
교통비	100	–	10	2	112
4대보험 사용자부담분	100	10	20	5	135
합계	1,500	120	280	65	1,965

(해설) (2) 인건비 집계를 위한 Template은 아래와 같이 작성한다.

1) 정규직은 인건비 발생 항목별로 구분하여 입력한다. 따라서 급여, 법정수당, 급식비, 교통비, 4대보험 사용자부담분을 (2) 인건비 집계를 위한 Template의 해당 칸에 반영한다.

2) 임원, 무기계약직, 비정규직은 발생 항목을 합산하여 하나의 칸에 입력한다.

임원: 100+10+10=120

무기계약직: 200+50+10+20=280

비정규직: 50+5+3+2+5=65

3) 발생 금액의 합계와 (2) 인건비 집계를 위한 Template의 인건비 총계와 일치하는지 확인한다.

발생금액=인건비 총계=1,965

인건비 항목			판관비
급료, 임금, 제수당		기본급	1,000
	제수당	법정수당	100
		그 외 제수당	–
		임원 인건비	120
	급료, 임금, 제수당 소계 ⓐ		1,220
복리 후생비		4대보험 사용자부담분	100
		급식비	200
		교통비	100
	복리후생비 소계 ⓑ		400
잡급 및 무기계약직		비정규직	65
		무기계약직	280
	소계 ⓒ		345
인건비 총계			1,965

(1) 개요

앞에서 설명한 바와 같이 인건비는 재무제표를 기준으로 집계한다. 집계한 인건비가 정확한지 확인하기 위해서는 다른 증빙과 비교해 보아야 한다. 경영평가 과정에서 총인건비 인상률의 실사를 담당하는 평가위원은 (2) 인건비 집계를 위한 Template에 집계된 인건비를 감사보고서, 원천징수 자료 또는 급여대장과 비교하여 정확성을 검증하며, 관련 검증 자료를 공공기관 담당자에게 요구한다. 따라서 공공기관의 총인건비 담당자는 아래의 자료를 바탕으로 인건비의 정확성을 사전에 검토해야 한다.

재무제표 → 인건비 Template = 감사보고서 = 급여대장 = 원천징수 자료

(2) 감사보고서 대사

감사보고서와 대사하는 방식은 앞에서 인건비를 집계한 절차와 동일하다. 감사보고서의 각 계정과목에 포함된 인건비와 (2) 인건비 집계를 위한 Template의 인건비를 비교하여 일치하는지 확인한다.

(3) 원천징수 자료와 대사

원천징수 자료에 집계된 근로소득 금액의 합계와 (2) 인건비 집계를 위한 Template의 인건비를 비교하는 검증 방식이다. 「소득세법」의 기준과 인건비 집계 기준에 차이가 있기 때문에 원칙적으로 두 금액은 일치할 수 없다. 따라서 두 금액의 차이가 합리적인지 설명하는 방식으로 검증을 진행한다.

검증하기 위한 양식은 엑셀[14]로 제공되며, 아래는 〈검증양식1〉 인건비 집계의 완전성 검증을 요약한 표이다. 아래의 표에서 원천징수 합계와 인건비 템플릿 금액의 차액(C)은 차이원인의 합계 금액(D)과 일치해야 한다.

---

14) 한국조세재정연구원 계량평가검증팀에서 매년 12월에 공기업, 준정부기관에 제공한다.

구분	금액
원천징수 합계(A)	
인건비 템플릿 금액(B)	
차액(C=B-A)	
차이원인1	
차이원인2	
차이원인3	
차이원인4	
차액 내역 합계(D)	

(가) 양(+)의 차이

차액이 양(+)수인 경우는 인건비 템플릿에 집계된 금액이 더 클 때 발생한다. 일반적으로 퇴직급여, 4대보험 사용자부담분 등의 항목에서 발생하며, 인건비에는 포함하지만 근로소득에는 포함하지 않는 원인으로 인해 발생한다.

(나) 음(-)의 차이

차액이 음(-)수인 경우는 원천징수 자료 금액이 더 클 때 표시된다. 원천징수 자료에는 포함되었지만 인건비 템플릿에는 집계되지 않았기 때문에 발생하며, 따라서 음(-)의 차액이 발생한 경우에는 인건비 템플릿에 누락된 항목이 있는지 검토해 보아야 한다. 특히 「소득세법」상 근로소득 등에 해당하는 항목이 원칙적으로 모두 인건비에 포함되기 때문에 원천징수 금액이 더 큰 사례는 많지 않다.

경영평가 실사 과정에서 음의 차이를 인건비에 가산하는 것으로 결정될 수도 있다. 이러한 경우 총인건비 인상률은 증가하는 방향으로 수정되기 때문에, 총인건비 인상률 한도를 위반할 위험이 증가한다. 따라서 음의 차이 항목이 있는 경우 인건비에 영향이 없는지 충분히 검토해야 한다.

(다) 차이 예시

일반적으로 발생하는 차이는 다음과 같으며, 「소득세법」과 인건비 인식 기준 차이로 인해 발생한다. 2절과 3절에서 세부 인건비 항목별로 상세히 설명하였으며, 이를 통해 아래의 내용과 더불어 인건비 기준 차이에 대해 더 깊이 있게 이해할 수 있을 것이다.

구분	차이	인건비 템플릿	소득세법
퇴직급여	+	인건비 포함	×
4대보험 사용자부담분	+	인건비 포함	비과세 근로소득
건강검진비	+	인건비 포함	근로소득 제외
사내복지기금출연금	+	인건비 포함	근로소득 제외
교육훈련비	−	인건비 제외	근로소득 포함
현물지급 기념품	−	인건비 제외	근로소득 포함

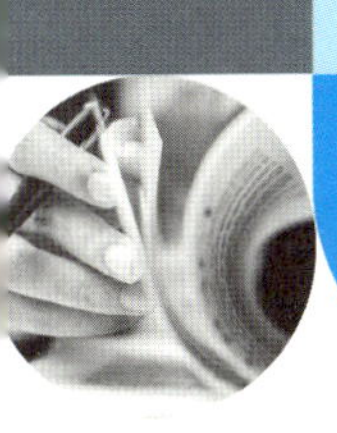

2절   총인건비

1   총인건비의 개념과 특징

(1) 총인건비의 개념

총인건비의 개념은 「2026년 공기업, 준정부기관 예산운용지침」에서 아래와 같이 정하고 있다. 「2026년 공기업, 준정부기관 예산운용지침」은 총인건비를 크게 인건비와 복리후생비로 구분하고 있다. 인건비는 계정과목, 명목, 지급방법 등에 관계없이 「소득세법」상 근로소득 등에 해당하는 모든 항목을 포함하며, 복리후생비에는 사실상 급여로 볼 수 있는 항목은 모두 포함된다. 즉, 총인건비는 「소득세법」상 근로소득에 해당하는 항목뿐만 아니라 「소득세법」상 근로소득에 해당하지 않더라도 사실상 급여로 볼 수 있는 항목까지 포함하는 개념이다.

「2026년 공기업, 준정부기관 예산운용지침」은 총인건비에서 제외할 수 있는 항목을 구체적으로 명시하고 있다. 인건비로 집계된 금액에서 해당 항목을 차감하여 총인건비를 산출하게 된다.

2026년 공기업, 준정부기관 예산운용지침

□ '총인건비'는 모든 인건비 항목과 사실상 급여로 볼 수 있는 복리후생비 등을 포함한다.
- ○ 계정과목이나 명목, 지급방법 등에 관계없이 임·직원(정원 외 직원 제외)의 「소득세법」상 근로소득 등에 해당하는 모는 항복
- ○ 그 밖에 사실상 급여로 볼 수 있는 복리후생비 등

□ 다음 각 인건비의 경우 총인건비 인상률 산정 시 제외한다.
- ○ 구체적인 항목[15] 제시

(2) 총인건비의 특징

「2026년 공기업, 준정부기관 예산운용지침」에서 정의하고 있는 총인건비는 다음과 같은 특징을 가지고 있다.

---

15) 뒤에서 각 항목별로 설명한다.

(가) 총인건비는 포괄주의 방식을 적용한다.

「2026년 공기업, 준정부기관 예산운용지침」은 총인건비의 개념을 근로소득에 해당되는 모든 항목을 포함하는 것으로 정의하고 있다. 따라서 총인건비를 정확히 인식하기 위해서는 우선 「소득세법」의 판단과정을 이해해야 한다. 「소득세법」은 특정 항목이 근로소득에 포함되는지 살펴보고, 근로소득에 포함된다면 비과세소득에 해당하는지 검토한다. 즉, 특정 항목이 비과세 항목이라는 것은 해당 항목이 근로소득에는 해당되지만 정책적 목적을 위해서 과세를 하지 않겠다는 의미인 것이다. 총인건비는 근로소득에 해당하는지 여부를 기준으로 판단해야 하기 때문에 비과세 항목에 해당하는지는 중요하지 않다. 예를 들어 소득세법 제12조는 근로자의 6세 이하 자녀 보육과 관련하여 사용자로부터 받는 급여로서 월 10만 원 이내의 금액을 비과세소득으로 정하고 있으나, 「총인건비 인상률 템플릿」은 해당 비과세 금액도 총인건비에 포함하도록 규정하고 있다.

또한 특정 항목이 근로소득에 해당하지 않더라도 사실상 급여로 볼 수 있는 복리후생비에 해당한다면 총인건비에 포함해야 한다. 예를 들어 공공기관이 명절 선물, 생일 기념품으로 상품권을 제공하는 경우 근로소득으로는 과세하지 않지만, 총인건비에는 포함해야 한다. 또한 포상비, 사내강사료 등 기타소득에 해당하는 항목도 그 성격이 사실상 급여인지 여부를 판단하여 총인건비에 포함해야 하는지 결정해야 한다.

즉, 총인건비의 범위에 대한 「공기업, 준정부기관 예산운용지침」의 규정은 인건비에 대한 「공공기관 경영평가 편람」의 규정과 마찬가지로 포괄주의의 방식을 취하고 있다. 인건비와 총인건비의 범위를 포괄주의 방식으로 규정함에 따라, 공공기관의 인건비 담당자 입장에서는 특정 인건비 항목이 총인건비에 포함되는지 충분히 검토하여 「총인건비 인상률 템플릿」을 작성해야 한다.

이와 관련하여, 경영평가 과정에서 평가위원이 총인건비에 포함되지 않은 특정 인건비 항목을 발견하여 이를 총인건비에 포함해야 하는 것 아닌지 이슈를 제기할 수 있다. 이와 같이 총인건비의 범위에 쟁점사항이 발생하는 경우 해당 항목을 총인건비에 포함하는 것이 타당한지 논의 과정을 거치게 된다. 논의 결과 특정 항목을 총인건비에 반영하도록 결정되는 경우, 해당 공공기관 입장에서는 총인건비 인상률을 위반할 위험이 생기게 된다. 따라서 각 공공기관의 총인건비 집계 대상에 대해서는 해당 회계연도가 종료되기 전까지는 정확한 분류가 이루어져야 한다.

> **[총인건비의 범위 사례]**
> - 명절에 지급한 소액의 격려품은 총인건비에 포함해야 하는가?
> - 동호회 지원비는 총인건비에 포함해야 하는가?
> - 임직원에게 제공하는 휴양소 이용요금을 총인건비에 포함해야 하는가?
> - 공공기관을 거치지 않고 정부가 직접 지급한 격려금은 총인건비에 포함해야 하는가?
> - 임금피크제 대상자에 대한 퇴직프로그램 지원금은 총인건비에 포함해야 하는가?
> - 실비변상적 성격의 근무수당을 총인건비에 포함해야 하는가?
> - 국가자격시험 감독수당 등 특별근로 수당을 총인건비에 포함해야 하는가?
> - 급여 관련 소송 패소로 인해 지급하는 지연이자는 총인건비에 포함해야 하는가?

(나) 총인건비 제외 항목은 열거주의를 적용한다.

「공기업, 준정부기관 예산운용지침」은 총인건비에서 제외할 수 있는 항목을 별도로 열거하고 있다. 「총인건비 인상률 템플릿」은 「공기업, 준정부기관 예산운용지침」을 근거로 만들어졌기 때문에, 인건비에서 총인건비 제외 항목을 차감하여 인건비를 산출하는 방식으로 (3) 총인건비 인상률 지표의 점수계산을 위한 Template이 구성되어 있다. (3) 총인건비 인상률 지표의 점수계산을 위한 Template은 「공기업, 준정부기관 예산운용지침」에 열거된 총인건비 제외 항목이 총인건비 산출 산식에 반영되어 있다.

아래의 표는 (3) 총인건비 인상률 지표의 점수계산을 위한 Template을 요약한 양식으로, 인건비 총액에서 「공기업, 준정부기관 예산운용지침」에 열거된 총인건비 제외 항목을 차감하는 모습을 확인할 수 있다. 「공기업, 준정부기관 예산운용지침」에 명시된 총인건비 제외 항목의 구체적인 내용은 뒤에서 항목별로 설명한다.

구분		금액
실집행액 기준 총인건비 발생액 산출	1. 인센티브 상여금을 제외한 인건비 총액	1,000
	2. 총인건비 인상률 계산에서 제외(조정)되는 인건비	270
	f. 퇴직급여(명예퇴직금 포함)	100
	j. 사내근로복지기금출연금	50
	l. 공적보험 사용자부담분	120
	……	
	3. 실집행액기준 총인건비 발생액	730

(다) 정규직 인건비만 포함한다.

「공기업, 준정부기관 예산운용지침」은 정원 외 직원을 제외하고 총인건비를 산정하도록 정하고 있다. 이를 근거로 총인건비 인상률은 정규직 직원만 포함하여 산정하고 있으며, 그 결과를 경영평가에 반영한다. 무기계약직과 비정규직에게 지급한 인건비는 총인건비 인상률 템플릿의 산정 대상에서 제외된다.

무기계약직은 정원 외 직원은 아니기 때문에, 「공기업, 준정부기관 예산운용지침」에 따라 총인건비 인상률을 산출해야 한다. 하지만 정규직 인건비와 무기계약직 인건비를 동시에 총인건비 인상률 지표로 평가하게 되면 다양한 문제점이 발생하기 때문에, 실제 평가 과정에서는 정규직 인건비만 총인건비 인상률로 평가한다.

아래는 (3) 총인건비 인상률 지표의 점수계산을 위한 Template을 요약한 양식으로, 인건비 총액에서 임원 인건비, 비상임이사 인건비, 잡급 및 무기계약직에 대한 인건비를 차감하여 총인건비를 산출하는 구조이다.

구분		금액
실집행액 기준 총인건비 발생액 산출	1. 인센티브 상여금을 제외한 인건비 총액	1,000
	2. 총인건비 인상률 계산에서 제외(조정)되는 인건비	130
	g. 임원 인건비	50
	h. 비상임이사 인건비	10
	k. 잡급 및 무기계약직에 대한 인건비	70
	……	
	3. 실집행액기준 총인건비 발생액	870

(1) 포괄주의

인건비와 총인건비는 범위를 결정할 때 포괄주의 방식을 적용한다는 공통점을 가진다. 「공공기관 경영평가 편람」은 인건비에 대해서, 「공기업, 준정부기관 예산운용지침」은 총인건비에 대해서 모두 "사실상 급여"라는 개념을 적용하고 있다. 이는 공공기관이 임직원에게 급여를 우회하는 방식으로 지급하면서 총인건비 인상률 규제를 회피하려는 것을 방지하기 위한 목적이라고 볼 수 있다.

(2) 제외 항목의 차이

「공공기관 경영평가 편람」은 인건비 집계 과정에서 제외할 수 있는 항목에 대해 별도의 예외 규정을 두고 있지 않다. 따라서 포괄주의에 의해 집계한 인건비 금액은 모두 (2) 인건비 집계를 위한 Template에 인건비로 반영한다.

이와 반대로 「공공기관 경영평가 편람」과 「2026년 공기업, 준정부기관 예산운용지침」은 총인건비에서 제외할 수 있는 항목을 열거하고 있다. 총인건비에서 제외하는 항목의 내용, 제외 기준, 제외 사유, 인건비 규정과 세법 및 회계기준과의 차이 등에 대해서는 뒤에서 항목별로 설명한다.

(3) 대상자의 차이

인건비는 임원, 비상임이사, 정규직, 무기계약직, 비정규직, 청년인턴에게 지급한 금액을 모두 포함하여 산정하지만, 총인건비는 정규직에게 지급한 금액만 포함한다. (2) 인건비 집계를 위한 Template은 인건비를 집계할 때 대상자별로 구분하여 표시해야 한다. 임원 인건비와 비상임이사 인건비는 급여와 복리후생비 금액을 "급료, 임금, 제수당" 항목 내에 입력해야 한다. 또한 비정규직, 무기계약직, 청년인턴에 대한 급여, 복리후생비 금액도 모두 합산하여 잡급 및 무기계약직 항목에 구분하여 입력해야 한다.

인건비 항목		판관비	영업외 비용	제조 원가	타계정 대체	이익 잉여금	합계
급료, 임금, 제수당	임원 인건비						
	비상임이사 인건비						
	......						
	기타항목						
	급료, 임금, 제수당 소계 ⓐ						
잡급 및 무기계약직	비정규직 인건비						
	무기계약직 인건비						
	청년인턴 인건비						
	소계 ⓒ						

(4) 요약

인건비와 총인건비의 비교 결과를 도식화하면 아래와 같다. 인건비에서 임원 인건비, 무기계약직, 비정규직 인건비를 차감하고 또한 「공공기관 경영평가 편람」과 「2026년 공기업, 준정부기관 예산운용지침」에서 제외하도록 열거한 항목의 금액도 차감하여 총인건비를 산출한다. 따라서 총인건비는 인건비보다 적은 금액으로 산출된다.

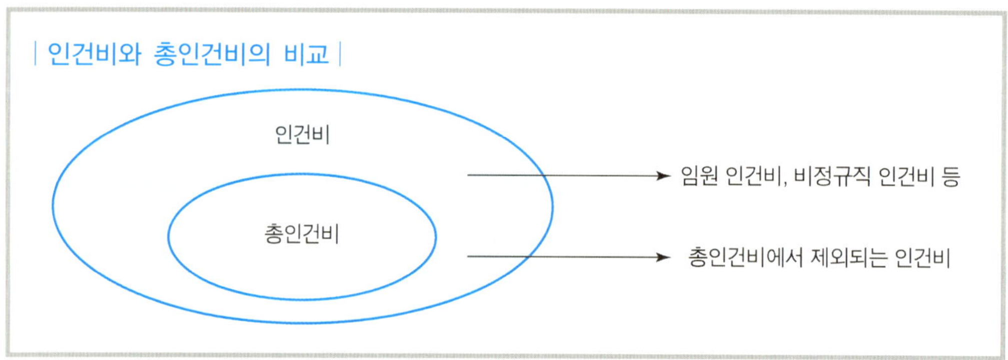

(5) 인건비와 총인건비의 활용

총인건비 인상률 계산에 필요한 정보는 총인건비 정보이기 때문에, 인건비와 총인건비를 구분하여 산출하는 것은 불필요한 과정이라고 생각할 수 있다. 하지만 「총인건비 인상률 템플릿」은 인건비와 총인건비를 구분하여 산출하도록 규정하고 있고, 또한 (2) 인건비 집계를 위한 Template은 인건비를 집계할 때 대상자를 구분하여 표시하도록 요구하고 있다.

결과적으로 정규직에 대해서는 인건비와 총인건비 정보를 모두 산출하고, 나머지 대상자에 대해서는 인건비 정보만 산출한다.

상기와 같이 대상자를 구분하여 표시하는 이유는 각각의 대상자가 여러 가지 지표에 반영되는 방식이 다르기 때문이다. 총인건비 인상률 지표는 총인건비에 정규직 인건비만 포함한다. 하지만 노동생산성과 자본생산성 지표는 부가가치를 산출할 때 청년인턴을 제외한 나머지 대상자에 대한 인건비를 모두 부가가치에 가산한다. 또한 일반관리비 관리 지표는 일반관리비를 산출할 때 비정규직 인건비와 비상임이사 인건비를 가산한다.

즉, 각각의 지표가 추구하는 목표가 다르기 때문에, 인건비도 해당 산식의 취지에 부합하는 대상자만 분리하여 반영해야 한다. 아래는 인건비 집계 대상자가 각각의 지표에 어떠한 영향을 미치는지 요약한 표이다.

> **평가지표별 인건비 집계 대상자의 활용**
>
> ① 총인건비 인상률: 총인건비에 정규직만 포함
> ② 노동/자본생산성: 부가가치에 모든 대상자를 포함하지만, 청년인턴은 제외
> ③ 일반관리비 관리: 일반관리비에 비정규직과 비상임이사만 포함
> ④ 사업수행효율성: 순사업비에서 모든 인건비 제외(단, 일반관리비에 포함된 비정규직, 비상임이사 인건비가 순사업비에서 중복 제외되지 않았는지 확인 필요)

3 「공공기관 경영평가 편람」의 총인건비 조정 규정

「공공기관 경영평가 편람」은 총인건비 인상률 산출과 관련하여 아래의 예외 규정을 명문화 하고 있으며, 각 항목의 구체적인 내용은 다음과 같다.

> **공공기관 경영평가 편람**
>
> • 총인건비 인상률 산정을 위한 총인건비의 정의는 「공기업, 준정부기관 예산운용지침」에 따른다.
>   - 자연재해 등 긴급 상황에서 불가피하게 증가한 휴일근무, 초과근무 수당은 총인건비에 조정하여 반영할 수 있다.
>   - 「공공기관의 운영에 관한 법률」 제4조 내지 제6조에 따라 공공기관으로 최초 지정된 연도에 정부예산에서 인건비가 증액된 경우에는 총인건비 인상률 산정 시 제외한다.
>   - 해외근무수당 등은 총인건비에 포함하되, 공무원 수준 이내에서 집행하는 금액은

총인건비 산정 시 제외할 수 있다.
- 해외에서 외화로 지급되는 인건비에 대하여는 환율변동 효과를 조정하기 위하여 당해 연도 통화별 현지화표시 인건비지급액에 통화별 평가대상연도 평균환율을 적용하여 통화별 원화표시 인건비 지급액을 산출한 다음 이를 합산하여 원화표시 해외인건비를 산정할 수 있다.
- 공공기관 청년인턴 인건비는 총인건비 인상률 평가에서 제외함을 원칙으로 한다.
- 직급별 인원변동에 따른 자연증감액은 변동이 있는 해당 직급 내의 실질임금을 적용하여 증원소요인건비를 계산한다. 통합직급을 운영하는 경우에도 실질임금을 적용하여 증원소요인건비를 계산한다.

(1) 자연재해 등 긴급 상황

자연재해 등 긴급 상황에서 불가피하게 증가한 휴일근무, 초과근무 수당은 총인건비에 조정하여 반영할 수 있다. 원칙적으로 휴일근무수당과 초과근무수당은 총인건비에 포함해야 하지만, 자연재해 등 긴급 상황에 한하여 예외 규정을 두고 있다.

「2026년 공기업, 준정부기관 예산운용지침」 또한 국가적 재난 발생 등에 따라 특별재난지역이 선포되었거나, 대규모 감염병 발생으로 인해 불가피하게 발생한 초과근무 수당 등은 총인건비에서 제외할 수 있도록 규정하고 있다. 실제 총인건비 평가 과정에서는 총인건비에서 조정할 수 있는 긴급상황을 특별재난지역이 선포되었는지를 기준으로 판단하고 있다.

특별재난지역 선포로 인해 불가피하게 증가한 수당을 산출하기 위해서는 우선 대상 인원을 선별해야 하고, 해당 인원에 대해 발생한 연장·야간·휴일근무수당을 집계해야 한다. 대상 인원에는 특별재난지역의 근로자 이외에도 해당 지역에 대한 지원 인력 및 본사·본부 상황실 추가 인력 등도 포함된다고 보는 것이 타당할 것이다.

(2) 공공기관 최초 지정

공공기관으로 최초 지정된 연도에 정부 예산에서 인건비가 증액된 경우에는 총인건비 인상률 산정 시 제외할 수 있다. ① 공공기관으로 최초 지정된 연도이어야 하며, ② 정부 예산에서 인건비가 증액되어야 한다는 두 가지 조건을 만족시켜야 한다. 따라서 원칙적으로 공공기관으로 지정된 연도가 지난 이후에는 적용할 수 없다. 또한 정부 예산이 아니라 자체 수입으로 인건비를 증액시키는 경우에도 예외 규정을 적용할 수 없다.

(3) 해외근무수당

해외근무수당은 원칙적으로 총인건비에 포함해야 하지만, 공무원 수준 이내에서 집행하는 금액은 총인건비 산정 시 제외할 수 있다. 「공공기관 경영평가 편람」의 이 규정을 근거로 「총인건비 인상률 템플릿」에 해외근무수당을 총인건비에서 차감하도록 하는 내용이 신설되었다. 구체적인 내용은 뒤에서 설명한다.

(4) 해외에서 외화로 지급하는 인건비

(가) 개념

「공공기관 경영평가 편람」은 해외에서 외화로 지급되는 인건비에 대하여 환율변동 효과를 조정할 수 있도록 별도의 예외 규정을 두고 있다. 해외에서 근무하고 있는 직원에게 전기와 당기에 동일한 외화 금액을 지급했더라도 적용 환율의 차이로 인해 총인건비 인상률에 왜곡이 발생할 수 있다. 아래는 전기와 당기의 지급액이 동일함에도 불구하고 환율 차이로 인해 총인건비 인상률은 20%로 산출된 사례이다. 본 규정은 이와 같은 불합리함을 조정하기 위한 규정이다.

구분	전기	당기
지급액	USD100	USD100
환율	1,000	1,200
총인건비	KRW 100,000	KRW 120,000
총인건비 인상률	20%	

(나) 적용 방식

「공공기관 경영평가 편람」에서 설명하고 있는 산식을 간략히 요약하면 아래의 산식과 같으며, 이를 통해 원화표시 해외인건비를 산정한다.

> **[원화 표시 해외인건비의 산출]**
>
> (통화별) 현지화 인건비 × (통화별) 평가 연도 평균환율 = (통화별) 원화 인건비
>
> (예시) 통화별로 현지화 인건비에 평가 연도 평균환율을 곱하여 원화 인건비를 산출한다. 통화별 원화 인건비를 모두 합산하여 원화표시 해외인건비를 구한다.
>
> (USD) 현지화 인건비 × (USD) 평가 연도 평균환율 = (USD) 원화 인건비
> (EUR) 현지화 인건비 × (EUR) 평가 연도 평균환율 = (EUR) 원화 인건비
> (JPN) 현지화 인건비 × (JPN) 평가 연도 평균환율 = (JPN) 원화 인건비
> ……
>
> 원화표시 인건비 = (USD) 원화 인건비 + (EUR) 원화 인건비 + (JPN) 원화 인건비 …

(다) 평균환율의 산출

연도별 평균환율을 산출하는 방법은 「공공기관 경영평가 편람」에 명시되어 있지 않다. 하지만 환율은 매일, 매시간 달라지기 때문에, 1년 단위의 평균환율을 어떻게 구하는 것이 합리적인지 검토해야 한다.

일반적으로 평균환율은 현지에서 1년간 사용한 현지화 총액에 대하여, 국내에서 현지로 송금한 원화 총액 중 실제 사용분에 해당하는 금액의 정보를 사용하여 산출한다. 이와 같이 평균환율을 산출하기 위해서는 현지에서 지급한 항목별 날짜와 금액 정보 그리고 국내에서 송금한 날짜와 금액 정보 등이 필요하다. 이때 평균환율의 산출방법에는 선입선출법, 이동평균법, 총평균법 등을 적용할 수 있으며, 어떤 방법을 선택할지 결정하기 위해서는 현지 통화의 사용 흐름에 대한 가정을 해야 한다.

예를 들어 국내에서 현지로 USD1,000을 USD1당 1,000원과 1,200원으로 2회 송금하였고, 현지에서 USD1,500을 사용하였다고 가정하자. 선입선출법에 따르면 실제 집행액 USD1,500 중 USD1,000은 USD1당 1,000원의 환율을 적용하고 USD500은 USD1당 1,200원의 환율을 적용하여 산출한다. 평균법을 사용한다면 USD1당 1,000원과 1,200원의 평균환율인 USD1당 1,100원을 USD1,500에 적용한다. 아래는 선입선출법을 적용하여 평균환율을 산출한 사례이다.

> **[평균환율의 산출 사례]**
>
> (송금)　　　　　　　　　　　　　　　　　（지급)
>
> 　1월 21일 10,000원 → USD10　　　　 3월 1일 USD15
> 　4월 21일 20,000원 → USD22　　　　 6월 1일 USD15
> 　7월 21일 25,000원 → USD23　　　　 9월 1일 USD15
> 　10월 1일 20,000원 → USD20　　　 12월 1일 USD15
> 　11월 1일 30,000원 → USD25
>
> (선입선출법 평균환율의 산출)
>
> 외화 지급 총액: USD 60
>
> 해당 원화 총액: 10,000원+20,000원+25,000원+20,000×5÷20=60,000원
>
> 　∴ 평균환율=60,000원/USD60=1,000원/USD1
>
> (총평균법 평균환율의 산출)
>
> 1년간 외화 송금 총액: USD100
>
> 1년간 원회 송금 총액: 100,000원
>
> 　∴ 평균환율=100,000원/USD100=1,000원/USD1

(라) 인건비 산출 사례

전기와 당기의 실제 외화 지급액과 당기의 평균환율이 결정되면 인건비에 가산할 원화표시 해외인건비를 산출할 수 있다. 아래는 3개국에서 현지화를 지급하는 공공기관의 사례이다. T−1년도에 지급한 현지화에 T년도의 평균환율을 곱하여 T−1년도의 원화표시 해외인건비를 산출하였다. T년도도 마찬가지로 T년도의 현지화 인건비에 T년도의 평균환율을 곱하여 T년도의 원화표시 해외인건비를 산출하였다. T−1년도와 T년도에 적용하는 환율은 모두 T년도의 평균환율을 적용하였기 때문에 환율 차이로 인한 총인건비 인상률 왜곡효과는 최소화되었다.

[원화표시 인건비의 인상률 산출 사례]

(T-1년도 원화표시 인건비)

구분	현지화인건비(T-1년도)	평균환율(T년도)	원화인건비(T-1년도)
USD	980	1,200	1,176,000
EUR	1,350	1,300	1,755,000
JPN	92,000	10	920,000
합계			3,851,000

(T년도 원화표시 인건비)

구분	현지화인건비(T년도)	평균환율(T년도)	원화인건비(T년도)
USD	1,000	1,200	1,200,000
EUR	1,500	1,300	1,950,000
JPN	85,000	10	850,000
합계			4,000,000

T년도 원화표시 인건비의 인상률＝3.87%

(5) 청년인턴 인건비

청년인턴 인건비는 총인건비 인상률 평가에서 제외함을 원칙으로 한다. 이에 따라 「총인건비 인상률 템플릿」은 비정규직, 무기계약직에 대한 인건비뿐만 아니라 청년인턴에 대한 인건비도 총인건비에서 제외한다.

(6) 증원소요인건비

「공공기관 경영평가 편람」은 전기와 당기의 직급별 인원 변동에 따른 차이를 조정하기 위하여 증원소요인건비를 반영할 수 있도록 규정하고 있다. 「총인건비 인상률 템플릿」은 이를 근거로 (3-1) 증원소요인건비 계산을 위한 Template을 설계하였으며, 직급별 인원 변동에 해당 직급의 실질임금을 적용하여 증원소요인건비를 계산한다. 또한 통합직급을 운영하는 공공기관의 경우에도 통합직급 내의 세부 직급에 실질임금을 적용하여 증원소요인건비를 계산한다.

「공기업, 준정부기관 예산운용지침」의 총인건비 제외 항목

「2026년 공기업, 준정부기관 예산운용지침」은 아래의 19가지 항목을 총인건비 인상률 산정 시 제외하도록 규정하고 있다. 위에서 언급한 바와 같이 총인건비 인상률 산출 대상에서 제외하는 항목은 정부의 정책 목표 달성 등 특별한 경우에 한하여 정해져 있다. 각 항목별로 구체적인 제외 내용, 총인건비에서 제외하는 사유, 제외 금액 산출방법 등을 설명한다.

2026년 공기업, 준정부기관 예산운용지침

□ 다음 각 인건비의 경우 총인건비 인상률 산정 시 제외한다.

[법정 인건비]
1) 퇴직급여충당금
2) 4대보험 사업자부담분
3) 최저임금을 지급하고 있는 직원에 대한 인건비

[성과급]
4) 「국가재정법」 제77조 및 제78조에 의한 자산운용 전담부서의 자산운용평가 성과급
5) 의사직 운영기관의 진료성과급
6) 직원 경영평가 성과급, 내부평가급 중 기존인건비 전환금
7) 「국가연구개발혁신법」 시행령 제20조 제1항에 따른 연구수당
8) 「발명진흥법」 제15조에 따른 직무발명보상금
9) 「탄력정원제를 활용한 공공기관 일자리나누기 도입·확산방안('17. 9. 28.)」에 의한 성과급 인센티브(제도도입 당해연도에 지급한 금액에 한한다)

[대체인력 인건비]
10) 「공기업, 준정부기관의 경영에 관한 지침」 제3조 제4항 내지 제6항 및 전환형 시간선택근무자 대체충원에 따라 한시적(3년 이내, 단 제3조 제4항 중 육아휴직의 경우에는 5년 이내)으로 정원을 초과하는 현원에 소요되는 인건비
11) 시간선택제 일자리예비비

[기타]
12) 「공기업, 준정부기관 임원 보수지침」에 따른 임원 인건비
13) 「혁신도시 조성 및 발전에 관한 특별법」 제47조에 근거하여 지급하는 이주수당
14) 「공공부문 비정규직 근로자 정규직 전환 가이드라인('17. 7. 20.)」에 따른 정규직으로 전환되는 인력에 대한 처우개선 소요액(급식비 월 14만 원, 복지포인트 연 50만 원, 냉설상여금 기본급의 120%)

15) 공무원 수준 내 지급되는 자녀수당 및 출산축하금
16) 경영평가 결과에 따른 직무중심 보수체계 개편, 국정과제 등 핵심정책 이행 우수기관에 대한 인센티브
17) 「간호인력 야간근무 가이드라인」을 준수하면서 2026년도 진료분 야간간호료 수가 내 지급되는 야간간호특별수당
18) 정부정책상 특별히 인정한 인건비
19) 공무원 수준 내에서 지급되는 육아휴직자 및 육아기 근로시간 단축자에 대한 업무대행수당

(1) 퇴직급여충당금

(가) 퇴직급여제도

공공기관은 「근로기준법」 제34조(퇴직급여제도) 및 「근로자퇴직급여 보장법」에 따라 퇴직하는 근로자에게 퇴직급여를 지급해야 하며, 이를 위해 퇴직급여제도를 설정해야 한다. 퇴직급여제도는 크게 퇴직금제도와 퇴직연금제도로 구분된다. 퇴직금제도는 종업원이 퇴직하는 시점에 근로기간에 비례하여 누적한 퇴직금을 일시에 지급하는 방식이다. 퇴직연금제도는 사용자가 퇴직연금 부담금을 금융기관에 납입하고, 종업원은 퇴직 후에 금융기관이 운용한 금액을 연금으로 받는 제도로, 퇴직연금제도는 확정급여형 퇴직연금제도와 확정기여형 퇴직연금제도로 구분된다. 모든 공공기관은 각 기관별로 도입한 퇴직급여제도에 따라 임직원의 퇴직으로부터 발생할 부채와 비용을 재무제표에 인식해야 한다.

① 퇴직금제도

퇴직금제도를 설정한 공공기관은 퇴직급여충당부채를 부채로 인식해야 하며, 퇴직급여충당부채는 회계연도 말 현재 모든 임직원이 일시에 퇴직할 경우 지급하여야 할 퇴직금에 상당하는 금액(퇴직금추계액)으로 설정해야 한다. 퇴직금제도를 도입한 공공기관은 매년 말 퇴직금추계액에 대하여 아래와 같이 회계처리를 해야 한다.

[퇴직금제도의 회계처리 예시]

전년도 말 퇴직금추계액이 11억 원이고, 당해연도 말 퇴직금추계액이 13억 원인 경우 당해연도 말 회계처리는? (당해연도 중 퇴사한 사람은 없다고 가정한다.)

(차) 퇴직급여(비용)　　　　　2억 원　　（대) 퇴직급여충당부채　　　　　2억 원

② 확정급여형 퇴직연금제도

확정급여형(DB: Defined Benefit) 퇴직연금제도는 근로자가 받을 연금 급여의 수준이 사전에 결정되어 있는 퇴직연금제도로, 사용자가 부담해야 할 부담금이 달라질 수 있다. 즉, 연금 운용에 대한 위험은 공공기관에게 있다. 확정급여형 퇴직연금제도와 관련하여 별도로 운용되는 자산은 하나로 통합하여 '퇴직연금운용자산'으로 표시하고, 퇴직급여충당부채에서 차감하는 형식으로 표시해야 한다. 또한 퇴직연금운용자산의 구성내역은 주석으로 기재한다. 회계처리 예시는 아래와 같다.

[확정급여형 회계처리 예시]

20×2년 중 확정급여형 퇴직연금제도와 관련하여 1억 원의 퇴직급여(당기근무원가)가 발생하였고, 8천만 원의 현금을 퇴직연금운용자산으로 납부한 경우, 회계처리는 아래와 같다.

(20×2년 기말)

(차) 퇴직급여	100,000,000	(대) 퇴직급여충당부채	100,000,000
(차) 퇴직연금운용자산	80,000,000	(대) 현금	80,000,000

③ 확정기여형 퇴직연금제도

확정기여형(DC: Defined Contribution) 퇴직연금제도는 사용자가 부담하여야 할 부담금의 수준이 사전에 결정되어 있는 퇴직연금제도로, 근로자가 받을 연금 급여 금액이 달라질 수 있다. 즉, 연금 운용에 대한 위험은 근로자에게 있으며, 공공기관은 사전에 정해진 기여금을 납부하기만 하면 된다. 따라서 해당 회계기간에 대하여 공공기관이 납부한 기여금을 퇴직급여(비용)로 인식하는 회계처리만 하면 되며, 퇴직급여충당부채, 퇴직연금운용자산 등을 재무제표에 인식할 필요는 없다.

[확정기여형 회계처리 예시]

20×2년 중 확정기여형 퇴직연금제도를 위해 금융기관에 1억 원의 부담금을 납부한 경우, 회계처리는 아래와 같다.

(20×2년 기말)

(차) 퇴직급여	100,000,000	(대) 현금	100,000,000

(나) 퇴직금

「총인건비 인상률 템플릿」은 상기 제도로 인해 발생하는 비용(퇴직급여)을 인건비로 집계한 후에 총인건비에서는 제외하도록 규정하고 있다. 그 이유는 첫 번째 퇴직급여는 발생주의 회계원칙에 따라 당기의 비용으로 인식하는 것으로, 당기에 현금유출이 일어나지 않기 때문이다. 두 번째 이유는 실제 퇴직금을 지급받는 시점에도 소득세법상 근로소득이 아닌 퇴직소득에 해당하기 때문에 예산운용지침상 총인건비의 정의에 부합하지 않기 때문이다. 마지막으로 퇴직급여의 규모에 영향을 미치는 요소가 다양하기 때문에 전기와 당기의 총인건비를 비교할 때 왜곡된 결과를 가져올 수 있기 때문이다. 특히 확정급여형 퇴직연금제도는 보험수리적가정의 요소에 따라 항목별 금액이 달라지기 때문에 총인건비 인상률의 방식으로 규제하는 것은 불합리한 결과가 나타날 것이다. 따라서 퇴직급여는 총인건비 산정 시 제외한다.

(다) 명예퇴직금

「총인건비 인상률 템플릿」은 명예퇴직자에게 지급하는 명예퇴직금을 총인건비에서 제외할 수 있도록 규정하고 있다. 이때 「2026년 공기업, 준정부기관 예산운용지침」은 명예퇴직금을 「공공기관의 혁신에 관한 지침」 제49조의 지급기준에 따라 편성하도록 규정하고 있다.

「2026년 공기업, 준정부기관 예산운용지침」

□ 명예퇴직자에게 지급하는 명예퇴직금은 「공공기관의 혁신에 관한 지침」 제49조의 지급기준에 따라 편성한다.
  ○ 다만, 각 기관은 총인건비 한도 내에서 명예퇴직자에게 추가 지급하는 퇴직위로금을 편성할 수 있다.
  ○ 임원 승진이나 자회사에 취업을 전제로 퇴직하는 자에게 명예퇴직금 등을 지급하지 않도록 내부 규정을 마련한다.

「공공기관의 혁신에 관한 지침」

제49조(명예퇴직금 지급기준 등) 공공기관의 명예퇴직은 20년 이상 근속하고 퇴직하고자 하는 때로부터 1년 이내에 정년이 도래하지 않은 자에 한하여 실시하되, 기준급여는 기본급 또는 월평균임금의 45% 중 택일하고 퇴직금 산정을 위해 인정하는 기간은 다음 각 호의 기준에 따른다.
  1. 정년이 명예퇴직 신청 시로부터 5년 이내에 도래하는 경우에는 정년까지 남은 기간의 2분의 1

---

2. 정년이 명예퇴직 신청 시로부터 5년 이후 10년 이내에 도래하는 경우에는 정년까지 남은 기간의 4분의 1

명예퇴직금은 20년 이상 근속하고, 퇴직하고자 하는 때로부터 1년 이내에 정년이 도래하지 않은 자에 대하여 지급할 수 있으며 기준급여와 인정기간은 아래와 같이 산정한다. 1년 이내에 정년 퇴직하는 자에 대해서는 명예퇴직금을 지급할 수 없기 때문에, 반드시 정년 도래 1년 전에 명예퇴직 처리가 완료되어야 한다.

- 기준급여＝기본급 또는 월평균임금의 45%
- 인정기간 산출 예시
  1) 30개월 남은 경우 인정기간＝30 × 1/2＝15개월
  2) 72개월 남은 경우 인정기간＝60 × 1/2+12 × 1/4＝33개월

만약 상기 명예퇴직금 지급기준을 초과하여 명예퇴직금을 지급하는 경우, 초과된 금액은 총인건비에 포함해야 한다. 또한 「2026년 공기업, 준정부기관 예산운용지침」은 임원 승진이나 자회사에 취업을 전제로 퇴직하는 자에 대해서는 명예퇴직금 등을 지급할 수 없도록 규정하고 있다. 따라서 대상자에게 명예퇴직금을 지급하는 경우에는 해당 금액을 총인건비에 포함해야 한다.

(라) 퇴직위로금, 희망퇴직금, 조기퇴직수당

「2026년 공기업, 준정부기관 예산운용지침」은 총인건비 한도 내에서 명예퇴직자에게 추가 지급하는 퇴직위로금을 편성할 수 있도록 규정하고 있다. 퇴직위로금을 총인건비 한도 내에서 편성할 수 있다는 의미는 관련하여 발생하는 금액을 모두 총인건비에 포함해야 한다는 뜻이다.

또한 희망퇴직금, 조기퇴직수당 등 별도의 명시적인 규정이 없는 항목을 지급하는 경우에는 해당 금액을 총인건비에 포함한다. 이때 희망퇴직금, 조기퇴직수당 등을 총인건비에 포함하였다는 사실이 다른 지침을 위반하지 않았다는 것을 의미하지는 않는다. 즉, 별도의 근거 규정 없이 수당을 신설하여 지급하는 경우, 이러한 행위는 예산운용지침의 수당 신설 억제 규정을 위반한 것으로 판단될 수 있다는 것이다. 따라서 퇴직자에게 별도의 추가금을 지급하는 경우에는 총인건비 인상률 효과와 예산운용지침 위반 여부 등을 모두 사전에 고려하여야 한다.

(마) 퇴직금 관련 지침

「2026년 공기업, 준정부기관 예산운용지침」은 퇴직급여의 적립에 대하여 다음과 같은 원칙을 제시하고 있다. 예산운용지침은 법률에서 정한 방식을 기준으로 퇴직급여를 적립하도록 규정하고 있으며, 누진·가산할 수 없도록 하고 있다.

「2026년 공기업, 준정부기관 예산운용지침」

□ 퇴직급여충당금은 근속 1년당 30일분의 평균임금을 적용하여 산정한 퇴직금추계액에 맞추어 매분기별로 우선적으로 적립한다.
  ○ 퇴직금은 「근로자퇴직급여 보장법」 등 관련규정에 정해진 대로 운영하고, 근속연수에 따라 누진·가산하여 지급하지 않도록 한다.
  ○ 퇴직연금제를 설정한 기관의 경우 제도시행을 위한 소요액을 반영하되, 법정 최소기준에 맞추어 제도를 운영한다.
    ▪ 이 경우 퇴직연금제 설정 전의 과거 근로기간까지 퇴직연금제 가입기간으로 산입하여 운영할 수 있다.

「공공기관의 혁신에 관한 지침」은 퇴직금에 대해 4가지 추가 규정을 두고 있다. 제1항과 제2항은 퇴직금 지급 시 별도의 금액을 가산하여 지급할 수 없다는 내용으로, 만약 공공기관이 퇴직자에게 정해진 금액 이상의 퇴직금을 지급한다면, 해당 금액은 총인건비에 포함해야 할 것이다. 특히 업무상 부상·질병으로 인한 퇴직, 순직의 경우라도 「산업재해보상보험법」 등 관련 규정에 따른 위로보상금만 지급할 수 있으며, 그 이외의 퇴직금은 추가로 지급할 수 없다.

제3항과 제4항은 공상으로 퇴직하였거나 순직한 이후에 그 유족 또는 자녀에게 법률에서 정해진 금액 이외의 보상을 지급할 수 없다는 내용이다. 이와 같은 항목은 총인건비의 정의에 부합하지 않기 때문에 공공기관이 지급하더라도 총인건비에 포함할 수 없을 것으로 보인다. 따라서 해당 금액을 지급하는 행위는 「공공기관의 혁신에 관한 지침」 위반 사항으로만 다루어질 것이다.

「공공기관의 혁신에 관한 지침」

제38조(퇴직금) ① 공공기관은 관련 규정에 따라 퇴직금제도를 운영하고, 근속연수에 따라 누진하여 퇴직금을 지급하지 않는다.
  ② 공공기관은 소속 임직원이 업무상 부상·질병으로 인해 퇴직 또는 순직한 경우 「산업재해보상보험법」 등 관련 규정에 따라 위로보상금을 지급하고 별도로 퇴직금을 가

산하여 지급할 수 없다.

③ 공공기관은 공상 퇴직 및 순직직원의 자녀에 대해 예산으로 학자금, 장학금 등을 지원할 수 없다.

④ 공공기관은 소속 임직원의 업무상 순직에 대하여 「산업재해보상보험법」 등 관련 규정에 따라 지급되는 유족 보상 외에 별도로 추가적인 유족 보상금과 장제비를 예산으로 지급할 수 없다.

(2) 4대보험 사업자부담분

4대보험은 국민연금, 국민건강보험(노인장기요양보험 포함), 고용보험, 산업재해보상보험으로 구성된다. 각 보험별로 개별 근로자에게 발생한 보험료를 근로자와 사업자가 서로 절반씩 부담해야 하며, 이를 근로자 부담분과 사업자부담분이라고 말한다. 이때 사용자 부담분은 근로자에 대한 인건비로 처리해야 한다.

예를 들어, 국민연금 보험료는 기준 월소득액의 9%로 정해져 있고, 이를 근로자가 4.5%, 사업자가 4.5%를 각각 나누어 부담해야 한다. 2,000,000원의 기준 월소득액이 발생하였다고 가정한다면, 근로자가 90,000원, 사업자가 90,000원을 보험료로 납부해야 한다. 근로자는 국민연금 보험료를 제한 나머지 1,910,000원을 수령하고, 사업자는 180,000원을 납부한다. 이를 회계처리로 살펴보면 다음과 같다.

(급여 지급 시점)

| (차) 인건비 | 2,000,000 | (대) 현금 | 1,910,000 |
| | | 예수금(근로자 부담분) | 90,000 |

(보험료 납부 시점)

| (차) 인건비(사용자 부담분) | 90,000 | (대) 현금 | 180,000 |
| 예수금(근로자 부담분) | 90,000 | | |

위의 사례에서 결과적으로 사업자가 비용으로 인식한 인건비 총액은 2,090,000원이다. 이는 근로자가 수령한 금액 1,910,000원과 근로자가 부담한 보험료 90,000원, 사업자가 부담한 보험료 90,000원으로 구성된다. 「총인건비 인상률 템플릿」은 4대보험 사업자부담분을 총인건비에서 제외하도록 규정하고 있으며, 해당 부분은 사업자가 부담한 보험료 90,000원을 의미한다. 한편, 소득세법은 「국민건강보험법」, 「고용보험법」 또는 「노인장기요양보험법」에 따라 국가, 지방자치단체 또는 사용자가 부담하는 보험료를 비과세소득으로 규정하고 있다.

회계처리와 소득세법 그리고 총인건비 측면에서 4대보험 사업자부담분을 처리하는 방식은 아래와 같이 요약된다.

구분	회계처리	소득세법	총인건비
4대보험 사업자부담분	인건비로 처리	비과세소득	총인건비 제외

4대보험 사업자부담분을 총인건비에서 제외하는 이유는 아래와 같다. 4대보험의 보험료는 기본적으로 "급여 × 보험료율"의 산식을 따르기 때문에, 급여의 크기와 보험료율의 변동으로부터 영향을 받는다. 매년 급여는 인상률만큼 커지기 때문에 보험료율이 고정되어 있더라도 보험료는 늘어날 것이다. 하지만 아래의 건강보험료율과 같이 보험료율도 증가하기 때문에, 4대보험 사업자부담분은 급여의 증가와 보험료율의 증가의 영향을 모두 받게 된다. 심지어 특정 연도에는 보험료율의 증가율이 총인건비 인상률보다 더 크게 나타나기도 한다.

연도	2017년	2018년	2019년	2020년	2021년	2022년
건강보험료율	6.12%	6.24%	6.46%	6.67%	6.86%	6.99%
보험료율의 증가율	0%	1.96%	3.53%	3.25%	2.85%	1.90%
총인건비 인상률	3.5%	2.6%	1.8%	2.8%	0.9%	1.4%

상기와 같이 4대보험 사업자부담분을 총인건비에 반영하는 경우, 보험료율의 증가에 따라 총인건비 인상률은 의도한 것보다 더 크게 증가할 것이다. 이와 같은 총인건비 인상률 왜곡 현상을 방지하기 위해 4대보험 사업자부담분은 총인건비에서 제외한다.

(3) 최저임금을 지급하고 있는 직원에 대한 인건비

(가) 최저임금 현황

최근 몇 년간 최저임금 인상률은 아래와 같으며, 총인건비 인상률 가이드라인에 비해 상대적으로 크게 증가하고 있다. 만약 공공기관 직원 중 최저임금 대상자가 있는 경우에는 총인건비 인상률 가이드라인을 상회하는 최저임금 인상률을 적용해야 할 것이다. 이 경우, 최저임금 대상자에게 높게 적용한 인건비 증가분만큼 다른 직원에 대한 인건비 증가분은 감소시켜야 하는 부작용이 발생한다.

(단위: 원, %)

연도	2018년	2019년	2020년	2021년	2022년	2023년	2024년
인상률 가이드라인	2.6%	1.8%	2.8%	0.9%	1.4%	1.7%	2.5%
최저임금	7,530	8,350	8,590	8,720	9,160	9,620	9,860
최저임금 인상률		10.9%	2.9%	1.5%	5%	5%	2.5%

(나) 최저임금

상기와 같은 부작용을 방지하기 위해, 「총인건비 인상률 템플릿」은 최저임금을 지급하고 있는 직원에 대하여 아래와 같은 보정을 적용하도록 규정하고 있다. 아래의 규정에 따라 보정 금액을 계산하기 위해서는 크게 3가지 요소를 고려해야 한다.

> **(3) 총인건비 인상률 지표의 점수계산을 위한 Template**
>
> 〈주석〉 최저임금 대상인 직원에게 지급한 당해연도 실제 인건비에서 인상률 가이드라인 만큼 인건비를 인상할 경우의 지급 추정액을 차감한 금액을 기재함.

(고려사항1) 최저임금 대상자의 선별

주석에 따른 보정 금액 산출을 위해서는 전년도와 당해연도에 모두 근무를 하는 직원만 대상이 되어야 한다. 예컨대, 연도별 최저임금이 2021년에는 8,720원, 2022년에는 9,160원[16] 인 경우, 원칙적으로 2021년에는 시간당 8,720원을 받고, 2022년에는 시간당 9,160원을 받는 직원을 최저임금 대상인 직원으로 해석해야 할 것이다. 하지만 이와 같이 템플릿 주석의 문구를 엄격하게 해석하는 경우에는 실질적인 보정의 효과는 미미할 것이고, 또한 다음의 사례와 같이 주석의 취지에 부합하지만 보정될 수 없는 경우도 발생할 것이다.

만약, 2021년에 시간당 8,800원을 받은 자가 2022년에 시간당 9,200원을 받은 경우에는 주석에서 의미하는 최저임금 대상자에 포함될까? 단순히 2021년과 2022년에 받은 시급을 최저임금과 비교하는 경우에는 최저임금보다 더 많은 시급을 받았기 때문에 최저임금 대상자에 포함하는 것이 적절하지 않을 수 있다. 하지만 2021년의 시급이 2022년의 최저임금보다 적기 때문에 2022년의 시급을 큰 폭으로 인상하였고, 결과적으로 최저임금의 인상률인 5.05%와 비슷한 수준인 4.55%만큼 인상하게 되었다. 즉, 최저임금 대상자인지 선별하기 위해서는 전년도와 당해연도의 최저임금과 실제 시급을 종합적으로 고려하여 검토해야 한다.

특히, 2022년도 총인건비 인상률 가이드라인은 1.4%이기 때문에 이보다 더 큰 시급 인상

---

16) 이때 최저임금의 인상률은 5.05%이다.

률인 4.55%를 보정하지 않으면 최저임금 인상에서 발생하는 문제점을 해결할 수 없을 것이다. 따라서 상기 사례의 대상자를 최저임금 대상자로 보고 대상자에게 지급한 시급을 보정하는 것이 타당할 것이다.

상기의 내용을 요약하면, 최저임금과 정확하게 동일한 금액을 지급받는 것은 아니지만 최저임금의 변동 범위에 걸쳐 있는 수준의 임금을 받는 경우에는 최저임금 대상인 직원으로 선별하는 것이 본 주석의 취지에 부합할 것이다. 구체적으로 전년도 급여가 전년도 최저임금과 당해연도 최저임금 사이의 구간에 있고, 당해연도 급여의 인상률이 최저임금 인상률보다 적거나 같은 자를 최저임금 대상자로 보는 것이 적절하다고 판단된다. 이에 대하여 공식적인 적용 지침은 없는 상황으로, 필자는 합리적인 판단 기준 사례를 아래와 같이 제시한다.

> **[최저임금 대상자 판단 기준(사례)]**
> （기준1） 전년도 최저임금 ≤ 전년도 급여 ≤ 당해연도 최저임금
> （기준2） 당해연도 실제 인상률 ≤ 최저임금 인상률

(고려사항2) 당해연도 실제 인건비

상기의 판단 기준에 따라 최저임금 대상자의 범위에 포함된 인원을 선별한 이후에, 대상자에게 지급한 실제 인건비를 별도로 집계한다. 이때 대상자에게 지급한 인건비 정보는 전년도와 당해연도 모두 필요하다. 왜냐하면 전년도와 당해연도 모두 최저임금이 인상된 범위 내에서 인상되었는지 그 타당성을 검토해야 하기 때문이다.

예를 들어, 최저임금이 8,720원에서 9,160원으로 인상되었을 때 전년도에 8,720원을 지급받은 직원이 당해연도에 13,000원을 받는 경우(49%의 인건비 인상률)에는 최저임금 인상(5%의 인상률) 이외의 비합리적인 인상률이 존재하는 것으로 볼 수 있다. 이와 같이 최저임금 대상자에 대한 인상률을 보정하자는 취지에 부합하지 않은 부분은 보정 대상에서 제외하는 것이 타당할 것이다.

현재 최저임금에 대한 보정 방식에 구체적이고 명확한 기준이 없기 때문에 당해연도의 급여가 증가하는 경우, 어느 범위까지 보정하는 것이 적절한지 쟁점이 발생할 수 있다. 필자는 이와 같이 극단적인 상황을 방지하기 위해 상기의 (기준2)가 필요하다고 판단하였으며, 실제 인상률이 최저임금 인상률인 5.05%를 초과하지 않는 경우에만 본 규정을 적용할 수 있다고 보았다.

(고려사항3) 인상률 가이드라인만큼 인건비를 인상할 경우의 지급 추정액

최저임금 대상자에게 지급한 전년도 인건비에 당기 총인건비 인상률 가이드라인을 적용

한 지급 추정액을 산출한다. 이렇게 산출된 지급 추정액에서 실제 인건비를 차감하여 보정 금액을 산출한다. 이와 같이, 최저임금 대상자에 해당하는지 판단하고, 보정 금액도 산출하기 위해 최저임금 대상자에 대한 보정 규정은 개인별로 판단하는 것이 적절할 것이다. 아래 사례를 통해 본 규정의 내용을 구체적으로 검토해 본다.

(다) 최저임금 대상자 보정 사례

아래의 사례를 통해 어떤 직원이 최저임금 대상자인지 그리고 얼마의 금액을 보정하는 것이 합리적인지 살펴본다.

[최저임금 대상자 보정(사례)]

전년도 최저임금 1,000원, 당해연도 최저임금 1,100원, 당해연도 총인건비 인상률 가이드라인 5%인 경우, 최저임금 대상자 관련 보정 금액은?

직원	전년도		당해연도		인상률		지급 추정액 (5%)	보정 금액
	인건비	최저임금	인건비	최저임금	인건비	최저임금		
A	1,000	1,000	1,100	1,100	10%	10%	1,050	50
B	1,020	1,000	1,150	1,100	13%	10%	1,071	79
C	1,050	1,000	1,120	1,100	7%	10%	1,103	18

1) 최저임금 대상인 직원 판단

A: 원칙에 가장 부합
B: 당해연도 인상률이 13%로 최저임금 인상률보다 크기 때문에 제외하는 것이 적절
C: 기준에 부합

2) 보정금액＝당해연도 인건비 지급액－지급 추정액＝A(50원)+C(18원)＝68원

상기 사례에서 직원A와 직원C에 대한 판단은 명확하게 이루어질 수 있지만, 직원B에 대해서는 좀 더 자세히 살펴볼 필요가 있다. 첫 번째 표는 직원B에게 지급한 급여의 인상률이 최저임금 인상률보다 더 크기 때문에 보정 대상에서 제외하는 것을 기준으로 작성하였다. 그러나 직원B의 전년도 인건비는 전년도 최저임금과 당해연도 최저임금의 사이에 있기 때문에, 직원B를 최저임금 대상자로 보는 것이 타당하다. 따라서 직원B의 당해연도 인상률이 높다는 이유로 보정 대상에서 완전히 제외하는 것은 합리적이지 않을 것이다. 이 경우, 보정 대상에서 제외하기보다는 당해연도 임금 인상분 중 일정 부분만 보정에 포함하는 것이 적절해 보인다.

대안1) 당해연도 최저임금을 한도로 보정

　　　　보정금액＝1,100－1,071＝29원

대안2) 전년도 실제 임금에 당해연도 최저임금 인상률을 적용한 금액을 한도로 보정

　　　　보정금액＝1,020 × (1+10%) － 1,071＝51원

상기와 같이 보정 방법에 대해 여러 가지 사례를 표시한 이유는「총인건비 인상률 템플릿」에 구체적인 산식에 제시되지 않았기 때문이다.

(4)「국가재정법」제77조 및 제78조에 의한 자산운용 전담부서의 자산운용평가 성과급

(가) 자산운용 전담부서

「국가재정법」제5조(기금의 설치)에 의한 기금 중 일부는 공공기관의 장이 관리하고 있다. 준정부기관 중 기금관리형으로 분류되는 공공기관(국민연금기금, 공무원연금기금 등)이 이에 속한다. 기금을 운용하는 공공기관은 일반적으로 자산운용, 위험관리, 성과평가 업무를 수행하는 전담부서를 각각 설치하고 있으며, 이 중 자산운용 전담부서의 설치 근거는 아래의「국가재정법」제77조 및 제78조에서 정하고 있다.

「국가재정법」

제77조(자산운용 전담부서의 설치 등) ① 기금관리주체는 자산운용위원회의 심의를 거쳐 자산운용을 전담하는 부서를 두어야 한다.

② 기금관리주체는 자산운용위원회의 심의를 거쳐 자산운용평가 및 위험관리를 전담하는 부서를 두거나 그 업무를 외부 전문기관에 위탁하여야 한다.

제78조(국민연금기금의 자산운용에 관한 특례)

① 제77조에도 불구하고 국민연금기금은 자산운용을 전문으로 하는 법인을 설립하여 여유자금을 운용하여야 한다.

② 제1항의 규정에 따른 법인의 조직, 운영 및 감독에 관하여 필요한 사항은「국민연금법」에서 따로 정한다.

(나) 자산운용평가 성과급

「2026년 공기업, 준정부기관 예산운용지침」은「국가재정법」제77조 및 제78조에 의한 자산운용 부서의 자산운용평가에 따른 성과급을「국가재정법」제74조에 의한 기금운용심의

회에서 심의한 성과평가보상지침에 따라 지급하도록 규정하고 있다. 따라서 해당 공공기관은 상기 규정에 따라 자산운용평가 성과급의 지급 근거를 마련하고, 반드시 이를 근거로 성과급을 지급해야 한다.

(다) 「총인건비 인상률 템플릿」 반영

「2026년 공기업, 준정부기관 예산운용지침」은 국가재정법에서 정한 자산운용 전담부서의 성과를 평가하고 그 결과에 따라 지급하는 자산운용평가 성과급은 총인건비에서 제외할 수 있도록 정하고 있다. 왜냐하면 기금의 연간 자산운용 결과 높은 수익률을 달성할수록 자산운용 전담부서에 대한 자산운용평가 성과급을 많이 지급해야 하고, 자산운용평가 성과급을 많이 지급할수록 총인건비 인상률 가이드라인을 초과할 가능성이 높아지기 때문이다. 즉, 자산운용 전담부서의 성과가 좋아질수록 총인건비 인상률의 평가는 위반될 가능성이 커지게 되는 불합리한 결과가 나타난다. 「2026년 공기업, 준정부기관 예산운용지침」은 이와 같이 불합리한 결과가 나타나지 않도록, 국가재정법에 의한 자산운용 전담부서의 자산운용평가 성과급은 총인건비 인상률에서 제외하도록 정하였다.

(5) 의사직 운영기관의 진료성과급

공공기관 중 의사직급을 운영하는 공공기관은 준정부기관 중 근로복지공단, 한국보훈복지의료공단, 국민건강보험공단 일산병원이 있으며, 기타공공기관 중 국립대학교병원, 국립암센터, 국립중앙의료원, 동남권원자력의학원 등이 있다. 의사직에 대한 진료성과급을 총인건비에서 제외하는 이유는 자산운용 전담부서의 자산운용평가 성과급을 총인건비에서 제외하는 것과 그 궤를 같이 한다. 의사가 진료를 더 많이 할수록 총인건비 인상률을 위반할 가능성이 커지는 것은 불합리하기 때문이다.

(6) 직원 경영평가 성과급, 내부평가급 중 기존인건비 전환금

(가) 경영평가 성과급

「2026년 공기업, 준정부기관 예산운용지침」은 경영평가 성과급을 공기업, 준정부기관의 경영실적 평가결과에 따라 기관별로 차등 지급되는 성과급이라고 정의하고 있다. 경영평가 성과급은 예비비로 편성해야 하며, 편성 비중[17]은 공기업은 월기본급의 250%, 준정부기관은 기준월봉의 100% 이내이어야 한다(단, 종전 정부투자기관은 월기본급이 300% 이내로

---

17) 직원에 대한 편성 비중을 의미하며, 임원에 대해서는 「공기업, 준정부기관 임원 보수지침」을 따른다.

편성한다).

실제 지급은 경영평가가 종료된 이후, 「공공기관의 운영에 관한 법률」 제48조에 의한 경영실적 평가결과의 후속조치로 확정된 기준에 따라야 한다. 「2026년 공기업, 준정부기관 예산운용지침」은 실제로 지급한 경영평가 성과급을 총인건비에서 제외하도록 규정하고 있다. 경영평가 성과급을 총인건비에서 제외하는 이유는 크게 두 가지가 있다.

첫 번째 이유는 경영평가 성과급을 총인건비에 포함하는 경우, 경영평가 결과가 좋아짐에 따라 지급하는 경영평가 성과급이 늘어나면 총인건비 인상률은 오히려 위반하게 되는 결과가 나타난다는 점이다.

두 번째 이유는 경영평가 성과급의 특성상 근로를 제공한 시점과 실제 수령하는 시점에 차이가 발생한다는 점이다. 즉, T년도에 근로를 제공하고, 그에 대한 평가 결과로 경영평가 성과급을 T+1년도에 지급하는 방식이기 때문에 근로제공시점과 총인건비 인상률에 반영되는 시점에는 차이가 발생하며, 이러한 차이로 총인건비 인상률에 왜곡이 발생할 수 있게 된다. 예를 들어 T년도에 12개월 동안 근로를 제공한 자가 T+1년도에 1년치의 경영평가 성과급을 수령했지만 실제 T+1년도에는 1개월만 근무를 하였다고 가정하자. 이러한 경우 T+1년도에는 증원소요인건비로는 1개월만 반영되지만 실제 경영평가 성과급으로 집행된 금액은 12개월분이 반영되기 때문에 총인건비 인상률이 왜곡될 수 있다는 것이다.

(나) 내부평가급 중 기존인건비 전환금

내부평가급 중 "기존인건비 전환금"의 용어를 정확히 이해하기 위해서는 과거의 경영평가의 변천 과정을 알아야 한다. 2004년에서 2006년까지는 정부투자기관[18] 경영평가와 정부산하기관[19] 경영평가로 운영되고 있었다. 그 이후 2007년에 「공공기관의 운영에 관한 법률」이 제정되면서 일원화된 공기업, 준정부기관 경영평가 제도가 시행되기 시작하였다. 이때 공기업, 준정부기관의 성과 향상을 위해 경영평가 성과급 비중을 기존에 비해 크게 늘렸으며, 부족한 경영평가 성과급 재원은 기존인건비에서 전환하여 마련하도록 규정하였다. 이에 따라 공기업은 월기본급의 250%를 준정부기관은 기준월봉의 100%를 자체성과급, 고정상여금 등 기존인건비에서 경영평가 성과급 재원으로 전환하여 인센티브 예비비에 계상하였다. 즉, "기존인건비 전환금"이라는 용어는 여기에서 생겨난 것이다.

이에 따라 2011년까지는 경영평가 성과급으로 공기업은 월기본급의 250~500%, 준정부기관은 기준월봉의 100~200%를 지급하였다. 하지만 경영평가 성과급 비중이 너무 높다는

---

18) 1984년에 정부투자기관 경영평가제도가 도입되었다.
19) 2004년도 정부산하기관의 실적을 2005년 3월에 최초로 평가하였다.

외부 지적에 따라 경영평가 성과급을 다시 공기업은 0~250%, 준정부기관은 0~100%로 줄이고 나머지 부분(즉, 기존인건비 전환금)은 다시 자체성과급 재원으로 활용하도록 제도를 변경하였다.

(단위: %)

구분	2011년 이전	2012년 이후	
		경영평가 성과급	기존인건비 전환금
공기업	월기본급의 250~500	월기본급의 0~250	월기본급의 250
종전 투자기관	월기본급의 200~500	월기본급의 0~300	월기본급의 200
준정부기관	기준월봉의 100~200	기준월봉의 0~100	기준월봉의 100

「2026년 공기업, 준정부기관 예산운용지침」은 이와 같은 기존인건비 전환금을 경영평가 성과급과 마찬가지로 총인건비 인상률 산정 시 제외하도록 규정하고 있다. 결과적으로 2008년도에 기존인건비 중 일부를 경영평가 성과급으로 전환했던 공공기관만이 기존인건비 전환금을 운영하고 있으며, 해당 공공기관만 총인건비에서 기존인건비 전환금을 제외할 수 있는 것이다. 기존인건비 전환금은 인건비의 영역도 아니고 경영평가 성과급의 영역도 아닌 제3의 영역에 존재하고 있다.

(다) 월기본급과 기준월봉[20]

공기업은 경영평가 성과급 등을 산정하기 위해 월기본급이라는 개념을 사용한다. 월기본급은 호봉제 적용자는 기본급여의 1/12을, 연봉제 적용자는 기본연봉(수당 등은 제외)의 1/12로 계산한다. 기본급여에는 기본급, 본봉, 직무급이 포함되며 기본급여에 포함되는 직무급은 기존에 기본급여에서 직무급으로 전환된 금액만 해당된다.

준정부기관은 기준월봉이라는 개념을 사용하며, 기준월봉은 인건비(기본급여, 통상적수당, 상여금성복리후생비, 고정상여금)를 기준으로 산출한 연간보수의 1/12의 60%로 계산한다.

월기본급과 기준월봉이 증가하면 이에 연동되는 경영평가 성과급과 기존인건비 전환금도 동시에 증가하기 때문에, 「2026년 공기업, 준정부기관 예산운용지침」은 공공기관이 월기본급과 기준월봉을 우회하여 증가시키는 것을 경계하고 있으며, 이를 방지하기 위해 「2026년 공기업, 준정부기관 예산운용지침」은 임금체계 개편으로 월기본급, 기준월봉 등을 증가시킬 수 없다고 명시하고 있다.

경영평가 성과급과 기존인건비 전환금을 정확하게 계산하고 검증하기 위해서는 월기본

---

20) 구체적인 사항은 「2026년 공기업, 준정부기관 예산운용지침」의 [붙임 1] 경영평가 성과급, 내부평가급 산정 기준을 참고한다.

급과 기준월봉의 적정성·정확성부터 검토해야 한다. 월기본급과 기준월봉의 적정성과 정확성을 확인하고 경영평가 성과급과 기존인건비 전환금이 정확한지 파악하기 위한 절차는 아래와 같다.

경영평가 성과급과 기존인건비 전환금의 정확성 검토 절차

1) 월기본급과 기준월봉에 포함된 항목이 「2026년 공기업, 준정부기관 예산운용지침」에 부합하는지?
2) 고정상여금 등 세부항목이 「2026년 공기업, 준정부기관 예산운용지침」의 개념에 부합하는지?
3) 과거에 임금체계 개편 등으로 월기본급과 기준월봉을 증가시킨 사례가 있는지?
4) 월기본급과 기준월봉에 포함된 항목의 실제 data는 정확하게 연계되었는지?
5) 실제 data를 사용하여 재계산한 결과가 정확하게 산출되었는지?
6) 월기본급과 기준월봉을 사용하여 재계산한 성과급 금액은 정확하게 산출되었는지?
7) 기관이 지급한 성과급 총액이 「2026년 공기업, 준정부기관 예산운용지침」의 한도를 초과하지 않았는지?

(라) 경영평가 성과급의 산정

「2026년 공기업, 준정부기관 예산운용지침」은 경영평가 성과급을 산정할 때 유의해야 할 사항으로 다음의 3가지 항목을 제시하고 있다. 경영평가 성과급은 전년도 성과에 대한 평가를 바탕으로 지급해야 하고 근로 제공 기간에 비례하여 지급해야 한다는 원칙이다.

(유의사항1) 경영평가 성과급 및 직무수행실적 평가 성과급, 내부평가급의 예산편성 및 지급시의 기준년도는 직전년도로 하며, 월기본급과 기준월봉 산출은 [붙임 1]에 따른다.

T년도에 지급하는 성과급의 기준금액은 직전년도(T-1년도)의 월기본급과 기준월봉을 기준으로 산출한다는 의미이다. 만약 직전년도(T-1년도)에 총인건비 인상률 가이드라인을 위반하였다면 월기본급과 기준월봉은 총인건비 인상률 이내로 조정해야 한다.

(유의사항2) 임직원의 근무연수와 성과급 지급연수가 일치해야 한다.

원칙적으로 입사연도의 경영평가 성과급은 입사 다음연도에 지급해야 하고, 퇴직연도의 경영평가 성과급은 퇴직 다음연도에 지급해야 한다. T년도에 입사하는 경우 T년도에 대한 성과 평가 결과가 나온 T+1년에 경영평가 성과급을 지급하는 방식인 것이다. 또한 T+10년에 퇴직을 하게 되면 그에 대한 경영평가 성과급은 퇴직 이후의 시점인 T+11년에 지급한다. 결과적으로 근무연수가 10년이라면 성과급 지급연수도 10년이 된다.

상기의 원칙과 반대로, 입사연도에 경영평가 성과급을 지급한 경우에는 퇴직연도에 대한 경영평가 성과급은 지급할 수 없다는 점에 유의한다.

(유의사항3) 경영평가 성과급은 지급 대상연도에 근무일수에 비례하여 지급한다.

경영평가 성과급은 근로 제공의 대가이기 때문에, 지급 대상연도에 일부 기간에만 근무하였다면 경영평가 성과급도 그에 비례해야 한다는 의미이다. 예를 들어 T년도에 100일만 근무하였다면 T+1년도에 지급하는 경영평가 성과급은 100일/365일을 곱하여 계산해야 한다. 구체적인 지급시기, 지급제외 대상 등에 대해 내부 규정으로 정할 수 있다.

(마) 성과급 차등 지급

공기업, 준정부기관은 개인별 또는 부서별 성과관리를 위해 성과급 총액 범위 내에서 성과급 지급에 관한 차등화된 내부기준을 마련하고 차등수준을 강화하여 운영해야 한다. 이를 위해 「2026년 공기업, 준정부기관 예산운용지침」은 성과급의 차등 지급에 대하여 다음의 규정을 마련하고 있다.

예산운용지침상 성과급 차등 지급 규정

1) 차등 등급 수는 6개 이상
2) 최고등급의 비율은 10% 이상
3) 최저등급과 차하위등급의 비율 합계는 10% 이상
4) 특정 등급 비율은 50% 이하
5) 최저등급 지급률은 0%
6) 최고등급 지급액은 차하위등급 지급액의 2배 이상

상기 규정에 따라 공기업, 준정부기관은 성과평가를 위한 6개 이상의 등급을 차등하여 두고 각 등급별 지급률과 인원규모를 사전에 정해야 한다. 만약 직원이 거짓이나 부정한 방법으로 성과급을 지급받은 때에는 공기업, 준정부기관은 기지급한 성과급을 환수할 수 있도록 「공무원수당 등에 관한 규정」을 준용하여 별도의 내부 규정을 마련해야 한다.

(7) 「국가연구개발혁신법」 시행령 제20조 제1항에 따른 연구수당

(가) 연구수당의 범위

「2026년 공기업, 준정부기관 예산운용지침」은 「국가연구개발혁신법」 시행령 제20조 제1항에 따른 연구수당을 총인건비에서 제외할 수 있도록 규정하고 있다. 「국가연구개발혁신법」 제13조(연구개발비의 지급 및 사용 등) 제3항의 연구개발비은 연구개발과제를 수행하는데 소요되는 직접비와 간접비로 구성된다.

「국가연구개발혁신법」

제13조(연구개발비의 지급 및 사용 등) ③ 연구개발비는 다음 각 호의 비용으로 구성하며, 그 사용용도는 대통령령으로 정한다.
  1. 직접비: 연구개발기관이 연구개발과제를 수행하는데 소요되는 비용으로서 개별 연구개발과제로부터 직접 산출할 수 있는 비용
  2. 간접비: 연구개발기관이 연구개발과제를 수행하는데 공통적으로 소요되는 비용으로서 개별 연구개발과제로부터 직접 산출할 수 없는 비용

「국가연구개발혁신법」 시행령

제20조(연구개발비의 사용용도 등) ① 법 제13조 제3항에 따른 연구개발비 사용용도는 [별표 2]와 같다.

「국가연구개발혁신법」의 [별표 2]에 규정된 연구개발비는 그 용도에 따라 다양한 항목으로 구성되어 있으며, 이 중 연구개발과제 수행에 참여하는 연구책임자 및 연구자(학생연구자를 포함한다)에게 지급하는 장려금을 연구수당으로 정의하고 있다.

「국가연구개발혁신법」 [별표 2]

연구개발비 사용용도(제20조 제1항 관련)

1. 직접비

항목	사용용도
자. 연구수당	연구개발과제 수행에 참여하는 연구책임자 및 연구자(학생연구자를 포함한다)를 대상으로 지급하는 장려금

(나) 연구개발능률성과급

상기의 연구수당 이외에, 「국가연구개발사업 연구개발비 사용 기준」에 따른 연구개발능률성과급을 총인건비에서 제외할 수 있을지 검토하였다. 결론적으로 「2026년 공기업, 준정부기관 예산운용지침」상 연구개발능률성과급에 대한 예외 규정은 없기 때문에 공기업, 준정부기관은 연구개발능률성과급은 총인건비에서 제외할 수 없다. 단, 기타공공기관을 평가하는 각 주무부처에서 해당 공공기관의 특수성을 고려한 별도의 평가 규정을 마련한 경우

에는 공기업, 준정부기관과 다르게 총인건비를 산정할 수 있다. 예를 들어 과학기술정보통신부를 주무기관으로 두고 있는 기타공공기관에는 연구기관이 많이 포함되어 있기 때문에, 과학기술정보통신부의 정책 방향에 따라 별도의 지침을 둘 수 있을 것이다.

(다) 공공기관의 혁신에 관한 지침

「공공기관의 혁신에 관한 지침」은 연구개발목적기관에 대해 별도의 예외 규정을 2022년에 신설하였다. 연구개발목적기관이 국제적 수준의 우수 성과 창출을 위하여 해외 우수 연구인력을 유치하거나, 유지하기 위한 경우에는 별도의 지원조건을 마련하여 운영할 수 있다. 단, 이를 운영하기 위해서는 예산의 범위 내에서 주무기관의 장과 협의하여야 한다.

(라) 소득세법 참고

「소득세법」 시행령 제12조는 「특정연구기관육성법」 등 아래에서 규정하고 있는 관련 종사자가 연구보조비, 연구활동비 중 월 20만 원 이내의 금액을 수령하는 경우 이를 비과세소득으로 처리할 수 있도록 규정하고 있다. 하지만 이는 소득세법 비과세에 대한 규정으로, 총인건비에서 제외할 수 있다는 의미는 아니기 때문에 비과세 금액까지 포함한 총액을 총인건비에 포함해야 한다.

「소득세법」 시행령

제12조(실비변상적 급여의 범위) 12. 다음 각 목의 어느 하나에 해당하는 자가 받는 연구보조비 또는 연구활동비 중 월 20만 원 이내의 금액

    가. 「유아교육법」, 「초·중등교육법」 및 「고등교육법」에 따른 학교 및 이에 준하는 학교(특별법에 따른 교육기관을 포함한다)의 교원

    나. 「특정연구기관육성법」의 적용을 받는 연구기관, 특별법에 따라 설립된 정부출연연구기관, 「지방자치단체출연 연구원의 설립 및 운영에 관한 법률」에 따라 설립된 지방자치단체출연연구원에서 연구활동에 직접 종사하는 자(대학교원에 준하는 자격을 가진 자에 한한다) 및 직접적으로 연구활동을 지원하는 자로서 재정경제부령으로 정하는 자

    다. 「기초연구진흥 및 기술개발지원에 관한 법률 시행령」 제16조의2 제1항 제1호 또는 제3호의 기준을 충족하여 「기초연구진흥 및 기술개발지원에 관한 법률」 제14조의2 제1항에 따라 인정받은 중소기업 또는 벤처기업의 기업부설연구소와 같은 항에 따라 설치하는 연구개발전담부서(중소기업 또는 벤처기업에 설치하는 것으로 한정한다)에서 연구활동에 직접 종사하는 자

---

(8) 「발명진흥법」 제15조에 따른 직무발명보상금

(가) 개요

「2026년 공기업, 준정부기관 예산운용지침」은 공공기관이 발명진흥법 제15조에 따라 근무 중인 직원에게 지급하는 직무발명보상금은 총인건비에서 제외할 수 있도록 규정하고 있다. 직무발명보상금은 2016년도 이전까지 「소득세법」상 기타소득으로 분류되었기 때문에 별도의 예외 규정 없이 총인건비에서 제외되었다. 그러나 2016년 말 「소득세법」 개정으로 직무발명보상금이 「소득세법」상 근로소득에 포함되었으며, 따라서 직무발명보상금을 총인건비에 포함하는 것이 예산편성지침에 부합하게 되었다. 그러나 직무발명보상금을 총인건비에 반영하는 것은 발명, 개발 등의 과학, 기술 활동을 위축시키기 때문에 총인건비에서 제외하는 것이 타당하다는 주장이 제기되었다. 이에 따라 2019년도 예산편성지침이 직무발명보상금을 총인건비에서 제외할 수 있도록 개정되면서, 「총인건비 인상률 템플릿」도 2019년도부터 총인건비에서 제외할 수 있도록 수정되었다.

> **「발명진흥법」**
>
> 제15조(직무발명에 대한 보상) ① 종업원등은 직무발명에 대하여 특허 등을 받을 수 있는 권리나 특허권 등을 계약이나 근무규정에 따라 사용자등에게 승계하게 하거나 전용실시권을 설정한 경우에는 정당한 보상을 받을 권리를 가진다.
> ② 사용자등은 제1항에 따른 보상에 대하여 보상형태와 보상액을 결정하기 위한 기준, 지급방법 등이 명시된 보상규정을 작성하고 종업원등에게 문서로 알려야 한다.

(나) 「소득세법」 참고

「소득세법」상 기타소득으로 분류되던 직무발명보상금이 2016년 말 세법 개정으로 근로소득으로 분류되었으며 연간 300만 원의 범위 내에서 비과세하도록 변경되었다. 그 후 2019년 세법 개정으로 비과세 한도가 연간 500만 원으로 증가하였으며, 2024년부터는 연간 700만 원으로 증가하였다. 한편, 이미 퇴사한 자에게 지급하는 직무발명보상금은 「소득세법」상 기타소득에 해당한다.

> **「소득세법」**
>
> 제12조(비과세소득) 다음 각 호의 소득에 대해서는 소득세를 과세하지 아니한다.
> 3. 근로소득과 퇴직소득 중 다음 각 목의 어느 하나에 해당하는 소득

어. 「발명진흥법」 제2조 제2호에 따른 직무발명으로 받는 다음의 보상금(이하 "직무발명보상금"이라 한다)으로서 대통령령으로 정하는 금액

  1) 「발명진흥법」 제2조 제2호에 따른 종업원등(이하 이 조, 제20조 및 제21조에서 "종업원등"이라 한다)이 같은 호에 따른 사용자등으로부터 받는 보상금

  2) 대학의 교직원 또는 대학과 고용관계가 있는 학생이 소속 대학에 설치된 「산업교육진흥 및 산학연협력촉진에 관한 법률」 제25조에 따른 산학협력단(이하 이 조에서 "산학협력단"이라 한다)으로부터 같은 법 제32조 제1항 제4호에 따라 받는 보상금

「소득세법」 시행령

제17조의3(비과세되는 직무발명보상금의 범위) 법 제12조 제3호 어목 1), 2) 외의 부분에서 "대통령령으로 정하는 금액"이란 연 500만 원 이하의 금액을 말한다.

(9) 탄력정원제 관련 성과급 인센티브

(가) 탄력정원제 관련 성과급 인센티브

「2018년도 공기업, 준정부기관 예산편성지침」은 「탄력정원제를 활용한 공공기관 일자리 나누기 도입·확산방안」('17. 9. 28.)에 의한 성과급 인센티브를 총인건비에서 제외할 수 있도록 규정을 신설하였다. 「공기업, 준정부기관의 경영에 관한 지침」은 탄력정원을 총인건비 범위 내에서 노사협의 등을 통해 기관이 자율적으로 운영할 수 있는 정원이라고 정의하고 있다. 구체적으로 탄력정원제는 근로시간 단축(초과근로 축소, 연가 활성화)과 각종 수당(초과근로수당, 연가보상비 등)의 여유재원을 통해 정원을 늘리는 방식이기 때문에, 총인건비가 늘어나지 않는 원리라고 설명하고 있다. 재정경제부는 일자리 나누기 활성화를 위해, 공공기관이 「탄력정원제를 활용한 공공기관 일자리나누기 도입·확산방안」('17. 9. 28.)에 따라 탄력정원제를 도입하였다면 성과급 인센티브를 추가로 제공하였으며 해당 금액은 총인건비에서 제외할 수 있도록 하였다.

한편, 해당 성과급 인센티브는 탄력정원 제도를 도입한 당해연도에 지급한 금액에 한하여 총인건비에서 제외할 수 있다.

「공기업, 준정부기관의 경영에 관한 지침」

제8조(탄력정원의 운영) ① 공기업·준정부기관은 총인건비 범위 내에서 노사협의 등을

통해 공공서비스의 품질 향상 및 좋은 일자리 창출을 위해 필요한 경우 해당 기관이
자율적으로 운영할 수 있는 정원(이하 "탄력정원"이라 한다)을 둘 수 있다.
② 공기업·준정부기관이 탄력정원을 조정하고자 하는 경우 주무기관의 장과 협의를
거쳐야 하며 탄력정원을 조정한 경우에는 지체 없이 그 결과를 재정경제부장관에 통
보하여야 한다.
③ 공기업·준정부기관 예산편성지침 및 공기업·준정부기관 예산집행지침의 정원에
탄력정원은 포함되지 아니한다.

(나) 탄력정원의 이해

아래에서는 탄력정원을 「총인건비 인상률 템플릿」에 어떻게 적용해야 하는지 이론적으
로 설명한다. 탄력정원의 핵심은 총인건비 범위 내에서 정원을 자율적으로 운영한다는 점
이다. 예를 들어, 10명의 정원(＝현원)을 가진 공공기관이 T년도에 1억 원을 총인건비로
사용하였다고 가정하자. 이 기관이 근로시간을 단축하고, 수당을 절감하는 방식으로 T+1
년도에 탄력정원제를 도입하여, 정원(＝현원)을 15명으로 늘렸다면 어떻게 될까? 총인건비
범위 내에서 정원을 증가시켜야 하므로, T+1년도에 15명이 1억 원의 총인건비를 사용하여
야 한다.

즉, 정원과 현원이 늘어났음에도 총인건비는 탄력정원으로 인해 정원이 늘어나기 이전
수준으로 제한을 두어야 한다. 따라서 탄력정원제를 도입한 기관은 탄력정원의 정의에 부
합하도록 「총인건비 인상률 템플릿」을 작성해야 한다. 이는 「공기업, 준정부기관의 경영에
관한 지침」에도 동일한 내용이 규정되어 있으며, 예산운용지침상 정원에 탄력정원은 포함
되지 않는다고 설명하고 있다.

예컨대 탄력정원제 도입으로 정원을 10명에서 15명으로 늘리고 이를 템플릿에 그대로 반
영한다면 증원소요인건비가 증가하게 된다. 하지만 이와 같은 방식은 탄력정원제의 내용에
부합하지 않는 효과이므로, 「총인건비 인상률 템플릿」에는 탄력정원제로 인한 정원의 증가
는 반영하지 않는 것이 원칙이다.

그렇다면 현원은 어떻게 반영해야 할까? 이는 정원과 현원의 관계를 기준으로 크게 두
가지 유형으로 구분된다. 첫 번째는 정원과 현원이 같을 때이다. 정원과 현원이 동일할 때,
탄력정원제를 통해 정원을 늘리고 이를 근거로 현원을 채용하는 것이 탄력정원제의 도입
취지일 것이다. 이때 「총인건비 인상률 템플릿」은 탄력정원제로 인한 정원의 증가를 반영
하지 않기 때문에, 현원을 늘려도 총인건비 한도는 늘어나지 않는다. 따라서 현원은 실제
현원을 그대로 템플릿에 기입하는 것이 적절하다.

두 번째는 정원이 현원보다 큰 경우이다. 정원과 현원 간에 여유가 있는 경우에도, 현원은 실제 현원을 그대로 템플릿에 입력해야 할 것이다. 그러나 정원과 현원의 차이에 여유가 있을 때는 탄력정원제의 도입의 효과가 없다. 왜냐하면 탄력정원제 도입 이전에도 이미 정원에 여유가 남아 있었기 때문에, 신규채용한 인원은 탄력정원제와 무관하게 총인건비를 절감하지 않고 증원소요인건비를 통해 총인건비 한도를 늘릴 수 있기 때문이다. 이와 같은 결과는 신규채용 인원이 정·현원 차이에 의한 신규채용 인원인지 탄력정원제로 인한 신규채용 인원인지 구분할 수 없기 때문에 발생한다.

다만, 정원과 현원에 차이가 있는 기관이 「탄력정원제를 활용한 공공기관 일자리나누기 도입·확산방안」('17. 9. 28.)에 따라 탄력정원제를 도입한 것으로 주장하면서 제도 도입에 의한 성과급 인센티브를 받았다면 이는 제도를 악용한 것으로 불합리한 결과일 것이다. 왜냐하면 실제로 총인건비 절감 노력을 하지 않았음에도 불구하고 제도의 혜택(인센티브 성과급)만 누린 것이기 때문이다.

(10) 관련 규정에 따라 한시적으로 정원을 초과하는 현원에 소요되는 인건비

「공기업, 준정부기관의 경영에 관한 지침」은 군입대 휴직자, 3개월 이상 육아휴직자, 산전후휴가에 이은 3개월 이상의 육아휴직자, 「벤처기업육성에 관한 특별조치법」에 따른 6개월 이상의 휴직자, 「장애인고용촉진 및 직업재활법」에 따른 중증장애인의 채용 등의 사유로 인해 발생한 초과 현원을 3년(육아휴직자는 5년) 이내에 해소하도록 규정하고 있다.

이를 근거로 「2026년 공기업, 준정부기관 예산운용지침」은 한시적으로 정원을 초과하는 현원에 소요되는 인건비를 총인건비에서 제외할 수 있도록 규정하고 있다. 여기서 유의하여야 할 점은 실제 「총인건비 인상률 템플릿」에서 적용하고 있는 방식은 관련 인건비를 총인건비에서 제외하는 방식이 아니라는 점이다.

「총인건비 인상률 템플릿」에서 초과 현원을 조정하는 방식은 증원소요인건비 계산의 기초가 되는 평균인원을 계산할 때 초과 현원이 발생하는 경우 복직자를 초과 현원에서 차감하는 방식이다. 이와 같은 방식은 초과 현원에 해당하는 인원을 정원 이내로 흡수하여 증원소요인건비를 인정하는 방식이다. 따라서 본 규정의 실질은 예외 금액을 총인건비에서 제외하는 방식이 아니라, 총인건비를 늘려주는 방식으로 조정하는 것으로 이해해야 한다. 자세한 내용은 "제3장 3절 4. (1) 근속승진과 인정승진"에서 설명한다.

「공기업, 준정부기관의 경영에 관한 지침」

제3조(조직과 정원의 관리 원칙) ④ 군입대 휴직자 및 3개월 이상 육아휴직자에 대해서는 현원 계상 시 제외하고 결원 보충이 가능하며, 산전후휴가에 이어 3개월 이상의 육아휴직 시에도 결원보충할 수 있다. 다만, 이로 인해 발생하는 초과 현원은 3년(육아휴직자는 5년) 이내에 해소하여야 한다.

⑤ 「벤처기업육성에 관한 특별조치법」 제16조에 따라 6개월 이상 휴직한 자에 대해서는 현원 계상 시 제외하고 결원 보충할 수 있다. 다만, 이로 인해 발생하는 초과 현원은 3년 이내에 해소하여야 한다.

⑥ 「장애인고용촉진 및 직업재활법」에 따른 중증장애인은 정원을 초과하여 채용할 수 있다. 다만, 이로 인해 발생하는 초과 현원은 3년 이내에 해소하여야 한다.

(11) 시간선택제 일자리예비비

「2026년 공기업, 준정부기관 예산운용지침」은 시간선택제 일자리에 따른 추가 인건비(급식비, 교통비 등)를 예비비 중 목적예비비로 편성하여 다른 목적으로 사용할 수 없도록 규정하고 있다. 시간선택제 일자리에 따른 보수는 원칙적으로 근무시간에 비례하여 지급해야 한다. 그러나 시간선택제 일자리와 관련된 추가경비(급식비, 교통비 등)는 근무시간에 비례하여 증가하는 방식이 아니기 때문에, 전일제 근무자와 동일하게 지급하여야 한다.

「2026년 공기업, 준정부기관 예산운용지침」은 시간선택제 일자리 활성화를 위하여 상기와 같은 시간선택제 일자리와 관련된 추가경비(급식비, 교통비 등)를 시간선택제 일자리 예비비에 편성할 수 있도록 규정하였으며, 또한 해당 금액을 총인건비에서 제외할 수 있도록 정하고 있다.

한편, 「2026년 공기업, 준정부기관 예산운용지침」은 전환형 시간선택제 근무자의 근무시간 외 업무를 대행하는 직원에게는 총인건비 범위 내에서 공무원 수당규정에 준하여 업무대행수당을 지급할 수 있도록 규정하고 있다.

(12) 「공기업, 준정부기관 임원 보수지침」에 따른 임원 인건비

(가) 개요

「2026년 공기업, 준정부기관 예산운용지침」은 임원 인건비를 총인건비에서 제외하고, 「공기업, 준정부기관 임원 보수지침」에 따라 편성하도록 규정하고 있다. 임원의 인건비 규모와 인상률은 직원에 비해 상당히 높은 수준이기 때문에, 임원과 직원이 동일한 총인건비 인상률의 틀 안에서 인건비 규제를 받는 것은 직원 입장에서 불합리한 결과가 나타나게 된다. 따라서 임원 인건비는 총인건비 인상률이 아닌 「공기업, 준정부기관 임원 보수지침」을 근거로 평가하게 된다.

(나) 임원 인건비의 집계

앞에서 임원 인건비와 비상임이사의 인건비는 구분하여 집계하는 것을 원칙으로 설명하였다. 예를 들어, 정규직, 임원, 비상임이사에게 아래와 같이 급여, 상여, 수당, 복리후생비 등을 지급하였다면 (2) 템플릿은 어떻게 작성해야 할까?

구분	정규직 인건비	임원 인건비	비상임이사 인건비
급여	1,000	120	50
상여	600	150	–
법정수당	200	–	–
해외근무수당	80	–	–
4대보험 사용자부담분	250	35	8
급식비	100	5	2
건강진단비	20	10	–
합계	2,250	320	60

(다) 템플릿 입력 예시

정규직 인건비는 (2) 인건비 집계를 위한 Template에 항목별로 입력해야 하고, 임원과 비상임이사에 대한 인건비는 지급한 금액 전액을 해당 칸에 합산하여 입력해야 한다. 따라서 임원 인건비 320원과 비상임이사 인건비 60원은 합산하여 아래의 칸에 입력하고, 정규직에 대한 인건비는 항목별로 구분하여 입력한다. 임원과 비상임이사에 대한 수당, 복리후생비가 중복 입력되지 않도록 유의해야 한다. 앞의 표의 집행액 합계는 2,250+320+60=2,630원이고, 아래 Template의 소계 합계는 2,260+370=2,630원으로 서로 일치하는지 확인하여 검증할 수 있다.

인건비 항목			판관비
급료, 임금, 제수당	기본급		1,000
	상여		600
	제수당	법정수당	200
		해외근무수당	80
	임원 인건비		320
	비상임이사 인건비		60
	급료, 임금, 제수당 소계 ⓐ		2,260
복리 후생비	4대보험 사용자부담분		250
	급식비		100
	건강진단비		20
	복리후생비 소계 ⓑ		370

(13) 「혁신도시 조성 및 발전에 관한 특별법」 제47조에 근거하여 지급하는 이주수당

(가) 「혁신도시 조성 및 발전에 관한 특별법」 규정

「혁신도시 조성 및 발전에 관한 특별법」은 이전 공공기관에 종사하는 이주직원에게 아래와 같은 지원을 할 수 있다. 이전한 공공기관의 장은 이주직원에게 이사비용과 이주수당을 지급할 수 있다. 또한 이주직원에 대한 주택 우선 공급, 주택도시기금에서의 융자도 가능하도록 규정되어 있다.

> **「혁신도시 조성 및 발전에 관한 특별법」**
>
> 제47조(이전공공기관의 이주직원에 대한 지원 등) ① 이전공공기관의 장은 이주직원에 대하여 이사비용 및 이주수당의 지급 등 대통령령으로 정하는 바에 따라 지원 대책을 마련하여 시행할 수 있다.
>
> ② 이전공공기관의 이주직원에게 주택을 공급하는 경우 「주택법」 제54조, 「민간임대주택에 관한 특별법」 제3조 및 「공공주택 특별법」 제48조의 규정에 따라 주택을 우선 공급할 수 있다.
>
> ③ 이전공공기관의 이주직원에게는 주택도시기금에서 주택구입자금 또는 전세자금을 융자할 수 있다.

(나) 예산운용지침상 이주수당

「2026년 공기업, 준정부기관 예산운용지침」은 상기의 「혁신도시 조성 및 발전에 관한 특별법」 제47조에 근거하여 지급하는 이주수당을 총인건비에서 제외할 수 있도록 정하고 있다. 지방이전 이후 2년간 1인당 연간 240만 원 이내에서 이주수당을 지급할 수 있으며, 해당 금액은 매월 20만 원씩 지급할 수도 있고 분기별 또는 반기별로도 지급할 수 있다.

이주수당은 지방으로 이전하는 부서에 근무하는 직원에게 지급해야 한다. 만약 여러 부서가 순차적으로 이전하는 경우에는 각 부서별로 구분하여 이주수당을 지급할 수 있다. 예를 들어, 20×1년 기말에 이전하는 A부서의 직원에게는 20×3년 기말까지 이주수당을 지급하며, 20×3년 기말에 이전하는 B부서의 직원에게는 20×5년 기말까지 이주수당을 지급한다.

2026년 공기업, 준정부기관 예산운용지침

(2) 수당 등

□ 정규직 직원에 대한 이주수당은 원칙적으로 인건비에 편성하고, 직제상 정원 외의 직원은 '잡급'에 편성한다.

   o 1인당 이주수당은 연간 240만 원 이내에서 지방이전 이후 2년간 지급할 수 있으며, 이주수당은 연간 지급한도 내에서 기관 사정에 따라 편성할 수 있다.

(5) 기타

□ 「혁신도시 조성 및 발전에 관한 특별법」 제47조에 따른 이주직원에 대한 이주수당은 2년간 지급하되, 기관 사정에 따라 자율적(월별, 분기별, 반기별 등)으로 지급할 수 있다. 이 지침 시행 이전에 기이전하여 이주수당을 지급한 경우에는 이 지침에 따라 집행한 것으로 본다.

   o 이주수당은 지방이전 계획상 이전하는 부서에 근무하는 임직원 및 정원 외의 직원을 대상으로 지급한다.

   o 이주수당은 지방이전일(이전에 따른 등기일 또는 업무개시일 중 빠른 날)이 속하는 달의 다음 달부터 지급하며, 인사이동으로 근무지가 변경되는 전입, 전출, 휴직, 국내·외 직무파견 직원의 경우에는 근무일수에 비례하여 지급한다.

(다) 「총인건비 인상률 템플릿」

2013년도 「총인건비 인상률 템플릿」은 공공기관 지방이전에 따른 「혁신도시 건설 및 지원에 관한 법률」에 따른 지방이전 기관의 경우, 지방이전으로 인해 직접적으로 소요된 경비(이주수당 등)를 지방이전 후 2년간 총인건비에서 제외할 수 있도록 규정을 신설하였다.

2025년도 「총인건비 인상률 템플릿」도 이와 동일하게, 「혁신도시 조성 및 발전에 관한 특별법」에 따른 지방이전 기관의 경우, 지방이전으로 인해 직접적으로 소요된 경비(이주수당 등)를 지방이전 후 2년간 제외하도록 규정하고 있다. 단, 지방이전 관련 직접 인건비를 「총인건비 인상률 템플릿」에 기재하는 기관은 이전시점 및 이전에 따른 인건비 항목, 인건비 제외 기간을 별도로 설명하여야 한다.

(라) 이사비용의 지원

「2026년 공기업, 준정부기관 예산운용지침」과 「혁신도시 조성 및 발전에 관한 특별법」은 이주수당뿐만 아니라, 이사비용도 지원할 수 있도록 정하고 있다. 이를 근거로 지급하는 이사비용은 인건비가 아닌 경비로 편성해야 한다. 임직원은 이사와 관련된 증거서류를 제출하여 정산하는 방식을 통해 이사비용을 지급받는다. 이사비용은 경비이기 때문에 총인건비에 포함하지 않는다.

> **2026년 공기업, 준정부기관 예산운용지침**
>
> □ 「혁신도시 조성 및 발전에 관한 특별법」 제47조에 따라 지급하는 이주직원에 대한 이사비용은 경비에 편성한다.
>   ㅇ 이사비용은 기관 지방이전일의 다음 날부터 기산하여 3년 이내에 이사화물을 이전한 경우에 지급한다.
>   - 이사비용을 지급받으려는 임직원 및 정원 외의 직원은 이사한 날의 다음 날부터 기산하여 6개월 이내에 이사화물의 운송 명세(이동거리, 운송비 등)를 확인할 수 있는 증거서류를 갖추어 이사비용을 신청하여야 한다.

(마) 주택의 공급과 자금의 융자

「혁신도시 조성 및 발전에 관한 특별법」은 이전 공공기관의 이주직원에게 주택을 우선 공급할 수 있도록 정하였으며, 주택도시기금에서 주택구입자금이나 전세자금을 융자할 수도 있도록 정하였다. 이는 공공기관이 직원에게 제공하는 것이 아니라 정부가 지원하는 것이기 때문에 총인건비에 반영할 사항은 없다.

한편, 「2026년 공기업, 준정부기관 예산운용지침」은 공공기관 지방이전과 관련하여, 개인이 금융기관에 부담해야 할 주택구입, 임차 관련 이자비용을 공공기관의 예산이나 사내근로복지기금에서 무상으로 지원할 수 없도록 규정하고 있다. 주택자금 등의 지원에 대해서는 아래의 "3절 「총인건비 인상률 템플릿」의 항목별 분석"에서 구체적으로 다룬다.

(바) 소득세법 참고

이주직원에게 지급하는 이주수당과 관련하여,「소득세법」시행령은 수도권 외의 지역으로 이전하는 「지방자치분권 및 지역균형발전에 관한 특별법」제2조 제14호에 따른 공공기관의 소속 직원에게 한시적으로 지급하는 월 20만 원 이내의 이전지원금을 실비변상적 성질의 급여로 보아 비과세소득으로 규정하고 있다. 따라서 근거 법률은 다르지만 지방이전 공공기관 직원에게 2년간 지급하는 월 20만 원의 이주수당은 비과세소득으로 처리하고, 총인건비에서도 제외할 수 있다.

(14) 가이드라인에 따라 정규직으로 전환되는 인력에 대한 처우개선 소요액

(가) 개요

2017년 7월 「공공부문 비정규직 근로자 정규직 전환 가이드라인」에 따라 공공기관의 비정규직 근로자가 정규직으로 전환되었다. 「2026년 공기업, 준정부기관 예산운용지침」은 「공공부문 비정규직 근로자 정규직 전환 가이드라인」('17. 7. 20.)에 따라 정규직으로 전환된 인력의 처우개선을 위해 소요된 금액 중 일부를 총인건비에서 제외하도록 규정하고 있다.

(나) 적용 대상자

따라서 이 가이드라인에 따라 전환된 인력에 대한 처우개선 소요액만 총인건비에서 제외할 수 있으며, 가이드라인에 해당하지 않는 자에 대해 지급하는 인건비는 상기 규정을 적용할 수 없다. 예컨대 7급 인원이 30명이고 상기 가이드라인에 따라 전환된 인력이 5명이라면, 총인건비에서 제외할 수 있는 금액은 5명에 대한 처우개선 소요액만 해당한다.

또한 7급 인원 중 나머지 25명은 정규직 전환 가이드라인에 따라 전환된 시점 이후, 즉, 2017년도 이후에 채용된 인원일 것이다. 해당 인원은 증원소요인건비 계산에서 7급의 평균단가를 적용받으면서 「총인건비 인상률 템플릿」에 반영된다. 결과적으로 가이드라인에 따른 전환 인력만 총인건비 예외 규정을 적용하고, 그 이외의 인력은 7급 평균단가 만큼의 처우를 보장받는 것으로 이해할 수 있다.

(다) 관리 방안

「2026년 공기업, 준정부기관 예산운용지침」은 항목별 금액 한도를 제시하고 있으며, 매년 처우개선 소요액을 총인건비에서 제외하는 방식으로 템플릿에 적용해야 한다. 따라서 본 규정을 적용하고 있는 공공기관은 해당 가이드라인에 따라 전환된 인력의 명단, 전환

인력에 대한 전환 전·후의 처우개선 금액, 총인건비 반영 방식 등에 대한 근거를 정리해 두고 있어야 한다.

(15) 공무원 수준 내 지급되는 자녀수당 및 출산축하금

(가) 자녀수당의 범위

「2024년 공기업, 준정부기관 예산운용지침」은 공무원 수준 이내로 지급되는 자녀수당을 총인건비에서 제외할 수 있도록 관련 규정을 신설하였다. 자녀수당의 범위는 「공무원수당 등에 관한 규정」에 표시된 제10조(가족수당) 중 자녀수당의 지급 금액에 한정된다. 지급 대상은 본인 및 배우자의 19세 미만의 직계비속과 19세 이상의 직계비속 중 장애가 있는 사람을 기준으로 하고 있다. 동 규정의 제11조(자녀학비보조수당), 제12조(특수지근무수당)는 총인건비에서 제외 가능한 자녀수당의 범위에서 제외된다.

> **「공무원수당 등에 관한 규정」**
>
> 제10조(가족수당) ① 공무원으로서 부양가족이 있는 사람에게는 예산의 범위에서 별표 5에 따른 가족수당을 지급하되, 부양가족의 수는 4명 이내로 한다. … 중략 …
> 〈별표 5〉
> 첫째 자녀 매월 50,000원
> 둘째 자녀 매월 80,000원
> 셋째 이후 자녀 1명당 매월 120,000원

(나) 자녀수당의 운영

2024년도 기준 자녀수당을 공무원 수준 미만으로 지급하는 공공기관의 경우에는, 자녀수당의 금액을 공무원 수준으로 인상할 수 있으며, 자녀수당으로 지급한 금액은 전액 총인건비에서 제외된다. 단 공무원 수준을 초과하여 지급한 금액은 총인건비에 가산해야 한다. 예를 들어 첫째 자녀에게 매월 80,000원의 자녀수당을 지급한 경우에는 50,000원은 총인건비에서 제외할 수 있지만, 30,000원은 총인건비에 가산해야 한다.

만약 자녀수당 관련 규정이 없어 자녀수당을 지급하지 않고 있는 공공기관은 자녀수당을 신설하여 공무원 수준까지 지급할 수 있다. 「2026년 공기업, 준정부기관 예산운용지침」은 신규 수당의 신설을 억제해야 한다는 원칙을 명시하고 있지만, 자녀수당은 그 예외로 해석해야 한다.

단, 과거에 임금체계 개편, 성과연봉제 도입 등의 방식으로 자녀수당을 기본급 또는 기본연봉으로 전환한 공공기관의 경우에는 자녀수당을 재차 신설할 수 없다. 이 경우는 자녀수당을 중복하여 지급하는 결과이기 때문이다.

추가로 과거에 기본급, 기본연봉으로 전환된 자녀수당의 금액이 공무원 수준 미만인 경우, 그 차액만큼은 자녀수당으로 신설하는 것이 가능할지 검토하였으며, 「경영관리 계량지표 교육 교재」는 불가능한 것으로 명시하고 있다. 예를 들어, 2015년에 자녀수당 월 10,000원을 기본연봉으로 전환한 공공기관이 현재 공무원 수준인 월 30,000원과의 차액인 월 20,000원을 자녀수당으로 신설하는 것은 불가능하다.

(다)「총인건비 인상률 템플릿」

공무원 수준 이내에서 지급하는 자녀수당은 총인건비에서 제외하고, 이를 초과하는 금액은 총인건비에 포함한다. 본 규정은 「2024년 공기업, 준정부기관 예산운용지침」에 최초로 신설된 규정이기 때문에, 2024년 「총인건비 인상률 템플릿」의 전기(2023년) 금액은 어떻게 입력하는 것이 적절한지 검토하였다. 「경영관리 계량지표 교육 교재」는 전기(2023년)와 당기(2024년) 모두 총인건비에서 제외하도록 규정하였다.

「2025년 공기업, 준정부기관 예산운용지침」은 자녀수당을 총인건비에 포함할지 또는 제외할지 여부를 각 공공기관이 선택할 수 있도록 규정하였다. 단, 한번 선택한 결정은 추후 변경할 수 없도록 명시하였다. 따라서 장기적인 관점에서의 유불리에 따라 각 공공기관은 처리 방식을 선택하였다. 「공무원수당 등에 관한 규정」상 자녀수당의 금액이 증가할 것이라고 예상하는 경우 또는 자녀수당을 수령하는 임직원이 많은 경우, 총인건비에서 제외하는 방식이 유리하다.

한편 「경영관리 계량지표 교육 교재」는 2024년도 이후에 자녀수당을 신설한 기관에 대하여 총인건비에서 제외하는 방식만 적용할 수 있도록 규정하고 있다.

(라) 출산축하금의 범위

출산축하금의 범위는 「공무원보수 등의 업무지침」에 규정된 출산축하 복지점수의 범위에 한정된다. 2025년 기준 「공무원보수 등의 업무지침」에는 둘째 자녀와 셋째 이후의 자녀에 한해 출산축하 복지점수를 지급할 수 있도록 하고 있기 때문에, 첫째 자녀에 대해 지급하는 것은 공무원 수준을 초과하는 것으로 해석된다. 출산축하금의 지급 방식에 대해서는 별도의 규정이 없기 때문에, 반드시 공무원과 동일하게 복지포인트 방식으로 제공해야 할 의무는 없을 것으로 보인다.

〈출산축하 복지점수 배정 장려〉
 - 둘째 자녀 출산 시 출산축하 복지점수 2,000점(200만 원), 셋째 자녀 이상 출산 시
   자녀당 1회에 한해 출산축하 복지점수 3,000점(300만 원) 배정 장려

(마) 출산축하금의 운영

「2026년 공기업, 준정부기관 예산운용지침」은 경조사비 등을 지원하기 위한 예산을 편성하지 않도록 하고 있으나, 「공공기관의 혁신에 관한 지침」은 출산축하금에 대해 별도의 예외 규정을 신설하였다. 따라서 공무원 수준 이내에서 지급하는 출산축하금에 대해서는 경조사비 제한 규정과 무관하게 예산을 편성할 수 있고, 지급한 금액은 총인건비에서 제외할 수 있다. 또한 출산축하금 규정이 없는 기관은 해당 규정을 신설하여 지급하는 것도 가능하다.

「2026년 공기업, 준정부기관 예산운용지침」

경조사비 등(다만, 출산축하금은 제외)을 지원하기 위한 예산을 편성하지 않도록 한다.

「공공기관의 혁신에 관한 지침」

제41조(경조사비, 기념품 등) ① 공공기관은 임직원의 결혼, 사망 조의금 등 경조사비(다만, 출산축하금은 제외)를 예산으로 지원할 수 없으며, 경조사비를 사내근로복지기금으로 지원하는 경우에도 지원 대상, 금액 등이 과다하지 않도록 하여야 한다.

(바) 「총인건비 인상률 템플릿」

출산축하금을 지급하는 경우에는 공무원 수준 이내의 금액을 총인건비에서 제외할 수 있다. 단, 초과하여 지급하는 경우, 초과분은 총인건비에 가산해야 한다. 2024년 「총인건비 인상률 템플릿」은 전기(2023년)와 당기(2024년) 모두 총인건비에서 제외하는 것으로 입력한다.

(사) 소득세법

「소득세법」은 근로자 또는 그 배우자의 출산이나 자녀의 보육과 관련하여 사용자로부터 지급받는 급여는 일정한 조건을 충족하는 경우에 한하여 비과세소득으로 처리할 수 있도록 규정하고 있다. 특히 보육수당에 대한 비과세 한도가 기존 근로자 1인당 월 20만 원에서 자녀 1인당 월 20만 원으로 증가하였다.

「소득세법」

제12조(비과세소득) 다음 각 호의 소득에 대해서는 소득세를 과세하지 아니한다.

머. 근로자 또는 그 배우자의 출산이나 자녀의 보육과 관련하여 사용자로부터 지급받는 다음의 급여

    1) 근로자 또는 그 배우자의 출산과 관련하여 자녀의 출생일 이후 2년 이내에 사용자로부터 대통령령으로 정하는 바에 따라 최대 두 차례에 걸쳐 지급받는 급여 전액

    2) 근로자 또는 그 배우자의 해당 과세기간 개시일을 기준으로 6세 이하(6세가 되는 날과 그 이전 기간을 말한다. 이하 이 조 및 제59조의4에서 같다)인 자녀의 보육과 관련하여 사용자로부터 지급받는 급여로서 해당 자녀 1명당 월 20만 원 이내의 금액

(16) 경영평가 결과에 따른 직무중심 보수체계 개편, 국정과제 등 핵심정책 이행 우수기관에 대한 인센티브

정부는 직무급 제도를 공공기관에 전면 도입하기 위한 정책을 수립하고 있으며, 2020년부터 「공공기관 경영평가 편람」에 직무 중심 보수체계로의 전환에 대한 내용을 평가항목으로 반영하고 있다. 또한 재정경제부는 직무중심 보수체계 개편이 합리적으로 이루어지고 있는지 매년 점검하고 있으며, 점검 결과를 경영평가에 반영하고 있다.

상기의 경영평가 결과, 직무중심 보수체계 개편 우수기관으로 선정된 공공기관에 대해서는 인센티브를 제공하고 있으며 해당 인센티브는 총인건비에서 제외한다. 「2026년 공기업, 준정부기관 예산운용지침」은 해당 인센티브를 직무급 재원으로만 활용하도록 규정하고 있다. 만약 이를 다른 재원으로 사용하는 경우 해당 금액은 정부에 의해 환수 처리될 것이다.

「2026년 공기업, 준정부기관 예산운용지침」은 국정과제 등 핵심정책 이행 우수기관에 대하여 추가 인센티브를 제공할 것이고, 해당 인센티브 금액은 총인건비에서 제외된다는 규정을 신설하였다.

(17) 「간호인력 야간근무 가이드라인」을 준수하면서 2026년도 진료분 야간간호료 수가 내 지급되는 야간간호특별수당

「간호인력 야간근무 가이드라인」은 의료기관에서 근무하는 간호사들의 야간근무를 지원하기 위해 "근무시간, 야간근무 횟수, 야간간호료 수가 등"에 대한 사항을 정하는 지침이다. 해당 가이드라인 준수를 위해 추가로 지급하는 야간간호특별수당을 총인건비 범위 내에서 관리하기 어려운 의료기관을 위한 별도의 예외 규정이다.

(18) 정부정책상 특별히 인정한 인건비

공공기관의 인건비 정책과 관련하여 특별한 상황에 대비하기 위하여, 「2026년 공기업, 준정부기관 예산운용지침」은 정부 정책상 특별히 인정한 인건비라는 예외 규정을 두고 있다. 이 규정은 정부의 정책을 전제로 하기 때문에, 우리나라의 재정을 총괄하는 재정경제부의 인정이 필요한 것으로 해석해야 하며 주무부처가 인정하는 것은 해당되지 않는다.

정부의 공공기관 인건비 정책에 있어서 가장 중요하게 여겨지는 특성은 공공기관 간의 형평성이다. 따라서 특정 공공기관에 한하여 총인건비의 예외를 인정하기 위해서는 해당 공공기관의 불가피한 사정뿐만 아니라 다른 공공기관과의 형평성, 국민의 수용성, 과거의 사례 등 다양한 요소가 고려되어야 할 것이다.

(19) 공무원 수준 내에서 지급되는 육아휴직자 및 육아기 근로시간 단축자에 대한 업무대행수당

(가) 개요

업무대행수당 규정은 「2017년 공기업, 준정부기관 예산집행지침」에 최초로 반영되었으며, 전환형 시간선택제 근무자의 근무시간 외 업무를 대행하는 직원에게는 총인건비 범위 내에서 공무원 수당 규정에 준하여 업무대행수당을 지급할 수 있도록 규정하였다. 예를 들어 시간선택제 근무자가 주당 30시간만 근무하는 경우, 나머지 업무(주당 10시간 상당의 업무)를 수행하는 직원에게는 그에 대한 대가로 업무대행수당을 지급할 수 있는 것이다.

하지만 업무대행수당은 총인건비 범위 내에서 지급해야 하기 때문에, 실제로 업무대행수당을 지급하는 경우에는 해당 금액을 총인건비에 포함해야 한다. 따라서 2025년까지 업무대행수당 지급 규정의 실효성은 높지 않았다.

(나) 규정 개정

「2026년 공기업, 준정부기관 예산운용지침」은 육아휴직자 및 육아기 근로시간 단축자에 대하여 공무원 수준 내에서 업무대행수당을 지급하는 경우, 해당 금액은 총인건비에서 제외할 수 있다는 규정을 신설하였다. 본 규정으로 인해 각 공공기관은 총인건비의 부담 없이 육아휴직자 및 육아기 근로시간 단축자의 업무 대행자에 대한 보상을 제공할 수 있게 되었다.

본 규정은 출산장려정책의 일환으로 시행되기 때문에, 육아휴직자 및 육아기 근로시간 단축자가 아닌 전환형 시간선택제 근무자의 업무대행자에 대해 지급하는 업무대행수당은 기존과 동일하게 총인건비의 범위 내에서 지급해야 한다.

한편, 본 규정은 2026년도에 처음 시행하는 제도로, 각 공공기관은 업무대행수당의 총인건비 포함 여부를 2026년도에 선택할 수 있으며 이 때 선택한 방식은 향후 변경할 수 없다.

(다) 업무대행수당의 산정

「공무원 보수 등의 업무지침」은 특정 사유로 인한 휴가, 휴직자, 파견자 및 시간선택제 근무자의 근무시간 외 업무를 대행하는 자에게는 월 20만 원을 기준으로 업무를 대행하는 자의 실제 주당 근무시간 비율만큼 지급하도록 규정하고 있다. 업무를 대행하는 인원이 여러 명인 경우 상기 금액을 해당 인원들에게 동일한 비율로 나누어서 지급한다.

육아휴직자의 업무를 1명이 대행하는 경우 업무대행자에게 월 20만원을 지급하고, 2명이 대행하는 경우에는 2명에게 각각 월 10만원을 지급해야 한다. 육아기 근로시간 단축자가 주당 20시간 근무하는 경우 업무대행자가 1명인 경우에는 월 10만원(월 20만원×20시간÷40시간)을 지급하고, 업무대행자가 2명인 경우에는 월 5만원(월 20만원×20시간÷40시간÷2명)을 지급한다.

공무원 보수 등의 업무지침

1) 병가, 출산휴가, 유산휴가, 사산휴가, 공무상 질병휴직 또는 육아휴직, 재난이나 재해에 대응하기 위한 출장 또는 파견 중인 공무원의 업무를 대행하는 공무원: 월 20만원
   ※ 다만, 동일한 업무를 대행하는 공무원이 다수인 경우 다음의 식에 따라 지급
   → 월 지급금액 = 월 20만 원 ÷ 업무대행 지정인원수
2) 시간선택제전환공무원의 근무시간 외 업무를 대행하는 공무원은 다음의 식에 따라 지급
   → 월 지급금액 = 월 20만 원 × (업무대행자의 실제 주당 근무시간 ÷ 40시간) ÷ 업무대행 인원수
   ※ 업무대행자의 실제 주당 근무시간: 40시간 − 시간선택제전환공무원의 근무시간

(라) 업무대행자의 지정

업무대행수당의 지급에 있어 중요한 쟁점사항은 누구에게 업무대행수당을 지급할지 결정하는 것이다. 이에 대하여 「공무원 임용규칙」은 대행기간, 대행업무 등을 명시하여 업무대행자를 지정하도록 규정하고 있다. 업무대행수당을 도입하려는 공공기관은 아래 규정을 참고하여, 업무대행자의 지정 및 해제에 대한 별도의 인사규정을 두고 이를 근거로 업무대행수당을 지급하는 방식으로 내부 규정을 설계해야 할 것이다.

제115조(업무대행공무원의 지정) ① 임용권자 또는 임용제청권자는 임용령 제57조의4 제1항 및 제2항에 따라 업무를 대행하는 공무원을 지정할 수 있다. 다만, 30일 이상의 병가·유산휴가·사산휴가, 출산휴가, 육아휴직, 결원이 보충되지 않는 공무상 질병휴직에 대해서는 시간선택제임기제공무원 및 한시임기제공무원을 채용하지 않는 경우에는 업무를 대행하는 공무원을 지정하여야 한다.

② 제1항에 따라 업무를 대행하는 공무원을 지정하는 경우 피업무대행공무원의 업무내용, 직무수행요건 등을 종합적으로 고려하여야 한다.

③ 업무대행공무원은 실제로 업무를 대행하는 1인을 지정하는 것을 원칙으로 하되, 업무특성상 다수인을 지정할 필요가 있는 경우에는 별도로 인원을 정하여 업무대행공무원을 지정할 수 있다.

제116조(업무대행공무원의 지정 및 해제 명령) ① 임용권자 또는 임용제청권자는 업무대행공무원을 지정 또는 해제 명령하는 경우 '피업무대행공무원', '대행기간' 및 '대행업무' 등을 명시하여야 한다.

② 업무대행기간의 만료, 휴가자의 복귀, 휴직자의 복직, 시간선택제전환공무원의 지정 해제 또는 시간선택제전환공무원에 대체인력 채용, 재난·재해 대응을 위한 출장 또는 파견 공무원의 복귀 등의 사유로 업무대행 필요성이 없어진 경우 임용권자 또는 임용제청권자는 그 사유가 발생한 날을 기준으로 업무대행을 해제하여야 한다.

「총인건비 인상률 템플릿」의 항목별 분석

1 기본급, 수당 등

(1) 기본급, 제수당

「2026년 공기업, 준정부기관 예산운용지침」은 계정과목이나 명목, 지급방법 등에 관계없이 임직원의 「소득세법」상 근로소득 등에 해당하는 모든 항목을 총인건비에 포함하도록 규정하고 있다. 또한 「총인건비 인상률 템플릿」도 근로 제공의 대가는 지급방법이나 명칭에 관계없이 총인건비에 포함하도록 하고 있다. 따라서 공공기관이 직원에게 지급한 기본급과 수당은 명목 여하를 불문하고 모두 총인건비에 포함해야 한다. 다만, 특별하게 예외로 규정된 항목들은 총인건비에서 제외할 수 있으며, 아래에서는 해당 규정에 대하여 설명한다.

(2) 수당 운영의 원칙

「2026년 공기업, 준정부기관 예산운용지침」은 공공기관이 수당 제도를 운영함에 있어서 지켜야 할 6가지의 원칙을 제시하고 있다.

(가) 임금체계의 단순화

임금체계의 단순화는 「2008년 공공기관 평가편람」의 세부평가항목에 포함되었던 것을 시작으로, 정부는 공공기관으로 하여금 계속해서 보수체계를 단순화하도록 요구하고 있다. 「2026년 공기업, 준정부기관 예산운용지침」 임금체계를 단순화하기 위한 방법으로 새로운 수당, 복리후생비 등의 신설을 억제하고, 유사한 수당은 통폐합하는 방안을 제시하고 있다. 만약 공공기관이 각종 수당 및 복리후생비를 신설하거나 변경하려는 경우에는 이사회의 심의와 의결을 거쳐 내부 규정 등 근거를 마련해야 하며, 그 근거 규정에 명시된 대로 지급하여야 한다.

(나) 임금체계 개편을 통한 월기본급, 기준월봉의 상승 금지

월기본급과 기준월봉은 평균임금, 경영평가 성과급의 산출 기준이 된다. 만약 임금체계 개편을 통해 월기본급 또는 기준월봉이 늘어나게 되면 경영평가 성과급도 동시에 증가하게 된다. 예를 들어 월기본급은 호봉제 적용자의 경우 기본급여(기본급, 본봉, 직무급)의 1/12로 산출하게 되는데, 공공기관이 임금체계를 개편하면서 수당, 상여금, 복리후생비 항목을 폐지한 후 기본급을 늘리는 방식을 적용하였다면 결과적으로 총액에는 변동이 없다고 하더라도 월기본급 자체는 늘어나게 될 것이다. 「2026년 공기업・준정부기관 예산운용지침」은 이와 같은 임금체계 개편을 금지하고 있다.

구분	변경 전		변경 후	
기본급	120		144	
수당	12	월기본급	−	월기본급
복리후생비	12	10	−	12
합계	144		144	

(다) 미확정 수당의 전환 제한 등

「2026년 공기업・준정부기관 예산운용지침」은 연차・월차수당, 연장・야간・휴일근로수당 등 개인별로 지급액이 확정되지 아니한 수당을 기본급으로 일괄 전환할 수 없도록 정하고 있다. 따라서 상기와 같은 변동성 수당은 반드시 기본급과 별도로 구분하여 지급해야 한다.

또한 「2026년 공기업・준정부기관 예산운용지침」은 실비 성격 또는 실적, 수요에 따라 달라지는 성격의 수당을 일괄적으로 인상 또는 일률적으로 지급할 수 없도록 규정하였다. 실비의 성격 또는 실적에 따라 변동하는 성격의 수당은 일반적으로 업무량 또는 성과에 비례하기 때문에, 지급 이전에 반드시 지급 근거를 측정하거나 평가하는 절차를 거쳐야 한다. 만약 이를 일률적으로 지급하는 경우 수당의 취지에 부합하지 않은 지급이기 때문에 예산운용지침 위반이 된다.

(라) 기본급 또는 기본연봉으로 전환된 수당의 신설 금지

임금체계의 단순화, 성과연봉제의 도입 등으로 인해 다수의 공공기관이 특정 수당을 기본연봉으로 전환해왔다. 이와 같은 경우 기본연봉에는 특정 수당이 이미 포함되어 있는 상태인데, 해당 수당을 다시 신설하는 경우 결과적으로 동일한 수당을 중복해서 지급하게 된다. 따라서 「2026년 공기업・준정부기관 예산운용지침」은 기존에 전환된 수당을 신설하는 것을 금지하고 있다.

(마) 법정수당 산출방법

연차·월차수당, 연장·야간·휴일근로수당 산정 시 기준임금은 통상임금을 적용하고, 기준시간은 「근로기준법」에 따라 소정근로시간에 유급 처리되는 시간을 합산하여 산정한다. 이 때 연장·야간 및 휴일근로에 대해서는 「근로기준법」 제56조에 따라 통상임금의 100분의 50의 할증률을 적용할 수 있으나, 연·월차수당은 할증률을 적용할 수 없다.

한편, 「근로기준법」은 연장·야간·휴일근로수당에 대해서는 통상임금을 적용하도록 규정하고 있으나, 연차 유급휴가에 대해서는 통상임금 또는 평균임금을 지급할 수 있도록 규정하고 있다. 만약 미사용 연차수당을 평균임금을 적용하여 지급하는 경우 「근로기준법」은 준수한 것으로 볼 수 있으나, 「공기업, 준정부기관 예산운용지침」은 위반한 것으로 판단될 수 있음에 유의해야 한다.

「근로기준법」

제56조(연장·야간 및 휴일 근로) ① 사용자는 연장근로(제53조·제59조 및 제69조 단서에 따라 연장된 시간의 근로를 말한다)에 대하여는 통상임금의 100분의 50 이상을 가산하여 근로자에게 지급하여야 한다.

제60조(연차 유급휴가) ⑤ 사용자는 제1항부터 제4항까지의 규정에 따른 휴가를 근로자가 청구한 시기에 주어야 하고, 그 기간에 대하여는 취업규칙 등에서 정하는 통상임금 또는 평균임금을 지급하여야 한다.

(바) 상위직 관리자는 연장·야간·휴일근로수당 지급 금지

「2026년 공기업, 준정부기관 예산운용지침」은 상위직 관리자(임원, 1급, 2급 등)에게는 원칙적으로 연장·야간·휴일근로수당을 지급할 수 없도록 정하고 있다. 「근로기준법」 제63조(적용의 제외) 및 같은 법 시행령 제34조(근로시간 등의 적용제외 근로자)는 관리·감독 업무에 종사하는 근로자에 대하여 "근로시간의 제한, 연장·야간·휴일근로수당의 지급, 휴게와 휴일에 관한 규정"은 적용하지 않는 것으로 명시하고 있으며, 「2026년 공기업, 준정부기관 예산운용지침」은 이를 근거로 상위직 관리자에 대한 지급 금지 규정을 두고 있다.

총인건비 인상률 관리 측면에서는 상위직 관리자에게 수당을 지급하더라도, 해당 금액을 총인건비에 반영하기만 하면 문제가 되지는 않는다. 그러나 이는 「2026년 공기업, 준정부기관 예산운용지침」을 위반한 것이기 때문에 유의하여야 한다.

(3) 법정수당

(가) 개요

「2026년 공기업, 준정부기관 예산운용지침」은 법정수당의 종류로 연차·월차수당, 연장·야간·휴일근로수당을 언급하고 있다. 법정수당은 원칙적으로 총인건비에 포함해야 하지만, 예외적으로 특정한 조건에 부합하는 법정수당은 총인건비에서 제외할 수 있다. 이와 관련한 초과근무수당, 추가수당, 해외근무수당, 자녀수당은 뒤에서 상세히 설명한다.

또한 연차수당과 관련한 발생주의 금액을 현금주의로 전환하는 처리도 반드시 수행해야 한다. 이를 위해 (2) 인건비 집계를 위한 Template은 법정수당 관련 금액을 구분하여 집계하도록 설계되었다.

(나) 2024. 12. 19. 대법원 통상임금 판례 변경 효과

① 배경

「2025년 공기업, 준정부기관 예산운용지침」은 2024년 12월 19일 대법원의 통상임금 판단기준 변경 판례에 따른 인건비에 대하여, 공공기관이 당사자인 통상임금 소송 결과가 있거나 통상임금 여부를 권한 있는 행정기관이 확인한 경우에 한하여 법정수당의 증가분만큼 증액하여 편성 및 집행할 수 있도록 규정하였다.

「통상임금 노사지도 지침(2025. 2. 6.)」은 통상임금의 개념적 징표에서 고정성을 제외하고, 근로자가 소정근로를 온전하게 제공하면 그 대가로서 정기적, 일률적으로 지급하도록 정해진 임금은 그에 부가된 조건의 존부나 성취가능성과 관계없이 통상임금에 해당하는 것으로 설명하고 있다. 단, 통상임금의 개념을 재정립하는 것은 수많은 법률관계에 중대한 영향을 미치기 때문에, 법적 안정성과 신뢰 보호를 위해 새로운 법리는 판결 선고일(2024. 12. 19.) 이후의 통상임금 산정부터 적용하도록 안내하고 있다.

② 적용 대상

「2025년 공기업, 준정부기관 예산운용지침」은 판례 변경에 의한 법정수당 증가분에 한하여 총인건비에서 제외할 수 있도록 규정하고 있기 때문에, 판례 변경과 무관한 부분은 총인건비 예외 규정을 적용할 수 없다. 즉, 고정성 탈락에 의해 통상임금에 추가로 산입되는 항목으로 증가하는 법정수당은 총인건비에서 제외할 수 있으나, 판례 변경 이전부터 통상임금에 반영되었어야 하는 항목에 의해 증가하는 법정수당은 총인건비에서 제외할 수 없다.

「통상임금 노사지도 지침(2025. 2. 6.)」은 특정시점에 재직 중인 근로자만 지급받는 금품(명절휴가비 등)은 판례 변경 이전에는 통상임금에 포함되지 않았으나 판례 변경으로 인해 통상임금에 포함해야 하는 항목으로 제시하고 있다. 따라서 해당 항목이 통상임금이 가산되면서 추가로 지급하는 법정수당은 총인건비에서 제외할 수 있다. 그러나 기술수당, 근속수당과 같이 판례 변경 이전에도 통상임금에 반영했어야 하는 항목은 「2025년 공기업, 준정부기관 예산운용지침」상 예외 규정의 적용 대상이 될 수 없다.

③ 대상 항목의 판단

「2025년 공기업, 준정부기관 예산운용지침」은 공공기관이 당사자인 통상임금 소송 결과가 있거나 통상임금 여부를 권한 있는 행정기관이 확인한 항목을 기준으로 총인건비 예외를 인정하도록 정하고 있다. 이는 특정 항목이 대법원 판례 변경의 적용 대상인지 여부를 판단함에 있어서, 판단 결과의 권위, 신뢰성, 합리성, 형평성 등을 갖추기 위한 목적을 가진다.

④ 법정수당 증가분

판례 변경의 영향을 받는 법정수당은 연장·야간·휴일근로수당과 미사용 연차수당으로 적용 방식은 각각 다름에 유의해야 한다. 연장·야간·휴일근로수당은 근로를 제공한 시점이 중요하기 때문에 2024년 12월 19일 이후에 수행한 연장·야간·휴일근로에 대하여 판례 변경 이후의 통상임금을 기준으로 수당을 지급해야 한다. 따라서 2024년 12월 19일~2024년 12월 31일의 연장·야간·휴일근로와 2025년 1월 1일~2025년 12월 31일의 연장·야간·휴일근로를 구분하여 집계해야 한다.

미사용 연차에 대한 수당 청구권은 연차휴가 청구권이 소멸한 다음 날에 발생하고 미사용 연차수당의 금액은 휴가 청구권이 있는 마지막 달의 통상임금을 기준으로 산정해야 한다. 따라서 2024년 기말에 연차휴가 청구권이 소멸한 경우에는 2024년 12월 말의 통상임금을 기준으로 미사용 연차수당 금액을 산정해야 하며, 2024년 12월 말의 통상임금은 판례변경의 영향을 받는 것으로 해석해야 한다. 이는 2025년 이후의 미사용 연차수당에 대해서도 동일한 방식을 적용한다.

「경영관리 계량지표 교육 교재」는 2024년 귀속 법정수당 증가분에 대하여 총인건비에서는 제외하지만 예산 증액 대상은 아닌 것으로 명시하고 있으며, 2025년 귀속 법정수당 증가분은 총인건비에서 제외하면서 그 이후의 예산 증액 대상에 포함되는 것으로 설명하고 있다.

(4) 초과근무수당

(가) 원칙

일반적인 초과근무수당은 원칙적으로 총인건비에 포함해야 한다. 다만, 「2026년 공기업, 준정부기관 예산운용지침」상 국가적 재난 발생 등에 따라 특별재난지역이 선포되었거나,

대규모 감염병 발생으로 인해 불가피하게 발생한 초과근무 수당 등은 총인건비에서 제외할 수 있다. 또한 동일한 내용이 「공공기관 경영평가 편람」에도 언급되어 있으며, 자연재해 등 긴급 상황에서 불가피하게 증가한 휴일근무, 초과근무 수당은 총인건비에 조정하여 반영할 수 있도록 규정하였다.

(나) 특별재난지역

다만, 상기 규정은 총인건비 예외에 대한 원칙적인 규정으로 국가적 재난 발생, 긴급 상황이라는 표현이 의미하는 범위가 구체적이지 않다. 따라서 특정 상황이 발생했을 때 위 규정을 적용할 수 있을지 여부는 판단하는 사람마다 다르게 결론을 내릴 수 있다. 따라서 이 규정을 어느 범위까지 적용할 수 있을지에 대해서는 좀 더 구체적인 지침이 필요하다. 이에 대하여 구체적으로 명시된 기준은 없으나, 과거 평가 과정에서는 "특별재난지역 선포 여부"를 기준으로 판단하였으며, 이 기준은 향후에도 지속될 것으로 보인다. 예를 들어 일반적인 지진이 발생하여 초과근무를 수행한 경우에는 초과근무수당을 총인건비에서 제외하지 않지만, 특별재난지역으로 선포될 정도의 지진이 발생하여 초과근무를 수행한 경우에는 관련 수당을 총인건비에서 제외한다.

(다) 「소득세법」 참고

한편, 「소득세법」 시행령은 근로자가 천재, 지변 기타 재해로 인하여 받는 급여를 비과세소득으로 규정하고 있다. 소득세법 시행령은 천재, 지변 기타 재해를 원인으로 받는 급여의 과세 여부에 대한 내용이기 때문에, 상기의 총인건비 제외 규정보다 더 넓은 범위를 포함하고 있다. 예를 들어 자연재해로 인해 생활의 어려움을 겪는 직원에게 지급하는 생활보조금은 비과세소득에 해당하여 근로소득으로 과세되지만, 총인건비에는 포함해야 한다.

(5) 생산량 증가로 인한 추가수당의 조정

(가) 원칙

「총인건비 인상률 템플릿」은 제조업을 영위하는 공기업의 당기 생산량이 정부정책에 따라 전기보다 증가하여 임직원에게 추가로 지급한 인건비는 총인건비에서 제외할 수 있도록 규정하고 있다. 만약 당기의 생산량이 전기에 비해 감소한 경우에는 그 반대의 조정을 하는 내용도 포함하고 있다.

(나) 적용 현황

본 규정을 적용하기 위해서는 ① 제조업, ② 공기업, ③ 정부정책에 따른 생산량 변동이라는 조건을 모두 만족시켜야 한다. 실제로 이 조건을 모두 만족시키는 공기업은 한국조폐공사만 해당한다. 한국조폐공사는 기관의 특성에 맞추어 본 규정을 적용하고 있으며, 생산량이 감소한 경우에는 반대 조정도 수행하고 있다.

만약 기타공공기관에서 해당 규정을 적용하기 위해서는 해당 평가편람에 관련 취지를 담은 규정을 반영하고 이를 근거로 총인건비 예외 규정을 적용해야 한다. 평가편람을 개선하기 위해서는 제조 공정의 내용, 정규 근무시간 내 생산 가능 수량 및 실제 생산량, 생산량 증가를 위해 불가피하게 초과근무가 필요한 사유 등을 근거자료로 제시할 필요가 있다.

(다) 「소득세법」 참고

한편, 「소득세법」 시행령은 생산직 및 그 관련직에 종사하는 근로자로서 급여 수준 및 직종 등을 고려하여 대통령령으로 정하는 근로자가 대통령령으로 정하는 연장근로, 야간근로 또는 휴일근로를 하여 받는 급여는 비과세소득으로 처리하도록 규정하고 있다.

(6) 해외근무수당

(가) 「공공기관 경영평가 편람」의 규정

2017년까지 「공공기관 경영평가 편람」은 해외 신규 사업 진출 시 해외 현지에 근무하거나 파견 중인 직원에게 관련 규정에 의해 지급하는 해외근무수당, 특수지근무수당 등은 총인건비에 조정하여 반영할 수 있도록 규정하였다. 이후 2018년부터 「공공기관 경영평가 편람」은 해외근무수당에 대하여 총인건비에 포함하는 것을 원칙으로 하되, 공무원 수준 이내에서 집행하는 금액은 총인건비 산정 시 제외할 수 있도록 규정하고 있다.

(나) 「공기업, 준정부기관 예산운용지침」의 규정

임직원의 국외 파견과 국외 교육훈련에 대한 지원에 대해서는 「2014년도 공기업, 준정부기관 예산집행지침」에서 아래와 같은 규정이 신설되었다. 국외 직무파견자와 국외 교육훈련자로 구분하여 각각의 대상자에게 준용할 규정을 명시하고 있다. 또한 국외 직무파견자에 대해서는 훈련비를 지급할 수 없고, 국외 교육훈련자에 대해서는 자녀학비보조수당과 주택임차료를 지급할 수 없도록 규정하였다.

「2014년도 공기업, 준정부기관 예산집행지침」

□ 각 공공기관은 임직원 국외파견 시 지원항목과 지원기준에 관한 내부기준을 마련하여 과도한 지원이 되지 않도록 한다.
  ○ 국외 직무파견자에 대하여는 외교통상부의 재외공관회계업무처리지침을 준용하여 집행하되, 훈련비를 별도로 지급하지 아니한다.
  ○ 국외 교육훈련자에 대하여는 공무원교육훈련법을 준용하여 집행하되, 자녀학비보조수당, 주택임차료 등을 별도로 지급하지 아니한다.

  * 직무파견자라 함은 기관의 업무수행을 위하여 외국기관 등에 파견된 자를 말한다.
  * 교육훈련자라 함은 통상의 유학과 연수를 말하며, 업무능력개발이나 일부 업무수행과 병행하여 업무능력 향상을 위한 목적으로 파견된 자를 의미한다.

「2016년도 공기업, 준정부기관 예산운용지침」은 국외 직무파견자에 대해 준용해야 할 규정은 「공무원 보수규정」 및 「공무원 수당 등에 관한 규정」으로, 국외 교육훈련자에 대해 준용해야 할 규정은 「공무원 교육훈련법 시행령」[21]으로 수정하였다.

이후 2022년에 예산편성지침과 예산집행지침이 통합되면서 신설된 「2022년도 공기업, 준정부기관 예산운용지침」은 국외 직무파견자에 대한 규정은 1. 인건비의 기타항목으로 두고, 국외 교육훈련자에 대한 규정은 2. 경비의 기타항목으로 옮겼다. 「2026년 공기업, 준정부기관 예산운용지침」은 2022년도와 동일한 내용으로 구성되어 있다.

아래 규정에 따르면 임직원을 국외에 파견할 때에는 반드시 지원항목과 지원기준에 대한 내부 규정을 마련하여 이를 근거로 지급해야 하며, 또한 그 지원 금액은 과도하지 않아야 한다. 국외 직무파견자에 대한 공공기관의 내부기준은 「공무원 보수규정」 및 「공무원 수당 등에 관한 규정」 등을 준용해야 한다.

2026년 공기업, 준정부기관 예산운용지침

1. 인건비 (5) 기타
□ 임직원 국외 파견 시 지원항목과 지원기준에 관한 내부기준을 마련하여 과도한 지원이 되지 않도록 한다.
  ○ 국외 직무파견자(기관의 업무수행을 위하여 외국기관 등에 파견된 자)에 대하여는 「공무원 보수규정」 및 「공무원 수당 등에 관한 규정」 등을 준용하여 집행하되, 훈련비를 별도로 지급하지 아니한다.

---

21) 이후, 「공무원 인재개발법 시행령」으로 명칭이 변경되었다.

2. 경비 (5) 기타

□ 국외 교육훈련자(통상의 유학과 연수를 말하며 업무능력개발이나 일부 업무수행과 병
행하여 업무능력 향상을 위한 목적으로 파견된자)에 대하여는 「공무원 인재개발법 시
행령」을 준용하여 집행하되, 자녀학비보조수당, 주택임차료 등을 별도로 지급하지 않
는다.

(다) 해외근무수당의 처리 원칙

2018년에 공공기관은 「공공기관 경영평가 편람」에 따라 해외근무수당을 총인건비에 포함할지 아니면 총인건비에서 제외할지 그 원칙을 정하였다. 특히 총인건비에서 해외근무수당을 제외하기로 정한 공공기관은 공무원 수준 이내에서 집행하는 금액만 총인건비에서 제외하도록 내부 규정과 내부회계 관리 방침 등을 정비하였으며, 경영평가 실사 과정에서 그에 대한 사실 확인서를 제출하였다.

이때 공공기관이 해외근무수당을 총인건비에 반영하는 방식을 유불리에 따라 자주 바꾸는 경우, 총인건비 인상률 평가가 왜곡될 것이다. 따라서 재정경제부는 2018년에 정한 원칙을 그 이후의 회계연도에도 계속적으로 적용하도록 정하였다.

그 이후 재정경제부는 2023년에 공공기관의 해외사업추진 등으로 인해 사업구조에 중요한 변동이 있는 기관에 한하여 해외근무수당의 총인건비 반영 방식을 바꿀 수 있도록 허용하였으며, 2018년과 마찬가지로 그 이후의 회계연도에 동일한 방식을 계속 적용하도록 하였다.

한편, 「경영관리 계량지표 교육 교재」는 해외사무소 근로자에 대하여 소득세 대납 혜택을 제공하는 경우 해당 금액을 인건비와 총인건비에 모두 포함하도록 규정하고 있다. 해외근무수당을 총인건비에서 제외하는 방식을 적용하더라도 소득세 대납액은 반드시 총인건비에 포함해야 한다는 의미이다.

(라) 해외근무수당의 범위

「공공기관 경영평가 편람」과 「총인건비 인상률 템플릿」 모두 공무원 수준에 대해 별도의 규정을 두고 있지는 않기 때문에, 각 공공기관은 ① 공무원 여비 규정, ② 공무원수당 등에 관한 규정, ③ 재외공무원 수당 지급 규칙 등을 활용하여 자체적으로 내부 규정을 설계하였다.

해당 공무원 규정은 해외근무수당, 특수지근무수당, 가족수당, 자녀학비수당, 주택수당, 특수외국어가산금 이외에도 별도의 지원금, 준비금에 대해 규정하고 있다. 각 항목별로 지급할 수 있는 금액은 대상 지역과 공무원의 직급에 따라 다르게 규정되어 있다.

(마)「총인건비 인상률 템플릿」

해외근무수당은「총인건비 인상률 템플릿」중 (2) 인건비 집계를 위한 Template에 다른 수당과 구분하여 입력한다. 해외근무수당을 총인건비에 포함하는 공공기관은 그 이후에 조정할 사항은 없지만, 해외근무수당을 총인건비에서 제외하는 공공기관은 (2) 인건비 집계를 위한 Template에 집계된 해외근무수당 금액 중 공무원 수준 이내의 금액만 (3) 총인건비 인상률 지표의 점수계산을 위한 Template에 반영하여 총인건비 집행액에서 차감한다.

(바) 공무원 수준의 해석

「공공기관 경영평가 편람」은 공무원 수준 이내라는 용어를 사용하고 있으나, 해당 용어가 정하고 있는 해외근무수당의 한도 금액이 명확하지 않기 때문에, 공공기관마다 이를 해석하는 결과에 차이가 발생한다. 기관 간의 형평성이라는 측면에서는 쟁점의 여지가 될 수 있으나, 각 공공기관이 해외에서 수행하는 업무에 차이가 있기 때문에 기관의 특수성을 고려하는 것으로 볼 수도 있다. 아래의 항목은 공공기관마다 공무원 수준을 다르게 해석함으로 인해 발생한 예시이다.

공무원 수준의 해석 차이

1) 지급하고 있는 수당의 종류, 총인건비에서 제외하고 있는 수당의 종류
2) 공무원의 직급 체계를 공공기관의 직급 체계로 전환하는 방식
3) 공무원 규정의 국가·지역과 공공기관의 직원이 실제 파견된 지역의 차이[22]
4) 공무원 규정에 지정되어 있지 않은 국가

(사) 해외사무소의 설치

「공공기관의 혁신에 관한 지침」은 2025년에 해외사무소의 설치에 대한 규정을 신설하였다. 해외사무소를 신설하려는 공공기관은 해당 지역에 이미 설치된 다른 공공기관의 해외사무소와 통합 설치 방안에 대하여 우선 협의해야 한다.

---

22) 공무원 규정은 각 국가의 수도를 비롯한 주요 도시를 기준으로 규정하고 있지만, 실제 공공기관의 임직원이 파견되는 지역에는 험지, 오지 등도 포함된다.

(7) 연차수당, 장기근속수당 관련 회계처리 조정

(가) 발생주의 회계처리

공기업, 준정부기관은 K-IFRS를 도입하여 재무제표를 작성한다. K-IFRS는 연차수당, 장기근속수당과 관련하여 발생주의에 따라 충당부채를 인식하도록 요구한다. 여기서 발생주의는 임직원의 근로 제공 시점에 관련 인건비를 인식하는 회계처리이다. 만약 공공기관이 아래와 같이 회계처리를 한 경우, 근로제공 시점이 T년도이기 때문에 T년도의 발생주의 인건비는 100원으로 산출된다.

또한 T년도에 발생한 연차를 T+1년도에 사용하고, 사용하지 못하고 남은 연차에 대한 수당을 현금으로 10원 지급한 경우, T+1년도의 현금주의 인건비는 10원으로 계산된다.

아래와 같은 회계처리는 매년 반복적으로 발생한다. 따라서 각 회계연도별로 발생주의 인건비와 현금주의 인건비를 정확하게 구별할 수 있도록 유의해야 한다.

```
(T년도, 근로 제공 시점)
(차) 인건비            100   (대) 연차충당부채      100

(T+1년도, 연차 사용 시점)
(차) 연차충당부채       90   (대) 인건비            90

(T+1년도, 현금 지급 시점)
(차) 연차충당부채       10   (대) 현금              10
```

(나) 현금주의 조정 근거

「공공기관 경영평가 편람」은 IFRS에 따른 회계원칙 중 평가목적에 부합하지 아니한 사항에 대해서는 조정하여 평가할 수 있도록 규정하였다. 이는 IFRS 회계원칙 중 발생주의 회계처리는 총인건비 인상률의 평가 목적에 부합하지 않다고 설명한 것이다. 이에 따라 총인건비 인상률은 연차수당과 장기종업원급여에 대하여 발생주의가 아닌 현금주의로 평가해야 하며 또한 종업원 저리대여금에 대해서도 발생주의 회계처리 금액을 총인건비에서 조정해야 한다.

그러나 총인건비 인상률 이외의 지표는 발생주의 금액을 그대로 적용하여 계산해야 한다. 따라서 노동생산성, 자본생산성, 일반관리비 관리 등의 지표는 발생주의 방식으로 집계된 인건비 금액을 사용해야 한다. 「공공기관 경영평가 편람」의 구체적인 규정은 아래와 같다.

공공기관 경영평가 편람

o IFRS에 따른 회계원칙 중 평가목적에 부합하지 아니한 사항에 대해서는 조정하여 평가할 수 있다.

구분	평가 시 조정 방안
연차수당 장기종업원급여	o 총인건비 인상률 평가 시 연차수당과 장기종업원급여(장기근속포상 등)는 발생주의가 아닌 과거 K-GAAP에서와 동일하게 현금주의(확정채무)로 평가한다. - 노동생산성 등 타 지표에서는 IFRS에 따른 발생주의로 평가한다.
종업원 저리대여금	o 종업원 저리대여금을 현재가치로 평가함에 따라 인식하는 종업원급여는 총인건비 인상률 평가 시 조정한다. - 노동생산성 등 타 지표에서는 IFRS에 따른 발생주의로 평가한다.

(다) 「총인건비 인상률 템플릿」의 산식

「총인건비 인상률 템플릿」은 「공공기관 경영평가 편람」의 규정을 근거로 설계되었다. 일단 (2) 인건비 집계를 위한 Template은 발생주의에 따라 재무제표에 인식한 인건비를 그대로 반영한다. 하지만 (3) 총인건비 인상률 지표의 점수계산을 위한 Template은 인건비 집계액에서 발생주의 인건비를 전액 차감한 후, 현금주의 금액(실제 현금으로 직원에게 지급한 금액)을 다시 가산하는 방식으로 총인건비를 산출하게 된다. 상기의 템플릿 내용을 산식으로 표현하면 아래와 같다.

[현금주의의 발생주의 변환 산식]

(발생주의) 인건비 총액 − (발생주의) 연월차수당 등 발생액 + (현금주의) 연월차수당 등 지급액 − (발생주의) 저리대여금 이자 관련 인건비 = (현금주의) 총인건비 발생액

(라) 「총인건비 인상률 템플릿」의 주석

「총인건비 인상률 템플릿」의 주석은 구체적으로 아래와 같이 규정되어 있다. K-IFRS를 적용하는 공공기관의 종업원 급여와 관련된 발생주의 추정치를 현금주의로 조정하기 위한 목적을 가진다고 명시하고 있다.

> **총인건비 인상률 템플릿**
>
> K-IFRS를 적용하는 공공기관의 경우 종업원급여 추정치(연월차수당, 장기근속수당 등)를 현금기준으로 조정하기 위한 것임. 연월차수당 등 발생액은 K-IFRS에 의해 종업원급여 추정치(연월차수당 . 장기근속수당 등)를 인건비로 계상한 것을 의미하며, 연월차수당 등 지급액은 실제 해당연도에 지급한 금액을 의미함. 기타 이와 유사한 성격의 인건비(예: 성과상여금 등의 추정치를 발생주의로 계상한 금액)가 있을 경우 동일하게 적용함. 종업원 저리대여금 이자 관련 인건비는 K-IFRS에 의한 저리대여금 이자를 인건비로 회계처리한 것을 조정하기 위한 것임.

(8) 가족수당

대다수의 공공기관은 임직원에게 가족수당을 지급하고 있다. 가족수당은 배우자, 직계존속, 직계비속 등 부양가족에 대하여 지급하며, 가족의 나이, 동일한 주소지에 거주하는지 여부 등에 관한 내부 규정을 마련해야 한다.

한편, 「2026년 공기업, 준정부기관 예산운용지침」은 공무원 수준 이내로 지급되는 자녀수당은 총인건비에서 제외할 수 있도록 규정하고 있다.

(9) 임원 인건비

「2026년 공기업, 준정부기관 예산운용지침」은 「공기업, 준정부기관 임원 보수지침」에 따른 임원 인건비를 총인건비에서 제외하도록 규정하고 있다. 이에 따라 「총인건비 인상률 템플릿」은 임원 인건비를 (2) 인건비 집계를 위한 Template에 별도로 집계한 이후, 동일한 금액을 (3) 총인건비 인상률 지표의 점수계산을 위한 Template에서 차감하여 임원 인건비가 총인건비에서 제외되도록 설계하였다.

(10) 비상임이사 인건비

일반적으로 공공기관이 비상임이사에게 지급하는 보수의 지급 형태는 크게 세 가지로 구분된다. 첫 번째는 보수규정에 따라서 매월 정액의 형태로 급여, 수당 등을 지급하는 방식이고, 두 번째는 회의 참석 시에만 회의비 등의 회의참석 수당을 지급하는 방식이다. 세 번째는 그 이외의 방식으로 교통보조비 등 별도의 형태로 지급하는 방식이다.

노동생산성 지표는 부가가치를 평균인원으로 나누어 산출하는데, 「경영관리 계량지표 교육 교재」는 비상임이사에게 지급하는 보수의 형태가 정액으로 지급 방식인 경우에만 비상임이사를 평균인원에 포함하도록 규정하고 있다. 만약 정액으로 지급하는 금액이 없다면 회의참석 수당이나 교통보조비를 지급하더라도 평균인원에서는 제외한다.

비상임이사를 평균인원에 포함하는 경우에는 비상임이사에게 지급된 금액을 전액(정액급여, 회의참석 수당, 교통보조비 등) (2) 인건비 집계를 위한 Template의 인건비 중 비상임이사 항목에 반영한다. 해당 금액은 (3) 총인건비 인상률 지표의 점수계산을 위한 Template에서 차감되어 총인건비 인상률에 미치는 영향은 없다.

상기와 반대로 비상임이사를 평균인원에서 제외하는 경우에는 비상임이사에게 회의참석 수당이나 교통보조비 등을 지급하였다고 하더라도 해당 금액은 인건비에 집계하지 않는다.

(11) 당직비

일부 공공기관은 고유의 업무 특성상 직원이 일직·숙직 등 당직근무를 수행하는 경우가 있으며, 해당 공공기관은 그에 대한 대가로 당직비를 지급하고 있다. 당직비로 지급하는 금액의 크기는 각 공공기관마다 차이가 있지만, 대부분은 「소득세법」 시행령에 따라 실비변상정도의 금액을 지급하고 있다.

당직비를 총인건비에 포함해야 하는지 여부에 대해서는 명문화된 규정이 없었기 때문에 각 공공기관마다 다르게 처리하여 왔지만, 2023년도 경영평가를 통해 당직비는 모두 총인건비에서 제외하는 것을 원칙으로 정하였다. 따라서 향후에는 모든 공공기관이 실비변상정도의 당직비는 총인건비에서 제외할 수 있게 되었다.

> **「소득세법」 시행령**
> 제12조(실비변상적 급여의 범위) 3. 일직료, 숙직료 또는 여비로서 실비변상정도의 금액

(12) 우리사주

(가) 무상 취득

공공기관으로부터 무상으로 취득한 우리사주는 「조세특례제한법」상 우리사주 인출 시점에 근로소득에 포함된다. 「총인건비 인상률 템플릿」은 이에 따라 근로소득에 포함된 금액을 총인건비에 포함하도록 규정하고 있다.

(나) 유상 취득

「조세특례제한법」은 우리사주를 유상으로 취득하는 경우 출자금액을 근로소득에서 공제한 후 인출 시점의 근로소득에 포함하는 과세 이연의 혜택을 제공하고 있다. 우리사주 보유 기간 중 한 번만 근로소득에 포함하기 때문에 이중과세의 문제는 없다.

하지만 총인건비 집계 측면에서는 출자 시점(급여 수령에 의한 근로소득)에도 총인건비에 포함되고, 인출 시점(인출금을 근로소득에 포함)에도 총인건비에 포함되기 때문에 총인건비가 이중으로 집계되는 문제점이 있다.

유상으로 취득한 우리사주의 경우, 총인건비의 안정적 관리를 위해 인출 시점의 근로소득 금액을 총인건비에서 제외하는 방식을 적용하는 것이 타당할 것이다. 향후에는 이에 대한 명문화된 규정이 필요하다.

「조세특례제한법」

제88조의4(우리사주조합원 등에 대한 과세특례) ① 「근로복지기본법」에 따른 우리사주조합원이 우리사주를 취득하기 위하여 같은 법에 따른 우리사주조합에 출자하는 경우에는 해당 연도의 출자금액과 400만 원 중 적은 금액을 해당 연도의 근로소득금액에서 공제한다.

⑤ 우리사주조합원이 우리사주조합으로부터 배정받은 우리사주를 인출하는 경우에는 인출하는 우리사주에서 다음 각 호의 우리사주를 제외한 것에 대하여 대통령령으로 정하는 바에 따라 계산한 금액을 「소득세법」 제20조에 따른 근로소득으로 보고 소득세를 부과한다.

1. 제1항에 따라 소득공제를 받지 아니한 출자금액으로 취득한 우리사주
2. 제4항 전단에 따른 우리사주
3. 잉여금을 자본에 전입함에 따라 우리사주조합원에게 무상으로 지급된 우리사주

---

(1) 복리후생비의 개념

(가) 개념

「2026년 공기업, 준정부기관 예산운용지침」은 복리후생비를 법인과의 근로계약에 의하여 근로를 제공하고 그 대가를 받는 직원의 복리후생을 위해 지급되는 비용으로 정의하고 있다. 복리후생비는 급여성 복리후생비와 비급여성 복리후생비로 구분하며, 급여성 복리후생비에는 소득세법상 근로소득으로 분류된 경비를 포함해야 한다. 또한 급여성 복리후생비는 모두 총인건비에 포함해야 한다.

(나) 복리후생비 관련 지침

공공기관은 복리후생비의 예산편성 및 집행에 대하여 「2026년 공기업, 준정부기관 예산운용지침」의 내용을 따라야 하며, 예산운용지침은 복리후생비 항목별로 준수해야 할 사항을 열거하고 있다. 만약 예산운용지침에 별도의 규정이 없는 항목의 경우에는 「공공기관의 혁신에 관한 지침」을 적용해야 한다. 한편, 공공기관의 통합공시에 관한 기준은 공공기관으로 하여금 공공기관 경영정보 공개시스템을 통해 13가지 항목의 복리후생비를 공시하도록 규정하고 있다.

아래는 각 지침에서 규정하고 있는 복리후생비 항목을 비교한 표이다. 공공기관은 교육비, 주택자금, 의료비 등 주요 복리후생제도를 운영할 때, 해당 지침에 규정된 내용과 공시기준을 확인하여 위반하지 않도록 주의해야 한다.

No.	「2026년 공기업, 준정부기관 예산운용지침」	「공공기관의 혁신에 관한 지침」	「공공기관의 통합공시에 관한 기준」
1	교육비, 학자금	제39조(교육비와 보육비)	보육비
2	교육비, 학자금	제39조(교육비와 보육비)	학자금
3	주택자금, 융자금	제46조(기타 복리후생제도)	주택자금
4	선택적복지비	제40조(의료비)	의료비 및 건강검진비
5	주택자금, 융자금	제46조(기타 복리후생제도)	생활안정자금
6	경조사비, 상품권 등	제41조(경조사비, 기념품)	경조비 및 유족위로금
7	선택적복지비	제46조(기타 복리후생제도)	선택적복지제도

No.	「2026년 공기업, 준정부기관 예산운용지침」	「공공기관의 혁신에 관한 지침」	「공공기관의 통합공시에 관한 기준」
8	경조사비, 상품권 등	제41조(경조사비, 기념품)	기념품비
9			행사지원비
10			경로효친비
11	NA	NA	문화여가비
12			재해보상 및 재해부조
13			기타

(다) 「총인건비 인상률 템플릿」

「총인건비 인상률 템플릿」은 아래와 같이 복리후생비 항목별로 예외 규정을 두고 있다. 각 항목별 세부 사항은 뒤에서 구체적으로 설명한다.

인건비에서 제외되는 항목은 (2) 인건비 집계를 위한 Template 작성 시점부터 집계할 필요가 없기 때문에 별도로 표시되지 않는다. 따라서 현물로 제공하는 식사, 연 70만 원 이하의 단체보험, 현물로 지급하는 작업복 등은 최초 인건비 집계 시점부터 제외되기 때문에, (3) 총인건비 인상률 지표의 점수계산을 위한 Template에 별도의 예외 규정이 존재하지 않는다.

하지만 총인건비에서 제외되는 항목은 (2) 인건비 집계를 위한 Template에 집계되기 때문에 (3) 총인건비 인상률 지표의 점수계산을 위한 Template에서 차감할 수 있도록 별도로 표시하고 있다. 「산업안전보건법」에 따른 특수건강진단비는 인건비로 집계한 이후 총인건비에서 제외하기 때문에 해당 항목을 차감할 수 있도록 (3) 총인건비 인상률 지표의 점수계산을 위한 Template에 구체적인 제외 규정이 주석으로 명시되어 있다.

항목	예외 규정
식사대	– 현물로 제공하는 식사는 인건비에서 제외 – 조기출근, 야근, 특근 근무자를 위한 급식비는 실비 정산분에 한하여 인건비에서 제외
건강진단비	– 「산업안전보건법」에 따라 특수건강진단대상업무에 종사하는 근로자에게 실시하는 특수건강진단비는 총인건비 인상률 평가 시 불포함
선택적복지	– 단체순수보장성 보험과 단체환급부보장성 보험의 보험료 중 연 70만 원 이하의 금액에 대해서는 인건비에 불포함
기념품	– 현물로 지급하거나 부서별로 지급되어 개인에게 귀속되지 않는 금액은 인건비에 불포함

항목	예외 규정
	– 현금, 유가증권(예: 상품권), 환금성이 높은 물품(예: 금)으로 지급하는 경우로서 개인에게 귀속되는 부분은 인건비에 포함
자기계발비	– 교육기관과의 일괄계약에 의한 자기계발비 또는 영수증 정산방식에 의해 직원이 지출한 자기계발비를 지급하는 경우에는 인건비 불포함 – 사내교육훈련과 유사한 성격의 자기계발비는 교육훈련비로 간주
피복비	– 제복, 작업복, 직장에서만 착용하는 피복을 현물로 지급하는 경우에는 인건비 불포함
통신비	– 임직원 중 일부에게 지급하는 업무 관련 통신비로서 실비보상적인 성격이 있는 경우에는 인건비 불포함
축하금 · 조의금	– 결혼 및 사망 관련 물품지원은 인건비에서 제외

(2) 복리후생 제도 운영의 원칙

「2026년 공기업, 준정부기관 예산운용지침」과 「공공기관의 혁신에 관한 지침」은 공공기관이 복리후생 제도를 운영함에 있어서 지켜야 할 4가지 원칙을 아래와 같이 제시하고 있다.

(가) 복리후생 제도의 수준

「2026년 공기업, 준정부기관 예산운용지침」은 공공기관으로 하여금 복리후생 제도를 국민 눈높이에 맞추어 과도한 복리후생제도가 운영되지 않도록 한다는 원칙을 제시하고 있다. 원칙의 내용이 매우 추상적이기 때문에 각 공공기관별로 이를 해석하는데 차이가 있을 수 있다.

「공공기관의 혁신에 관한 지침」은 복리후생 제도의 수준에 대하여 좀 더 구체적인 원칙을 정하고 있다. 이에 따라 공공기관은 임직원에 대해 사회통념상 과도한 복리후생제도 운영을 지양하고 국가공무원의 복리후생 수준을 기준으로 합리적으로 운영해야 한다. 또한 국가공무원에 대하여 운영되지 않는 복리후생 제도는 원칙적으로 운영할 수 없다.

(나) 복리후생 제도의 폐지와 감액

공공기관이 사회통념상 허용되지 않는 수준의 복리후생 항목을 운영하고 있었다면, 공공기관은 「공공기관의 혁신에 관한 지침」을 준수하기 위해 해당 복리후생 제도를 폐지하거나 감액해야 한다. 이러한 사유로 공공기관이 복리후생 제도를 폐지하거나 감액한 경우, 폐지 항목을 대체하는 유사한 복리후생 제도를 도입하거나 해당 복리후생비를 다시 증가시킬 수 없다.

「공공기관 방만경영 정상화 대책」('13. 12. 11.)에 따라 공공기관이 기존에 운영하고 있던 복리후생 항목을 폐지하거나 해당 예산을 감액한 경우에도 동일하게 처리해야 한다. 따라서 공공기관은 폐지한 항목을 대체하는 유사한 복리후생제도를 다시 도입할 수 없으며 또한 감축된 항목의 복리후생비를 다시 증액하여 편성할 수 없다.

(다) 예산과 사내근로복지기금

공공기관은 복리후생 제도를 예산을 통해 운영하거나 사내근로복지기금을 통해 운영할 수 있다. 두 방식의 가장 큰 차이는 예산을 통해 집행된 금액은 총인건비에 반영되지만 사내근로복지기금을 통해 집행된 금액은 총인건비에 반영되지 않는다는 점이다. 예를 들어 공공기관이 자녀학자금 제도를 예산으로 운영하고 있다면 해당 금액은 전액 총인건비에 가산되지만, 사내근로복지기금을 통해 운영하고 있다면 총인건비에 가산되지 않는다. 총인건비에 반영하는 방식의 차이로 인해 공공기관이 복리후생 제도를 운영하는 데에 있어서, 공공기관마다 유불리가 발생한다.

「공공기관의 혁신에 관한 지침」은 또한 동일한 복리후생 항목에 대하여 예산과 사내근로복지기금을 중복하여 지출할 수 없도록 규정하고 있다. 예를 들어 예산으로 선택적 복지제도를 운영하고 있다면, 사내근로복지기금에서는 동일한 제도를 운영할 수 없다. 또한 예산으로 건강검진비를 지급하던 공공기관이 사내근로복지기금으로 해당 제도를 이관하였다면 예산에서 운영하던 제도는 반드시 폐지해야 한다.

(라) 차별 금지

공공기관은 복리후생비 예산 편성 시, 합리적인 이유 없이 무기계약직과 기존 직원을 차별해서는 아니 된다. 따라서 공공기관은 정규직과 무기계약직 직원에 대해 차별 없이 복리후생 제도를 운영해야 한다.

(1) 사내근로복지기금

(가) 사내근로복지기금의 의의

사내근로복지기금은 「근로복지기본법」을 근거로 조성되며, 사업주는 사업 이익의 일부를 재원으로 사내근로복지기금을 설치해야 한다. 사업주는 사내근로복지기금을 효율적으로 관리하고 운용하여 근로자의 생활안정과 복지증진에 이바지하여야 한다.

(나) 사내근로복지기금의 출연

사내근로복지기금은 「근로복지기본법」에 따라 직전 사업연도 세전순이익의 100분의 5를 기준으로 출연할 수 있다.

「근로복지기본법」

제61조(사내근로복지기금의 조성) ① 사업주는 직전 사업연도의 법인세 또는 소득세 차감 전 순이익의 100분의 5를 기준으로 복지기금협의회가 협의, 결정하는 금액을 대통령령으로 정하는 바에 따라 사내근로복지기금의 재원으로 출연할 수 있다.
② 사업주 또는 사업주 외의 자는 제1항에 따른 출연 외에 유가증권, 현금, 그 밖에 대통령령으로 정하는 재산을 출연할 수 있다.

(다) 예산운용지침의 규정

「2026년 공기업, 준정부기관 예산운용지침」은 사내근로복지기금의 출연에 대하여 직원 1인당 출연규모, 유사·동종업종 민간기업 출연수준, 복리후생사업 소요재원등을 감안하여 기금 누적액별 출연율 기준을 구체적으로 제시하고 있다. 따라서 공공기관은 아래의 출연율 기준에 따라 사내근로복지기금 출연금을 편성해야 한다.

출연율 기준이 세전순이익이기 때문에 직전 사업연도에 당기 순손실이 발생한 경우에는 사내근로복지기금에 출연을 할 수 없다. 또한 세전순이익의 주요 원천이 정부지원액, 영업외이익(출자회사 매각, 유휴자산 매각 등), 미실현손익(평가손익, 환산손익)이라면 이를 근거로 사내근로복지기금에 출연할 수 없다. 상기와 같은 예산운용지침의 규정은 사내근로복지기금이 편법적인 임금인상의 수단으로 운용되지 않도록 하기 위한 목적을 가진다.

1인당 기금누적액	출연율 기준
500만 원 이하	세전순이익의 100분의 5 이내
500만 원 초과~1,000만 원	세전순이익의 100분의 4 이내
1,000만 원 초과~1,500만 원	세전순이익의 100분의 3 이내
1,500만 원 초과~2,500만 원	세전순이익의 100분의 2 이내
2,500만 원 초과	세전순이익의 100분의 0

(라) 공공기관의 혁신에 관한 지침의 규정

공공기관의 혁신에 관한 지침도 예산운용지침과 동일한 입장을 견지하고 있다. 사내근로복지기금의 조성, 출연, 집행에 대하여 관련 법령의 준수, 재정경제부 사전협의, 이사회 의결 등 필요한 절차를 거쳐 투명하게 관리되도록 규정하고 있다. 또한 사내근로복지기금을 편법적인 임금 인상의 수단으로 사용하지 않도록 규정하고 있다.

「공공기관의 혁신에 관한 지침」

제47조(사내근로복지기금) ① 공공기관이 사내근로복지기금을 운용하는 경우에는 관련 법령의 취지에 따라 합리적으로 조성하여 기금의 목적에 따라 적정하게 집행하고 투명하게 관리하여야 한다.

② 공공기관이 사내근로복지기금에 출연하고자 하는 경우에는 직원 1인당 출연규모, 유사·동종업종 민간기업 출연 수준, 복리후생 사업 소요재원 등을 감안하여 규모를 산정하여야 한다.

③ 공공기관이 사내근로복지기금에 출연하기 위해서는 출연기준 부합 여부 등을 재정경제부와 사전에 협의 후 이사회의 의결을 거쳐 출연한다.

④ 공공기관은 제2항과 제3항의 규정에 따른 출연과 다른 특별출연을 할 수 없고, 직전 사업연도에 당기 순손실이 발생한 경우에는 사내근로복지기금에 출연할 수 없다.

⑤ 공공기관이 법령에 따라 사내근로복지기금의 기본재산을 기금사업에 사용하고자 하는 경우에는 재정경제부와 사전에 협의를 하여야 한다.

⑥ 공공기관은 사내근로복지기금을 편법적인 임금인상의 수단으로 운용하거나 급여성 경비로 사용할 수 없다.

(마) 총인건비 인상률에 미치는 영향

「총인건비 인상률 템플릿」은 공공기관이 사내근로복지기금에 출연한 금액을 총인건비에서 제외하도록 규정하고 있다. 또한 사내근로복지기금이 직원에게 지급하는 금액을 총인건비에 포함하도록 하는 규정도 없다. 결과적으로 사내근로복지기금에 관련된 금액은 모두 총인건비에 영향을 미치지 않는다.

(바) 기타 사항

「근로복지기본법」 및 예산운용지침에 규정된 사내근로복지기금의 조성 방식에 따라, 세전순이익이 발생하는 공공기관은 사내근로복지기금에 대한 출연이 가능하지만 세전순이익이 발생하지 않는 경우에는 출연을 할 수 없다. 따라서 공공기관의 당기순이익 규모에 따라 직원의 복리후생에 미치는 영향은 차이가 발생한다. 이와 같은 차이가 임직원의 노력과 비례하는 경우에는 사내근로복지기금 제도에 대한 공공기관의 수용도가 높게 나타나겠지만, 현실적으로 임직원의 노력과 당기순이익의 발생에는 유의한 양(+)의 관계가 나타나지 않을 수 있다. 예를 들어 공공요금 규제를 받는 공공기관, 수지차 보전방식의 공공기관 등은 임직원의 노력과 무관하게 기관 고유의 구조적 특성에 따라 당기순이익이 발생하지 않을 수 있다. 모든 공공기관은 사내근로복지기금에 대해 동일한 지침을 적용받고 있기 때문에, 정부는 상기와 같은 문제점을 개선하여 제도의 수용도를 높여야 할 것이다.

(2) 식대

(가) 식대 관련 쟁점사항

식대에 대해서는 크게 두 가지 이슈가 존재한다. 첫 번째는 총인건비에서 제외할 수 있는 식대의 범위에 대한 내용이다. 식대는 현금으로 제공할 수도 있고, 현물로 제공할 수도 있다. 이때 「총인건비 인상률 템플릿」은 ① 현물로 제공하는 경우에는 총인건비에서 제외할 수 있도록 정하고 있고, 또한 ② 현금으로 제공하는 경우에는 조기출근, 야근, 특근 근무자를 위한 급식비 중 실비 정산분에 한하여 총인건비에서 제외할 수 있다고 규정하고 있다. 따라서 전체 직원에게 지급하거나, 월정액으로 지급하는 경우에는 총인건비에서 제외할 수 없다.

「소득세법」 제12조는 근로자가 사내급식이나 이와 유사한 방법으로 제공받는 식사 기타 음식물 또는 근로자(식사 기타 음식물을 제공받지 아니하는 자에 한정한다)가 받는 월 20만 원 이하의 식사대를 비과세소득으로 규정하고 있다. 하지만 「총인건비 인상률 템플릿」은 월 정액의 식대를 비과세 여부와 무관하게 총인건비에 포함하도록 하고 있다.

(나) 식대의 분류

총인건비에서 제외할 수 있는 조기출근, 야근, 특근 근무자를 위한 급식비는 그 지급 방식에 따라 다음과 같이 5가지로 구분할 수 있으며, 그 성격에 따라 실비 정산분인지 여부를 판단해야 한다.

지급 방식	성격
법인카드	법인카드는 자연스럽게 실비 정산방식이 적용
개인카드	개인카드 사용 후 영수증 정산방식으로 실비 정산
구내식당 식권	현물 제공 방식과 유사하며, 환금성 낮음
외부식당 식권	현물 제공 방식과 유사하며, 환금성이 존재할 수 있음
일정액 현금	일정액의 현금을 지급하는 경우 실비 정산으로 보기 어려움

법인카드 사용분과 개인카드 사용 후 영수증 정산방식으로 처리한 내역은 다른 조건을 충족할 경우 실비 정산분에 해당할 것이다. 그러나 조기출근, 야근, 특근 근무자에게 일정 금액의 현금을 지급하는 경우, 이를 실비 정산방식에 의한 금액으로 보기는 어려울 것이다. 따라서 일정액의 현금을 지급하는 방식을 선택하는 경우 해당 금액을 총인건비에서 제외한다면 이는 쟁점사항이 될 수 있다.

식권을 제공하는 경우, 구내식당 식권은 실비 정산 방식에 의한 지급분으로 볼 수 있지만, 외부식당 식권을 지급하는 경우 환금성 여부를 판단할 필요가 있다. 만약 외부 식권을 현금으로 전환하는 것이 가능하다면, 사실상 현금 지급방식과 그 성격이 유사하기 때문이다. 「소득세법」은 외부 식권을 교부할 때 현금으로 환금할 수 없는 경우에 한하여 해당 식권을 비과세 되는 식사·기타 음식물로 보고 있다.[23] 총인건비 포함 여부에 대해서도 동일한 판단 기준을 적용하는 것이 타당하다.

만약 공공기관이 조기출근, 야근, 특근 근무자에게 식대를 제공하고 그 금액을 총인건비에서 제외하고자 한다면, 상기의 검토 내용을 고려하여 지급 방식을 결정해야 한다.

(다) 식대의 한도

식대에 대한 두 번째 이슈는 조기출근, 야근, 특근 근무자를 위한 급식비로 얼마를 지급할 수 있는지에 대한 내용이다. 이와 관련하여 「총인건비 인상률 템플릿」에 명시적인 규정은 없다. 따라서 기관별로 지급금액을 정하기 위해서는 관련 문구를 종합적으로 검토해 보아야 하며, 아래 문구를 살펴보면 1인 1식 9,000원을 지급하는 것을 원칙으로 판단하는 것

---

23) 원천세과-190(2011.4.4.)

이 합리적일 것이다.

조기출근, 야근, 특근 근무자를 위한 급식비를 지급하는 방식, 지급 금액, 총인건비 처리 방식에 따라 여러 가지 경우의 수가 발생할 수 있다. 이때 두 번째 이슈는 1인 1식 기준 9,000원을 초과하여 지급하고 전액을 총인건비에서 제외하는 경우, 초과된 부분을 총인건비에서 제외하는 것이 적절한지에 대한 검토와 연결된다. 과거 총인건비 인상률 실사 과정에서 쟁점사항으로 논의된 적은 없지만 향후 이와 관련된 검토가 필요할 것이다.

(3) 교통비

(가) 원칙

공공기관은 임직원에게 교통비, 자가운전보조금, 통근보조비, 출퇴근 등의 명목으로 월 일정액을 지급할 수 있다. 「총인건비 인상률 템플릿」은 원칙적으로 상기와 같은 교통비는 전액 총인건비에 포함하도록 규정하고 있다. 「총인건비 인상률 템플릿」은 다른 비용과 달리 교통비에 대해서는 별도의 예외 규정을 두고 있지 않으며, 자가운전보조금과 관련된 월 20만 원 이내의 비과세금액도 총인건비에 포함해야 한다고 강조하고 있다.

(나) 소득세법 규정

「소득세법」은 일직료, 숙직료 또는 여비로서 실비변상 정도의 금액은 비과세소득으로 처리할 수 있도록 하고 있다. 이때 종업원이 소유하거나 본인 명의로 임차한 차량을 종업원이 직접 운전하여 사용자의 업무수행에 이용하고 그 소요경비를 받는 경우, 월 20만 원 이내의 금액은 비과세소득에 포함된다. 다만, 이 경우 시내출장 등에 소요된 실제 여비를 별도로 받을 수 없다. 왜냐하면 시내출장 등에 소요된 실제 여비를 받는 경우에는 자가운전보조금

명목으로 지급하는 월정액의 금액과 중복되기 때문이다. 또한 반드시 해당 사업체의 규칙에 의한 지급기준에 따라 받아야 한다.

상기 내용을 요약하면, 자가운전보조금 등 교통비는「소득세법」상 관련 기준을 만족하는 경우 비과세소득으로 처리할 수 있으나, 총인건비에는 어떠한 경우에도 포함해야 한다.

(4) 의료비

(가) 의료비

일반적으로 공공기관에서 임직원에게 제공하는 의료비는 크게 건강검진비와 예방주사비로 구분할 수 있다.「총인건비 인상률 템플릿」은 건강검진비에 대하여 지급형태를 불문하고 관련 금액 전액을 총인건비에 포함하도록 규정하고 있다.

예외적으로「산업안전보건법」에 따라 특수건강진단 대상 업무에 종사하는 근로자에게 실시하는 특수건강진단비만 총인건비에서 제외할 수 있도록 규정하고 있다. 또한 코로나 검진 비용은 2020년도부터 인건비가 아닌 경비로 처리할 수 있도록「경영관리 계량지표 교육 교재」에 명시하였다.

(나) 공공기관의 혁신에 관한 지침

의료비에 대해 특별한 예외 규정을 두지 않는 입장은「공공기관의 혁신에 관한 지침」에서도 확인할 수 있다. 임직원에 대한 의료비 지원, 건강검진비, 가족에 대한 의료비 지원 등은 사회통념에 비추어 과도하게 운영되지 않아야 하며, 이는 관련 비용을 전액 총인건비에 반영하는 방식을 통해 현실적으로 적용되고 있다.

또한 대학병원과 병원을 운영하고 있는 공공기관의 경우, 수속 직원 및 가족에 대한 본인부담금 할인 기준은「국립대병원 진료비 감면제도 개선방안」(교육부, '13. 7. 25.)에 따라야 한다. 따라서 이를 초과하는 할인 금액은 총인건비에 포함하여야 한다. 예컨대 병원을 운영하고 있는 공공기관이 임직원 가족에게 건강검진을 할인된 가격으로 제공하고, 할인된 부분을 세무상 근로소득으로 처리하고 있는 경우 해당 금액은 총인건비에 포함하여야 한다.

> **「공공기관의 혁신에 관한 지침」**
>
> 제40조(의료비) ① 공공기관은 임직원에 대한 의료비 지원이 사회통념에 비추어 과도하게 운영되지 않도록 하여야 한다.
> ② 공공기관이 자체적으로 직원 건강검진을 운영하는 경우, 원직적으로 소속 직원만

을 대상으로 하여야 하고, 1인당 연간 건강검진비를 과도하게 지원하지 않도록 하여야 한다.

③ 공공기관은 소속 직원과 직원 가족에 대한 의료비 지원은 선택적 복지비에 통합하여 운영하고, 소속 직원의 업무와 관계없는 질병·부상 및 직원 가족에 대한 의료비를 선택적 복지비 이외의 재원으로 지원할 수 없다.

④ 공공기관은 제3항의 규정에 따른 의료비 통합 명목으로 선택적 복지비를 과도하게 증액 편성해서는 아니 된다.

⑤ 대학병원과 병원을 운영하고 있는 공공기관의 경우 소속 직원 및 가족에 대한 본인부담금 할인 기준은 「국립대병원 진료비 감면제도 개선방안」(교육부, '13. 7. 25.)에 따른다.

(다) 예방주사비 등의 처리

공공기관은 임직원에게 특정 예방주사비를 제공하고 있다. 각 공공기관은 그 성격에 따라 총인건비 포함 여부를 결정해야 한다. 우선 예방주사비에는 독감 예방주사비가 있으며, 해당 비용은 총인건비에 포함하도록 「경영관리 계량지표 교육 교재」에서 명시하고 있다. 이는 복리후생 목적으로 전체 임직원에게 제공하는 방식이기 때문이다.

이와 반대로, 예컨대 특정 업무 종사자에 한해 파상풍 예방주사비를 제공하였다면, 이는 업무 관련성이 높은 비용으로 볼 수 있으며, 따라서 총인건비에 포함하는 것은 적절하지 않아 보인다.

만약 전 직원에게 간염 예방주사비용을 제공하였다면 어떻게 판단하는 것이 적절할까? 위의 사례와 동일한 논리를 견지하는 경우, 전 직원에게 제공하였다는 점 그리고 업무관련성이 낮다는 점을 근거로 해당 비용은 복리후생의 성격이 강한 것으로 판단하는 것이 합리적일 것이다. 따라서 해당 예방주사비용은 총인건비에 가산해야 한다.

(5) 선택적 복지

(가) 총인건비 반영 원칙

「총인건비 인상률 템플릿」은 선택적복지, 복지포인트, 복지카드 등 관련 비용을 총인건비에 포함하도록 규정하고 있다. 단, 단체순수보장성 보험과 단체환급부보장성보험의 보험료 중 연 70만 원 이하의 금액에 한해 총인건비에서 제외할 수 있도록 하고 있다.

(나) 선택적 복지 제도의 운영(사내근로복지기금 방식)

공공기관은 선택적복지 제도를 기관 예산으로 운영하거나 사내근로복지기금으로 운영할 수 있다. 「2026년 공기업, 준정부기관 예산운용지침」은 주택자금, 학자금, 선택적복지 등 복리후생을 사내근로복지기금으로 지원하는 경우, 기관의 예산으로 추가 지원하지 않도록 규정하고 있다. 따라서 공공기관은 예산이나 사내근로복지기금 중 하나의 방식을 선택하여 운영해야 한다. 만약 예산으로 운영한다면 선택적 복지로 인해 직원에게 지급한 금액을 총인건비에 반영해야 하지만, 사내근로복지기금으로 운영한다면 총인건비에서 제외할 수 있다. 따라서 어떤 방식으로 운영하는지에 따라 기관별로 유불리가 발생할 수 있다.

사내근로복지기금으로 운영하는 경우에는 기금의 규모가 충분하다면 총인건비 인상률에 미치는 영향을 고려하지 않고 운영할 수 있다는 장점이 있다. 따라서 1인당 복지포인트를 정부의 총인건비 인상률 가이드라인을 상회해서 증가시키더라도 총인건비 집행 한도의 제약을 받지 않을 수 있다.

(다) 선택적 복지 제도의 운영(예산 방식)

사내근로복지기금으로 운영하는 방식에 비해 예산으로 운영하는 경우, 선택적 복지 규모를 일정 금액으로 고정시키는 방법을 적용하여 총 복지포인트 금액에 대한 인상률만큼을 총인건비에 활용할 수 있다는 장점이 있다. 예를 들어, 매년 지급하는 복지포인트를 1인당 100만 원으로 고정하는 것과 같은 방식으로, 구체적으로 아래의 사례를 통해 설명한다.

아래의 예시에서 T년도 총인건비는 급여 10,000원에 복지포인트 1,000원을 가산하여 11,000원으로, 총인건비 인상률을 3% 인상하였다고 가정하면 T+1년도의 총인건비는 11,330원까지 인상할 수 있다. 복지포인트를 1,000원으로 고정시키는 경우, 급여는 10,330원으로 3.3% 인상하는 효과가 나타난다. 실제 1인당 총인건비는 3% 증가한 것이기 때문에, 조삼모사(朝三暮四)와 같다고 생각할 수 있지만, 공공기관이 실제 총인건비를 운영하는 과정에서 어느 정도 여유를 제공할 수 있다.

구분	급여	복지포인트	총인건비
T년도, 100명	10,000원	1,000원	11,000원
T+1년도, 100명	10,330원	1,000원	11,330원
효과	3.3% 증가	고정	3% 증가

(라) 단체보험

「공공기관의 혁신에 관한 지침」 제46조(기타 복리후생 제도)는 직원과 직원 가족을 대상으로 하는 단체상해화재보험 등을 운영하고자 하는 경우에는 직원에게 지급되는 복지포인트를 활용하도록 규정하고 있다. 따라서 복지포인트 제도를 운영하고 있는 공공기관이 단체보험료를 부담하는 경우에는 직원에게 지급한 복지포인트를 차감하는 방식을 적용해야 한다.

「총인건비 인상률 템플릿」은 단체순수보장성 보험과 단체환급부보장성보험의 보험료 중 연 70만 원 이하의 금액에 한해 총인건비에서 제외할 수 있도록 하고 있다. 이 내용은 아래의 소득세법 시행령과 동일한 내용으로, 사용자가 부담하는 단체순수보장성보험과 단체환급부보장성보험의 보험료 중 연 70만 원 이하의 금액은 비과세소득으로 처리한다.

「소득세법」 시행령

제17조의4(복리후생적 급여의 범위) 3. 종업원이 계약자이거나 종업원 또는 그 배우자 및 그 밖의 가족을 수익자로 하는 보험, 신탁 또는 공제와 관련하여 사용자가 부담하는 보험료, 신탁부금 또는 공제부금(이하 이 호에서 "보험료등"이라 한다) 중 다음 각 목의 보험료등

가. 종업원의 사망, 상해 또는 질병을 보험금의 지급사유로 하고 종업원을 피보험자와 수익자로 하는 보험으로서 만기에 납입보험료를 환급하지 않는 보험(이하 "단체순수보장성보험"이라 한다)과 만기에 납입보험료를 초과하지 않는 범위에서 환급하는 보험(이하 "단체환급부보장성보험"이라 한다)의 보험료 중 연 70만 원 이하의 금액

(마) 예산운용지침

「2026년 공기업, 준정부기관 예산운용지침」은 선택적 복지비를 지원하는 기관은 의료비 지원을 선택적 복지비에 통합하여 운영하도록 규정하고 있다. 예컨대 임직원의 건강검진비를 제공하는 공공기관은 이를 선택적복지(또는 복지포인트)에 포함해야 하고, 실제 비용을 지출할 때 복지포인트를 차감해야 한다. 결과적으로 공공기관이 임직원에게 제공하는 선택적복지(또는 복지포인트)에는 단체보험 보험료와 건강검진비가 포함되어야 한다.

또한 공공기관은 의료비와 선택적 복지비를 통합할 때 선택적 복지비가 과도하게 증액 편성되지 않도록 해야 하며, 선택적 복지비를 지원하지 않는 기관이 의료비 지원 예산을 편성할 때도 과도한 의료비 지원을 하지 않도록 해야 한다.

한편 「2026년 공기업, 준정부기관 예산운용지침」은 기간제, 시간제근로자의 복지포인트 및 상여금 예산을 「공공부문 비정규직 고용개선 추진지침」('12. 1. 16.) 중 '복지포인트 및 상여금 지급 기준'에 따라 편성하도록 하였다.

(6) 기념품

(가) 총인건비 반영 원칙

「총인건비 인상률 템플릿」은 명절, 생일 축하, 창립기념일, 근로자의 날 등을 기념하기 위한 기념품, 포상품, 격려품 등을 임직원에게 지급하는 경우 해당 금액을 총인건비에 포함하도록 규정하고 있다. 예외적으로 현물로 지급하거나 부서별로 지급되어 개인에게 귀속되지 않은 금액은 총인건비에서 제외할 수 있다. 기념품, 포상품, 격려품의 판단 기준을 요약한 결과는 아래의 표와 같다.

대분류	중분류	소분류	처리 원칙
현금 지급		총인건비 포함	
현물 지급	환금성 높은 항목	개인 귀속	총인건비 포함
		부서별 귀속	총인건비 제외
	환금성 낮은 항목	고가 현물	총인건비 포함
		저가 현물	총인건비 제외

(나) 현물 지급

기념품, 포상품, 격려품 등을 현물로 지급하는 경우에는 총인건비에서 제외할 수 있도록 규정되어 있다. 하지만 모든 경우에 총인건비에서 제외할 수 있는 것은 아니며, 현물로 지급하더라도 해당 현물이 사회통념을 벗어날 정도의 고가이거나 환금성이 높은 물품이라면 해당 금액을 총인건비에 포함하도록 규정되어 있다. 예컨대 1인당 1백만 원 수준의 의류, 자전거, 가방 등 고가의 물품을 기념품으로 지급한다면 이는 사회통념을 벗어난 것으로 여겨질 것이다. 이에 대해서 총인건비에서 제외 가능한 물품의 금액 기준이 명확하면 논란의 여지가 없겠지만 현실적으로 금액 기준을 설정하는 것은 어렵기 때문에 사회통념이라는 추상적인 판단 과정을 거쳐야 한다.

만약 공공기관 담당자가 기념품 지급에 대해 검토할 때, 상기와 같은 논란을 피해가고 싶은 경우에는 업무관련성을 강조하는 방안을 고려해 볼 수 있다. 예를 들이 정부정책에 따라 겨울철 사무실 온도를 특정 온도로 제한하고, 이를 대비하기 위해 사무실에서 입을 방한복을 지급하였다는 근거를 갖추는 방식이다. 여기에 방한복에 회사 표지를 덧붙이거나, 방한복 가격이 사회 통념을 벗어나지 않을 수준이라면 해당 비용을 총인건비에서 제외할 수 있을 것이다.

(다) 현금, 유가증권, 환금성 높은 물품 지급

기념품을 현금, 유가증권, 환금성이 높은 물품으로 지급하는 경우에는 해당 금액을 총인건비에 포함해야 한다. 여기서 환금성이 높은 물품에는 금반지, 골드바, 상품교환권 등이 해당된다. 환금성이 높은 물품은 사실상 현금과 동일하기 때문에 총인건비에 포함해야 하며, 상기의 물품을 지급하면서 총인건비에서 제외하는 것은 사실상 편법적인 임금인상으로 여겨질 것이다.

「2026년 공기업, 준정부기관 예산운용지침」은 기념품으로 상품권, 선불카드 등 현금성 물품이나 고가의 물품을 지급할 수 없도록 규정하고 있다. 현금성 물품이나 고가의 물품을 제공하는 것을 사실상 급여 인상의 수단으로 해석하고 있기 때문이다. 다만, 과도하지 않은 수준에서 온누리상품권을 기념품으로 지급하는 것은 가능하다고 설명하고 있다.

선불카드의 종류는 ① 특정 금액 범위 내에서 원하는 상품을 구매할 수 있는 선불카드(5,000원권, 10,000원권 등)와 ② 특정 상품과 교환할 수 있는 선불카드(커피 교환권, 치킨 교환권)로 구분할 수 있다. ①번 방식의 선불카드는 상품권과 유사한 성격이고, ②번 방식의 선불카드는 현물의 제공과 유사한 성격으로 해석할 수 있다. 하지만 「2026년 공기업, 준정부기관 예산운용지침」은 선불카드 등 현금성 물품은 지급할 수 없도록 규정하고 있기 때문에, 복리후생제도로 선불카드를 지급하는 방식은 지양해야 할 것이다.

(라) 부서별 지급

부서별로 지급되어 개인에게 귀속되지 않는 부분은 총인건비에서 제외할 수 있다. 예를 들어 특정 부서에 상품권이 지급되어 해당 부서의 공통 경비(사무용품, 소모품, 간식 구입) 목적으로 사용되었다면 총인건비에서 제외함이 마땅할 것이다.

그러나 공공기관 외부에서 바라보았을 때는 해당 상품권이 공통 경비로 사용되었는지, 부서 임직원에게 개인별로 나누어줬는지는 알 수 없다. 특히, 감사 목적의 시각에서는 상품권을 개인에게 배부한 것으로 간주하고 총인건비에 포함하도록 지적할 수 있다. 따라서 위와 같은 상황이 발생하는 경우, 공공기관은 오해의 소지가 없도록 상품권을 공통 경비로 사용하였다는 근거를 남겨둘 필요가 있다.

(마) 기념품의 운영

「2026년 공기업. 준정부기관 예산운용지침」은 기념품의 운영을 "장기근속자에 대한 기념품. 퇴직예정자에 대한 기념품. 행사 기념품"의 3가지 유형으로 구분하여 규정하고 있다. 장기근속자에게는 기념품을 지급할 수 없고, 퇴직예정자에게는 과도하지 않은 수준에 한해 지급할 수 있으며, 행사 기념품은 최소한으로 지급할 수 있다.

① 장기근속자에 대한 기념품 등은 원칙적으로 지원하지 않는다.

② 퇴직예정자 등에게 과도하게 기념품을 지원하지 않는다.

③ 행사 기념품은 목적에 맞게 최소한으로 제작, 지원한다.

상기와 동일하게, 「공공기관의 혁신에 관한 지침」은 공공기관으로 하여금 창립기념일, 체육대회, 근로자의 날 등 각종 기념일에 고가의 기념품 또는 현금성 물품(상품권, 선불카드 등)을 지급할 수 없도록 규정하고 있다. 다만, 사회통념상 과도하지 않은 수준에 한해 기념품을 제공할 수 있도록 하고 있다. 이때 기념품으로 온누리상품권은 제공 가능하다. 장기근속자와 퇴직예정자에 대한 기념품 지급도 동일한 내용이 규정되어 있다.

> **「공공기관의 혁신에 관한 지침」**
>
> 제41조(경조사비, 기념품 등) ② 공공기관은 창립기념일, 체육대회, 근로자의 날 등 각종 기념일에 고가의 기념품 또는 현금성 물품(상품권, 선불카드 등)을 지급하여서는 아니 된다. 다만, 사회통념상 과도하지 않은 수준에서 온누리상품권 등으로 기념품을 지급할 수 있다.
>
> ③ 공공기관은 장기근속자에 대한 기념품 지급이나 포상 등을 원칙적으로 할 수 없으며, 퇴직예정자를 대상으로 기념품을 지급하는 경우에도 순금, 건강검진권, 전자제품 등 고가의 기념품을 지급하지 아니한다.

(바) 상품권

「2026년 공기업. 준정부기관 예산운용지침」은 국민권익위원회의 「공공기관 상품권 구매 및 사용의 투명성 제고방안」('13. 9. 23.)에 따라 기관별 특성을 반영하여 상품권 구매 및 사용에 대한 체계적인 관리방안을 마련하여 시행하도록 규정하고 있다. 해당 규정은 상품권의 사용 범위 및 용도별 예산집행과목(복리후생비, 업무추진비, 포상금, 기부금 등)을 명확히 하도록 요구하고 있다. 또한 부적절한 상품권 사용 방지를 위해 상품권 구매 및 배부대장의 작성을 의무화하고 사용용도를 득정하여 시급한 경우 증빙을 철저히 관리하도록 규정하였다. 이에 따라 공공기관은 상품권의 구매용도, 구매수량, 총구매액 등 상품권의 구매, 사용에 대한 내용을 매월 홈페이지에 공개해야 하며, 또한 상품권의 구매, 지급, 사용에 대해 부서별로 수시로 확인하고, 정기 감사 시에도 별도로 점검해야 한다.

(사) 복지포인트와 기념품

공공기관이 임직원에게 명절 선물을 지급할 때, 기념품을 직접 구입하여 지급할 수도 있고 기념품 구입비와 동일한 금액의 복지포인트를 추가로 지급할 수도 있다. 특히 임직원의 선호도를 반영하기 위해서는 공공기관이 기념품을 직접 구입하는 방식보다는 복지포인트를 지급하는 방식을 적용하는 것이 더 합리적일 것이다.

하지만 복지포인트를 지급하는 방식은 선택적 복지의 판단 원칙에 따라 추가로 지급된 복지포인트만큼 총인건비에 가산해야 할 것이다. 따라서 총인건비에서 제외되는 수준의 기념품을 지급하기 위해서는 복지포인트의 지급은 지양해야 한다.

(7) 보육비

(가) 영유아보육법

「영유아보육법」은 일정 규모 이상의 사업주에게 직장어린이집 설치 의무를 부과하고 있으며, 공공기관도 동 법률을 따라야 한다. 이를 근거로 공공기관은 임직원 자녀에 대한 보육을 지원할 수 있으며, 이때 발생하는 비용에는 크게 세 가지 유형이 존재한다.

① 직장 내 보육시설을 설치하는 방식
② 위탁보육기관에 보육비용을 지급하는 방식(위탁보육료)
③ 현금으로 매월 일정액을 지급하는 방식

(나) 직장어린이집

첫 번째 방식은 「영유아보육법」에 따라 직장 내 보육시설을 설치하는 방식으로, 공공기관은 그 시설을 직접 운영하면서 인건비, 임차료, 공공요금 등 관련 비용을 부담하게 된다. 이 방식을 적용할 경우 공공기관이 총인건비에 가산할 금액은 없다.

(다) 위탁보육료

두 번째 방식은 직장 내 보육시설을 설치하기 어려운 공공기관이 직장어린이집을 직접 운영하지 않고, 외부의 위탁 보육기관에 보육을 의뢰하는 방식이다. 임직원의 자녀가 외부 위탁 보육기관에 입소하는 경우, 공공기관은 관련 보육료를 위탁 보육기관에 직접 지급하게 된다.

「소득세법」은 출산장려정책의 일환으로 2024년에 위탁보육료 비과세 규정을 신설하였으며, 위탁보육을 하는 사업주가 그 비용을 부담함으로써 종업원이 얻는 이익은 과세 대상에서 제외된다. 하지만 「총인건비 인상률 템플릿」은 위탁보육료에 대한 예외 규정을 별도로 두고 있지 않기 때문에 해당 금액을 총인건비에 포함해야 한다.

이와 같이 위탁 보육기관에 지급하는 위탁보육료를 총인건비에 포함하는 방식은 다소 과도한 측면이 있다. 왜냐하면 직장어린이집 방식과 위탁보육료 방식은 임직원 입장에서 보육의 실질이 동일하기 때문이다. 즉, 직장어린이집 방식과 위탁보육료 방식의 실질은 서로 유사하지만 총인건비 처리 방식이 다른 것은 총인건비 처리의 형평성에 어긋난다. 특히 「소득세법」 상 출산장려정책의 취지를 더 활성화하기 위해서는 위탁보육료에 대한 총인건비 예외 규정은 신설되어야 할 것으로 판단된다.

(라) 보육비

세 번째 방식은 현금으로 매월 일정액을 지급하는 방이다. 「총인건비 인상률 템플릿」은 현금으로 지급하는 보육수당에 대한 예외를 인정하고 있지 않다. 따라서 매월 보육수당을 지급하는 경우 그 금액은 총인건비에 포함해야 한다.

참고로 소득세법 제12조는 근로자 또는 그 배우자의 출산이나 6세 이하 자녀의 보육과 관련하여 사용자로부터 받는 급여로서 자녀 1명당 월 20만 원 이내의 금액은 비과세소득으로 규정하고 있다. 보육비에 대한 총인건비 규정과 「소득세법」 규정이 서로 다름에 유의해야 한다.

(마) 예산운용지침

「2026년 공기업, 준정부기관 예산운용지침」은 정부로부터 영유아 보육료 또는 양육수당을 지급받는 경우, 공공기관에서 별도로 지급하던 종전 보육료, 특별활동비 등은 중복 지급하지 않도록 규정하고 있다. 이때 공공기관은 절감된 종전 보육료를 개인에 대한 수당 등으로 사용할 수 없으며, 직장 내 보육시설 설치·운영 등 영유아 보육 사업에 사용해야 한다.

본 규정은 「2013년도 예산집행지침」에서 신설된 사항으로, 정부가 보육료를 전 계층에 지원하기 시작하면서 중복지원을 방지하기 위한 목적으로 규정된 내용이다. 「영유아보육법」 제34조(무상보육)와 제34조의2(양육수당)는 전국민에게 보육료, 양육수당 등을 지급하도록 정하고 있다. 따라서 본 규정에 따라 공공기관이 임직원에게 보육비 등의 현금성 수당을 실제로 지급하는 사례는 거의 없다.

(8) 교육비

(가) 교육비의 구분

「공공기관의 혁신에 관한 지침」은 교육비를 크게 임직원 본인에 대한 교육비와 자녀에 대한 교육비로 구분하고 있으며, 교육비 지원이 사회통념에 비추어 과도하게 운영되지 않도록 규정하고 있다.

(나) 임직원 교육비

우선 직원 본인에 대한 교육비에 대해 「총인건비 인상률 템플릿」은 총인건비에 포함하는 것을 원칙으로 하고 있다. 임직원의 교육비에 대한 총인건비 예외 규정은 크게 두 가지가 있다. 첫 번째 예외 규정은 교육기관과의 일괄계약에 의한 자기계발비 또는 영수증 정산방식에 의해 직원이 지출한 자기계발비는 총인건비에서 제외할 수 있다는 내용이다. 공공기관 직원에 대한 교육과 관련하여, 정부는 총인건비의 예외 규정을 통해 공공기관 임직원의 역량 강화를 지향하고 있음을 확인할 수 있다.

「공공기관의 혁신에 관한 지침」 또한 임직원 본인에 대한 교육비에 대해서는 사회통념에 비추어 과도하게 운영되지 않도록 하여야 한다는 원칙적인 규정만 두고 있다. 만약 총인건비에서 제외하는 교육비의 적정성에 대해 엄격한 기준을 적용한다면 다음과 같은 사항들이 고려될 수 있으나, 실제 경영평가 과정에서는 영수증 정산방식인지 여부만 확인하고 있다.

1. 교육 시행의 절차가 기관의 규정에 부합하는지
2. 기관이 연간 교육 계획을 가지고, 교육 시행 일정 등을 관리하고 있는지
3. 내부 기안, 결재 절차를 거쳤는지
4. 교육의 업무 관련성 여부
5. 공식적인 교육 자료를 갖추었는지
6. 교육기관, 강사의 적절성 여부

두 번째 예외 규정은 공공기관에서 해외 컨소시엄에 파견한 직원의 해외 학자보조금을 컨소시엄에서 지급하는 경우에 해당 직원의 해외 학자보조금 등을 인건비에서 제외할 수 있도록 규정한 내용이다.

(다) 소득세법

한편, 소득세법 시행령 제11조는 학자금에 대하여 아래의 요건을 갖춘 경우 해당 금액을 비과세소득으로 처리할 수 있다고 규정하고 있다. 해당 요건은 업무 관련성, 내부 지급기준, 반환 조건 등에 대한 내용으로 구성되어 있다.

「소득세법」 시행령

제11조(학자금의 범위) 법 제12조 제3호 아목에서 "대통령령으로 정하는 학자금"이란 「초·중등교육법」 및 「고등교육법」에 따른 학교와 「국민 평생 직업능력 개발법」에 따른 직업능력개발훈련시설의 입학금, 수업료, 수강료, 그 밖의 공납금 중 다음 각 호의 요건을 갖춘 학자금을 말한다.
1. 당해 근로자가 종사하는 사업체의 업무와 관련 있는 교육, 훈련을 위하여 받는 것일 것
2. 당해 근로자가 종사하는 사업체의 규칙 등에 의하여 정하여진 지급기준에 따라 받는 것일 것
3. 교육, 훈련기간이 6월 이상인 경우 교육, 훈련 후 당해교육기간을 초과하여 근무하지 아니하는 때에는 지급받은 금액을 반납할 것을 조건으로 하여 받는 것일 것

(라) 자녀 교육비

다음은 임직원의 자녀에 대한 교육비에 대해 살펴본다. 임직원의 자녀에 대한 교육비는 원칙적으로 총인건비에 포함해야 한다. 임직원의 자녀학자금은 크게 국내 자녀학자금과 해외 자녀학자금으로 구분된다. 「총인건비 인상률 템플릿」은 국내 자녀학자금에 대해서는 예외 규정을 두고 있지 않으나, 해외 자녀학자금에 대해서는 총인건비에서 제외할 수 있는 근거를 제시하고 있다. 해외근무수당은 공공기관이 공무원 수준 이내로 지급하고 총인건비에서 제외하는 정책을 취하고 있는 경우에는 총인건비에서 제외할 수 있다. 이때 자녀에 대한 해외 학자보조금을 해외근무수당에 포함하고 있다면, 해외근무수당을 총인건비에서 제외하면서 자연스럽게 자녀에 대한 해외 학자보조금도 총인건비에서 제외된다.

「공공기관의 혁신에 관한 지침」

제39조(교육비와 보육비) ① 공공기관은 임직원 본인과 자녀에 대한 교육비 및 보육비 지원이 사회통념에 비추어 과도하게 운영되지 않도록 하여야 한다.
② 공공기관은 임직원의 초·중·고등학생 자녀에 대한 학자금, 방과후 교육비, 자녀 영어캠프비·학원비 등 사교육비, 입학축하금 등 유사한 항목의 축하금 등은 지원할 수 없으며, 해외파견자의 자녀에 대한 학비 지원에 관해서는 「공무원 수당 등에 관한 규정」에서 정한 바에 따른다.

③ 공공기관은 임직원의 대학생 자녀에 대한 학자금 지원에 관하여 다음 각 호의 지원을 할 수 없다.
1. 학자금에 대한 예산 또는 사내근로복지기금의 무상 지원
2. 대학 장학금에 대한 예산 지원(다만, 사회통념상 과도하지 않는 범위 내에서 사내근로복지기금으로 지원할 수 있다)
3. 대학 입학 축하금과 기타 이와 유사한 항목의 축하금 지원
④ 공공기관은 임직원 본인 또는 자녀의 대학, 대학원 장학금을 지원할 경우, 다른 학자금에 관한 지원과 중복하여 지급할 수 없다.

(9) 피복비

「총인건비 인상률 템플릿」은 제복, 작업복, 직장에서만 착용하는 피복을 현물로 지급하는 경우에는 인건비에서 제외할 수 있도록 규정하고 있다. 이와 유사하게 「소득세법」은 피복수당을 현금으로 지급하는 경우에는 근로소득으로 보고 있으며, 아래와 같이 법률에 규정된 항목에 한해 비과세소득으로 분류할 수 있도록 정하고 있다. 상기 규정을 근거로 판단할 때, ① 업무관련성과 ② 현물지급방식의 두 가지 기준을 모두 충족한 경우에 한해 피복비를 총인건비에서 제외할 수 있다.

- 법령, 조례에 의하여 제복을 착용하여야 하는 자가 받는 제복, 제모 및 제화
- 병원, 시험실, 금융회사 등, 공장, 광산에서 근무하는 사람 또는 특수한 작업이나 역무에 종사하는 사람이 받는 작업복이나 그 직장에서만 착용하는 피복(被服)

구분	회계처리	세법	총인건비
업무 관련성 ○, 현물지급	피복비	손금산입	총인건비 제외
업무 관련성 ×, 현금지급	인건비	근로소득	총인건비 포함

(10) 통신비

공공기관의 통신비는 유선전화, 인터넷 사용요금, 법인 명의의 휴대폰 비용 등으로 구성되며, 해당 비용은 법인의 통신비로 회계처리하고, 법인세법상 손금에 산입하는 것이 원칙이다.

이때 직원 명의의 휴대폰 비용을 공공기관이 납부하는 경우에는 업무 관련성을 기준으로 구분하여 처리해야 한다. 업무와 무관한 직원의 개인 휴대폰 비용을 공공기관이 납부하는 경우에는 이를 근로소득에 포함해야 하며, 업무용으로 사용하는 개인 휴대폰 비용은 법인

의 통신비로 회계처리하고 손금으로 처리할 수 있다.

한편, 「2026년 공기업, 준정부기관 예산운용지침」도 통신비를 전 직원에게 일괄 지원하는 방식이 아닌 업무 수행상 필요한 임직원에 한하여 지원할 수 있도록 규정하고 있다. 이 또한 업무 관련성을 전제로 통신비를 제공해야 한다는 대원칙을 공유하고 있다.

「총인건비 인상률 템플릿」은 임직원 중 일부에게 지급하는 업무 관련 통신비로서 실비보상적인 성격이 있는 경우에 한해 총인건비에서 제외할 수 있도록 규정하고 있다. 따라서 총인건비에서 통신비를 제외하기 위해서는 3가지 조건(① 임직원 중 일부에게만 지급, ② 업무 관련성, ③ 실비보상적인 성격)을 모두 만족시켜야 한다. 특히 실비 보상적인 성격이어야 한다는 조건을 만족시키기 위해서는 영수증 정산 처리 방식을 적용하여야 하며, 통신비 지급 대상 직원으로부터 휴대폰 번호가 표시된 영수증을 수령하고 영수증에 기입된 금액만큼만 지급해야 한다. 상기의 내용을 요약하면 아래와 같다.

구분	회계처리	세법	총인건비
통신비(관련성 ○)	통신비	손금산입	총인건비 제외
통신비(관련성 ×)	인건비	근로소득	총인건비 포함

(11) 경조사비

(가) 총인건비 처리 원칙

「총인건비 인상률 템플릿」의 경조사비 세부 항목에는 생일축하금, 사망조의금, 결혼축하금, 장례차량비 등이 포함되어 있다. 해당 비용으로 지출한 금액은 원칙적으로 총인건비에 포함해야 한다. 예외적으로 결혼 및 사망 관련 물품지원은 인건비에서 제외할 수 있도록 규정하고 있다.

(나) 경조사비의 운영

「2026년 공기업, 준정부기관 예산운용지침」은 경조사비와 관련하여 크게 두 가지 규정을 두고 있다. 첫 번째는 경조사 등을 지원하기 위한 예산을 편성하지 않아야 한다는 내용이다. 예산운용지침에 따르면 공공기관은 임직원에게 예산으로 경조사비를 지급할 수 없다. 또한 「공공기관의 혁신에 관한 지침」은 임직원의 결혼, 사망 조의금 등 경조사비(다만, 출산축하금은 제외)를 예산으로 지원할 수 없도록 규정하고 있다. 두 지침의 공통적인 내용은 임직원의 결혼, 사망에 대한 경조사비를 예산으로 지원할 수 없다는 것이다. 따라서 공공기관이 임직원에게 결혼, 사망에 대한 경조사비를 지급하고자 하는 경우에는 사내근로복지기금을 활용해야 한다. 공공기관 경영정보 공개시스템을 통해 확인해보면 대부분의 공공기관은 경조사비를 사내근로복지기금을 통해 지원하고 있다.

두 번째 규정은 공무원 수준 이내에서 지급되는 자녀수당 및 출산축하금은 총인건비에서 제외할 수 있다는 내용이다. 해당 규정의 의미는 출산축하금을 예산으로 지급할 수 있다는 의미와 해당 금액을 총인건비에 포함하지 않는다는 의미를 모두 포함한다. 따라서 출산축하금을 예산으로 지급하더라도, 경조사를 지원하기 위한 예산을 편성할 수 없다는 「2026년 공기업, 준정부기관 예산운용지침」을 위반하는 것은 아니다.

> **「공공기관의 혁신에 관한 지침」**
>
> 제41조(경조사비, 기념품 등) ① 공공기관은 임직원의 결혼, 사망조의금 등 경조사비 (다만, 출산축하금은 제외)를 예산으로 지원할 수 없으며, 경조사비를 사내근로복지기금으로 지원하는 경우에도 지원 대상, 금액 등이 과다하지 않도록 하여야 한다.

(다) 경조사비의 규모

「공공기관의 혁신에 관한 지침」은 결혼, 사망조의금 등의 경조사비를 사내근로복지기금으로 지원할 때, 과다하지 않은 수준으로 제공하도록 규정하고 있다. 또한 「2026년 공기업, 준정부기관 예산운용지침」은 출산축하금을 공무원 수준 이내에서 지급하도록 규정하고 있다. 즉, 경조사비의 규모에 대해서는 출산축하금 이외에는 구체적인 금액 규정은 없으며, 따라서 사회통념에 따라 판단해야 한다.

(12) 포상비

(가) 개념

공공기관은 임직원에게 여러 가지 형태의 포상을 지급할 수 있다. 특별한 공로에 대한 보상으로 지급할 수도 있고, 사내 대회에서 우수한 성적을 거둔 자에게 지급할 수도 있으며, 사내 행사에서 추첨을 통해 지급할 수도 있다. 「총인건비 인상률 템플릿」은 포상비에 대해서 처리원칙이나 예외에 대한 세부적인 규정을 두고 있지 않다.

(나) 소득세법의 판단

다양한 형태의 포상금이 근로소득인지 기타소득인지 구분할 필요가 있다. 소득세법 예규는 근로소득, 기타소득을 구분할 때 고용관계가 있는지, 독립된 자격으로 제공하는 용역인지, 계속적·반복적인지 일시적·우발적인지 등을 기준으로 구체적인 사실관계를 따진 후, 그 실질 내용에 따라 판단해야 한다고 규정하고 있다.

(다) 총인건비의 판단

「2026년 공기업, 준정부기관 예산운용지침」은 인건비를 「소득세법」상 근로소득 등에 해당하는 모든 항목뿐만 아니라 사실상 급여로 볼 수 있는 복리후생비 등도 포함한다고 규정하고 있기 때문에, 포상비가 근로소득으로 분류될 경우에는 총인건비에 포함해야 한다. 만약 포상비가 기타소득으로 분류되는 경우에는 총인건비에서 제외될 수 있는지 검토해 보아야 한다. 근로소득과 기타소득의 구분에 대하여 소득세법은 구체적인 규정을 두지 않고 실질에 따라 판단하고 있기 때문에, 총인건비는 소득세법과 다르게 판단할 수 있다. 특히, 「2026년 공기업, 준정부기관 예산운용지침」은 사실상 급여로 볼 수 있는 항목을 총인건비에 포함하고 있기 때문에, 포상비를 사실상 급여로 해석할 수 있다면 해당 금액을 총인건비 예외로 보기 어려울 것이다.

(라) 대외 포상비

상기의 포상비는 사내 행사에 한정하여 논의하였다. 만약 공공기관이 전 국민을 대상으로 하는 외부 공모 행사를 진행하였고, 임직원이 당선되었다면 그에게 지급된 포상비는 총인건비에 포함해야 할까? 해당 행사가 공정하게 진행되었다는 것을 전제로 한다면 대외 포상비는 총인건비에서 제외하는 것이 적절할 것이다. 공정한 방법으로 선정되었다는 것은 공공기관과 직원 사이에 근로 제공 관계가 없고, 편법적으로 임금을 인상하기 위한 목적이 아니라는 것을 의미하기 때문이다.

(13) 주택자금, 융자금

(가) 주택자금, 융자금과 총인건비

공공기관은 임직원에게 주택자금, 생활안정자금 등의 목적으로 융자금을 제공할 수 있다. 융자금(또는 대여금)은 그 성격이 수취채권의 일종으로, 공공기관 입장에서 자산이기 때문에 총인건비와 무관하다. 하지만 임직원에게 융자금을 시장이자율보다 적은 저리 또는 무상으로 지원한 경우, 그 차이만큼의 이익을 공공기관이 임직원에게 제공한 것으로 볼 수 있다. 이와 같은 공공기관의 임직원에 대한 이익제공에 대하여 회계기준, 소득세법, 「총인건비 인상률 템플릿」이 요구하는 처리 방법은 각각 다르다. 「총인건비 인상률 템플릿」은 각각의 차이를 조정하면서 작성 및 검증해야 하므로, 관련 규정이 요구하는 처리 방식과 각 규정 간의 차이 내용을 정확히 이해해야 한다.

(나) 회계기준과 총인건비

공공기관이 특수관계자에게 융자금을 제공하면서 이자율을 시장이자율보다 낮은 조건으로 설정한 경우, 그 이자율의 차이만큼 공공기관이 특수관계자에게 이익을 제공한 것으로 보고 회계처리를 하는 것이 일반적인 회계 원리이다. 예를 들어 시장이자율이 5%일 때, 공공기관이 직원에게 1억 원을 1년간 무상으로 대여한 경우, 다음과 같은 회계처리를 한다. 시장이자율인 5%와 대여이자율 0%와의 현재 가치의 차이를 급여로 인식하게 된다.

```
[대여 회계처리]
(차) 대여금           100,000,000    (대) 현금              100,000,000
    선급급여            4,761,904         현재가치할인차금         4,761,904

[상환 회계처리]
(차) 현금            100,000,000    (대) 대여금             100,000,000
    현재가치할인차금       4,761,904         이자수익              4,761,904
    급여               4,761,904         선급급여              4,761,904
```

「총인건비 인상률 템플릿」은 상기와 같이 실제 현금으로 지급하지 않은 발생주의 회계처리에 의한 비용을 총인건비에서 제외하도록 규정하고 있다. 이와 같은 사항을 조정하기 위해 (3) 총인건비 인상률 지표의 점수계산을 위한 Template의 "연월차수당 등 조정"의 "종업원 저리 대여금 이자 관련 인건비" 항목을 두고 있다.

상기 사례에서 급여로 인식한 4,761,904원은 (2) 인건비 집계를 위한 Template에 포함되며, 그 금액은 (3) 총인건비 인상률 지표의 점수계산을 위한 Template의 "연월차수당 등 조정"을 통해 총인건비에서 제외된다.

(다) 「소득세법」과 총인건비

「소득세법」 시행령 제38조는 근로소득의 범위에 주택을 제공받음으로써 얻는 이익과 종업원이 주택(주택에 부수된 토지를 포함한다)의 구입, 임차에 소요되는 자금을 저리 또는 무상으로 대여받음으로써 얻는 이익을 포함하도록 규정하고 있다. 따라서 공공기관이 임직원에게 융자금을 저리 또는 무상으로 대여하는 경우, 「소득세법」에 따라 근로소득이 발생하게 된다.

2022년도 「총인건비 인상률 템플릿」은 「소득세법」상 근로소득에 해당하는 금액은 총인건비에 포함하도록 규정하고 있다. 저리 또는 무상의 대여금은 종업원에게 실제로 현금이 제공되는 것은 아니기 때문에 2021년까지는 총인건비에 포함하지 않았으나, 외부의 지적사항이 2022년도부터 반영된 결과로 이해할 수 있다.

이때 근로소득으로 인식하는 금액은 회계처리상 급여로 회계처리한 금액과 다를 수 있다. 이는 회계기준과 법률의 규정 차이때문이다. 결과적으로 「총인건비 인상률 템플릿」에서 발생주의 회계처리로 인한 급여는 제외해야 하고, 「소득세법」에 의한 근로소득은 포함하게 된다.

한편, 「소득세법」 시행령 제17조의4(복리후생적 급여의 범위)는 다음과 같이 중소기업의 종업원이 주택자금을 저리 또는 무상으로 대여받음으로써 얻는 이익은 비과세소득으로 분류할 수 있도록 규정하고 있다. 하지만 비과세소득이라고 하더라도 총인건비에 포함하는 것이 원칙이기 때문에, 「총인건비 인상률 템플릿」은 이에 대한 별도의 예외 규정을 두고 있지 않다.

> **「소득세법」 시행령**
>
> 제17조의4(복리후생적 급여의 범위) 법 제12조 제3호 저목에서 "대통령령으로 정하는 복리후생적 성질의 급여"란 다음 각 호의 것을 말한다.
>   1. 다음 각 목의 어느 하나에 해당하는 사람이 재정경제부령으로 정하는 사택을 제공받음으로써 얻는 이익
>   가. 주주 또는 출자자가 아닌 임원
>   나. 재정경제부령으로 정하는 소액주주인 임원
>   다. 임원이 아닌 종업원(비영리법인 또는 개인의 종입원을 포함한나)
>   라. 국가 또는 지방자치단체로부터 근로소득을 지급받는 사람
>   2. 「조세특례제한법 시행령」 제2조에 따른 중소기업의 종업원이 주택(주택에 부수된 토지를 포함한다)의 구입, 임차에 소요되는 자금을 저리 또는 무상으로 대여받음으로써 얻는 이익

(라) 융자금의 제공

공공기관은 임직원에게 주택자금, 생활안정자금 등의 목적으로 융자금을 제공할 수 있다. 이때 「2026년 공기업, 준정부기관 예산운용지침」과 「공공기관의 혁신에 관한 지침」은 임직원의 자금 사용 목적에 따라 융자금 지원에 대한 제한을 두고 있다.

첫 번째, 공공기관은 일반적으로 임직원이 주택을 구입하거나 임차하기 위해 필요한 주택자금을 예산이나 사내근로복지기금을 통해 지원할 수 있다. 공공기관 지방이전에 따른 경우에도 임직원에게 주택자금을 융자할 수 있다. 그러나 임직원이 금융기관에서 차입한 주택자금의 이자비용은 무상으로 지원할 수 없도록 규정하고 있다.

또한 주택자금 융자의 경우, 무주택자가 85㎡ 이하 규모의 주택을 구입할 때에 한하여 지원할 수 있다. 따라서 종업원이 주택을 소유하고 있거나 85㎡를 초과하는 주택을 구입하고자 할 때에는 주택자금을 대여할 수 없다.

두 번째, 공공기관은 임직원의 생활안정자금을 사내근로복지기금을 통해 지원할 수 있다. 하지만 예산에서 생활안정자금 목적으로는 융자금을 제공할 수 없다. 단, 공공기관 지방이전에 따른 경우에는 한시적으로 예산에서 융자금의 형식으로 지원할 수 있다.

구분	일반적인 경우		공공기관 지방이전[*2]	
	예산	사복기금	예산	사복기금
주택자금[*1]	○	○	○	○
생활안정자금	×	○	○	○

*1) 주택구입자금 융자는 무주택자가 85㎡ 이하 규모의 주택을 구입하는 경우에 한정
*2) 공공기관 지방이전에 따라 금융기관에서 차입한 주택자금의 이자비용은 무상으로 지원할 수 없음.

(마) 융자금의 조건

공공기관이 임직원에게 주택자금이나 생활안정자금의 융자를 지원할 경우, 아래의 조건에 따라 융자를 실행해야 한다.

① 대출 이자율: 한국은행이 공표하는 은행가계자금대출금리를 하한으로 한다.
② 대출 한도: 주택자금은 7천만 원, 생활안정자금은 2천만 원을 상한으로 한다.
③ 금융위원회가 발표하는 은행업 감독규정에 따라 주택담보대출비율(LTV)을 적용한다.
④ 대출물건에 대하여 근저당권을 설정한다.

(14) 주택 무상대여

공공기관은 직접 소유하고 있거나 임차하고 있는 주택을 임직원에게 주거의 목적으로 사용하도록 제공할 수 있다. 해당 주택에서 발생하는 관리비는 사용자 부담의 원칙에 따라 임직원이 직접 부담하는 것이 합리적일 것이다.

이와 관련하여 「2026년 공기업, 준정부기관 예산운용지침」은 공공기관이 임직원에게 제

공한 사택에서 발생하는 관리비(공용관리비 포함)는 입주한 임직원이 직접 부담해야 한다고 규정하고 있다. 만약 해당 관리비를 입주한 임직원이 아닌 공공기관이 부담한다면, 이는 공공기관이 임직원에게 추가적인 혜택을 제공한 것이다. 따라서 해당 금액은 총인건비에 반영해야 할 것이다.

다만, 재산세, 보험료 등의 제세공과금과 건물 및 부대시설의 보존을 목적으로 하는 보수비는 각 공공기관이 부담할 수 있다. 이는 주택의 사용에서 발생한 비용이 아니고, 주택의 소유자가 소유권을 유지하기 위해 발생하는 비용이기 때문이다.

(15) 기타 복리후생 제도

(가) 개인연금 비용의 보조

「2026년 공기업, 준정부기관 예산운용지침」과 「공공기관의 혁신에 관한 지침」은 공공기관이 직원의 개인연금 비용을 보조할 수 없도록 규정하고 있다. 공공기관은 내부 퇴직금 규정에 따라 퇴직연금 제도 등을 운영해야 하고 매년 퇴직연금 기여금을 납부해야 하지만, 직원의 개인연금 비용은 지원할 수 없다.

(나) 재해부조금제도

「공공기관의 혁신에 관한 지침」은 공공기관이 「공무원연금법」상 재해부조지급율을 감안하여 재해부조금제도를 과도하지 않은 수준에서 운영할 수 있다고 규정하고 있다. 재해부조금제도는 임직원이 수재, 화재 등의 재난으로 재산에 손해를 입었을 때 그 재난 정도에 따라 공공기관이 부조금을 지급하는 제도이다. 이와 관련하여 공공기관 경영정보 공개시스템의 복리후생비 항목 중 재해보상 및 재해부조를 통해 기관별 실행 금액을 확인할 수 있으나, 사후적 재해부조금제도를 실제로 운영하고 있는 공공기관은 확인되지 않는다.

(다) 임직원의 업무상 부상, 질병

「공공기관의 혁신에 관한 지침」은 임직원이 업무상 부상을 당하거나 질병에 걸렸을 경우 「산업재해보상보험법」에 따라 처리하도록 규정하고 있으며, 해당 법률에 따라 지급하는 금액 이외의 추가적인 급여, 수당, 보상 등은 지급할 수 없도록 하고 있다.

4절　총인건비 기타 고려사항

1　총인건비 특수 쟁점사항

(1) 파업에 따른 인건비 효과 조정

(가) 개요

「총인건비 인상률 템플릿」은 공공기관의 파업에 대해 총인건비 한도를 조정할 수 있도록 근거 규정을 마련하고 있다. 공공기관이 파업하는 경우 공공기관은 파업에 참여한 직원에게 무노동 무임금의 원칙에 따라 급여를 지급할 수 없게 된다. 파업에 따라 급여를 지급하지 않았기 때문에 총인건비 집행액은 그만큼 감소한다. 파업한 회계연도에는 총인건비 인상률과 관련된 문제가 발생하지는 않는다.

하지만 파업이 종료된 이후의 다음 회계연도에는 정상적으로 급여를 지급하기 때문에 직전연도와 비교하는 방식으로 산출하는 총인건비 인상률의 특성상 한도 초과의 문제가 발생한다. 아래의 그림과 같이 T년도에는 총인건비 집행액이 크게 감소하였기 때문에 총인건비 인상률은 음수로 산출될 것이다. 그러나 T+1년도에는 총인건비 규모가 파업 이전의 정상적인 규모로 회복하게 된다. 총인건비 인상률은 T년도와 T+1년도를 비교하는 방식이기 때문에 T+1년도의 총인건비 인상률은 크게 증가한 모습으로 산출될 것이다.

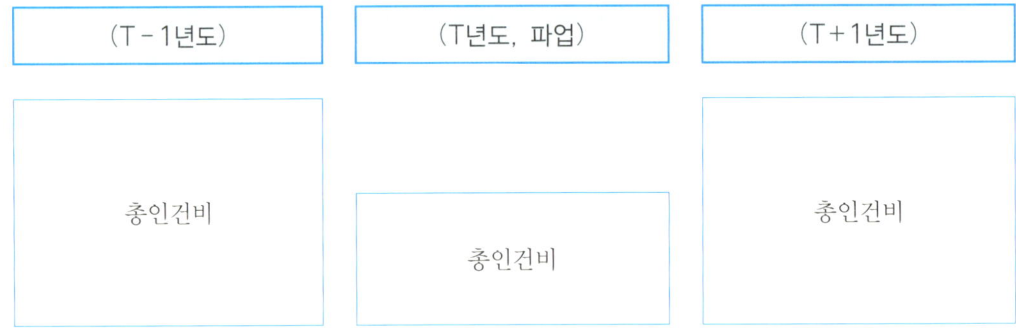

(나) 파업에 따른 인건비 효과 조정

「총인건비 인상률 템플릿」은 주석에서 파업으로 인한 효과를 산출하는 방식을 아래와 같이 설명하고 있다. 파업으로 인한 효과는 파업으로 인해 지급되지 않은 인건비에서 대체근무로 인해 추가 지급된 인건비를 차감하여 산출한다. 파업으로 인한 효과금액은 그대로 「총인건비 인상률 템플릿」에 반영하지 않고, 파업한 회계연도의 미집행 금액과 비교하여 더적은 금액을 반영해야 한다.

> **「총인건비 인상률 템플릿」**
>
> 〈주석〉 합법적인 파업 등에 따라 전년도에 지급되지 않은 인건비 감소액(양수)과 이로
>   인해 불가피하게 대체근무 등으로 추가 지급된 전년도 인건비 증가액(음수)을 상계한
>   금액을 기재함. 전년도 미집행액을 한도로 하되, 미집행액은 과거 3개년 평균 총인건
>   비 실집행률을 고려한 범위 내의 금액으로 함.

(다) 한도의 산출

파업에 의한 인건비 효과의 한도를 산출하기 위해서는 주석에 표시된 용어를 정확히 이해해야 한다. 아래는 구체적인 설명이다.

파업 효과의 한도 산출

1) 전년도 미집행액 = 전년도의 집행 한도 - 실제 집행액
2) 과거 3개년 평균 총인건비 실집행률: T년도에 파업이 있었다면 총인건비 실집행률을
   산출하는 기준이 되는 과거 3개년은 T-1년, T-2년, T-3년이 되어야 한다.
3) 총인건비 실집행률: 실제 인상률 ÷ 가이드라인의 인상률 한도
4) 조정 집행 한도 = 전년도 모수 × 과거 3개년 평균 총인건비 실집행률
5) 조정 전년도 미집행액 = 전년도의 조정 집행 한도 - 실제 집행액

(라) 「총인건비 인상률 템플릿」 반영

「총인건비 인상률 템플릿」은 상기에서 설명한 산식을 통해 산출한 ① 파업으로 인한 효과 금액, ② 전년도 미집행액, ③ 조정 전년도 미집행액 중 가장 적은 금액을 반영해야 한다. 「총인건비 인상률 템플릿」에 반영하는 방식은 전년도의 총인건비 집행액에 가산하여 당해연도 총인건비 한도를 증가시키는 방식으로 적용한다.

(2) 기간 귀속

(가) 기간 귀속 쟁점

일반적으로 직원이 근로를 제공하는 시점과 그에 대한 대가를 지급하는 시점은 일치하기 마련이다. 하지만 회계연도를 1월 1일부터 12월 31일까지 임의로 구분하는 과정에서 각각의 시기에 차이가 발생할 수 있다. 예컨대 제조업을 영위하는 공공기관은 T년도 12월에 제공된 근로의 대가를 T+1년도 1월에 지급할 수 있다. 이러한 경우 해당 인건비를 T년도와 T+1년도 중 어느 시점에 반영하는 것이 적절할까?

(나) 계속적 · 반복적 발생

기간귀속과 관련된 쟁점은 여러 가지가 있다. 첫 번째는 상기에 설명한 사례와 같이 매년 계속적 · 통상적으로 발생하는 사항이다. 이는 매년 반복적으로 일어나는 일이기 때문에 한 번 정한 원칙을 계속해서 적용하면 된다. 예를 들어 상기 사례에서는 근로제공 시점을 기준으로 T년도에 미지급급여로 인식한 비용을 T년도의 총인건비로 반영할 수도 있고, 또는 현금주의를 기준으로 T+1년도에 실제 지급한 인건비를 T+1년도의 총인건비로 반영할 수도 있다.

「경영관리 계량지표 교육 교재」는 상기와 같은 원칙을 정할 때 고려해야 할 사항을 크게 세 가지 제시하고 있다. ① 근로제공시기, 급여지급시기, 회계처리시점, 세무처리시점을 종합적으로 고려해야 하고, ② 인건비와 평균인원의 귀속시기가 대응되어야 하고, ③ 과거 처리방법과의 계속성을 고려해야 한다.

① 근로제공시기, 급여지급시기, 회계처리시점, 세무처리시점

보통 근로제공에 대한 대가는 그 달에 지급하고 회계처리와 세무처리도 동시에 진행하기 때문에 일반적으로 4가지 시기는 모두 동일하다. 하지만 특별한 경우에는 근로제공시기, 급여지급시기, 회계처리시점, 세무처리시점이 귀속되는 회계연도가 다를 수 있다. 앞의 사례에서 근로제공시기와 회계처리시점은 T년도이고, 급여지급시기와 세무처리시점은 T+1년도이다. 「경영관리 계량지표 교육 교재」는 이에 대하여 일률적인 방식으로 규정하고 있지 않고, 종합적으로 고려하여 결정하도록 정하고 있다.

② 인건비와 평균인원의 대응

인건비와 평균인원의 귀속시기가 서로 대응되기 위해서는 (2) 인건비 집계를 위한 Template과 (3-2) 직급별 평균인원 계산을 위한 Template의 작성 요소가 동시에 고려되어야 한다. 따라서 각 Template의 작성 담당자가 다를 경우에는 해당 요소를 어떻게 반영

할지에 대한 의사소통이 전제되어야 한다.

③ 계속성

일단 정한 처리 방법은 그 이후의 회계연도에도 계속해서 동일하게 적용해야 한다. 예컨대 T년도 12월의 근로제공에 대해서는 T년도에 미지급급여로 회계처리하고 이를 총인건비에 포함하였다면 T+1년도 12월의 근로제공에 대해서도 동일하게 총인건비에 포함해야 한다. 또한 T+2년도 이후에도 계속해서 같은 방법이 적용되어야 한다.

(다) 일시적 발생

기간귀속과 관련된 두 번째 쟁점은 근로를 제공한 시점과 그 대가를 지급한 시점에 차이가 발생하는 경우로 계속적·통상적으로 발생하는 사항이 아닌 일시적으로 발생한 사항에 대한 쟁점이다. 특정 회계연도의 근로제공과 관련하여 그 이후의 회계연도에 대가를 지급하는 일은 자주 발생하지는 않으며, 공공기관이 임금과 관련된 소송에서 패소하는 경우 등 특수한 경우에 한해 발생한다.

회계처리는 발생주의에 따라 근로가 제공된 기간에 비용으로 인식하지만 「총인건비 인상률 템플릿」은 현금주의에 따라 실제 현금을 지급하는 시점에 총인건비에 가산해야 한다. 예를 들어 T년도에 근로를 제공하였으나 근로자가 통상임금소송을 진행하여 T+2년에 그에 대한 대가를 지급하는 경우, T+2년에 지급한 금액은 그 해의 총인건비에 포함해야 한다.

아래는 「공공기관 경영평가 편람」의 내용으로 총인건비 인상률 평가는 현금주의를 원칙으로 하도록 규정되어 있다. 따라서 총인건비의 기간 귀속 문제와 관련하여, 일시적으로 발생하는 현금주의와 발생주의의 차이는 현금주의를 원칙으로 판단해야 한다.

공공기관 경영평가 편람

• IFRS에 따른 회계원칙 중 평가목적에 부합하지 아니한 사항에 대해서는 조정하여 평가할 수 있다.

구분	평가 시 조정 방안
연차수당 장기종업원급여	• 총인건비 인상률 평가 시 연차수당과 장기종업원급여(장기근속포상 등)는 발생주의가 아닌 과거 K-GAAP에서와 동일하게 현금주의(확정채무)로 평가한다. - 노동생산성 등 타 지표에서는 IFRS에 따른 발생주의로 평가한다.
종업원 저리대여금	• 종업원 저리대여금을 현재가치로 평가함에 따라 인식하는 종업원급여는 총인건비 인상률 평가 시 조정한다. - 노동생산성 등 타 지표에서는 IFRS에 따른 발생주의로 평가한다.

(3) 인건비의 이월과 환수

(가) 인건비의 이월

만약, 특정 공공기관이 T년도에 지급해야 할 총인건비 규모가 해당 회계연도의 총인건비 한도를 넘어설 것으로 예측하였다고 가정하자. 이 경우 공공기관은 총인건비 인상률 가이드라인을 위반하지 않기 위해 T년도에 지급할 인건비를 지급하지 않고 T+1년도로 이월할 수 있을 것이다. 이와 같이 차기로 이월한 인건비는 T년도의 인건비에 포함하는 것이 적절할까?

인건비를 이월하였다는 것의 의미는 근로를 제공한 시점이 T년도라는 것이다. T년도에 근로를 제공하였기 때문에 T년도에 미지급비용으로 회계처리하였을 것이다. 하지만 실제 급여는 T년도에 지급하지는 않고 T+1년도로 이월하여 지급한 것이다. 이와 같은 사례는 앞의 기간 귀속에서 계속적·반복적으로 발생하는 사항은 아니며, 일시적으로 발생한 사례로 보아야 한다. 왜냐하면 이 사례는 특정 회계연도에 한하여 발생한 총인건비 이슈이기 때문이다.

이와 같은 경우, T+1년도로 이월한 인건비의 항목, T년도에 총인건비 한도가 넘어설 것으로 예상된 사유 등을 고려하여 판단해야 할 것이다. 한편, T년도에 실제 인건비를 지급하지 않은 부분을 총인건비에 포함하는 것은 현금주의의 원칙에 부합하지 않고, 또한 이월한 금액은 T+1년도의 총인건비에도 영향을 미치기 때문에 이월한 인건비는 T년도의 총인건비에서 제외하는 것이 타당할 것으로 보인다.

(나) 인건비의 환수

공공기관이 T년도에 지급한 총인건비 규모가 해당 회계연도의 총인건비 한도를 넘어섰다면, 이는 총인건비 인상률 가이드라인 위반으로 총인건비 관리 지표의 점수는 0점이 된다. 만약 공공기관이 T년도에 지급한 금액을 T+1년도에 환수한 후 T년도의 총인건비에서 차감하는 경우, 이와 같은 공공기관의 후속조치가 총인건비 관리 측면에서 적절할까?

총인건비 인상률은 회계연도별로 구분하여 산출하는 것이 원칙이기 때문에, 다른(T+1년도) 회계연도의 활동이 특정(T년도) 회계연도에 영향을 미치는 것은 적절하지 않다. 인건비를 환수하였다는 것의 전제는 T년도의 근로제공에 대한 대가로 이미 인건비를 지급하고, 회계처리와 세무처리를 종료하였다는 것을 의미한다. 즉, T+1년도의 활동이 T년도의 결과를 바꾸도록 하는 것은 평가 규칙에 부합하지 않는다.

또한 T+1년도 인건비의 환수가 T년도 인건비의 차감으로 인정될 경우, 공공기관이 총인건비 관리 노력을 게을리 할 유인이 생긴다. 왜냐하면 회계연도가 지난 시점에 총인건비 인상률 한도를 초과하는 것이 확인된 경우, 확인된 시점에 인건비를 환수 조치하면 결국 총인건비 인상률을 위반하지 않도록 조정하는 것과 마찬가지이기 때문이다. 따라서 인건비의 환수는 총인건비의 차감항목으로 인정하지 않는 것이 타당할 것으로 보인다.

(4) 임금 반납과 임금 삭감

(가) 개념

공공기관의 임원 또는 직원은 국가 또는 공공기관에 큰 위기가 닥쳤을 때 자진해서 임금을 반납하거나 삭감한다. 임직원에게 지급되는 급여를 감소시킨다는 경제적인 효과는 동일하지만 그 개념이 서로 다르기 때문에 총인건비에 미치는 영향도 다르다. 따라서 두 가지 방식의 개념을 이해해야 한다.

고용노동부는 「임금 반납, 삭감 등에 관한 해석기준」을 통해 임금의 반납과 삭감에 대해 다음과 같이 해석하고 있다. 임금의 반납은 근로자의 근로제공 대가로 이미 획득한 임금의 일부를 회사에 다시 돌려주는 방식이다. 이에 비해 임금의 삭감은 근로자가 앞으로 동일한 근로를 제공하더라도 회사는 과거보다 더 적은 임금을 지급하는 방식이다.

> **임금 반납, 삭감 등에 관한 해석기준(고용노동부, 2009. 3.)**
>
> - 임금 반납: 기왕의 근로에 대하여 발생된 임금 또는 향후 근로에 대해 발생할 임금의 일부에 대한 청구권을 포기하기로 약정하고 회사에 반납하는 것
> - 임금 삭감: 장래 일정시점 이후부터 현재와 동일한 내용의 근로제공에 대해 종전보다 임금을 낮추어 지급하는 것

(나) 총인건비 인상률의 반영 방식

임금의 반납은 기존의 근로 계약에 따라 발생한 임금을 일단 수령한 이후, 그중 일부를 반납하는 방식이다. 따라서 임금 반납 방식의 경우에는 일반적으로 임금을 반납하기 이전의 금액을 기준으로 회계처리하고 원천징수를 하게 된다. 「총인건비 인상률 템플릿」도 이 개념에 따라 임금을 반납하기 이전의 금액으로 집계해야 한다.

임금의 삭감은 기존의 근로 계약이 수정되는 개념으로 근로의 제공은 동일하지만 임금만 감소되는 방식이다. 따라서 근로자는 임금을 삭감된 이후의 금액으로 수령하게 된다. 이러한 방식은 일반적으로 임금이 삭감된 이후의 금액을 기준으로 회계처리하고 원천징수를 한다. 따라서 「총인건비 인상률 템플릿」도 임금을 삭감한 이후의 금액을 기준으로 반영한다.

(1) 무기계약직의 총인건비 관리 지침

(가) 예산운용지침

「2026년 공기업, 준정부기관 예산운용지침」은 무기계약직 직원에 대하여 일반정규직 직원과 동일한 총인건비 인상률 가이드라인을 준수하도록 요구하고 있다. 예산의 편성은 일반정규직과 무기계약직의 정원을 기준으로 하지만, 인건비의 관리는 각각 구분하여 수행해야 한다. 따라서 각 공공기관은 무기계약직 인건비도 「2026년 공기업, 준정부기관 예산운용지침」에 따라 관리해야 할 의무를 가진다.

> 「2026년 공기업, 준정부기관 예산운용지침」
> ○ 총인건비 예산은 원칙적으로 2025년 말 정규직(일반정규직과 무기계약직을 말한다. 이하 같음) 정원을 기준으로 편성하되, 일반정규직과 무기계약직에 대한 인건비는 별도로 관리한다.
> - 무기계약직 인건비 예산은 원칙적으로 인건비 항목에 편성하되, 정부 수탁사업 등 불가피한 경우 사업비 항목 내에 계상할 수 있다.

(나) 총인건비 인상률 템플릿

「총인건비 인상률 템플릿」은 무기계약직에 대하여 집행한 인건비는 총인건비에서 제외하도록 규정하고 있다. 즉, 「총인건비 인상률 템플릿」은 무기계약직이 아닌 일반정규직의 총인건비 인상률을 산출하기 위한 목적으로 사용되며, 무기계약직 인건비는 「총인건비 인상률 템플릿」 산출 대상에서 제외해야 한다.

앞에서 설명한 「2026년 공기업, 준정부기관 예산운용지침」과 「총인건비 인상률 템플릿」이 일반정규직과 무기계약직에 대해 제시하고 있는 관리 방향을 요약한 결과는 다음과 같다.

구분	예산운용지침	총인건비 인상률 템플릿
일반정규직	총인건비 관리 의무	총인건비 인상률 산출 대상
무기계약직	총인건비 관리 의무	템플릿 제외

(2) 무기계약직 처우 개선

(가) 무기계약직 직무

공공기관의 주요 사업을 수행하기 위한 직군은 일반정규직으로 통상 1직급부터 5직급까지의 직급 체계 내에서 직제를 구성하고 있다. 일반정규직과 비교할 때 무기계약직의 직무는 ① 일반정규직과 동일한 직무, ② 일반정규직의 업무를 보조·지원하는 직무, ③ 전문성을 가지고 일반정규직의 업무를 자문하는 직무로 구분할 수 있으며, 각 직무의 특징은 다음과 같다.

    ① 일반정규직과 동일한 직무: 동일한 업무를 수행하고 동일한 보상을 받음

    ② 일반정규직의 업무를 보조·지원하는 직무: 상대적으로 낮은 수준의 보상을 받음

    ③ 전문성을 가지고 일반정규직의 업무를 자문하는 직무: 변호사, 회계사 등

(나) 무기계약직 차등인상률

공공기관은 일반정규직에 비해 상대적으로 낮은 수준의 급여를 받는 무기계약직에 대하여 어떻게 처우개선을 할지 고민하고 있다. 이에 대하여 「2026년 공기업, 준정부기관 예산운용지침」은 공공기관 무기계약직 평균임금과 비교하여 낮은 수준의 평균임금를 지급하고 있는 공공기관에 대하여 차등인상률을 적용할 수 있도록 규정하고 있다.

> **[2026년도 무기계약직 차등인상률]**
> - 공공기관 무기계약직 평균임금의 85% 이하: 4.5% 이내
> - 공공기관 무기계약직 평균임금의 75% 이하: 5.0% 이내

(다) 총인건비 인상률 템플릿

「총인건비 인상률 템플릿」은 일반정규직에 대하여 총인건비 인상률을 산출하기 위한 목적을 가진다. 「총인건비 인상률 템플릿」의 특징은 ① 직급별 현원과 직급별 평균단가를 인정한다는 점, ② 정원 내에서 이루어지는 승진을 인정한다는 점, ③ 직급별 인원 변동을 증원소요인건비로 조정한다는 점이 있다. 무기계약직에 대해 「총인건비 인상률 템플릿」을 적용한다면 해당 특징을 활용하여 더 높은 수준의 실질 인상률을 적용할 수 있게 된다. 단, 이를 위해서는 무기계약직에 대한 직급별 정원, 현원 관리가 선행되어야 할 것이다.

퇴직자의 총인건비 관리

퇴직자에게 지급하는 인건비에 대하여 「총인건비 인상률 템플릿」에 어떻게 반영하는 것이 타당한지 다양한 쟁점사항이 존재한다.

(1) 임금인상 소급분

(가) 퇴직자와 임금인상 소급분

통상적으로 공공기관은 해당 회계연도의 임금인상 소급분을 연말(11월, 12월)에 지급한다. 이는 총인건비 인상률 가이드라인의 범위 내에서 임금을 인상하기 위한 공공기관의 총인건비 대응 강화 조치의 일환이다.

만약 임금인상 소급분이 결정되기 이전에 퇴직한 자가 해당 소급분의 지급을 요청하는 경우 이를 지급해야 할까? 판례 및 행정해석은 임금 단체 협약 이전에 퇴직한 자에 대해서는 소급분을 지급하지 않아도 된다는 입장을 취하고 있다. 임금 단체 협약 또는 취업규칙은 특약이 없는 한 체결(개정) 당시 재직 중인 근로자에게만 효력이 발생되는 것이 원칙이기 때문이다.

특약이 있는 경우에는 퇴직자에게 소급분을 지급할 수 있다. 퇴직자에게 지급한 임금인상 소급분은 총인건비에 반영하는 것이 타당하다.

(나) 퇴직금 중간정산

근로자가 퇴직금을 중간정산한 이후에 임금인상 소급분이 결정된 경우, 중간정산 받은 퇴직금에 임금인상 소급분을 반영하여 재계산할 수 있을까? 판례 및 행정해석은 퇴직금 중간정산이 이루어진 이후에 시행된 임금인상 소급분은 과거의 퇴직금 중간정산에 효력이 미치지 않는다고 해석하고 있다.

(2) 퇴직자 성과급

(가) 개요

「2026년 공기업, 준정부기관 예산운용지침」은 경영평가성과급과 내부평가급 중 기존인건비 전환금을 평가 대상연도 이후의 회계연도에 지급하는 것을 원칙으로 삼도록 규정하고 있다. T년도의 업무실적에 대한 성과평가 결과를 T+1년도에 성과급으로 지급하라는 의미이다. 그 결과 T년도에 퇴직한 자에 대한 성과급은 퇴직한 이후의 회계연도인 T+1년도에 지급된다.

(나) 처리 원칙

「2026년 공기업, 준정부기관 예산운용지침」은 경영평가성과급과 내부평가급 중 기존인건비 전환금을 총인건비에서 제외할 수 있도록 규정하고 있다. 따라서 퇴직자에게 지급한 금액 또한 총인건비에서 제외할 수 있으며, 해당 금액은 총인건비 인상률에 영향을 미치지 않는다.

하지만 내부평가급 중 기존인건비 전환금에 해당하지 않는 금액은 총인건비에 포함해야 하며, 당기에 근무하지 않는 자(퇴직자)에게 지급한 금액이 총인건비에 반영되는 결과가 나타나게 된다. 즉, 평균인원에는 반영되지 않지만 총인건비에는 일정 금액이 반영되는 것이다. 그러나 이러한 효과는 불합리하다고만 볼 수 없다. 왜냐하면 동일한 효과가 직전년도 총인건비에도 반영되어 있기 때문이다. 결과적으로 퇴직자가 증가하는 추세라면 불리한 방향이 될 것이고, 퇴직자가 감소하는 추세라면 유리한 방향이 될 것이다.

한편, (3-4) 템플릿의 직급별 평균단가를 산정할 때 퇴직자에게 지급한 금액을 어떤 직급에 반영하는 것이 타당할지 검토해야 한다. ① 퇴직자의 퇴직 직전 직급에 반영하는 방법, ② 직급별 인원 또는 집행액에 비례하여 배분하는 방법, ③ 기관의 유불리를 고려하여 특정 직급에 반영하는 방법 등이 가능할 것이다. 지급 대상자의 직급이 없고, 별도의 관련 규정도 없기 때문에 각 기관에 적합한 방법을 선택해야 한다.

(3) 퇴직자 임금 소송

(가) 개요

근로자가 퇴직한 이후에 공공기관에 임금 소송을 제기하여 승소하는 경우가 발생하고 있다. 소송의 주제는 "통상임금 및 평균임금의 범위, 부당해고, 임금피크제, 임금체불, 인턴에 대한 차별적 처우 등" 다양하다. 해당 소송에서 공공기관이 패소하여 퇴직자에게 지급한 급여는 총인건비에 어떻게 반영해야 할지 검토해야 한다.

현재 「총인건비 인상률 템플릿」은 별도의 예외 규정이 없는 한 공공기관이 일시에 지급한 금액은 총인건비에 포함하는 것을 원칙으로 삼고 있다. 「2026년 공기업, 준정부기관 예산운용지침」은 2024년 12월 19일 대법원 판례 변경에 의해 추가로 지급하는 법정수당에 한하여 총인건비에서 제외할 수 있도록 규정하고 있으며, 그 이외의 임금 소송으로 인해 공공기관이 패소하여 지급하는 금액은 총인건비에 포함해야 한다. 이는 재직자뿐만 아니라 퇴직자에 의한 소송도 동일하게 처리해야 한다.

(나) 패소의 개념

공공기관이 임금 소송에서 패소했다는 의미는 퇴직자가 근무하던 회계연도에 적정한 항목 또는 적정한 금액의 인건비를 모두 지급하지 않았다는 의미이다. 만약 해당 회계연도에 적정 수준의 인건비를 모두 지급하였다면 다른 항목의 인건비(예를 들어 기본급)를 축소시키면서 총인건비를 관리해야 했을 것이다. 따라서 소송 패소에 의해 퇴직자에게 지급하는 금액을 총인건비에 반영해야 연도별, 항목별 총인건비 관리가 더 효과적으로 이루어질 것이다.

(다) 예외의 필요성

한편, 공공기관이 예측할 수 없었던 사안으로 인한 임금 소송 패소에 대해서는 일정한 예외가 인정될 필요가 있다. 왜냐하면 퇴직자의 임금 소송으로 인해 추가로 지급하는 금액을 총인건비에 반영할 경우, 재직 중인 직원에 대한 총인건비 집행액을 감소시켜야 하고 특히 해당 효과는 하위직급 재직자에 미치는 영향이 크기 때문이다. 관리 부실에 의해 수혜를 입는 자와 책임을 지는 자가 서로 일치하지 않는 것은 제도의 문제로 여겨질 것이고 이는 총인건비 제도의 수용성을 낮출 것이다.

특히 소송 대상 시점의 통상적인 인사 관리 수준에서 예상할 수 없었던 사항이 여러 해가 지난 이후 최근의 재직자 임금 인상률에 영향을 미치는 경우에 대해서는 그 특수성을 고려할 장치가 필요할 것으로 판단된다.

「총인건비 인상률 템플릿」은 연도별 상황에 맞게 한시적인 규정을 신설하였다가 정책적 효과가 완료되는 경우에는 해당 규정을 폐지하기도 한다. 아래에서는 한시적으로 존재하던 총인건비 예외 규정을 열거하고 그에 대한 구체적인 내용과 취지 등을 간략하게 설명하였다. 정부의 총인건비 정책을 이해하는데 도움이 될 것이다.

(1) 1직급 동결

(가) 개념

정부는 경제위기 등의 상황에서 공공기관으로 하여금 특정 직급, 특히 상위직급에 대하여 1년간 임금을 동결하여 예산을 편성하도록 규정을 정비하기도 한다. 이렇게 특정 직급에 대하여 임금을 동결하는 경우에는 인상할 수 있었던 인건비 재원을 다른 용도로 사용할 수 있다. 1직급 동결로 인한 재원을 사용하는 방법은 크게 두 가지로 나뉜다. 첫 번째는 인건비 재원을 사용하지 않고 공공기관에 유보하는 방법이고, 두 번째는 인건비 재원을 다른 직급의 처우개선 용도로 활용하는 방법이다.

(나) 기관 유보

「2014년도 공기업, 준정부기관 예산운용지침」은 1년간 직원 중 일반관리직 1직급(직위)까지의 인건비는 동결하도록 규정하였다. 이때 정부는 인건비 동결로 인한 재원을 공공기관에 유보하기를 원하였으며 이를 위해 「총인건비 인상률 템플릿」에 별도의 장치를 마련하였다. 전년도 1직급 평균단가에 당해연도 1직급 평균인원과 총인건비 인상률을 곱하여 당기에 동결하여야 할 금액을 산출한다. 그리고 그 금액을 「총인건비 인상률 템플릿」에 반영하여 당기의 총인건비 집행액 한도를 감소시킨다.

(다) 처우 개선

「2023년도 공기업, 준정부기관 예산운용지침」은 1년간 직원 중 일반관리직 상위 1직급(직위)의 인건비를 동결하였다. 2023년에는 1직급 인건비 동결을 통해 마련된 인건비 여유 재원을 다른 직급의 처우개선 용도로 활용하기로 하였다. 이러한 경우에는 「총인건비 인상률 템플릿」을 별도로 조정할 필요는 없고, 총인건비 인상률이 가이드라인 한도를 초과하지 않았는지만 확인하면 된다.

(2) 호봉별 인원변동에 따른 자연증감액 조정

(가) 개념

공기업, 준정부기관 예산편성지침은 2009년부터 2012년도까지 총인건비 인상률과 호봉승급 등 자연증가분에 대한 예산을 별도로 편성하도록 규정하였다. 2012년도까지는 아래와 같이 호봉승급에 대해서는 예산을 별도 편성하였지만, 2013년도부터는 호봉승급에 대한 자연증감액을 총인건비에서 직접 조정하는 방식으로 변경하였다.

구분	2008년	2009년	2010년	2011년	2012년
총인건비 인상률	3%	동결	동결	4.1%	3%
호봉인상분	규정 없음	1.7%	1.6%	1.4%	0.9%

「2013년도 공기업, 준정부기관 예산편성지침」은 호봉승급 등 자연증가분에 대한 예산편성 방식 규정을 변경하여, 호봉별 인원변동에 따른 자연증가액은 총인건비에서 제외하고 자연감소액은 총인건비에 포함하도록 규정하였다. 이를 근거로 2013년도의 「총인건비 인상률 템플릿」은 매년 호봉에 따라 증가하는 인건비만큼 총인건비에서 제외하는 규정을 신설하였다.

(나) 효과 산출 방법

「총인건비 인상률 템플릿」은 호봉별 평균인원의 차이에 호봉 간 차액을 곱하여 인건비 조정액을 산출하게 된다. 평균인원의 차이는 당해연도 평균인원에서 전년도 평균인원을 차감하여 산출하며, 이를 통해 산출한 인건비 조정액은 (3) 템플릿에 연계하여 당해연도 총인건비에서 차감한다. 인건비 조정액이 양(+)수가 산출되면 당해연도 총인건비가 줄어들기 때문에, 결과적으로 총인건비 한도는 늘어나게 된다.

(사례1) 전년도의 1호봉 10명이 당해연도에 모두 2호봉으로 승급한 경우, 인건비 조정액은 아래와 같이 산출된다. 인건비 조정액 1,000원은 당해연도 총인건비에서 차감하는 방식으로 조정한다. 즉, 호봉의 증가(1호봉→2호봉)로 인해 늘어난 총인건비 1,000원은 당기 총인건비에서 예외로 인정하는 것이다.

호봉	호봉 간 차액	당해연도 평균인원	전년도 평균인원	인건비 조정액
2호봉	100	10명	0명	1,000
1호봉	–	0명	10명	–
합계				1,000

(사례2) 전년도의 3호봉 10명이 당해연도에 모두 4호봉으로 승급한 경우, 인건비 조정액은 아래와 같이 산출된다. 인건비 조정액은 3호봉 감소액과 4호봉 증가액이 서로 상쇄되어 0으로 계산된다.

호봉	호봉 간 차액	당해연도 평균인원	전년도 평균인원	인건비 조정액
4호봉	100	10명	0명	1,000
3호봉	100	0명	10명	−1,000
합계				–

(사례3) 전년도의 10호봉 10명이 모두 당해연도에 퇴직하고 1호봉 10명을 채용한 경우, 인건비 조정액은 아래와 같이 산출된다. 1호봉의 인원 변동은 인건비 조정액이 0으로 산출되기 때문에 10호봉 인원 감소만 인건비 조정액에 반영된다. 결국 (사례3)은 (사례1)에서 시작하여 호봉이 종료될 때까지의 효과를 보여준다. 결국 "호봉별 인원 변동에 따른 자연증감액 조정"은 회계연도가 무한대로 수렴할수록 호봉은 계속 순환하게 되고, 결과적으로 공공기관에 미치는 인건비 조정액은 0으로 수렴하도록 설계된 템플릿이다.

호봉	호봉 간 차액	당해연도 평균인원	전년도 평균인원	인건비 조정액
10호봉	100	0명	10명	−1,000
1호봉		10명	0명	
합계				−1,000

(다) 폐지

재정경제부는 「2015년도 공기업, 준정부기관 예산편성지침」을 통해 공공기관으로 하여금 호봉제적 요소를 완화하도록 임금체계의 개편을 명문화하였다. 이에 따라 2015년도 이후부터는 더 이상 호봉에 대한 총인건비 조정을 인정하지 않았으며, 그 결과 호봉별 인원 변동에 따른 자연증감액 조정은 2014년도까지 유지된 후 2015년도 「총인건비 인상률 템플릿」에서 삭제되었다.

(3) 방만경영 정상화

(가) 개요

재정경제부의 「방만경영 정상화 계획 운용지침」에 따라 공공기관은 2014년 중 방만경영 정상화 계획을 수립하여 제출하였다. 「방만경영 정상화 계획 운용지침」에는 공공기관의 복리후생제도가 과도하게 운영되지 않도록 하기 위한 규정이 포함되어 있었으며, 공공기관이 제출해야 하는 계획(양식)에는 복리후생비 항목별 현황과 향후 개선 계획이 포함되도록 하였다. 「방만경영 정상화 계획 운용지침」의 규정은 현재 「공공기관의 혁신에 관한 지침」에 대부분 포함되어 있다.

(나) 「총인건비 인상률 템플릿」

방만경영 정상화로 인한 급여성 복리후생비 감축액을 반영하기 위한 템플릿은 정상화가 이루어졌을 때의 집행금액과 실제 집행액을 비교하여 실제 집행액이 더 큰 경우 해당 금액을 총인건비 한도에서 차감하는 방식으로 조정하였다. 방만경영 정상화에 따른 증원소요인건비 효과를 조정하기 위한 템플릿은 복리후생비 감축액 조정으로 인한 1인당 감축된 복리후생비에 인원 변동을 추가로 조정한 템플릿이다. 상기 템플릿은 2014년도에 최초로 반영된 이후에 2015년도까지 유지되었으며 2016년도부터는 삭제되었다.

(4) 상생고용지원금

(가) 개요

「총인건비 인상률 템플릿」은 2016년도부터 임금피크제 효과를 총인건비 인상률 산출에 반영하기 시작하였다. 임금피크제 도입 초기에, 공공기관의 인건비 재원이 부족한 사례가 발생하였으며 특정 조건을 만족하는 공공기관은 정부로부터 상생고용지원금을 수령하였다. 이때 공공기관이 수령한 상생고용지원금만큼 총인건비 한도를 늘리지 않으면, 공공기관이 이를 수령하여도 아무런 효과가 없을 것이다. 따라서 「총인건비 인상률 템플릿」은 공공기관이 수령한 상생고용지원금만큼 총인건비 한도를 늘려주도록 장치를 마련하였다.

(나) 「총인건비 인상률 템플릿」 규정

「총인건비 인상률 템플릿」은 전환형 시간선택제 도입으로 「고용보험법」 시행령에 따라 지급받는 지원금과 공공기관 임금피크제 권고안에 따라 임금피크제를 도입하고 「고용보험법」 시행령 제17조에 따라 지급받는 지원금을 조정 대상으로 정하였다.

하지만 제도 시행 이후, 일부 회계연도에는 정부의 예산이 부족하여 상생고용지원금 대상 공공기관에 지원금을 지급하지 못하는 경우가 발생하였다. 공공기관은 지원금의 지급을 전제로 「총인건비 인상률 템플릿」을 준비하고 그에 따라 인건비를 집행하였기 때문에, 정부가 지원금을 지급하지 못하는 불가피한 상황을 조정할 필요가 생겼다. 이러한 상황을 조정하기 위해 「총인건비 인상률 템플릿」은 지원금을 지급받지 못하더라도 고용노동부로부터 확인받은 금액이 있는 경우에는 「총인건비 인상률 템플릿」에 해당 금액을 반영할 수 있도록 주석의 내용을 정비하였다.

> **「총인건비 인상률 템플릿」**
>
> 〈주석〉 전환형 시간선택제 도입으로 고용보험법 시행령에 따라 지급받는 지원금과 '공공기관 임금피크제 권고안'에 따라 임금피크제를 도입하고 고용보험법 시행령 제17조에 따라 지급받는 지원금을 기입함(지원금을 지급받거나, 고용노동부로부터 확인받은 금액). 다만, 지원금을 인건비에서 상계하는 방식으로 회계처리한 경우 상계처리된 인건비 금액을 차감하여 기재함.

(다) 폐지

「총인건비 인상률 템플릿」에는 상생고용지원금 규정이 2021년도까지 유지되었으나, 「고용보험법」 시행령상 상생고용지원금 지급 규정이 폐지되면서 2022년도 「총인건비 인상률 템플릿」에서도 삭제되었다.

(5) 코로나 조정

(가) 코로나19 대응을 위한 시간외근로수당

2020년도 「총인건비 인상률 템플릿」은 코로나19에 대응하기 위해 발생한 시간외근로수당 등을 조정하기 위한 규정을 신설하였다. 각 공공기관은 그 주요업무에 따라 코로나19 대응을 위해 다양한 노력을 수행하였으며 이로 인해 시간외근로수당, 포상비 등이 발생하였다. 해당 인건비는 코로나19 기간 동안 한시적으로 발생하였으며, 경영평가 심의 절차를 통해 총인건비에서 조정하였다.

(나) 휴업

일부 공공기관은 코로나19로 인해 휴업을 단행하기도 하였다. 휴업 기간 동안에는 근로

기준법에 의한 휴업수당만 지급할 수 있다. 휴업수당은 평균임금의 100분의 70 이상 또는 통상임금을 기준으로 산출된다. 따라서 휴업기간 중에는 직전연도에 비해 대략 70% 수준의 인건비만 집행되며 휴업한 해에는 총인건비 인상률이 감소한다.

하지만 그 다음 회계연도에 정상적으로 영업을 하는 경우에는 총인건비 인상률이 크게 증가하여 가이드라인 한도를 위반할 가능성이 높아진다. 이와 같은 현상을 방지하기 위해 「총인건비 인상률 템플릿」은 코로나19로 인한 휴업을 조정하는 규정을 신설하였다. 코로나19로 인해 근로기준법 제46조에 따라 휴업하는 경우에는 휴업으로 인해 감소한 인건비만큼 당기 총인건비를 차감하는 방식으로 조정하며 다음 회계연도에는 동일한 금액을 가산하여 총인건비 한도를 다시 증가시킨다.

> **「근로기준법」**
>
> 제46조(휴업수당) ① 사용자의 귀책사유로 휴업하는 경우에 사용자는 휴업기간 동안 그 근로자에게 평균임금의 100분의 70 이상의 수당을 지급하여야 한다. 다만, 평균임금의 100분의 70에 해당하는 금액이 통상임금을 초과하는 경우에는 통상임금을 휴업수당으로 지급할 수 있다.

(다) 폐지

2023년도 「공공기관 경영평가 편람」은 코로나19로 인한 효과를 조정하기 위한 근거 규정을 삭제하였다. 「총인건비 인상률 템플릿」도 관련 규정을 정비하였으며, 코로나19로 인한 인건비 효과는 2022년도까지만 조정할 수 있도록 하였다. 2023년도 「총인건비 인상률 템플릿」은 그 반대 조정을 위한 내역만 남겨두었다.

(6) 통상임금소송

(가) 개요

「2014년도 공기업, 준정부기관 예산운용지침」은 통상임금소송 결과에 따른 소송당사자인 기관의 실적급여 증가액을 총인건비에서 제외할 수 있도록 총인건비 예외 규정을 신설하였다. 이를 근거로 통상임금과 관련된 소송을 통해 공공기관이 임직원에게 추가로 지급하는 인건비는 총인건비에서 제외할 수 있다. 통상임금소송에 대해서만 규정하고 있기 때문에 다른 소송으로 인해 지급하는 인건비는 총인건비에서 제외할 수 없다.

(나) 폐지

원칙적으로 공공기관은 보수규정이나 임금체계를 개편하여 통상임금의 증가를 규정에 반영하거나 통상임금소송이 발생하지 않도록 노력해야 한다. 예컨대 연차수당을 지급하지 않는 대신 연차의 사용을 촉진하거나, 남은 연차를 다음 회계연도로 이월하는 제도를 도입하는 방식도 그러한 노력의 일환이다.

하지만 실제로는 통상임금소송 결과에 따라 발생하는 추가 임금은 적법하게 총인건비에서 제외할 수 있었기 때문에, 일부 기관은 보수규정이나 임금체계를 개편하지 않았으며 그 결과 매년 유사 소송이 반복적으로 진행되었다.

「2022년도 공기업, 준정부기관 예산운용지침」은 이러한 현상을 방지하기 위해 총인건비에서 제외하는 항목에서 통상임금소송 결과에 따른 소송당사자인 기관의 실적급여 증가액을 제외하였다. 이에 따라 「총인건비 인상률 템플릿」은 2022년부터 관련 금액을 총인건비에 포함하도록 규정하였다.

제**3**장

증원소요인건비

1절 　개요

1 증원소요인건비의 개념

(1) 총인건비 인상률 기초

총인건비 인상률은 전년도의 총인건비 규모와 당해연도의 총인건비 규모를 비교하여 얼마나 증가하였는지를 계산하는 방식이다. 「공공기관 경영평가 편람」은 총인건비 인상률을 산출하기 위한 산식을 아래와 같이 간략하게 표시하고 있다. 하지만 단순히 평가연도와 전년도의 총인건비를 비교하는 경우에는 그 인상률에 영향을 미치는 다양한 원인이 포함되어 있기 때문에 정확한 인상률의 산출이라고 볼 수 없을 것이다. 따라서 총인건비 인상률에 미치는 여러 영향 중 평가연도와 전년도의 동질성을 해치는 변수를 통제하고 계산해야 한다.

「공공기관 경영평가 편람」
총인건비 인상률＝(평가연도 총인건비－전년도 총인건비)/전년도 총인건비

(2) 용어의 정의

증원소요인건비를 이해하기 위해서는 직급, 직군, 직무, 직책, 승진의 개념을 우선 정의해야 한다. 「총인건비 인상률 템플릿」에서 중요하게 다루어지는 요소는 직급, 직군, 승진으로 해당 요소는 증원소요인건비와 임금피크제 효과 등의 금액을 산출하는데 중요한 영향을 미친다.

직책이나 직무의 용어는 직무급 제도에서는 중요한 요소이다. 하지만 「총인건비 인상률 템플릿」에서는 전기와 당기의 집행액에 직무급으로 반영되지만, 별도의 템플릿으로 활용되는 요소는 아니기 때문에 간접적으로만 영향을 미치는 것으로 이해하면 된다.

1) 직급은 직무상의 등급을 의미하며 일반적으로 공공기관은 5직급의 체계를 기본으로 하고 있다. 대졸신입사원이 5직급으로 시작하고 그 위의 직급은 4직급, 3직급으로 구성된다. 1직급이 가장 높은 직급에 해당한다.
2) 직책은 담당하고 있는 업무에 대한 책임의 정도를 의미하며 보직이라는 용어를 사용하기도 한다. 팀장, 본부장, 부서장 등이 직책에 해당한다.
3) 직무는 각 조직의 일원이 담당하고 있는 업무를 말한다. 회계업무, 생산업무, 영업업무 등으로 구분할 수 있다.
4) 직군은 수행하는 업무의 성격이나 성질이 유사한 직무를 묶어놓은 것을 말한다. 공공기관은 일반직, 연구직, 행정직 등으로 직군을 구분한다.
5) 승진은 직급 체계를 기준으로 하위직급에서 상위직급으로 이동하는 것을 의미한다. 5직급에서 4직급으로 이동하는 것 등이 포함된다. 직책을 담당하거나 직군이 변동되는 것은 승진과 무관하다.

(3) 증원소요인건비 개념

(가) 평가연도와 전년도의 비교

평가연도와 전년도의 총인건비를 정확히 비교하기 위해서는 두 회계기간의 다양한 조건을 동일하게 맞추어 놓고 비교해야 한다. 전년도와 당해연도의 총인건비에 포함된 항목뿐만 아니라 근무 인원수, 직급 체계, 직급별 인원 등 여러 요소가 상호 대응되어야 정확한 비교라고 할 수 있을 것이다. 하지만 공공기관은 연도별로 신규채용, 승진 등 인사 정책을 시행하기도 하고 임직원의 사정에 따라 휴직, 퇴사, 파견, 징계 등이 이루어지기도 한다. 이와 같은 다양한 인사이동으로 인해 전년도와 당해연도의 직급별 인원을 단순하게 비교하는 경우 월별, 직급별로 큰 차이가 발생할 것이다.

(나) 인원 조정의 필요성

만약 전년도와 당해연도의 근무 인원수가 다름에도 불구하고, 별도의 조정 없이 인상률을 산출한다면 인상률에 왜곡된 결과가 나타나게 될 것이다. 아래의 사례에서는 각 인원이 1년 동안 근무의 대가로 수령한 기본급은 전년도와 당해연도 사이에 변동이 없으며, 이러한 경우에 인상률은 0%로 표현하는 것이 적절하다. 그러나 총 근무 인원수가 늘어남으로 인해 총인건비 인상률이 20%로 산출되었으며, 이를 합리적인 인상률 산출 결과라고 볼 수 없다.

[총인건비 인상률 산출 예시]
- 전년도: 기본급 1인당 연간 1억 원 × 10명 = 10억 원
- 당해연도: 기본급 1인당 연간 1억 원 × 12명 = 12억 원
  → 총인건비 인상률 = (12억 원 − 10억 원)/10억 원 = 20%

(다) 인원 조정의 방식

증원소요인건비는 상기와 같은 왜곡 현상을 제거하기 위해, 전년도와 당해연도의 서로 다른 조건을 확인하여 그 차이만큼을 전년도에 반영하는 방식이다. 이때 증원소요인건비가 조정하는 조건은 직급별 인원 변동으로, 전년도의 직급별 1년 평균인원과 당해연도의 직급별 1년 평균인원이 같은 것으로 보고 총인건비를 비교하는 방식이다. 전년도와 당해연도의 1년 평균인원의 차이를 반영하는 과정에서 결과적으로 당해연도 중 기관에서 발생한 입사, 퇴사, 승진, 휴직, 복직, 임금피크제의 적용 등 모든 인원 변동이 자연스럽게 반영된다.

(라) 증원소요인건비의 근거

「총인건비 인상률 템플릿」은 (3-1) 증원소요인건비 계산을 위한 템플릿을 통해 증원소요인건비를 계산할 수 있도록 하고 있으며, 여기서 산출된 금액은 (3) 총인건비 인상률 지표의 점수계산을 위한 템플릿의 전기 금액에 반영된다. 「공공기관 경영평가 편람」은 「총인건비 인상률 템플릿」에 증원소요인건비를 반영할 수 있도록 아래와 같은 규정을 두고 있다. 아래 규정을 통해 직급별 인원 변동에 따른 증감액을 총인건비에 반영할 수 있는 (3-1) 증원소요인건비 계산을 위한 템플릿이 설계되었디.

> **공공기관 경영평가 편람**
>
> 직급별 인원 변동에 따른 자연증감액은 변동이 있는 해당 직급 내의 실질임금을 적용하여 증원소요인건비를 계산한다. 통합직급을 운영하는 경우에도 실질임금을 적용하여 증원소요인건비를 계산한다.

(1) 증원소요인건비의 기본 산식

「공공기관 경영평가 편람」은 총인건비 인상률 산식을 아래의 ①번 산식과 같이 표현하고 있다. 이때 ①번 산식은 ②번 산식 같이 변환할 수 있으며, 이는 당해연도 총인건비가 전년도 총인건비에 총인건비 인상률을 적용한 금액보다 적거나 같아야 한다는 의미이다.

앞의 증원소요인건비의 개념에서 설명한 것과 같이 ②번 산식은 다시 ③번 산식과 같이 변환할 수 있다. 이는 단순히 평가연도(당해연도)와 전년도의 총인건비를 비교하지 않고, 전년도 총인건비에 증원소요인건비를 가산하여 평가연도(당해연도) 총인건비와 서로 동일한 기준이 적용되도록 조정하는 것을 의미한다. (3) 총인건비 인상률 지표의 점수계산을 위한 템플릿은 ③번 산식을 바탕으로 전년도의 총인건비에 증원소요인건비를 가산한 후 총인건비 인상률 한도를 곱하도록 설계되었다.

「공공기관 경영평가 편람」

총인건비 인상률＝(평가연도 총인건비－전년도 총인건비)/전년도 총인건비 ·················· ①
평가연도 총인건비≤(전년도 총인건비)×(1＋총인건비 인상률) ································ ②
평가연도 총인건비≤(전년도 총인건비＋증원소요인건비)×(1＋총인건비 인상률) ············ ③

(2) 증원소요인건비의 평균인원

증원소요인건비의 목적은 아래의 산식과 같이 전기와 당기의 직급별 인원이 동일하도록 조정하기 위한 것이다. 이를 위해 증원소요인건비는 평가연도 인원에서 전년도 인원을 차감하는 과정이 필요하다. 예를 들어 아래의 산식에서 증원소요인건비 대상 인원은 10명에서 6명을 차감한 4명이 된다.

이때 아래의 산식은 전기의 인원과 당기의 인원을 단일의 숫자로 표시하고 있다. 공공기관 내에서는 연중 계속해서 입사, 퇴사, 승진, 휴직, 복직 등 다양한 인사 변동이 발생하고 있다. 따라서 실제 공공기관에서 근무하고 있는 임직원의 숫자는 직급별로 매일 달라진다. 이와 같이 공공기관에서 1년 동안 일어난 인원의 변동을 하나의 결과 값으로 요약하는 과정이 필요하며, 「총인건비 인상률 템플릿」에서는 이를 평균인원이라는 용어로 표현한다.

또한 공공기관의 직급별 인원을 하나의 숫자로 표시하기 위해서는 전체 공공기관에 동일하고 일관되게 적용할 수 있는 평균인원의 산출 규칙이 필요하다. 평균인원을 산출하는 구체적인 방법은 "2절 현원"에서 설명하며, 증원소요인건비는 이렇게 산출된 단일의 평균인원 값을 바탕으로 계산된다.

[증원소요인건비의 개념]

평가연도 총인건비≤(전년도 총인건비＋증원소요인건비)×(1＋총인건비 인상률) ·················· ③

10명≤(6명＋4명)×(1＋인상률)　　　　　　　　　　　　　　　　　　　　　　(예시)

(3) 증원소요인건비 템플릿의 요소

증원소요인건비는 (3-1) 증원소요인건비 계산을 위한 템플릿을 통해 산출하며, 템플릿의 실제 모습은 아래와 같다. 산식은 직급별로 당해연도 인원(B)에서 전년도 인원(A)을 차감한 인원 증감 값(C=B-A)에 전년도 평균단가(D)를 곱하여 증원소요인건비(CxD)를 계산하도록 구성되어 있다. 즉, 증원소요인건비 계산은 ① 인원 변동 요소와 ② 평균단가 요소 두 가지로 구분된다.

증원소요인건비는 각 직급별로 계산하며, 직급별 금액을 합산하여 최종 반영 금액을 구한다. 직급별 증원소요인건비 합계금액은 (3) 총인건비 인상률 지표의 점수계산을 위한 템플릿에 연계하여 입력한다. 한편, 특정 직급의 인원이 감소하는 경우에는 음(-)의 증원소요인건비가 산출될 수 있으며 음수가 산출되더라도 합계금액에 그대로 반영해야 한다.

아래의 템플릿에서 별도직군의 평균단가는 무조건 0으로 입력하도록 규정되어 있다. 이는 임금피크제의 별도직군 방식의 특성에 의한 것으로, 이에 대한 자세한 사항은 임금피크제에서 설명한다.

직급	인원			전년도의 평균단가(D)	증원소요인건비 (C) × (D)
	전년도 (A)	당해연도 (B)	증감 (C)=(B)-(A)		
1직급					
2직급					
3직급					
······					
별도직군				-	
합계					합계금액

① 인원 변동은 (3-3) 템플릿에서 전기와 당기 값을 모두 연계하여 입력한다.
② 전년도의 평균단가는 (3-4) 템플릿에서 연계하여 입력한다.
③ 증원소요인건비 합계금액은 (3) 템플릿으로 연계한다.

3 인원 변동의 효과

증원소요인건비는 직급별 인원 증감 값(C=B－A)을 활용하여 전년도 인원을 당해연도 인원에 맞추어 서로 비교할 수 있도록 조정하는 방식이다. 예를 들어, 당해연도 근무 인원이 10명이고 전년도 근무 인원이 6명이라면 증원소요인건비에는 4명을 반영하여 평가연도(10명)와 전년도(6명+4명=10명)가 서로 비교 가능하도록 조정하는 방식이다.

인원 변동은 크게 ① 입사로 인한 총인원 증가, ② 퇴사로 인한 총인원 감소, ③ 승진으로 인한 직급별 인원의 변동으로 구분하여 설명할 수 있다. (3-1) 템플릿을 기준으로 인원의 변동이 증원소요인건비에 미치는 영향을 아래 사례를 통해 구체적으로 살펴본다.

(1) 입사로 인한 총인원 증가

(가) 개요

당해연도의 직급별 인원이 증가하는 경우 증원소요인건비에 미치는 영향이다. 신규채용에 의한 입사 이외에도 휴직자, 정직자 등이 복직한 경우도 포함한다.

총인원이 증가하는 경우 증원소요인건비는 양(+)의 금액으로 산출되기 때문에, 전년도 총인건비에 증원소요인건비를 가산한 금액을 당해연도의 총인건비와 비교하게 된다. 예를 들어, 전년도에 1, 2, 3직급 각각 1명씩 근무하고 있던 기관에서 2, 3직급 직원을 각각 1명씩 채용한 경우 아래와 같이 (3-1) 템플릿을 작성한다.

(나) 증원소요인건비의 계산

증원소요인건비는 아래와 같이 계산한다. 2직급 채용 1명에 대한 증원소요인건비 30,000원과 3직급 채용 1명에 대한 증원소요인건비 10,000원을 합산하여 (3) 총인건비 인상률 지표의 점수계산을 위한 템플릿에 반영할 증원소요인건비 총 합계금액은 40,000원으로 산출된다.

직급	인원			전년도의 평균단가(D)	증원소요인건비 (C)×(D)
	전년도 (A)	당해연도 (B)	증감 (C)=(B)-(A)		
1직급	1	1	0	50,000	0
2직급	1	2	1	30,000	30,000
3직급	1	2	1	10,000	10,000
합계	3	5	2		40,000

(다) 총인건비에 미치는 영향

이렇게 계산된 증원소요인건비는 다음과 같이 당해연도 총인건비 상한액 산출에 반영된다(당해연도 총인건비 인상률 가이드라인은 0%이고, 모든 직원의 총인건비는 직급별 평균단가와 동일하다고 가정한다).

[총인건비 상한액의 산출]

전년도 집행액 = 1명 × 50,000 + 1명 × 30,000 + 1명 × 10,000 = 90,000
당해연도 집행액 = 1명 × 50,000 + 2명 × 30,000 + 2명 × 10,000 = 130,000
당해연도 총인건비 상한액 = (전년도 총인건비 + 증원소요인건비) × (1 + 인상률)
$$= (90,000 + 40,000) × 1 = 130,000$$

당해연도 총인건비는 5명에 대해서 130,000원을 집행하였기 때문에, 위의 사례는 총인건비 상한액을 준수한 것으로 본다. 즉, 증원소요인건비를 통해 기관의 채용으로 인한 인원변동을 총인건비 인상률 산정 시 고려하여 기관에 불이익이 없도록 조정한 것으로 볼 수 있다.

(2) 퇴사로 인한 총인원 감소

(가) 개요

당해연도의 직급별 인원이 감소하는 경우 증원소요인건비에 미치는 영향이다. 퇴사 이외에도 각종 원인으로 인한 휴직, 정직, 시간제 근로자로 전환하는 것 등도 포함된다.

총인원이 감소하는 경우 증원소요인건비는 음(-)의 금액으로 산출되기 때문에, 전년도 총인건비에서 증원소요인건비만큼 감소된 금액을 당해연도 총인건비와 비교하게 된다. 예를 들어, 전년도에 1, 2, 3직급 각각 2명씩 근무하고 있던 기관에서 1, 2직급 직원이 각각

1명씩 퇴사한 경우 아래와 같이 (3-1) 템플릿을 작성하게 된다.

(나) 증원소요인건비의 계산

증원소요인건비는 상기와 같이 계산하며, 1직급 퇴사 1명에 대한 증원소요인건비 −50,000원과 2직급 퇴사 1명에 대한 증원소요인건비 −30,000원을 합산하여 총 −80,000원으로 산출된다.

직급	인원			전년도의 평균단가(D)	증원소요인건비 (C)×(D)
	전년도 (A)	당해연도 (B)	증감 (C)=(B)−(A)		
1직급	2	1	−1	50,000	−50,000
2직급	2	1	−1	30,000	−30,000
3직급	2	2	0	10,000	0
합계	6	4	−2		−80,000

(다) 총인건비에 미치는 영향

상기와 같이 계산된 증원소요인건비는 다음과 같이 당해연도 총인건비 상한액 산출에 반영된다(당해연도 총인건비 인상률 가이드라인은 0%이고, 모든 직원의 총인건비는 직급별 평균단가와 동일하다고 가정한다).

[총인건비 상한액의 산출]
전년도 집행액 = 2명 × 50,000 + 2명 × 30,000 + 2명 × 10,000 = 180,000
당해연도 집행액 = 1명 × 50,000 + 1명 × 30,000 + 2명 × 10,000 = 100,000
당해연도 총인건비 상한액 = (전년도 총인건비 + 증원소요인건비) × (1 + 인상률)
= (180,000 − 80,000) × 1 = 100,000

당해연도 총인건비는 4명에 대해서 100,000원을 집행하였기 때문에, 위의 사례는 총인건비 상한액을 준수한 것으로 본다. 즉, 인원이 감소하면 총인건비 상한액도 감소하는 것으로 이해해야 한다.

(라) 인건비 예산과 총인건비 한도

인건비 예산과 총인건비 한도는 서로 다른 개념이다. 본문의 사례와 같이 직원이 퇴사한 경우 집행하지 못한 인건비 예산상의 잔액(180,000 − 100,000 = 80,000원)은 공공기관에 남는다. 하지만 총인건비 한도는 퇴사한 직원에 해당하는 만큼 감소하기 때문에 인건비 예산이 남아 있더라도 그 예산은 계속 근무하고 있는 다른 직원의 총인건비로 활용할 수 없다.

즉, 「총인건비 인상률 템플릿」은 직원의 입사와 퇴사를 모두 증원소요인건비의 증가와 감소로 반영하여 당해연도 총인건비 상한액에 가감하며, 따라서 집행하지 못한 인건비 예산은 다른 직원의 총인건비로 활용하지는 못한다.

(3) 승진으로 인한 직급별 인원 변동

(가) 개요

당해연도의 특정 직급에 속한 인원이 다른 직급으로 이동하는 경우 증원소요인건비에 미치는 영향이다. 승진 이외에도 임금피크제로 인한 직급의 전환, 특정 직군에서 다른 직군으로 전환하는 사항 등이 포함된다.

입사와 퇴사가 없어 총인원은 불변하지만 승진으로 인해 직급별 인원만 변동하는 경우, 증원소요인건비는 직급별 인원 증감에 따라 계산된다. 아래의 사례는 전년도 1, 2, 3직급 1명씩 근무하던 기관에서 당해연도에 2직급 1명을 1직급으로, 3직급 1명을 2직급으로 승진시킨 경우로, 아래와 같이 (3-1) 템플릿을 작성한다.

(나) 증원소요인건비의 계산

증원소요인건비는 1직급 1명 증가로 인한 증원소요인건비 50,000원과 3직급 1명 감소로 인한 증원소요인건비 -10,000원을 합하여 40,000원으로 산출된다. 2직급에서는 1직급 승진으로 인한 인원이 1명 감소하였고, 3직급에서 승진한 인원 1명이 증가하였기 때문에 결과적으로 인원변동은 없는 것으로 계산되며, 따라서 2직급의 증원소요인건비는 0으로 계산된다.

직급	인원			전년도의 평균단가(D)	증원소요인건비 (C)×(D)
	전년도 (A)	당해연도 (B)	증감 (C) = (B) - (A)		
1직급	1	2	1	50,000	50,000
2직급	1	1	0	30,000	0
3직급	1	0	-1	10,000	-10,000
합계	3	3	0		40,000

(다) 총인건비에 미치는 영향

상기의 증원소요인건비 40,000원은 다음과 같이 당해연도 총인건비 상한액 산출에 가산된다(당해연도 총인건비 인상률 가이드라인은 0%이고, 모든 직원의 총인건비는 직급별 평균단가와 동일하다고 가정한다).

[총인건비 상한액의 산출]
전년도 집행액 = 1명 × 50,000 + 1명 × 30,000 + 1명 × 10,000 = 90,000
당해연도 집행액 = 2명 × 50,000 + 1명 × 30,000 + 0명 × 10,000 = 130,000
당해연도 총인건비 상한액 = (전년도 총인건비 + 증원소요인건비) × (1 + 인상률)
= (90,000 + 40,000) × 1 = 130,000

당해연도 총인건비는 3명에 대해서 130,000원을 집행하였기 때문에, 위의 사례는 총인건비 상한액을 준수한 것으로 본다. 즉, 전년도와 당해연도 모두 3명이 근무한 것은 동일하지만 승진으로 인해 40,000원을 적법하게 더 집행한 것이다.

2절 현원

1 평균인원의 산출 과정

(1) 개요

증원소요인건비 계산을 위해 기관의 연간 평균인원을 산출해야 한다. 연간 평균인원은 이론상 365일을 기준으로 산출하는 방법, 12개월을 기준으로 산출하는 방법, 1년에 하루만 측정하는 방법 등이 가능하다. 인원의 변동은 매일 발생하기 때문에 365일을 기준으로 산출하는 것이 가장 현실을 잘 반영할 것이다. 하지만 이는 행정상 복잡하고 어려운 일이기 때문에, 「총인건비 인상률 템플릿」은 월별 인원을 기준으로 연간 평균인원을 산출하도록 정하고 있다. 즉, 매일 발생하는 인원의 변동을 월별 인원에 반영하여 1월부터 12월까지의 인원을 산출한다. 이렇게 산출한 12달 인원의 합계를 12로 나누어 평균인원을 구한다. "2절 현원"의 목표는 (3-2) 직급별 평균인원 계산을 위한 템플릿의 작성 방법을 설명하는 것이다.

> 인원의 변동   →   월별 인원   →   평균인원
> (매일 발생)   (12개월)   (1년)

(2) 유량(flow)과 저량(stock)

(가) 유량(flow)과 저량(stock)의 이해

매월 말 현원을 집계하기 위해서는 현원의 유량(flow)과 저량(stock)에 대한 이해가 선행되어야 한다. 유량과 저량은 특정한 경제 단위에 대해 적용할 수 있으며, 유량(flow)은 일정 기간 동안의 변화량을 의미하고, 저량(stock)은 특정 시점을 기준으로 측정된 수량을 의미한다. 여기서 유량은 1개월 동안의 인원 변동으로, 저량은 매월 말 시점의 총인원으로 적용할 수 있으며, 아래와 같이 저량의 변화는 유량으로 설명할 수 있다.

(나) 유량(flow)과 저량(stock)의 적용

「총인건비 인상률 템플릿」에서도 전월 말 현원에 매달 인원의 변동(유량)을 반영하여 당월 말 현원을 계산하는 방식을 적용한다. 이 방식을 매달 반복적으로 적용하여 매월 말 현원을 산출할 수 있다. 여기서 매달 발생하는 인원의 변동(유량)은 입사, 퇴사, 휴직, 복직, 승진, 임금피크제 전환, 시간제조정, 기타 변동으로 구분된다.

아래의 사례는 5월 한 달간 일어난 인원 변동으로, 각 사건이 일어날 때마다 기관의 직급별 인원이 변동한다. 4월 30일에는 1급 3명, 2급 7명이었으나 6건의 인원 변동의 결과 5월 말에는 1급 4명, 2급 6명으로 변동되었다. 참고로 장기휴가는 인원 변동 요인에 포함되지 않는다. 「총인건비 인상률 템플릿」은 월별 인원을 해당 월말 현재의 인원을 집계하도록 정하였기 때문에 4월의 현원은 1급 3명, 2급 7명으로 5월의 현원은 1급 4명, 2급 6명으로 집계해야 한다.

〔인원 변동 예시〕

인원 변동(유량)	인원 변동에 따른 직급별 인원(저량)
4월 30일: 1급 3명, 2급 7명	1급 3명, 2급 7명
5월 10일: 1급 1명 퇴사	1급 2명, 2급 7명
5월 11일: 2급 2명 입사	1급 2명, 2급 9명
5월 13일: 2급에서 1급으로 1명 승진	1급 3명, 2급 8명
5월 15일: 2급 2명 퇴사	1급 3명, 2급 6명
5월 18일: 2급 1명 장기휴가	1급 3명, 2급 6명
5월 21일: 1급 2명 입사	1급 5명, 2급 6명
5월 25일: 1급 1명 육아휴직	1급 4명, 2급 6명

(3) 월별, 직급별 현원의 산출

(가) 현원 검증양식

상기의 인원 변동 예시와 같이 인원의 변동을 요약하는 것은 오류가 발생할 여지가 있다. 따라서 인원의 변동과 그 결과를 좀 더 체계적으로 정리할 필요가 있다. 아래의 표는 월별, 직급별로 인원의 유량(flow)과 저량(stock)을 일목요연하게 정리한 것으로 공기업, 준정부기관 경영관리 계량평가 과정에서 공식적으로 사용하는 검증양식(이하 현원 검증양식)이다. 아래의 현원 검증양식을 통해 전년도 12월 말 인원에서 시작하여 당해연도 12월 말 인원까지 발생한 인원 변동을 모두 반영하여 12개의 월별 인원을 산출할 수 있다.

구분	1급	2급	3급	4급	5급	별도직군
기초 인원						
(증가)입사						
(증가)무급휴직 복직						
(감소)퇴사						
(감소)무급휴직						
(증가)승진						
(감소)승진						
(증가/감소)임피제 전환						
(감소)임피제 퇴사						
(증가/감소)시간제 조정						
(증가)기타						
(감소)기타						
기말 인원						

(나) 현원 검증양식의 작성 방법

현원 검증양식은 매월 말 인원과 월별 인원의 변동을 작성하고 검증하는데 매우 유용하다. 각 항목을 작성하고 검증하는 방법은 아래와 같다. 현원 검증양식에 입력된 숫자는 외부에서 검증한 자료, 내부의 공식적인 자료 등을 기준으로 입력하는 것을 원칙으로 해야 한다. 해당 자료는 경영평가 실사 과정에서 평가위원에게 증거로 제시할 수 있기 때문이다.

현원 검증양식의 작성 방법

기초 인원: 전년도 기말 인원을 그대로 입력한다. 전년도 기말 인원은 전년도 경영평가, 알리오(www.alio.go.kr) 공시 등을 통해 이미 검증된 데이터이다.

인원 변동: 입사, 퇴사, 무급휴직, 무급휴직 복직, 승진 등 인원 변동 사항은 기관 내부의 공식문서(인사명령서 등)를 기준으로 작성한다.

기말 인원: 기초 인원에 인원 변동을 가산 또는 차감하여 산출한다. 최종 산출된 값을 실제 기말 인원(조직도, 내부 인사 시스템, 알리오 공시 등)과 비교하여 최종 검증한다.

(다) 인원 변동의 작성 방법

현원 검증양식을 작성할 때 중요한 사항이 인원 변동사항을 「총인건비 인상률 템플릿」 작성 원칙에 따라 정확하게 입력하는 것이다. 아래 사항은 공공기관에서 주로 발생하는 인원이 변동하는 원인으로, 각 인원 변동의 원인별로 현원 검증양식을 어떻게 입력해야 하는지 설명하였다. 각각의 내용은 「총인건비 인상률 템플릿」, 「2026년 공기업, 준정부기관 예산운용지침」, 「공기업, 준정부기관의 경영에 관한 지침」에 규정된 내용을 근거로 정하였다.

인원 변동의 작성 방법

① 입사, 복직은 인원의 증가로 반영하고, 퇴사, 무급휴직은 인원의 감소로 반영한다.
② 승진은 승진 전 직급의 감소 및 승진 후 직급의 증가로 반영한다.
③ 주당 근무시간이 달라지는 경우에는 시간제 조정의 증가 또는 감소로 반영한다. 일반적으로 주당 40시간 근무자를 1명으로 보며, 이보다 적게 근무하도록 근로 계약을 변경하는 경우에는 시간제 조정의 현원을 조정한다. 대상 근로자의 주당 근로시간을 주당 40시간으로 나누어 계산한다(주당 30시간 근무하는 경우에는 0.75명으로 계산).
④ 별도직군 방식의 임피제 전환은 기존 직급의 감소 및 별도직군의 증가로 반영한다(초임직급 방식은 임피제 전환으로 반영하지 않는다).
⑤ 임피제 퇴사는 대상자(별도직군 방식, 초임직급 방식 모두)의 퇴직(정년퇴직 또는 기존정년 도래 이후 퇴직 모두) 시 인원의 감소로 반영한다.
⑥ 직원을 정직 처분하는 경우 인원의 감소로, 정직 처분이 종료되는 경우 인원의 증가로 반영한다.

(라) 현원 검증양식 작성 사례

아래는 20×1년 1월 말 인원과, 20×1년 2월의 인원 변동에 대한 사례이다. 해당 사례를 현원 검증양식에 어떻게 입력해야 하는지 직접 입력해 보자. 현원 검증양식을 통해 20×1년 2월 말 인원이 어떻게 산출되는지 그 과정을 이해할 수 있다.

[현원 검증양식 작성 사례]

20×1년 1월 말, 1급 5명, 2급 10명, 3급 15명, 4급 15명, 5급 20명, 별도직군 3명
20×1년 2월 중, 다음과 같은 인원 변동 발생
신규채용 5급 공채 10명
정기인사발령 승진 1급 3명, 2급 5명, 3급 5명, 4급 10명
정년퇴직: 별도직군 3명

경력직 공채 3급 2명 채용
별도직군 전환: 1급 2명, 2급 2명, 3급 1명
육아휴직: 3급 1명, 4급 3명
퇴사: 2급 1명, 5급 5명
채용형 인턴 2명 채용
시간제 전환: 3급 1명, 4급 1명 주 20시간으로 전환
시간제 전환: 5급 2명 주 20시간에서 주 40시간으로 전환
육아휴직 복직: 3급 2명

| 현원 검증양식 작성 결과 |

구분	1급	2급	3급	4급	5급	별도직군
전월 말 인원	5	10	15	15	20	3
(증가)입사			2		10	
(증가)무급휴직 복직			2			
(감소)퇴사		−1			−5	
(감소)무급휴직			−1	−3		
(증가)승진	3	5	5	10		
(감소)승진		−3	−5	−5	−10	
(증가/감소)임피제 전환	−2	−2	−1			5
(감소)임피제 퇴사						−3
(증가/감소)시간제 조정			−0.5	−0.5	1	
(증가)기타						
(감소)기타						
당월 말 인원	6	9	16.5	16.5	16	5

(4) 기말 인원의 검증

(가) 검증의 원리

기말 인원은 기초 인원에 기중 인원 변동을 가감하여 산출해야 하고, 최종 산출된 기말 인원은 이를 검증할 수 있는 다른 자료(조직도, 내부 인사 시스템, 알리오 공시 등)와 비교해야 한다.

매월 말 인원에 영향을 미치는 요소는 아래와 같이 표현할 수 있다. 2월 말 인원은 1월

말 인원에 2월의 인원 변동이 영향을 미치며, 12월 말 인원은 1월 말 인원에 11개월분의 인원 변동이 영향을 미친다. 따라서 1월의 유량(인원 변동)의 입력에 오류가 있다면 1월부터 12월까지의 저량은 모두 틀린 값이 산출될 것이다. 이와 같은 오류를 방지하기 위해서는 특정 시점의 실제 인원과 현원 검증양식의 작성 결과를 서로 비교하여 저량을 산출하는 과정에 오류가 없는지 검증해야 한다. 특히 연도별로 최소한 12월 말의 직급별 인원을 다른 신뢰성 있는 데이터와 비교할 필요가 있다.

[기말 인원의 검증]

$$저량_{전년도12월} + 유량_{1월} = 저량_{1월}$$
$$저량_{1월} + 유량_{2월} = 저량_{2월}$$
$$저량_{1월} + 유량_{2월} + 유량_{3월} = 저량_{3월}$$
$$\cdots\cdots$$
$$저량_{1월} + 유량_{2월} + 유량_{3월} + 유량_{4월} + \cdots\cdots + 유량_{10월} + 유량_{11월} + 유량_{12월} = 저량_{12월}$$

(나) 저량의 검증 절차

상기 검증의 원리에 따라 공기업, 준정부기관 경영관리 계량평가 실사 시에는 12월 말의 직급별 인원을 알리오에 공시된 12월 말 기준의 직급별 인원과 비교하는 절차를 수행하고 있다. 「총인건비 인상률 템플릿」의 인원 집계 기준과 알리오에 직급별 인원을 공시하는 기준이 서로 정확하게 일치하지 않기 때문에, 두 가지 방법 각각 12월 말 인원을 정확하게 계산하였어도 직급별 인원이 서로 다르게 산출될 수 있다.

공기업, 준정부기관 경영관리 계량평가 실사 시에는 현원 검증양식의 12월 말 직급별 인원과 알리오에 공시된 직급별 인원을 서로 비교한 후, 직급별 인원에 차이가 있는지 그리고 그 차이원인이 무엇인지 확인하는 절차를 수행한다. 따라서 담당자는 두 자료를 비교한 후, 그 차이원인을 기준차이로 설명할 수 있도록 준비해야 한다.

구분	1급	2급	3급	4급	5급	별도직군
현원 검증양식 12월 말	5	10	15	15	20	3
알리오 공시 12월 말	5	11	16	18	20	3
차이	–	1	1	3	–	–
차이원인 소명		…	…	…		

(다) 급여대장 대사

현원 검증양식에서 산출한 월별 인원을 급여대장의 월별 인원과 비교하는 방식으로 월별 현원 산출에 오류가 있는지 확인할 수 있다. 비교하는 과정은 아래와 같으며, 현원 검증양식과 급여대장의 월별 인원에 차이가 있는지 확인한 후, 그 차이가 발생한 원인을 설명하는 방식으로 이루어진다.

아래의 양식은 공기업, 준정부기관 경영관리 계량평가 과정에서 공식적으로 사용하는 검증양식으로 급여대장과의 비교를 통하여 현원이 적정하게 「총인건비 인상률 템플릿」에 반영되었는지 확인할 수 있다.

구분	급여대장	현원 검증양식	차이	차이원인
1월	80	78.5	1.5	시간선택제 1명, 퇴사자 1명
2월	85	83	2	퇴사자 2명
3월	84	84	–	
		……		
11월	83	83	–	
10월	85	85	–	
12월	87	86	1	

상기 양식에서 차이가 발생하는 원인은 급여대장의 입력 기준과 현원 검증양식의 작성 기준이 다르기 때문으로 다양한 원인으로 발생한다. 우선 현원 검증양식은 시간선택제 근무자에 대하여 소정 근무시간을 주당 40시간으로 나누어 산출하는데 비해 급여대장은 1명으로 집계한다. 이로 인하여 (1 − 주당 근무시간 / 40시간)만큼의 차이가 발생한다.

또한 퇴사, 휴직사는 현원 집계 원칙에 따라 현원 검증양식에 1명으로 집계될 수도 있고, 0명으로 집계될 수도 있지만, 급여대장에는 1명으로 집계된다. 퇴사자가 현원 검증양식에서 0명으로 집계된다면 상기 양식에서는 1명의 차이가 발생하게 될 것이다. 현원 집계 원칙은 뒤에서 자세히 설명한다.

(라) 오류 사례와 쟁점사항

여러 회계연도 이전의 유량에 오류가 있음에도 불구하고 저량을 검증하지 않은 경우 그 오류는 여러 해 동안 기말 인원과 실제 인원의 차이에 영향을 미치게 된다. 즉, 하나의 유량의 오류는 그 이후에 이어지는 매월 말 저량에 영향을 미치게 된다. 아래의 사례는 20×1년의 실제 인원과 평가상의 인원의 차이가 20×3년까지 지속되는 것을 보여주는 사례이다. 이와 같은 사례가 실제 발생하는 경우, 총인건비 인상률 평가 과정에서 여러 가지 쟁점사항이 논의될 것이다.

평가연도	평가 인원	실제 인원	차이
20×1년	100명	95명	−5명
20×2년	110명	105명	−5명
20×3년	120명	115명	−5명

(마) 검증 종합

앞에서 설명한 내용을 종합하면, 당해연도의 월별 현원은 전년도 최종 평가 결과로부터 시작하여 아래와 같이 월별로 산출되며, 다른 증거와의 비교를 통해 산출 결과의 검증 또한 치밀하게 이루어진다.

구분	검증 방법
전년도 12월 말(stock)	전년도 최종 「총인건비 인상률 템플릿」과 비교
당해연도 1월 초(stock)	전기말/당기초의 비교
1월 인원 변동(flow)	인원 변동 기초자료와 비교
당해연도 1월 말(stock)	현원 검증양식의 작성 / 급여대장과 대사
……	
당해연도 12월 말(stock)	현원 검증양식의 작성 / 급여대장과 대사 / 알리오 공시와 대사

실무적으로 현원 집계와 관련하여 다양한 상황이 나타날 수 있으며, 현원을 어떻게 계산하는지에 따라 증원소요인건비에 미치는 영향이 다르기 때문에 전체 공공기관에 공통적으로 적용할 공식적인 작성 지침이 필요하다.

「경영관리 계량지표 교육 교재」는 현원을 집계하는 원칙을 아래의 표와 같이 정리하고 있다. 아래에 기재된 현원 집계의 원칙은 「공공기관 경영평가 편람」, 「총인건비 인상률 템플릿」, 총인건비 인상률 평가 사례 등을 바탕으로 기술한 것으로 공기업, 준정부기관이 공식적으로 활용하는 작성지침이다.

현원 집계 원칙

1. 각 직급별 매월의 인원은 해당 월말 현재의 인원을 집계함(템플릿).
2. 평균인원 산정 시 해당 월의 인원에 산입하는지 여부는 해당 월의 말일 자에 실제 근무하고 있는지 여부를 기준으로 판단한다. 다만, 월중 퇴사자라 하더라도 월기본급의 100%가 지급되는 경우에는 월말 인원에 포함한다.
3. 무급휴직자는 현원에서 차감하고 동 무급휴직 종료 후 복직자는 현원에 가산한다(템플릿).
4. 평균인원 산정 시 유급휴직자를 포함하여 산정한다(평가편람, 유급휴직자는 인원 집계시 한명으로 하는 것을 원칙으로 함).
5. 월중 입사, 퇴사 등의 경우에 매월 인원 산정 시 일할 계산하지 않는다. 다만, 코로나19 대응을 위해 대규모 인원이 무급휴직을 실시하는 경우 일할 계산을 할 수 있다.
6. 인턴 또는 계약직 형태(수습직원)로 채용하여 일정기간 경과 후 정규직으로 전환된 경우에는 정규직 전환 후에 현원에 포함한다.
7. 명예승진(퇴직일에 1직급 승진 등)의 경우 승진으로 반영하지 않는다.
8. 평균인원을 산출하는 모든 지표에 동일하게 적용(예: 노동생산성)
9. 평균인원 산정 시 유연근무제 근로자는 평균인원 산정 시점의 근로조건상 주당 평균근로시간을 해당기관의 소정근로시간(일반적으로 주당 40시간)으로 나누어서 산출할 수 있다. 다만, 임금피크제 감액 대상자의 근무시간을 40시간 미만으로 감소시킨 경우에는 한명으로 본다(템플릿).
10. 정직처분을 받은 직원은 현원에서 차감하고 정직처분이 종료된 경우 현원에 가산한다.

한편, 상기의 현원 집계 원칙에 휴가 사용에 대한 내용은 반영되어 있지 않다. 휴가의 사용은 인원의 변동으로 보지 않기 때문이다. 따라서 「근로기준법」에 의해 연차 유급휴가, 출산전후휴가를 사용하더라도 현원의 변동에는 반영하지 않는다. 또한 「국가공무원 복무규정」에 준하여 운영하는 병가, 경조사 휴가를 사용하는 인원에 대해서도 현원의 변동으로 처리하지 않는다.

「공공기관의 혁신에 관한 지침」 제42조는 공공기관의 휴가 제도에 대하여 다음과 같이 「근로기준법」과 「국가공무원 복무규정」을 준수하도록 요구하고 있다.

> **「공공기관의 혁신에 관한 지침」**
>
> 제42조(휴가, 휴직 제도) ① 공공기관은 「근로기준법」과 「국가공무원 복무규정」에 준하여 휴가제도를 운영하고, 다음 각 호의 사항을 준수하여야 한다.
> 1. 병가: 「국가공무원 복무규정」 제18조의 규정에 따라 연 60일(업무상 질병·부상의 경우 연 180일) 한도 내에서 운영한다.
> 2. 경조사 휴가: 「국가공무원 복무규정」 제20조와 별표2의 기준에 따라 운영하고, 동 항목에 규정되지 않은 사유를 경조사 휴가 또는 통합휴가 항목으로 운영할 수 없다.
> ② 공공기관은 「근로기준법」에서 정하는 연차 유급휴가와 「국가공무원 복무규정」 제16조의3과 제20조의 규정에 따른 연가의 저축 및 특별휴가 외에 다른 휴가제도를 운영할 수 없으며, 유급휴가의 사용 촉구에도 불구하고 사용하지 않은 유급휴가에 대해서는 금전적으로 보상할 수 없다.

(1) 현원 집계의 기본 원칙

(가) 해당 월의 말일 자 기준

앞에서 평균인원은 월을 기준으로 집계한다고 설명하였다. 하지만 실제 현원은 입사, 퇴사, 휴직, 복직 등 다양한 원인으로 매일 변동한다. 극단적으로 1월 1일에 입사하는 직원도 있고 1월 31일에 입사하는 직원도 있다. 이렇게 한 달 내에서도 30일의 차이가 발생하는 상황에서 현원을 어떻게 집계하는 것이 적절할까?

「총인건비 인상률 템플릿」은 현원 집계의 대원칙으로 매월 말 현재의 인원을 집계하도록 규정하고 있다. 이때 평균인원 산정 시 해당 월의 인원에 산입하는지 여부는 <u>해당 월의 말일 자에 실제 근무하고 있는지</u> 여부를 기준으로 판단한다. 이러한 대원칙을 적용하는 경우 아래의 (사례1)부터 (사례6)은 모두 참인 명제가 된다.

(나) 현원 집계 대원칙의 효과

일반적으로 3월 31일에 입사 또는 복직한 자에 대한 3월 급여는 일할 계산을 통해 하루치만 지급하게 된다. 하지만 상기 원칙에 따라 현원 검증양식에는 3월의 1명으로 반영되며 결과적으로 증원소요인건비상 평균인원에도 3월의 1명으로 반영된다. 결과적으로 증원소요인건비를 통한 총인건비 한도는 3월 한 달을 기준으로 한 명의 한 달분이 가산된다. 따라서 총인건비 상한액(한 달)은 실제 집행액(하루)보다 더 크게 계산되는 결과가 나타난다.

(다) 월중 퇴사자 산출 원칙

현원을 집세할 내 월중 퇴사사에 내해서는 월기본급의 100%가 시급뇌는 경우에 월발 인원에 포함하도록 규정하고 있다. 이는 월말에 퇴사한 직원에게 급여를 모두 지급하였음에도 불구하고, 현원 집계 원칙에 따라 대상자를 월말 현원에서 제외하면서 총인건비 한도를 차감함에 따라 공공기관에 발생하는 불이익을 제거하기 위함이다.

아래의 (사례7)은 이 원칙에 대한 내용이다. 3월 퇴사자는 3월 말에 근무하지 않기 때문에 3월의 현원에 포함될 수 없으며, 해당 퇴사자에 대한 증원소요인건비는 3월부터 차감된다. 그러나 3월 말까지 근무하고 기본급을 100% 지급받았음에도 현원에서 제외된다면 총인건비 집행액은 발생하였지만 증원소요인건비는 0으로 산출되기 때문에 해당 기관의 큰 부담으로 작용하게 된다. 즉, 이 원칙은 모든 공공기관에서 주기적·반복적으로 발생하는 불합리함을 개선하기 위해 적용하고 있는 예외 규정이다.

하지만 (사례8)과 같이 월말 가까운 시기에 퇴사하였지만 기본급을 일할로 수령한 경우에는 현원 집계의 원칙에 따라 3월 인원에서 제외한다.

이 원칙은 월중 퇴사자에 대한 규정이라고 명시하고 있지만, 그 취지를 고려해 보면 무급 휴직자 등 현원에서 제외되는 인원[24]에 대해서도 동일하게 적용하는 것이 합리적일 것이다.

> **[현원 집계의 사례7~8]**
>
> (사례7) 3월 31일에 퇴사하고 3월 기본급의 100%를 수령한 자는 3월 인원에 포함된다.
> (사례8) 3월 30일에 퇴사하고 3월 기본급을 일할하여 수령한 자는 3월 인원에서 제외한다.

(라) 월중 퇴사자에 대한 공공기관 규정의 이해

공공기관은 퇴사자가 퇴사한 달에 지급하는 급여에 대해 다양한 방식으로 규정하고 있다. 일반적으로는 퇴사한 달의 근무기간에 비례하여 급여를 지급하도록 정하고 있지만, 장기 근무한 퇴사자에 대한 예우 차원에서 일정 기간(15일 등) 이상 근무한 경우에는 기본급의 100%를 전액 지급하도록 규정하기도 한다.

> **[공공기관 내부 규정 사례]**
>
> 퇴사자의 퇴직 월 급여는 아래와 같이 지급한다.
> −5년 이상 근속한 자: 퇴사한 달에 15일 이상 근무하는 경우 기본급 100% 지급
> − 그 이외의 자: 퇴사한 달의 근무 기간에 비례하여 일할 지급

---

24) 단, 정직 처분을 받은 자에 대해서는 「2026년 공기업·준정부기관 예산운용지침」에서 보수를 지급하지 않도록 규정하고 있기 때문에 별도로 고려해야 할 것이다.

월 중 퇴사자를 「총인건비 인상률 템플릿」에 정확히 입력하기 위해서는 우선 공공기관 내부 규정을 정확히 이해해야 하며, 그 규정에 따라 지급한 금액이 현원을 집계할 때 어떤 영향을 미치는지도 파악해야 한다. 아래의 사례를 통해 월 중 퇴사자에게 지급한 급여와 평균인원에 반영하는 방법을 구체적으로 이해할 수 있다.

> **[현원 집계의 사례9~10]**
>
> (사례9) 3월 15일에 퇴사하고 3월기본급의 100%를 수령한 자는 3월 인원에 포함된다.
> (사례10) 3월 25일에 퇴사하고 3월기본급을 일할로 수령한 자는 3월 인원에서 제외된다.

(2) 유급휴직자 집계의 원칙

(가) 원칙

유급휴직자는 평균인원에 포함하며 실제 지급한 금액과 무관하게 한 명으로 집계하는 것을 원칙으로 한다. 이론적으로 유급휴직자를 현원에 집계하는 방법은 크게 두 가지로 구분할 수 있다. 첫 번째는 유급휴직자에게 지급하는 기본급의 비율로 인원을 집계하는 방안(기본급의 70%를 지급하는 경우 0.7명으로 집계)이고, 두 번째는 유급휴직자를 한 명으로 집계하는 방안이다.

기본급의 비율로 인원을 집계하게 된다면 유급휴직자에게 지급하는 총인건비 집행액과 증원소요인건비가 일치하기 때문에, 좀 더 합리적인 현원 집계방식일 것이다. 그러나 유급휴직자를 정수가 아닌 유리수(소수점 이하)로 관리하게 된다면 기존 시간선택근무자[25]와 더불어 「총인건비 인상률 템플릿」의 복잡성이 한층 더 증가하게 될 것이다. 즉, 「총인건비 인상률 템플릿」은 복잡성, 오류 가능성 등을 낮추기 위해 유급휴직자를 한 명으로 집계하는 아래의 방식을 원칙으로 정하였다.

> **[현원 집계의 사례11]**
>
> (사례11) 2월 1일부터 3개월간 질병 휴직을 시작한 자는(기본급의 70% 지급) 2월 인원에 1명으로 포함된다.

---

25) 시간선택제 근무자는 소정 근무시간을 주당 40시간으로 나누어 평균인원에 반영한다. 예를 들어 소정 근무시간이 주당 20시간이라면 평균인원은 20÷40＝0.5명으로 계산된다.

(나) 유급휴직의 운영

「공공기관의 혁신에 관한 지침」 제42조는 공공기관의 휴직제도에 대하여 준수해야 할 사항을 아래와 같이 정하고 있다. 아래의 규정에 따르면 공공기관의 직원은 국가공무원법에 명시된 다양한 사유에 따라 휴직을 할 수 있다.

「공공기관의 혁신에 관한 지침」

제42조(휴가, 휴직 제도)

③ 공공기관은 「국가공무원법」과 관련 규정을 감안하여 휴직에 관한 합리적인 규정을 마련하고 휴직제도가 남용되지 않도록 복무관리를 하여야 한다.

④ 제3항의 규정에 따른 공공기관의 휴직 관련 규정은 다음 각 호의 사항을 준수하여야 한다.

1. 휴직의 사유와 기간: 「국가공무원법」 제71조와 제72조의 규정에 따라 운영
2. 휴직 기간 중 보수 지급: 「공무원보수 등에 관한 규정」 준용
3. 육아휴직 급여: 「고용보험법」 제70조와 시행령 제95조에 따라 지급하고, 법령에 규정된 상한액을 초과하여 지급 금지
4. 유급 안식년 휴직: 연구직에 한하여 예외적으로 운영

「공공기관의 혁신에 관한 지침」의 규정에 따르면 공공기관의 임직원은 질병휴직과 외국유학 및 국외연수로 인한 휴직에 한하여 보수를 지급받을 수 있다. 질병휴직은 휴직 기간이 1년 이내인 경우에 70%, 1년 초과 2년 이내인 경우에는 50%를 지급할 수 있으며, 외국유학과 국외연수의 경우에는 50%를 지급할 수 있다.

결과적으로 공공기관은 유급휴직자에게 기본급의 100%를 지급할 수 없으며, 일정 비율의 금액만 지급하게 된다. 이때 유급휴직자를 몇 명으로 집계해야 하는지가 중요하며, 상기 원칙과 같이 유급휴직자는 한 명으로 집계해야 한다.

(다) 유급휴직자 집계 원칙의 효과

유급휴직자를 한 명으로 집계하는 방식의 경우에는 총인건비 집행액보다 증원소요인건비가 더 크게 산출될 것이다. 이 경우, 휴직 기간 중에는 집행액과 증원소요인건비의 차이만큼 다른 근로자들에게 총인건비가 집행될 수 있다. 아래의 사례는 특정 직원의 유급휴직 기간 중 총인건비 재원에 여유가 발생한 사례로, 총인건비 인상률 가이드라인을 위반하지 않으면서 여유 재원을 다른 직원의 처우개선으로 활용하였다.

「공공기관의 혁신에 관한 지침」상 질병휴직과 외국유학의 경우에 한해 유급휴직이 가능

하다. 하지만 질병휴직과 외국유학으로 인한 유급휴직자에 대한 대체 채용은 현실적으로 어렵기 때문에 휴직자 이외의 직원들이 유급휴직자의 업무를 나누어 부담해야 한다. 즉, 유급휴직 기간 동안 다른 근로자에 대한 추가 인건비 집행액은 해당 근로자들의 추가 근무에 대한 대가로 해석하는 것도 가능할 것이다.

> **[유급휴직 사례]**
>
> 0×1년: 10명의 인원이 1인당 100원의 기본급을 수령함.
> 20×2년: 1명의 인원이 1년간 유급휴직(기본급의 55%) 수령
> 20×3년: 유급휴직에서 복직하여, 10명의 인원이 1인당 100원의 기본급을 수령함.
>
> 총인건비 집행액은 아래와 같이 산출할 수 있다(인건비 인상률은 매년 0%로 가정).
> 20×1년 총인건비 집행액: 10명 × 100원 = 1,000원
> 20×2년 총인건비 집행액: 9명 × 105원 + 1명 × 55원 = 1,000원
> 20×3년 총인건비 집행액: 10명 × 100원 = 1,000원

(3) 인턴, 계약직 직원의 정규직 전환

(가) 원칙

인턴 또는 계약직 형태로 채용하여 일정기간 경과 후 정규직으로 전환된 경우에는 정규직 전환 후에 현원에 포함한다. 「총인건비 인상률 템플릿」은 정규직 인원에 대해서만 총인건비 인상률을 산출하도록 정하고 있으며, 「2026년 공기업, 준정부기관 예산운용지침」에서도 아래와 같이 규정하고 있다. 따라서 인턴 또는 계약직 형태로 채용한 경우에는 「총인건비 인상률 넴플릿」의 현원에 포함할 수 없으며, 정규직으로 전환되어 고용계약을 체결한 시점부터 현원에 포함할 수 있다.

> **2026년 공기업, 준정부기관 예산운용지침**
>
> □ '총인건비'는 모든 인건비 항목과 사실상 급여로 볼 수 있는 복리후생비 등을 포함한다.
>   ○ 계정과목이나 명목, 지급방법 등에 관계없이 임·직원(정원 외 직원 제외)의 「소득세법」상 근로소득 등에 해당하는 모든 항목

(나) 오류 사례

만약 공공기관이 정규직 전환을 전제로 인턴 또는 계약직 직원을 채용한 경우에는 어떻

게 처리하는 것이 합리적일까? 두 가지 방식이 가능할 것이다. 첫 번째는 정규직 전환을 전제로 채용하였기 때문에 인턴 또는 계약직 채용 시점부터 정규직에 입력하는 방식이고 두 번째는 정규직으로 고용 계약을 맺고 공식적인 인사발령이 이루어진 시점에 입력하는 방식이다.

첫 번째 방식이 가능한 경우, 아래의 사례와 같이 실집행액과 증원소요인건비 간에 발생한 유리한 차이를 활용할 수 있게 된다. 이는 일반적으로 인턴 또는 계약직 인건비는 정규직 전환 이후의 인건비보다 낮기 때문에 발생한다. 하지만 「경영관리 계량지표 교육 교재」는 두 번째 방식에 따라 정규직으로 고용 계약을 맺고 정규직으로 전환된 시점을 기준으로 현원에 포함하도록 규정하고 있다.

[채용시점과 전환시점 간의 여유분 차이 예시]

20×1년 1월~6월: 채용형 인턴, 월급여 2,000원
20×2년 7월~12월: 정규직 5급 전환, 월급여 3,000원

(1) 채용시점부터 현원에 반영하는 경우

　　총인건비 집행액: $2{,}000원 \times 6 + 3{,}000원 \times 6 = 30{,}000원$

　　증원소요인건비: 5급 평균단가(연평균 48,000원) $\times$ 1명 = 48,000원

　　기관의 총인건비 여유분 = 48,000원 − 30,000원 = 18,000원

(2) 전환시점부터 현원에 반영하는 경우

　　총인건비 집행액: $3{,}000원 \times 6 = 18{,}000원$

　　증원소요인건비: 5급 평균단가(연평균 48,000원) $\times$ 1명 = 24,000원

　　기관의 총인건비 여유분 = 24,000원 − 18,000원 = 6,000원

(3) 채용시점에 반영하여 발생한 추가 여유분

　　18,000원 − 6,000원 = 12,000원

---

(4) 명예 승진

(가) 원칙

일부 공공기관의 경우 직원이 정년퇴직을 하는 날에 해당 직원을 1직급 승진시키는 사례가 있으며, 이와 같은 승진을 명예승진이라고 한다. 명예승진은 퇴직자의 명예를 위한 조치이기 때문에 실질적으로 퇴직자의 급여가 늘어나는 효과는 없으며, 따라서 명예승진이 「총

인건비 인상률 템플릿」에 영향을 미치는 것은 적절하지 않다. 「경영관리 계량지표 교육 교재」는 명예승진을 승진으로 반영하지 않도록 명시하고 있다.

(나) 명예승진자의 「총인건비 인상률 템플릿」 반영 방법

퇴직자가 퇴직 월에 기본급의 100%를 지급받은 경우에는 앞에서 설명한 현원 집계의 기본원칙에 따라 퇴직자를 현원에 포함해야 한다. 이때 퇴직자의 명예승진을 승진으로 반영한다면(정원에 여유가 있다는 것을 전제로), 퇴직 월에 승진으로 인한 증원소요인건비가 반영될 것이다. 하지만 명예승진으로 인해 증원소요인건비가 늘어나는 것은 적절하지 않다. 왜냐하면 퇴직자에게 지급한 총인건비에는 실제 승진의 요소가 반영되지 않기 때문이다.

결과적으로 명예승진을 한 퇴직자의 템플릿 반영 방법은 ① 현원 집계의 기본원칙에 따라 처리하고, ② 명예승진은 반영하지 않도록 한다.

(5) 유연근무제 근로자

(가) 원칙

유연근무제 근로자에 대한 평균인원은 주당 평균 근로시간을 해당기관의 소정근로시간(일반적으로 주당 40시간)으로 나누어서 산출한다. 따라서 원칙적으로 주당 40시간 근무자를 1명으로 보고, 시간선택제 근무자의 주당 근무시간이 이보다 적은 경우에는 해당 근무시간을 40으로 나누어 현원을 계산한다. 예를 들어 주당 20시간 근무자는 0.5명(＝주당 20시간/주당 40시간)으로 현원을 계산하게 된다.

(나) 작성 사례

예를 들어 3급 1명이 주당 40시간을 근무하고, 4급 1명이 주당 30시간을 근무한다면 3급에 1명 4급에 0.75명을 입력해야 한다. 이때 3급 1명이 주당 20시간, 4급 1명이 주당 40시간 근무하는 것으로 근로조건을 변경하는 경우에는 어떻게 반영해야 할까? 3급의 근무시간은 주당 40시간에서 주당 20시간으로 감소하였기 때문에 기존 1명에서 −0.5명을 반영하여 0.5명으로 감소하도록 반영한다. 4급은 0.75명에 +0.25명을 가산하여 1명으로 조정한다. 실제 현원 검증양식은 아래와 같이 입력한다.

구분	1급	2급	3급	4급	5급	별도직군
전월 말 인원			1	0.75		
(증가/감소)시간제 조정			−0.5	+0.25		
당월 말 인원			0.5	1		

(다) 육아기 근로시간 단축 제도와 육아시간 제도

육아기 근로시간 단축제도는 만 12세 이하의 자녀를 양육하기 위하여 근로시간 단축을 회사에 신청하는 제도로 근로시간이 감소한 만큼 급여도 감소하게 된다. 제도가 운영되는 실질은 시간선택제와 유사하기 때문에, 육아기 근로시간 단축을 선택한 근로자에 대해서는 평균인원을 감소시켜야 한다.

「국가공무원 복무규정」상 육아시간 제도는 8세 이하의 자녀가 있는 공무원에게 36개월의 범위에서 1일 최대 2시간의 특별휴가를 제공하는 제도이다. 육아시간 제도는 특별휴가를 사용하는 방식이기 때문에, 제도 이용자에 대한 급여는 감소하지 않는다. 따라서 육아시간 제도를 도입한 공공기관은 임직원이 육아시간 제도를 사용하더라도 현원의 변동으로 반영하지 않는다.

(6) 임금피크제 감액 대상자의 유연근무

(가) 원칙

재정경제부는 2019년도부터 「공공기관 임금피크제 운영 가이드라인」을 통해 노사가 합의한 경우 임금피크제 감액 대상자의 근무시간을 감소시킬 수 있도록 개선하였다. 이는 임금피크제 감액 대상자가 임금을 감액하였음에도 주당 40시간을 근무하는 것이 불합리하다는 의견을 반영한 것으로 보인다. 유연근무제 근로자는 소정 근무시간을 주당 40시간으로 나누어 현원을 계산해야 하지만 임금피크제 감액대상자의 경우도 동일한 방식을 적용해야 할지 검토하였으며, 「총인건비 인상률 템플릿」은 임금피크제 감액 대상자의 근무시간을 40시간 미만으로 감소시킨 경우에는 한 명으로 보도록 규정하고 있다.

(나) 임금피크제 감액 대상자의 유연근무 효과

임금피크제 감액 대상자가 유연근무제를 하는 경우, 「총인건비 인상률 템플릿」에 임금피크제 감액 대상자의 현원을 한 명으로 보는 방식과 시간선택근무자와 동일하게 계산해야 하는 방식 중 어떤 방식이 더 합리적일까? 임금피크제 감액은 별도정원에 반영되기 전부터 시작할 수 있기 때문에 별도정원 반영 전후로 나누어 아래와 같이 세 가지 유형으로 구분하여 논의가 진행되었다.

별도정원 반영 전	별도정원 반영 후
① 임금피크제 감액	② 별도직군 방식
	③ 초임직급 방식

① 임금피크제 감액 대상자

별도정원으로 반영되지는 않았지만 임금피크제 감액 대상이 된 근로자의 경우, 해당 근로자가 근무시간을 40시간 미만으로 정함에 따라 평균인원이 감소하게 되면 증원소요인건비도 동시에 줄어들기 때문에 총인건비 한도액이 감소한다. 즉, 임금피크제 감액 대상자의 평균인원을 감소시키면 임금피크제를 통해 마련한 인건비 재원을 신규채용 대상자에게 사용할 수 없게 된다. 이와 같은 불합리함을 방지하기 위해「총인건비 인상률 템플릿」은 임금피크제 감액 대상자의 근무시간이 감소하더라도 한 명으로 보도록 규정하였다.

② 별도직군 방식

별도직군 방식의 경우에는 (3-1) 템플릿의 구조상 임금피크제 감액 대상자를 몇 명으로 계산하는지가 총인건비 인상률에 미치는 영향은 없다. 왜냐하면 별도직군 인원의 평균단가는 0원이기 때문이다.

③ 초임직급 방식

초임직급 방식은 임금피크제 감액 대상자를 몇 명으로 보는지에 중요한 영향을 받는다. 초임직급 방식은 임금피크제 감액 대상자가 기존정년에 도래하더라도 기존 직급에 그대로 남아 있도록 운영하는 방식으로, 임금피크제의 기본 원리는 임금피크제 대상자가 감액한 임금을 신규채용 임금의 재원으로 활용하는 것이다.

이때 초임직급 방식 대상자의 근무시간 감축을 근거로 시간선택근무자와 동일하게 현원도 주당 40시간으로 나누어 계산한다면, 그만큼 증원소요인건비가 감소하게 된다. 이때 (3-6) 템플릿은 초임직급의 정원을 기준으로 산출하기 때문에 현원의 감소에 영향을 받지 않으며, 총인건비 한도에 미치는 영향은 유연근무제 적용과 무관하게 이루어진다.

결과적으로 초임직급 방식은 임금피크제 감액 대상자의 현원을 감소시키면 증원소요인건비도 감소하게 되어 신규채용에 활용할 재원이 감소하는 결과가 나타난다. 이는 임금피크제의 본질이 훼손되는 현원 계산 방식이기 때문에, 임금피크제 감액 대상자에 대해서는 근무시간이 감소하더라도 현원은 한 명으로 보도록「총인건비 인상률 템플릿」에 규정되었다.

(7) 정직자

(가) 과거 처리 방법

공공기관이 임직원을 징계하는 처분의 종류에는 주의, 견책, 감봉, 정직, 해임, 파면 등이 있다. 대부분의 공공기관은 임직원에게 정직 처분을 내리는 경우 급여의 일부를 감봉하도록 내부 규정을 설정하였다. 감봉이 수반되는 정직 처분의 경제적 실질은 유급휴직과 유사하기 때문에, 현원을 어떻게 산정하는 것이 합리적인지 검토해야 했다. 2022년도 이전까지는 공식적인 처리 지침이 없었기 때문에 공공기관의 판단에 따라 현원을 한 명으로 계산하는 방식과 감봉 후에 지급하는 급여 금액의 비율(예를 들어 기본급의 70%만 지급하는 경우 0.7명으로 계산)로 산정하는 방식 등을 적용하였다.

(나) 현재 처리 원칙

「2023년도 공기업, 준정부기관 예산운용지침」은 정직 처분을 받은 직원에 대하여 정직 기간 중 보수 전액을 감액해야 한다는 규정을 신설하였다. 정직자에게는 임금을 지급하지 않는 것이 원칙이기 때문에 현원에서 차감하여 증원소요인건비가 감소되도록 해야 한다. 만약 공공기관이 정직자에게 급여를 지급하더라도, 현원에서는 차감해야 하기 때문에 정직자에게 지급된 급여는 다른 임직원이 부담하는 것으로 귀결된다.

(8) 대규모 무급휴직

(가) 원칙

월중 입사, 퇴사 등의 경우에 매월 인원 산정 시 일할 계산하지 않으며, 현원 집계의 기본 원칙에 따라 해당 월말 현재 근무하는지 여부를 기준으로 현원을 산정해야 한다. 다만, 코로나19 대응을 위해 대규모 인원이 무급휴직을 실시하는 경우에는 일할 계산을 할 수 있다는 예외 규정이 2020년도에 신설되었다.

(나) 예외 규정의 적용 효과

무급휴직을 하는 경우에는 (기본급의 100%를 받지 않는 한) 해당 월의 인원에서 무급휴직자가 제외되기 때문에 증원소요인건비 대상 인원에서도 제외된다. 이 경우 공공기관의 총인건비 상한액이 감소하는 결과가 나타난다. 이와 반대로 무급휴직자가 복직하는 경우에는 해당 월의 인원에 포함되기 때문에 증원소요인건비 대상에 포함되며, 총인건비 상한액도 늘어나게 된다. 무급휴직자의 규모가 크지 않을 때에는 공공기관이 증원소요인건비의 증감 효과에 대해 충분히 대처 가능하지만, 코로나19 등의 사유로 무급휴직자가 대거 발생한다면 공공기관의 총인건비에 중대한 영향을 미칠 수 있다. 이러한 영향은 사전에 예측하기도 어렵고 공공기관이 휴직일과 복직일을 통제할 수 없기 때문에, 인원 산출 시 일할 계산을 할 수 있도록 예외 규정을 추가한 것이다. 인원의 일할 계산 방식을 통해 증원소요인건비와 실집행액의 차이로 인한 기관의 유불리를 최소화할 수 있게 되었다.

2024년 이후에도 코로나19와 같이 예측할 수 없는 사건으로 인해 공공기관에서 대규모 무급휴직이 발생할 수 있을 것이다. 그러한 경우 본 규정을 준용한다면 해당 공공기관의 총인건비 산출에 유불리를 최소화할 수 있을 것이다.

(9) 출산휴가

(가) 원칙

출산휴가자는 현원에 포함한다. 출산휴가자에 대한 급여는 공공기관이 부담하기 때문에 기본적으로 총인건비 집행액과 증원소요인건비는 서로 균형을 이룬다. 하지만 실무적으로는 출산휴가자에 대한 정부지원금의 대상, 정부지원금의 신청 방법, 인건비의 처리 방법 등의 차이로 인해 기관마다 유불리가 발생한다.

(나) 정부의 지원

정부는 대규모 기업과 우선지원대상 기업에게 출산휴가 급여를 지원[26]하고 있다. 이때 출산휴가 급여의 지원을 신청하는 방법은 출산휴가 대상자가 직접 신청하는 방법과 공공기관이 대위 신청하는 방법 두 가지가 있다.

출산휴가 대상자가 정부지원금을 직접 신청하는 경우에는 정부기 출산휴기 대상자에게 직접 급여를 지급하기 때문에 공공기관의 재무제표와 원천징수 자료에는 인건비 금액이 반영되지 않는다. 하지만 공공기관이 대위 신청하는 경우에는 정부가 공공기관에게 지원금을 지급하고 공공기관이 해당 금액을 다시 출산휴가자에게 급여로 지급하기 때문에 공공기관의 재무제표와 원천징수 자료에 인건비 금액이 나타나게 된다.

---

26) 기업이 신청하지 않으면 지원하지 않는다.

(다) 총인건비 반영 방식

인건비는 재무제표에서 출발하여 집계하는 것을 원칙으로 하고 있다. 재무제표 또는 원천징수 자료에 표시되지 않은 금액을 인건비에 반영하는 것은 근거 없는 인건비 집계 방식이기 때문에 적절한 방법이라고 할 수 없다. 따라서 공공기관이 출산휴가에 대한 급여를 지급하고 이를 인건비에 집계하는 것은 인건비 집계의 원칙에 따라야 한다.

직원이 정부지원금을 직접 신청하는 경우에는 「총인건비 인상률 템플릿」상 총인건비에 반영할 금액이 없기 때문에 공공기관의 증원소요인건비에 유리한 효과가 나타나며, 이는 출산휴가를 장려하기 위한 국가의 정책적 목적에 부합한다.

하지만 공공기관이 대위 신청하여 정부지원금을 수령한 후 근로자에게 다시 지급하는 경우에는 해당 금액이 「총인건비 인상률 템플릿」상 총인건비에 반영되게 된다. 그 결과 총인건비 측면에서는 정부지원금의 효과가 나타나지 않는다. 이는 정부지원금이 인건비 예산과 총인건비 집행액은 증가시키지만 총인건비 한도에는 영향을 미치지 못하기 때문이다. 결과적으로 출산휴가 급여를 신청하는 방식에 따라 인건비 집계 금액이 달라지게 된다.

이와 같이 정부지원의 경제적 실질은 동일하지만 총인건비에 반영하는 결과가 다른 것은 불합리한 결과이다. 이러한 불합리함을 개선하기 위해서는 출산휴가 급여에 대한 정부지원금을 총인건비에서 조정하는 내용이 정부 정책에 반영되어야 한다.

(10) 개방형 계약직

(가) 원칙

개방형 계약직은 공공기관의 전문성을 강화하기 위해 간부직 직위의 일부를 민간에게 개방하는 형태로 운영된다. 명칭은 계약직이지만 간부직 직위를 담당하기 때문에 실질적으로 1직급 또는 2직급에 해당한다. 「경영관리 계량지표 교육 교재」는 개방형 계약직을 정규직으로 보도록 규정하고 있다. 따라서 개방형 계약직으로 채용한 인원은 해당 업무에 상당하는 직급의 현원에 포함해야 한다.

> **「공기업, 준정부기관의 경영에 관한 지침」**
>
> 제12조(개방형 계약직제) ① 공기업, 준정부기관은 전문성을 강화하고 경쟁력을 제고하기 위하여 본부 간부직 직위의 일정비율을 민간 등에 개방하는 개방형 계약직제를 운영한다.
>
> ② 개방형 계약직제의 대상 직위는 기관 특성을 감안하되, 다음 각 호의 사항이 요구

되는 직위를 우선 선정하여야 한다.

… 중략 …

⑤ 개방형 계약직을 채용하려는 경우에는 기관 내부와 외부를 대상으로 적격자를 선발한다.

… 중략 …

⑨ 기관 내부에서 임금피크제 적용 대상인 자가 개방형 계약직으로 채용된 경우 계약기간 중에는 임금피크제 적용을 제외할 수 있다.

⑩ 개방형 계약직에 채용된 자에 대해서는 총인건비 범위 내에서 각 기관의 업무 특성에 따라 필요시 성과급, 직무급 등 추가 수당을 지급할 수 있다.

(나) 총인건비 반영 방법

예를 들어, 외부(민간)로부터 마케팅본부장(1직급 상당) 1명, 회계팀장(2직급 상당) 1명을 개방형 계약직으로 채용하였다면, 「총인건비 인상률 템플릿」에 어떻게 반영해야 할까? 마케팅본부장 1명은 1직급의 현원으로, 회계팀장 1명은 2직급의 현원에 반영하고 이 2명에게 지급한 급여, 성과급 등은 당기의 총인건비 집행액에 반영해야 한다.

「공기업, 준정부기관의 경영에 관한 지침」은 개방형 계약직으로 채용된 자에게 총인건비 범위 내에서 추가 수당을 지급할 수 있도록 규정하고 있다. 따라서 개방형 계약직에게 지급한 인건비는 모두 총인건비에 반영해야 한다.

(다) 내부 선발

「공기업, 준정부기관의 경영에 관한 지침」은 기관 내부에서 개방형 계약직으로부터 선발할 수 있도록 정하고 있다. 기관 내부에서 정규직으로 근무하던 자가 개방형 계약직으로 선발된 경우에는 이를 「총인건비 인상률 템플릿」에 승진과 동일한 방식으로 입력한다. 따라서 기존 직급에서 1명을 차감하고 개방형 계약직 업무에 상당하는 직급에 1명을 가산한다.

만약 기관 내부에서 임금피크제를 적용하고 있던 직원이 개방형 계약직으로 선발된 경우에는 임금피크제 적용에서 제외할 수 있다. 따라서 별도직군 방식의 경우에는 별도직군에서 차감하여 개방형 계약직에 해당하는 직급으로 이동시키고, 초임직급 방식의 경우에는 기존 직급에서 차감한 후 개방형 계약직의 해당 직급으로 이동시킨다.

(11) 인사교류

(가) 인사교류 개요

「공기업, 준정부기관의 경영에 관한 지침」은 공기업, 준정부기관의 상호 협업 등을 위하여 다른 공공기관과 인사교류를 실시할 수 있도록 정하고 있다. 아래의 지침에 따라 공공기관 간에 실시되는 인사교류만 해당하며, 공공기관 이외의 다른 회사(관계회사, 거래업체 등)에 직원을 보내는 방식은 제외된다.

인사교류 대상 직위의 선정, 교류 대상자의 선정 등에 대해서는 「공기업, 준정부기관의 경영에 관한 지침」을 준수해야 하며, 실제 인사교류를 실시하기 전에 재정경제부와 사전협의를 거쳐야 한다.

> **「공기업, 준정부기관의 경영에 관한 지침」**
>
> 제13조의2(인사교류) ① 공기업, 준정부기관은 기관 간 상호 협업과 소속 직원의 능력발전을 위하여 타 공공기관과 인사교류를 실시한다.
> ② 공기업, 준정부기관은 인사위원회 등의 심의, 의결을 거쳐 교류의 필요성과 해당 업무의 중요도 등을 심사하여 교류직위를 결정한다.
> … 중략 …
> ⑤ 교류기관은 인사 교류된 직원에 대하여 사전에 협의된 직위에 보직하고 원소속기관의 장은 근무성적 평정, 성과급 지급 시 우대하여야 한다.
> ⑦ 교류기간 만료 후 인사교류 직원이 원소속기관으로 복귀를 원하는 경우 원소속기관의 장은 교류직원이 희망하는 직위에 관한 의견과 교류경험 및 전문성 등을 종합적으로 고려하여 보직하여야 한다.

(나) 원(原)소속기관 부담 원칙

「공공기관 인사교류제도 시행지침」은 교류자의 인건비를 원소속기관이 부담하도록 원칙을 정하고 있다. 또한 원소속기관은 기본적인 급여 이외에 교류수당, 주택지원금 등도 지급할 수 있다.

따라서 원칙적으로 인사교류로 인한 교류자는 원소속기관의 현원에 포함해야 하고 파견받은 공공기관의 현원에는 포함할 수 없다. 또한 원소속기관이 교류자에게 지급한 인건비는 모두 인건비 집계 원칙에 따라 원소속기관의 인건비에 반영한다.

「공공기관 인사교류제도 시행지침」

(교류자 인사관리) 교류 수당, 주택지원금 지급, 복귀 시 희망 보직 우선부여, 승진, 성과
  평가 시 우대 등 인센티브 제공 가능
  * <u>원칙적으로 原소속기관에서 비용을 부담하되</u>, 파견받은 기관에서 교류자에게 출장여비 등 업무수행을
  위한 실비 변상비용 지급 가능

(다) 파견 받은 공공기관의 처리

「공공기관 인사교류제도 시행지침」은 파견을 받은 공공기관이 교류자에게 특별 성과상
여금과 업무수행을 위한 실비 변상비용을 지급할 수 있도록 규정하고 있다. 파견을 받은
공공기관이 특별 성과상여금을 지급하더라도 교류자를 현원에 반영할 수는 없지만, 교류자
에게 지급한 금액은 총인건비에 반영해야 하기 때문에 파견을 받은 공공기관의 총인건비
운영에 부담으로 작용하게 된다.

또한 교류자에게 지급한 실비 변상비용(출장 여비 등)은 지급한 항목의 총인건비 반영
방법에 따라 처리해야 한다.

「공공기관 인사교류제도 시행지침」

ㅇ 파견 받은 기관에서 교류자에게 출장여비 등 업무수행을 위한 실비 변상비용 지급
  가능
ㅇ 교류자의 성과가 우수할 경우 파견 받은 기관에서 특별 성과상여금 등 추가 인센티브
  제공
  * 단, 해당기관 총인건비 내에서 지급

(12) 파견, 전출

(가) 개요

공공기관이 특정 업무상의 목적을 위해 공공기관 이외의 관계회사, 거래업체 등에 직원
을 보내 일정 기간 동안 근무하게 하는 것을 의미한다. 해당 직원은 원래의 공공기관에 소
속되어 있지만 업무는 파견 회사에서 수행한다. 현재 공공기관은 파견, 전출 등 다양한 용
어를 사용하고 있으며, 파견 대상 회사는 국내·국외 모두 가능하다.

(나) 파견의 유형

　공공기관이 파견 제도를 활용할 때 파견 직원의 임금, 파견과 관련된 수당, 실비 변상적 비용 등을 누가 지급하는지에 대하여 공공기관마다 다양한 방식으로 내부 규정을 두어 운영하고 있다. 모든 항목을 공공기관이 지급할 수도 있고, 일부 항목만 공공기관이 지급할 수도 있다. 파견 회사가 전액 지급할 수도 있다.

　파견 직원에게 급여 등을 지급하는 주체가 누구인지는 파견 직원의 현원을 공공기관이 어떻게 인식하는지와 맞물려, 총인건비 한도 금액에 중요한 영향을 미치게 된다. 아래는 급여와 파견수당, 실비변상적 비용을 어떤 주체가 지급하는지에 따라 유형을 구분한 예시로, 각 공공기관마다 다양한 형태로 운영할 수 있다.

구분	급여 지급 주체	파견수당 등 지급 주체	실비변상비용 지급 주체
유형1	공공기관	공공기관	파견기관
유형2	공공기관	×	파견기관
유형3	공공기관	공공기관/파견기관	공공기관/파견기관
유형4	파견기관	공공기관	파견기관
유형5	파견기관	×	파견기관
유형6	파견기관	공공기관/파견기관	공공기관/파견기관

(다) 공통 처리 지침

　파견으로 인한 인건비의 인식과 현원의 집계에 대한 공통적인 처리 지침은 없는 상황이다. 이는 공공기관이 운영하는 파견제도가 다양하기 때문에, 단일의 원리에 따라 다양한 개별 사안을 일관되게 처리하는 것이 어렵기 때문이다. 따라서 파견을 처리하는 방식은 총인건비에 대한 일반적인 논리에 따라 처리해야 하며, 과거에 처리한 방식을 일관되게 적용하는 것을 원칙으로 삼고 있다(단, 과거의 처리 방식에 명백한 오류가 있다면 이는 수정해야 할 것이다). 향후에는 특정 공공기관의 총인건비 인상률 산출에 유불리가 발생하지 않도록 공통 처리지침이 개선될 필요가 있다.

　한편, 공공기관의 해외파견과 관련하여 해외 파견자의 급여를 파견 회사에서 지급하는 경우 공공기관은 해당 인원을 현원에서 차감한다. 이때 「경영관리 계량지표 교육 교재」는 해외에 직원을 파견할 때, 정원은 그대로 두면서 현원에서만 제외하는 방식은 공공기관이 정원을 임의로 조정하는 것과 동일한 효과를 가져오기 때문에 정원에서도 동시에 차감해야 한다고 설명하고 있다. 구체적인 내용은 뒤에서 자세히 설명한다.

 **(3-2) 직급별 평균인원 계산을 위한 Template**

(1) 템플릿 작성 방법

(가) 현원 검증양식의 연계

아래는 현원 검증양식 작성 사례이다. 앞에서 설명한 방식에 따라 현원 검증양식을 작성하고, 현원 검증양식의 매월 말 인원을 (3-2) 직급별 평균인원 계산을 위한 Template에 연계하여 반영한다.

구분	1급	2급	3급	4급	5급	별도직군
5월 말	5	10	15	15	20	3
(증가)입사			2		10	
(증가)무급휴직 복직			2			
(감소)퇴사		-1			-5	
(감소)무급휴직			-1	-3		
(증가)승진	3	5	5	10		
(감소)승진		-3	-5	-5	-10	
(증가/감소)임피제 전환	-2	-2	-1			5
(감소)임피제 퇴사						-3
(증가/감소)시간제 조정			-0.5	-0.5	1	
(증가)기타						
(감수)기타						
6월 말	6	9	16.5	16.5	16	5

(나) 작성 결과

(3-2) 직급별 평균인원 계산을 위한 Template의 형태는 아래의 모습과 같다. 앞에서 작성한 현원 검증양식의 5월 말 직급별 인원과 6월 말 직급별 인원이 그대로 반영되어 있는 것을 확인할 수 있다.

직급	1월	2월	3월	4월	5월	6월	7월	8월	9월	10월	11월	12월	평균 인원
1직급					5	6							
2직급					10	9							
3직급					15	16.5							
4직급					15	16.5							
5직급					20	16							
별도직군					3	5							
계					68	69							

(2) 유의사항

(가) 산출 시 유의사항

1월부터 12월까지 인원을 모두 합한 후 12로 나누어 직급별 평균인원을 계산한다. 계산 결과가 정수가 아닌 유리수로 산출될 때에는 소수점 이하 둘째 자리에서 반올림한 값을 최종 값으로 정한다.

(나) 증원소요인건비 산출에 직접 활용 불가능

(3-2) 템플릿의 직급별 평균인원은 (3-1) 템플릿에 그대로 반영하지 않는다. 왜냐하면 (3-2) 템플릿의 월별 인원은 직급별 정원과 근속승진을 고려하지 않았기 때문이다. (3-2) 템플릿의 직급별 평균인원을 (3-1) 템플릿에 연계하는 오류는 실제로 종종 발생하는 오류이기 때문에, 담당자는 이에 유의하여야 한다.

(3-2) 템플릿의 월별 현원은 (3-3)의 가. 템플릿에 연계하여 월별 현원에 직급별 정원과 복직자 수를 고려하는 절차를 거친다. 이를 통해 (3-3)의 다. 템플릿에서 직급별 증원소요인건비 대상 인원이 산출된다. 증원소요인건비 대상 인원을 산출하는 구체적인 내용과 방법은 "3절 증원소요인건비 대상 인원"에서 설명한다.

(다) 직급별 평균단가 산출에 활용

(3-2) 템플릿의 직급별 평균인원은 (3-4) 템플릿에 연계하여 직급별 평균단가를 산출하는데 활용한다. 직급별 평균단가의 산출에 대한 구체적인 내용은 "4절 평균단가"에서 설명한다.

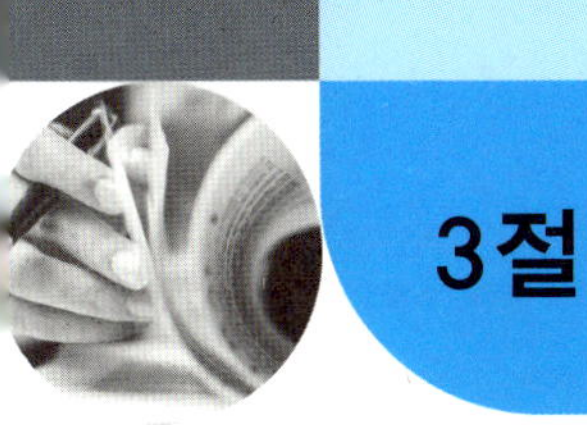

3절 증원소요인건비 대상 인원

 **1 정원**

(1) 정원의 개념

(가) 개념

공공기관은 각 기관이 담당하고 있는 기능을 효과적이고 효율적으로 이행하기 위해 필요한 조직과 인원의 규모를 사전에 정해야 한다. 이때 기관에 필요한 인원의 규모를 정원이라고 한다. 예를 들어, A 공공기관이 담당하고 있는 기능을 모두 이행하기 위해 필요한 총인원이 10명이고 이에 대해 재정경제부와 협의가 이루어졌다면, A 공공기관의 정원은 10명으로 정하는 방식이다.

정원과 상대되는 개념은 현원으로, 실제로 공공기관이 채용하여 근무하고 있는 직원의 수를 현원이라고 한다. 따라서 정원은 현원의 한도 개념으로 이해할 수 있다.

> 「공기업, 준정부기관 경영에 관한 지침」
>
> 제3조(조직과 정원의 관리 원칙) ① 공기업, 준정부기관의 조직은 다른 공공기관의 조직과 기능상의 중복이 없어야 하며, 종합적이고 체계적으로 편성되어야 한다.
> ② 공기업, 준정부기관은 조직과 정원을 그 업무의 성질과 양에 따라 입무수행을 위해 적정한 규모로 유지하여야 하며 원칙적으로 정원과 현원을 일치시키기 위해 노력하여야 한다. 다만, 제4항의 3개월 이상 육아휴직자의 경우에는 그러하지 아니하다.
> ③ 공기업, 준정부기관은 기능과 업무량이 변경되는 경우 그에 따라 기관의 조직과 정원을 조정하여야 한다.

(나) 정원과 현원

「공기업, 준정부기관의 경영에 관한 지침」은 원칙적으로 정원과 현원을 일치시켜야 한다고 정하고 있다. 정원을 초과하는 현원은 인정하지 않는다는 원칙을 명시한 것이다. 이를 근거로 「총인건비 인상률 템플릿」은 증원소요인건비를 계산할 때 현원의 변동이 정원의 범위 내에서 이루어지는 것을 전제로 산식을 설계하고 있다.

기본적으로는 정원의 범위 내에서 현원이 늘어나는 경우 추가 현원에 대한 총인건비를 증원소요인건비 계산에 반영할 수 있다. 하지만 만약 현원이 정원을 초과한다면 현원이 늘어남에 따라 추가로 필요한 총인건비는 증원소요인건비에 반영되지 않는다. 예컨대 공공기관의 정원이 10명이라면 현원은 10명까지 운영할 수 있고, 10명을 초과하는 현원에 대해서는 증원소요인건비를 인정하지 않는 개념이다.

증원소요인건비를 통해 총인건비 한도가 늘어나고 이를 인건비 재원으로 활용하는 총인건비의 구조상, 현원의 변동이 총인건비 인상률에 미치는 영향은 매우 중요하다. 현원의 변동이 증원소요인건비에 그대로 반영되기 위해서는 반드시 정원 이내에서 관리되어야 한다. 따라서 공공기관은 정원과 현원의 균형이 유지되도록 노력해야 한다.

(2) 직급별 정원

(가) 개념

「총인건비 인상률 템플릿」은 증원소요인건비 산출 시 직급별로 정원과 현원을 구분하여 기재하도록 정하고 있다. 따라서 공공기관은 총정원을 직급별 정원으로 구분하여 관리해야 한다. 일반적으로 공공기관의 직급별 정원은 내부 직제규정을 통해 정하고 있으며, 공공기관 경영정보 공개시스템(Alio)에 공시하고 있다.

직급별 정원은 「공기업, 준정부기관의 경영에 관한 지침」의 조직과 정원의 관리 원칙에 따라 운영해야 하며 세부적인 사항은 재정경제부와 협의가 이루어져야 한다. 「총인건비 인상률 템플릿」에 반영된 직급별 정원은 사전 협의의 결과를 반영하는 것이다.

(나) 총정원과 직급별 정원

「총인건비 인상률 템플릿」은 총정원과 총현원을 비교하여 초과 현원이 있는지 확인하고, 초과 현원에 대해서는 증원소요인건비를 인정하지 않는 방식으로 총인건비 한도를 산정한다. 또한 직급별 정원과 직급별 현원도 비교하여 직급별로도 초과 현원이 있는지 확인한다. 직급별로 발생한 초과 현원은 총인건비 인상률을 산출할 때 해당 직급으로 인정하지 않도록 설계되어 있다. 따라서 공공기관은 직급별 정원과 현원의 차이에도 유의해야 한다. 아래의 사례는 직급별 정원과 현원을 비교한 표이다. 정원과 현원을 비교할 때는 직급별로도 비교해야 하고 총정원도 비교해야 한다.

직급	정원	현원	차이
1직급	10명	10명	–
2직급	20명	30명	초과 현원 10명
3직급	30명	25명	부족 현원 5명
합계	60명	65명	초과 현원 5명

① 직급별 정원

직급별로 정원을 비교한 결과 1직급은 정원과 현원이 일치하지만, 2직급에서는 초과 현원이 10명 발생하였다. 2직급의 증원소요인건비를 계산할 때는 2직급의 현원 30명이 아니라 정원 20명을 기준으로 산정해야 하며, 초과 현원 10명은 아래 직급의 빈자리로 이동해야 한다. 3직급의 정원은 30명이지만 현원은 25명으로 5명의 빈자리가 있다. 하지만 2직급에서 넘어온 10명을 추가로 고려하는 경우 초과 현원이 5명 발생한다.

② 총정원

총정원은 60명이지만 총현원은 65명으로 정원을 5명 초과하였기 때문에, 초과 현원 5명은 증원소요인건비 계산 대상에서 제외한다. 실제 「총인건비 인상률 템플릿」을 작성할 때는 템플릿의 구조상 직급별 정원과 현원의 비교가 중요하게 여겨지기 때문에, 총정원과 총현원의 비교를 놓칠 수 있다. 따라서 담당자는 총현원과 총정원의 비교를 위한 별도의 체크리스트를 마련할 필요가 있다.

(3) 정원의 임의 조정

(가) 개요

원칙적으로 정원은 재정경제부와 협의된 결과를 바탕으로 운영하고 이를 기준으로 「총인건비 인상률 템플릿」을 작성해야 한다. 「공기업, 준정부기관 정원 관련 준수사항 강조」는 공기업, 준정부기관이 재정경제부와 협의되지 않은 정원을 운용하거나 임의로 정원을 늘릴 수 없다고 설명하며, 아래와 같은 사례를 제시하고 있다.

만약 장기 휴직, 교육, 파견 등에 해당하는 직원에게 공공기관이 급여를 지급하지 않는다면 무급휴직과 동일하게 현원에서 제외하는 방식을 적용해야 할 것이다. 하지만 정원의 임의 조정의 경우에는 해당 직원에게 급여를 지급하면서 현원에 반영함과 동시에, 공공기관이 임의로 정원을 추가하는 방식을 적용한 것이다.

　공공기관 직제규정에 임의의 단서 조항을 두는 방식으로 재정경제부장관과 협의되지 않은 정원을 운용하거나, 재정경제부장관 협의 내용과 달리 임의로 직급별 조정하는 방식은 허용하지 않음.

(사례1) "장기 휴직, 교육, 파견, 공로 연수, 노조 전임 등"에 해당하는 직원에 대해서는 정원이 따로 있는 것으로 본다.

(사례2) ○○직 정원은 자연감소 이후, ○○○○직 정원으로 본다.

(나) 임의 조정 사례

　예를 들어, A 공공기관의 직제규정에 "교육, 파견"에 해당하는 직원에 대해서는 별도의 정원을 둔다는 단서 조항이 있다고 가정하자. 1직급의 정원이 10명이고 현원이 10명인 상황에서 5명이 교육 연수자에 해당하는 경우, A 공공기관의 1직급 정원과 현원은 모두 단서조항에 따라 15명으로 증가하게 된다. 아래의 표에서 (가) 기초 정·현원은 1급 모두 10명이었지만, 임의의 정원 5명을 1급에 가산하면서 (다) 기말 정·현원은 1급 모두 15명으로 늘어나게 되었다. 이는 총인건비 한도가 1급의 증원소요인건비만큼 증가하는 결과를 가져온다.

구분	(가) 기초 정·현원		(나) 임의의 정원		(다) 기말 정·현원	
	구분	정원	현원	정원	현원	정원
1급	10명	10명	15명	10명	15명	15명
2급	20명	20명	20명	20명	20명	15명

　상기와 같은 사례는 「공기업, 준정부기관의 경영에 관한 지침」에 따라 적법하게 증원 절차를 거친 방식이 아니며, 공공기관이 임의로 정원을 늘린 것에 해당한다. 「경영관리 계량지표 교육 교재」는 재정경제부와 협의된 직급 체계와 정원을 기준으로 「총인건비 인상률 템플릿」을 입력하도록 설명하면서, 기관이 임의의 방식으로 빈자리를 만들어 승진하는 방식은 인정하지 않는다는 「공기업, 준정부기관 정원 관련 준수사항 강조」의 내용을 첨부하고 있다.

(다) 해외 파견자

　「경영관리 계량지표 교육 교재」는 해외에 직원을 파견할 때, 정원은 그대로 두면서 현원에서만 제외하는 방식은 인정하지 않는다고 설명하고 있다. 공공기관이 해외에 직원을 파견하면서 파견자에게 급여를 지급하고 있다면 해당 직원은 현원에 그대로 반영해야 한다. 따라서 「경영관리 계량지표 교육 교재」의 규정은 공공기관이 해외 파견자에게 직접 급여를 지급하지 않고, 파견된 곳에서 파견자에게 급여를 지급하는 사례의 경우에 해당한다. 즉, 공공기관이 해외에 직원을 파견하면서 파견자에 대한 급여를 지급하지 않을 때, 공공기관은 정원과 현원에서 모두 제외해야 한다.

이와 같은 규정은 직원을 해외에 파견 보낸 후 현원에서 차감하면서 우회적으로 「공기업, 준정부기관 정원 관련 준수사항 강조」의 규정과 동일하게 별도의 정원을 운용하는 효과가 나타나는 것을 방지하기 위한 것이다. 아래의 표에서 5명의 해외 파견자를 현원에서 차감하면서 2급에서 1급으로 5명이 승진하게 된다. 결과적으로 (다) 기말 정·현원은 10명이 되면서 앞의 임의 조정 사례와 동일한 효과가 나타나게 된다.

구분	(가) 기초 정·현원		(나) 해외 파견		(다) 기말 정·현원	
	구분	정원	현원	정원	현원	정원
1급	10명	10명	10명	5명	10명	10명
2급	20명	20명	20명	20명	20명	15명

한편, 직원이 육아휴직과 같이 무급휴직을 하는 경우에는 정원은 그대로 두고 현원에서만 차감하도록 처리하고 있다. 하지만 상기 사례는 그 경제적 실질이 무급휴직과 동일함에도 불구하고 파견자를 정원과 현원에서 모두 차감해야 한다. 이와 같이 다르게 처리하는 이유는 두 가지로 요약할 수 있다.

첫 번째는 공공기관의 해외 파견에 대한 조절 가능성이다. 무급휴직은 개별 직원의 필요에 따라 자발적으로 선택하는 사항이지만, 해외 파견은 공공기관이 의사결정을 할 수 있는 사항으로 조절 가능성이 높다는 차이점이 있다. 조절 가능성이 높다는 것은 공공기관이 임의로 정원을 조정할 수 있다는 것을 의미한다.

두 번째는 공공기관과 파견 대상 회사 사이의 관계이다. 지배회사와 종속회사의 관계와 같이 지배력을 가지고 있을 수도 있고, 이보다 낮은 수준의 영향력을 가지고 있을 수도 있다. 파견된 곳에서 파견자에게 급여를 지급하는 상황을 통해 비추어 볼 때, 공공기관이 파견 대상 회사에 어느 정도의 영향력을 가지고 있다고 볼 수 있으며 이는 공공기관이 파견에 대한 결정 권한을 보유하고 있다고 유추할 수 있다.

즉, 공공기관의 해외 파견에 대한 영향력과 조절 가능성으로 인해 공공기관은 임의의 정원을 운용하는 것과 같은 효과를 가질 수 있게 되고, 따라서 「경영관리 계량지표 교육 교재」는 이와 같은 불합리함을 방지하기 위해 상기와 같은 내용을 규정하고 있다.

(1) 증원의 개념과 절차

(가) 증원의 개념

기관의 기능과 업무량이 변경되는 경우에는 조직과 정원을 그에 맞게 조정해야 한다. 일반적으로 기관의 업무량은 늘어나는 방향이기 때문에 「경영에 관한 지침」 제6조는 증원의 절차에 대해서만 규정하고 있고 감원에 대해서는 별도로 언급하고 있지 않다.

(나) 증원의 절차

「공기업, 준정부기관의 경영에 관한 지침」은 증원의 절차를 다음과 같이 규정하고 있다. 증원을 위해서는 2월 말(중기인력운영계획)과 5월 말(다음연도 정원조정안)에 각각 필요한 문서를 재정경제부에 제출한 후, 이를 바탕으로 재정경제부장관과 증원을 협의해야 한다. 또한 재정경제부장관이 승인한 증원은 이사회 의결을 거친 이후, 그 결과를 기관 내부 규정에 최종적으로 반영한다.

> **「공기업, 준정부기관 경영에 관한 지침」**
>
> 제6조(증원의 절차) ① 공기업, 준정부기관은 기관장의 중장기 경영목표, 업무소요 변화 등을 고려하여 매년 당해연도를 포함한 3년 단위 중기인력운영계획을 수립하여 2월 말까지 재정경제부장관에 제출하여야 한다.
> ② 공기업, 준정부기관은 그 기관의 업무량 증감과 그에 따른 인력수요의 변화 등을 감안하여 다음연도 정원조정안을 매년 5월 말까지 수립하고 주무기관의 장을 거쳐 재정경제부장관과 협의하여야 한다. 이 경우 기존 인력의 재배치계획을 정원조정안에 포함하여야 한다.
> ③ 증원을 협의하는 경우에는 증원 인력의 직급을 함께 협의하여야 한다.
> ④ 공기업, 준정부기관은 법령 제·개정, 정책상황의 변경 등 정책의 추진을 위해 시급한 필요가 있는 경우, 당해연도 정원 조정에 대해 재정경제부장관과 수시로 협의할 수 있다.
> ⑤ 공기업, 준정부기관이 제2항 및 제4항의 협의 결과에 따라 정원을 조정하고자 하는 경우에는 이사회의 의결을 거쳐야 한다.

(다) 증원의 협의

공공기관은 다음연도(T+1년도)의 증원에 대하여 재정경제부와 협의해야 한다. 일반적으로 인력 채용에 재정지원이 필요한 예산비수반기관의 경우에는 재정경제부와의 협의가 7월 말에 진행된다. 재정지원이 불필요한 예산비수반기관에 대해서는 9월, 10월에 재정경제부와의 협의가 진행된다. 만약 당해연도(T년도)에 증원을 해야 할 특별한 사정이 있는 경우에는 재정경제부와 수시 증원에 대한 협의를 하는 것도 가능하다.

한편, 공공기관은 재정경제부와 협의하기 이전에 증원에 대하여 반드시 주무부처의 사전 협의를 거쳐야 한다.

(라) 증원의 협의 내용

공공기관은 증원이 필요한 업무 분야, 기존 인력의 업무 수행 가능성 등을 종합적으로 검토하여 증원 규모를 산정해야 하고, 해당 검토 결과를 기초로 주무부처 및 재정경제부와 협의를 진행해야 한다. 이때 공공기관은 증원을 요청한 업무 분야가 기관의 핵심 기능과 설립 목적에 부합하는지, 공공성이 높은 분야인지, 상시적이고 지속적인 업무인지 등에 대해 설명해야 한다. 만약 공공성이 높지 않은 분야라면 해당 기능은 민간에서 수행하도록 해야 하고, 일시적인 업무라면 한시정원 또는 탄력정원 제도를 활용해야 할 것이다.

(2) 증원 반영 시기

(가) 월별 산출의 필요성

「총인건비 인상률 템플릿」은 월별 평균인원을 기준으로 증원소요인건비를 계산하기 때문에, 증원을 어느 시점에 반영하는지에 따라 그 계산 결과가 달라진다. 따라서 12개월 중 정원의 증가가 몇 월에 반영되어야 하는지 결정해야 한다.

앞에서 설명한 바와 같이 증원은 "관련 서류의 제출, 주무부처 협의, 재정경제부 협의, 재정경제부 승인, 이사회 의결, 직제 규정의 개정"의 절차를 거쳐야 한다. 「경영관리 계량지표 교육 교재」는 상기의 절차가 적법하게 이루어진 이후, 최종적으로 내부 직제규정의 개정이 완료된 시점에 정원의 증가를 「총인건비 인상률 템플릿」에 반영하도록 정하고 있다.

(나) 증원 반영 사례

아래는 「총인건비 인상률 템플릿」의 월별 정원의 변동이 어떻게 이루어지는지 간략히 나타낸 사례이다. 당해연도의 월별 정원은 전년도의 기말 정원에 당해연도 정기 인력증원과 수시인력 증원의 협의 결과를 가산하여 월별로 정원을 표시해야 한다. 만약 전년도까지 7명의 정원을 운영한 공공기관이 1월에 3명, 6월에 2명, 11월에 3명의 증원 절차를 완료하였다면, 당해연도의 월별 정원은 아래와 같이 산출된다.

전년도 ←   → 당해연도

월	11월	12월	1월	2월	3월	4월	5월	6월	7월	8월	9월	10월	11월	12월
정원	7명	7명	10명	10명	10명	10명	10명	12명	12명	12명	12명	12명	15명	15명

1월 증원 +3   6월 증원 +2   11월 증원 +3

(다) 증원 반영 오류 사례

(오류 사례1) 증원의 절차는 재정경제부장관과 협의한 후 이사회 의결을 거쳐 기관의 규정을 개정해야 비로소 완성된다. 따라서 증원은 모든 절차가 완성된 이후에 반영되어야 하며, 그 이전 시점에 증원을 반영하는 것은 절차를 위반한 것으로 본다. 예를 들어 재정경제부장관과의 협의가 8월에 이루어지고 이사회 의결 및 내부 규정 개정이 10월에 완료되었다면 「총인건비 인상률 템플릿」상 증원은 10월부터 반영해야 한다.

(오류 사례2) 기관이 재정경제부와 협의하지 않고 자체적으로 또는 (재정경제부장관이 아닌) 주무부처 장관과 협의하여 내부 규정을 변경한 증원은 「공기업, 준정부기관의 경영에 관한 지침」의 절차를 위반한 증원이다. 따라서 이와 같은 증원은 「총인건비 인상률 템플릿」의 월별 정원에 반영할 수 없다.

(참고) 2017년도 이후 「공기업, 준정부기관의 경영에 관한 지침」 제6조의2 자율 정원조정제도에 따라 특정 조건을 만족한 기관은 주무부처 장관과의 협의만으로도 4급 이하의 증원이 가능하였으나, 2020년 3월 31일에 해당 조문이 삭제되었기 때문에 더 이상 주무부처 장관과의 협의만으로는 증원을 할 수 없다.

 **통합직급관리기관의 정원 산출**

(1) 개요

통합직급관리기관이 총인건비를 운영하는 방식에 대한 근거는 「공공기관 경영평가 편람」

에서 찾을 수 있다. 「공공기관 경영평가 편람」은 공공기관이 통합직급을 운영하더라도 증원
소요인건비를 계산할 때에는 실질임금을 적용하도록 규정하고 있다. 「총인건비 인상률 템
플릿」은 이를 근거로 통합직급관리기관의 통합직급 정원을 직급별로 구분한 후에 증원소
요인건비를 계산하도록 규정하고 있다.

직급별 인원 변동에 따른 자연증감액은 변동이 있는 해당 직급 내의 실질임금을 적용하
여 증원소요인건비를 계산한다. 통합직급을 운영하는 경우에도 실질임금을 적용하여 증
원소요인건비를 계산한다.

(2) 직급별 조정 방식

(가) 원칙

「총인건비 인상률 템플릿」은 통합직급관리기관의 통합직급 정원을 직급별로 구분하여
산출하도록 규정하고 있다. 예를 들어 4급, 5급, 6급을 단일 직급으로 통합하여 400명의 정
원으로 운영하는 경우, 「총인건비 인상률 템플릿」에는 단일 직급이 아닌 4급, 5급, 6급으로
구분하여 400명의 정원을 배분해야 하는 것이다.

통합직급관리기관에서 하위직급 등에서 직급별 정원이 없고 전체 직급의 정원만이 있는
경우(예: 4~6급 400명) 각 직급별로 증원소요인건비 대상 인원을 구분하여 기재한다.
이 경우 각 직급별 정원은 상위직급부터 현원을 정원으로 간주하여 조정하되, 최초 조정
한 연도 이후의 직급별 정원은 최초 조정한 연도의 직급별 현원에 비례하여 조정한다(예
를 들어 4~6급 통합직급 정원이 400명이나 현원은 300명(4급 100명, 5급 100명, 6급 100
명)인 경우 상위직급부터 4급 정원 100명, 5급 정원 100명, 6급 정원 200명으로 간주하여
조정하고, 그 이후 연도에 4~6급 통합직급 정원이 450명으로 증가하는 경우 각 직급별
정원은 최초 조정한 연도의 직급별 현원(4급 현원 100명, 5급 현원 100명, 6급 현원 100
명)에 비례하여 4급 정원 150명, 5급 정원 150명, 6급 정원 150명으로 조정한다). 이때
직급별 정원은 정수로 계산하며, 단수가 발생하는 경우 소수점 이하의 수가 높은 직급부
터 올림하여 조정한다.

(나) 배분 방식

통합직급의 정원을 직급별로 배분하는 방식은 「총인건비 인상률 템플릿」과 「경영관리 계량지표 교육 교재」에 규정되어 있다. 배분 방식은 아래와 같이 세 가지로 구분된다.

(배분 방식1) 최초 조정한 연도: 상위직급부터 현원을 정원으로 간주한다.

통합직급관리기관에 대한 「총인건비 인상률 템플릿」의 규정은 2015년도에 신설되었다. 통합직급의 정원을 직급별로 구분하는 방식은 2015년의 현원을 기준으로 상위직급부터 정원으로 간주하는 방식이다. 이 방식은 2015년도에 한하여 적용하였다.

예를 들어 3급, 4급, 5급의 통합직급 정원이 400명이고 실제 현원은 직급별로 300명인 경우, 직급별 정원은 상위직급인 3급부터 현원을 정원으로 간주하였다. 그 결과 3급의 정원은 현원과 동일하게 100명으로, 4급의 정원도 현원과 동일하게 100명으로 산출되었다. 최하위 직급인 5급에는 남은 정원 200명이 모두 반영되었다.

직급	통합직급 정원	2015년 평균현원	2015년 현원비율	2015년 정원
3급		100명	33%	100명
4급	400명	100명	33%	100명
5급		100명	33%	200명

(배분 방식2) 그 이후 연도: 최초 조정한 연도의 직급별 현원에 비례하여 조정한다.

2016년도 이후에는 통합직급의 정원을 최초 조정한 연도의 직급별 현원에 비례하여 조정하였다. 따라서 2016년도의 직급별 정원은 2015년도의 현원비율을 활용해서 산출해야 하며, 이 방식은 그 이후의 회계연도에 계속해서 적용하고 있다. 2015년의 현원은 2015년의 연간 평균현원을 기준으로 산출해야 한다는 사실에 유의해야 한다.

아래와 같이 2016년도의 통합직급 정원이 450명인 경우, 2016년도의 직급별 정원은 2015년도의 현원비율을 적용하여 3급, 4급, 5급이 모두 150명으로 산출되었다.

직급	통합직급 정원	2016년 현원	2015년 현원비율	2016년 정원
3급		100명	33%	150명
4급	450명	100명	33%	150명
5급		100명	33%	150명

한편, 상기와 같은 계산 방식에 따라 2015년도 이전부터 통합직급을 운영한 기관은 2015년도의 직급별 현원비율을 그 이후의 회계연도에도 계속해서 관리해야 한다. 다음의 표는 통합직급관리기관이 연도별로 직급별 정원을 관리하고 있는 사례이다. 2016년도 이후 매년

통합직급의 정원은 증가하고 있으며, 2015년도의 현원비율에 따라 직급별 정원을 배분하는 계산 과정을 살펴볼 수 있다. 2016년도의 정원은 220명으로 이를 2015년의 현원비율에 따라 3급에 25%, 4급에 25%, 5급에 50% 배분하였다. 이는 2024년도의 정원 260명에 대해서도 동일한 방식으로 배분한다.

2017년도와 2023년도에는 직급별 정원이 정수가 아닌 유리수로 산출되었다. 정원은 현원과 달리 정수로 산출되어야 하기 때문에, 「총인건비 인상률 템플릿」은 정수가 아닌 유리수로 산출되는 경우 소수점 이하의 수가 높은 직급부터 올림하여 조정하도록 규정하고 있다. 아래의 표에서 구체적인 산출 내역을 확인할 수 있다.

직급	2015년 평균현원	2015년 현원비율	2016년 정원	2017년 정원		2023년 정원	2024년 정원
3급	50	25%	55	56	...	63	65
4급	50	25%	55	56		62	65
5급	100	50%	110	113		125	130
합계	200	100%	220	225		250	260

1) 2017년도 3급과 4급은 모두 225명 × 25% = 56.25명으로 산출되었으며, 소수점 이하의 수가 낮기 때문에 내림하여 조정하였다.
2) 2017년도 5급은 225 × 50% = 112.5명으로 산출되어 소수점 이하의 수가 높기 때문에 올림하여 조정하였다.
3) 2023년도 3급과 4급은 250 × 25% = 62.5명으로 동일하게 산출되었기 때문에 두 직급 중 하나의 직급은 63명으로, 다른 하나의 직급은 62명으로 조정해야 한다. 이에 대한 구체적인 지침은 없기 때문에 상위직급부터 올림하는 것으로 조정하였다.

(배분 방식3) 2020년도 이후 도입 기관: 통합 직전의 직급별 정원에 비례하여 조정한다.

2020년도 이후에 최초로 통합직급을 도입한 기관의 경우에도 상위직급부터 현원을 정원으로 간주하는 방식 또는 최초 조정한 연도의 직급별 현원에 비례하여 조정하는 방식을 적용하는 것이 적절한지 논의되었다. 왜냐하면 현원을 정원으로 간주하는 방식을 공공기관에 유리하도록 우회하여 적용하는 것에 대한 문제제기가 있었기 때문이다.

아래의 사례는 2019년의 직급별 정원이 3급 5명, 4급 5명, 5급 10명인 공공기관이 2020년부터 통합직급관리기관으로 변경된 경우이다. 이때 최초 도입기관의 배분 원칙인 상위직급부터 현원을 정원으로 간주하는 방식을 적용하는 경우, 공공기관 입장에서는 상위직급의 현원을 비정상적으로 늘리는 것이 총인건비 인상률 측면에서 유리할 것이다. 왜냐하면 단순히 통합직급을 적용함으로 인하여 2020년의 정원은 아래와 같이 변경되기 때문이다.

직급	2019년 정원	통합직급 정원	2020년 현원	2020년 정원
3급	5명		18명	18명
4급	5명	20명	1명	1명
5급	10명		1명	1명

「경영관리 계량지표 교육 교재」는 상기와 같이 불합리한 결과가 나타나지 않도록, 2020년도 이후에 통합직급을 도입한 기관은 통합 직전의 직급별 정원을 기준으로 통합직급 정원을 조정하도록 규정하고 있다. 위의 표에서 2020년도 이후의 통합직급 정원은 2019년도의 정원(3급 5명, 4급 5명, 5급 10명)의 비율에 따라 조정해야 한다.

 4 증원소요인건비 대상 인원의 산출 과정

(1) 근속승진과 인정승진

(가) 승진의 개념

공공기관에 근무하고 있는 직원이 인사규정에 따라 하위직급에서 상위직급으로 이동하는 것을 승진이라고 한다. 「총인건비 인상률 템플릿」은 직급별 정원을 기준으로 증원소요인건비를 계산하기 때문에, 직급 간의 인사 이동인 승진은 중요한 요인으로 작용한다.

(나) 근속승진과 인정승진의 개념

총인건비 인상률 산출 시 승진은 크게 근속승진과 인정승진으로 구분된다. 근속승진과 인정승진을 구분하는 기준은 정원 범위 내의 승진인지 여부이다. 인정승진은 정원 범위 내의 승진으로 해당 현원은 모두 증원소요인건비 대상 인원에 포함된다. 하지만 근속승진은 정원을 초과하여 이루어진 승진이기 때문에 증원소요인건비 대상에서 제외된다.

(다) 인정승진의 종류

인정승진에 대해서 「총인건비 인상률 템플릿」은 아래와 같이 네 가지 사례를 예시로 들고 있다. 「총인건비 인상률 템플릿」은 아래의 사례 중 1) 상위직급의 증원, 2) 상위직급의 퇴사, 3) 상위직급의 정·현원 차이(정원의 여유)로 인해, 상위직급의 빈자리로 승진하는 것은 인정승진으로 보고 있다.

〈인정승진〉

1) 기재부의 승인을 통하여 정원이 증가하고 이에 따라 내부적인 승진이 있는 경우에 승인받은 정원 범위 내의 승진(신규채용 포함)에 따른 인건비 증가액은 증원소요인건비에 반영함.

2) 퇴사에 따른 승진의 경우에 원칙적으로 당해연도 승진에 따른 인건비 증가액만 인정하나 기관이 문서로서 입증이 가능한 경우 연도를 달리하는 승진에 따른 인건비 증가액도 인정함. 다만, 퇴사를 예상하여 미리 승진시킴으로 인하여 증가한 인건비는 인정하지 아니함.

3) 정원을 넘지 않는 범위 내의 현원 증가로 인한 승진에 따른 인건비 증가액은 증원소요인건비에 반영함. 가령, 4직급의 경우 정원 10명, 현원 7명인 상황(기중 퇴사는 없음)에서 3명이 승진한 경우에 승진에 따른 인건비 증가액은 증원소요인건비로 봄.

4) 승진 후의 특정 직급의 현원이 정원을 초과하더라도 최상위직급부터 그 특정 직급까지 각 직급의 정원을 누적적으로 더한 값이 각 직급의 현원을 누적적으로 더한 값 이상인 경우(가령 1직급 정원 5명, 2직급 정원 10명이고 현원은 각각 3명 12명인 경우) 해당 직급의 승진 인원(정원 초과 인원)은 인정승진에 해당함. 즉, 이는 기관에서 각 직급별 정원 범위 내에서 순차적으로 승진을 시킬 수 있음에도 불구하고 승진을 시키지 않은 경우의 불이익을 막기 위한 것임.

(라) 근속승진과 인정승진의 비교

상위직급의 정원이 가득 차 있는 상태임에도 불구하고 기관이 승진을 단행하여 정원보다 현원이 더 늘어나는 결과의 승진은 승진으로 인정하지 않고 이를 근속승진으로 본다. 아래의 사례는 인정승진과 근속승진을 간략히 비교한 것이다. 1급의 정원이 5명이고, 현원이 3명인 상태에서 1급으로 2명 승진하는 것은 인정승진이다. 하지만 정원과 현원이 모두 5명인 상태에서 1급으로 2명 승진하는 경우, 정원은 5명이고 현원은 7명이 된다. 이는 결국 초과현원이 2명 발생하게 되는 승진이기 때문에 근속승진이라고 한다.

구분	인정승진			근속승진		
	정원	현원	승진	정원	현원	승진
1급	5명	3명	+2명	5명	5명	+2명

(2) 누적차

(가) 개념

앞서 설명한 「총인건비 인상률 템플릿」의 인정승진 중 사례 4)는 근속승진을 계산할 때 특정 직급의 정원과 현원을 고려해야 할 뿐만 아니라, 공공기관 전체의 시각에서 모든 직급의 정원과 현원의 합계까지 고려해야 한다고 규정하고 있다. 이는 각 직급의 정·현원 차이만을 기준으로 근속승진을 계산하는 것이 아니라, 상위직급부터 직급별로 정·현원 차이를 누적적으로 합산하여 근속승진을 계산해야 한다는 의미이다. 이 개념은 (3-3) 근속승진 및 증원소요인건비 대상 인원의 파악 Template의 기본 구조에 반영되었다.

(나) 누적차의 계산

「총인건비 인상률 템플릿」에서 누적차는 상위직급으로부터 정원의 누적에서 현원의 누적을 차감하여 산출하도록 정하고 있다. 누적 정원에서 누적 현원을 차감한 값이 음수인 직급은 초과 현원이 발생한 직급이다.

아래의 표에서 1급의 정원은 5명, 2급의 정원은 10명으로 2급까지의 누적 정원은 15명이다. 그리고 1급의 현원은 3명, 2급의 현원은 15명으로 2급까지의 누적 현원은 18명이다. 따라서 1급까지의 누적차는 5명에서 3명을 차감한 +2명이고, 2급까지의 누적차는 누적 정원 15명에서 누적 현원 18명을 차감한 −3명이 된다. 즉, 2급에서 초과 현원이 발생한 것이다.

구분	(가) 정·현원 차이			(나) 누적차 계산		
	정원	현원	정원−현원	누적 정원	누적 현원	누적차
1급	5명	3명	+2명	5명	3명	+2명
2급	10명	15명	−5명	15명	18명	−3명
3급	15명	11명	+4명	30명	29명	+1명
합계	30명	29명	+1명			

(다) 누적차의 의미

상기에서 계산한 누적차의 의미는 1급에서는 2명의 여유가 있지만 2급에서는 3명의 초과 현원이 발생하고 있음을 의미한다. 즉, 정원과 현원의 차이를 1급부터 누적적으로 살펴본다면 1급의 정원이 현원보다 2명 더 많기 때문에 2급에서의 초과 현원 5명 중 2명은 사실 1급의 빈자리로 채울 수 있었던 인원이라는 것을 의미한다. 따라서 2급의 초과 현원 5명 중 3명만이 진정한 초과 현원이라는 것이며, 이는 누적차 계산 결과인 −3으로 표시된다. 이에 대하여 「총인건비 인상률 템플릿」의 규정은 2급에서 1급으로 2명 더 승진시킬 수 있었지만, 승진을 시킬 수 없었던 기관의 사정을 인정하고 이로 인한 불이익을 막기 위한 것이다.

(라) 최하위직급의 누적차

총정원과 총현원이 일치하는 경우에는 최하위직급의 누적차가 0으로 산출된다. 만약 최하위직급의 누적차가 양(+)의 값이면 총정원이 더 큰 경우이지만, 음(−)의 값이 산출된다면 총현원이 총정원보다 더 큰 경우이다. 이 원리를 통해 누적차 계산 결과를 검증할 수 있다.

(3) 근속승진

(가) 개념

앞에서 정원보다 현원이 더 늘어나는 결과의 승진은 승진으로 인정하지 않는다고 설명하였다. 이러한 승진은 인정승진이 아닌 근속승진이라고 표현한다. 근속승진을 산출하기 위해서는 우선 직급별 누적차를 산출해야 한다. 근속승진은 직급별 누적차를 통해 계산한다.

(나) 근속승진의 산출

아래의 표는 누적차를 근속승진으로 변환하는 과정을 설명하고 있다. 직급별 누적차가 음수인 직급은 해당 누적차를 양수로 변환하여 기재하고, 그 바로 아래의 직급에는 동일한 누적차를 음수로 기재해야 한다. 누적차가 양수인 경우에는 기재하지 않는다. 아래의 예시를 통해 구체적으로 설명한다.

구분	정·현원		(가) 누적차			(나) 근속승진		
	정원	현원	누적정원	누적현원	누적차	1급	2급	합계
1급	5	6	5	6	−1	+1		1
2급	10	12	15	18	−3	−1	+3	2
3급	15	11	30	29	+1		−3	−3

[근속승진의 산출]
① 1급의 누적차는 −1명이므로, 1급의 근속승진에 +1을 2급에는 −1을 기재한다.
② 2급의 누적차는 −3명이므로, 2급의 근속승진에 +3을 3급에는 −3을 기재한다.
③ 3급의 누적차는 +1명이므로, 근속승진은 기재하지 않는다.
④ 직급별로 기재한 근속승진을 합산하여 직급별 근속승진 합계를 구한다.

(4) 증원소요인건비 대상 인원

(가) 개념

증원소요인건비 대상 인원은 실제 직급별 현원에서 근속승진과 복직자를 감안하여 산출한 인원이다. 즉, 승진으로 인정하지 않는 인원을 제외하고 총인건비 한도를 계산할 수 있도록 직급별 현원을 재계산한 결과이다. 해당 공공기관의 정원에 적합한 진정한 직급별 인원이라고 이해할 수 있다.

(나) 증원소요인건비 대상 인원의 계산

증원소요인건비 대상 인원은 (3-3)의 다. 템플릿에서 계산한다. 이 템플릿은 (3-2) 템플릿의 직급별 현원에서 (3-3)의 나. 템플릿에서 산출한 근속승진 인원을 차감하는 방식으로 설계되어 있다.

앞의 사례에서 산출한 근속승진 값을 활용하여 증원소요인건비 대상 인원을 아래와 같이 계산하였다. (3-2) 템플릿의 직급별 현원에서 근속승진을 차감하여 증원소요인건비 대상 인원을 산출한다.

구분	정·현원		(가) 누적차			(나) 근속승진		
	정원	현원	정원 누적	현원 누적	누적차	1급	2급	합계
1급	5	6	5	6	−1	+1		1
2급	10	12	15	18	−3	−1	+3	2
3급	15	11	30	29	+1		−3	−3

[증원소요인건비 대상 인원의 산출]
① 1급 현원 6명에 근속승진 1을 차감한 결과, 1급의 증원소요인건비 대상 인원은 5명
② 2급 현원 12명에 근속승진 2를 차감한 결과, 2급의 증원소요인건비 대상 인원은 10명
③ 3급 현원 11명에 근속승진 3을 가산한 결과, 3급의 증원소요인건비 대상 인원은 14명

(다) 계산 결과의 해석

상기의 계산 결과는 다음과 같이 해석할 수 있다. 최초에 1급의 정원은 5명, 현원은 6명이었으나 증원소요인건비 대상 인원은 5명으로 결국 1급의 정원과 동일한 값이 산출되었다. 2급도 정원은 10명, 현원은 12명이었으나 증원소요인건비 대상 현원은 10명으로 2급의 정원과 동일한 값으로 산출되었다. 결과적으로 정원을 초과하는 현원은 증원소요인건비 대상 현원에서 부인되며, 직급별 현원은 정원까지만 인정되는 것으로 계산된다.

3급은 (3-2) 템플릿에서 정원 15명, 현원 11명이었으나, (3-3)의 다. 템플릿의 증원소
요인건비 대상 인원은 14명으로 계산되었다. 이는 직급별 누적 현원에서 근속승진을 조정
하는 과정을 통해, 1급(1명)과 2급(2명)에서 정원을 초과하는 현원이 3급(1명+2명=3명)
의 현원으로 이동한 것으로 해석한다.

5　복직자(육아휴직 등 대체인력)

(1) 처리 원칙

(가) 정원 관리 원칙의 예외

「공기업, 준정부기관의 경영에 관한 지침」은 아래의 규정을 통해 "군입대 휴직자, 3개월
이상 육아휴직자, 산전후휴가에 이은 3개월 이상 육아휴직자, 「벤처기업육성에 관한 특별
조치법」 제16조에 따라 6개월 이상 휴직한 자, 「장애인고용촉진 및 직업재활법」에 따른 중
증장애인"에 대하여, 정원 관리 원칙의 예외를 두고 있다.

> **「공기업, 준정부기관의 경영에 관한 지침」**
>
> 제3조(조직과 정원의 관리 원칙) ④ 군입대 휴직자 및 3개월 이상 육아휴직자에 대해서
> 는 현원 계상 시 제외하고 결원 보충이 가능하며, 산전후휴가에 이어 3개월 이상의
> 육아휴직 시에도 결원 보충할 수 있다. 다만, 이로 인해 발생하는 초과 현원은 3년(육
> 아휴직자는 5년) 이내에 해소하여야 한다.
> ⑤ 「벤처기업육성에 관한 특별조치법」 제16주에 따라 6개월 이상 휴직한 자에 대해서
> 는 현원 계상 시 제외하고 결원 보충할 수 있다. 다만, 이로 인해 발생하는 초과 현원
> 은 3년 이내에 해소하여야 한다.
> ⑥ 「장애인고용촉진 및 직업재활법」에 따른 중증장애인은 정원을 초과하여 채용할 수
> 있다. 다만, 이로 인해 발생하는 초과 현원은 3년 이내에 해소하여야 한다.

(나) 총인건비 예외

「2026년 공기업, 준정부기관 예산운용지침」은 「공기업, 준정부기관의 경영에 관한 지침」
에 해당하는 인원과 전환형 시간선택근무자에 대한 대체인력의 인건비에 대하여 총인건비
인상률 산정 시 제외할 수 있노록 규정하고 있다.

　아래와 같은 「2026년 공기업, 준정부기관 예산운용지침」의 규정은 대체인력 인건비를 총

인건비에서 제외하는 방식을 적용해야 하는 것처럼 표현하고 있다. 하지만 실제 「총인건비 인상률 템플릿」은 복직자로 인한 초과 현원을 근속승진에서 차감하는 방식으로 반영하고 있다. 이와 같은 복직자 조정은 3년 동안 적용할 수 있다.

(2) 초과 현원의 발생

(가) 초과 현원 발생 원리

직원의 휴직으로 인해 다른 직원을 대체 채용하는 경우, 기존 직원이 복직하는 시점부터 초과 현원 문제가 발생한다. 아래의 사례를 살펴보자. 직원A가 20×1년부터 휴직을 시작하여 20×4년에 복직하였다. 직원B는 20×2년에 대체 채용되었다. 이와 같은 경우 직원A가 복직한 20×4년 시점부터는 2명이 모두 근무하게 되어 초과 현원이 발생하게 된다. 「공기업, 준정부기관의 경영에 관한 지침」은 이로 인해 발생하는 초과 현원은 3년 이내에 해소하도록 규정하고 있다.

구분	20×1년	20×2년	20×3년	20×4년	20×5년	20×6년
직원A	휴직			복직	→	→
직원B		대체 채용	→	→	→	→
현황				초과 현원	초과 현원	초과 현원

(나) 현원의 변동

상기 초과 현원의 발생 원리를 현원이 변동하는 모습으로 표현하면 다음과 같다. 예를 들어 정원과 현원이 각 1명씩이었던 기관에서 2급의 근로자 1명이 1년 동안 육아휴직을 하고 이에 대한 대체인력으로 2급에 정규직을 1명 채용한 이후에 육아휴직자가 복직하였다면 정원은 1명이지만 현원은 2명으로 증가한다.

구분	정원	기초 현원	육아 휴직	휴직 후 현원	결원 보충	결원보충 후 현원	복직	복직 후 현원
2급	1	1	−1	0	+1	1	+1	2

(다) 전환형 시간선택제 근무자로 인한 초과 현원의 발생

「2026년 공기업, 준정부기관 예산운용지침」은 전환형 시간선택근무자 대체충원에 따라 한시적으로 정원을 초과하는 현원을 조정할 수 있도록 정하고 있다. 이는 전환형 시간선택근무자에 대한 대체인력의 근무시간을 공공기관이 통제하기 어렵기 때문이다.

예를 들어, 시간선택제 근무자가 주당 30시간 근무하는 것으로 근무 조건을 변경한 경우, 해당 근무자의 평균인원은 0.75명으로 계산된다. 이때 시간선택제 근무자의 대체인력을 주당 10시간 근무하는 직원으로(0.25명) 채용해야, 2명의 평균인원이 1명(＝0.75명+0.25명)으로 계산되며, 이러한 경우에 한해 정원(1명)과 현원(1명)이 일치한다. 만약 주당 10시간을 초과하여 근무하는 직원을 채용하였다면 초과 현원이 발생하게 된다.

즉, 정원과 현원이 일치하도록 만들어주는 대체인력(주당 10시간 근무자)을 채용하기 어렵다는 점, 대체인력에게 주어진 업무시간(주당 10시간) 동안 필요한 업무를 충분히 하기 어렵다는 점 등으로 인해 시간선택근무자와 대체인력의 현원 합계는 1명 이내로 유지하기 힘들 것이다. 이와 같은 단점을 보완하기 위해 전환형 시간선택근무자의 대체 충원에 따른 초과 현원은 조정할 수 있도록 하였다.

(라) 전환형 시간선택제 근무자로 인한 초과 현원의 관리

아래는 전환형 시간선택근무자(주당 30시간 근무)에 대해 주당 20시간 근무하는 대체인력을 재용한 경우에 발생한 초과 현원과 이를 조정하기 위한 복직자의 수를 산출한 사례이다.

아래와 같이 초과 현원을 정확히 산출하기 위해서는 두 가지 조건이 필요하다. 첫 번째는 전환형 시간선택근무자에 대한 대체인력이 명확하게 1 : 1로 대응되어야 한다는 점이다. 즉, 전환형 시간선택근무자의 정보(이름, 근무시간 등)와 이에 대한 대체인력의 정보가 동시에 관리되어야 한다. 두 번째 조건은 해당 정보가 대체 충원된 시점으로부터 3년간 관리되어야 한다는 점이다. 왜냐하면 이로 인한 초과 현원은 3년 동안만 조정할 수 있기 때문이다.

구분	정원	현원	초과 현원	복직자 조정
1급	1닁	0.75명+0.5명＝1.25명	1.25명−1명＝0.25명	0.25명

(가) (3 - 2) 템플릿의 작성

「공기업, 준정부기관의 경영에 관한 지침」 제3조에 해당하는 휴직자의 휴직과 복직 그리고 대체인력의 채용에 대한 (3-2) 템플릿의 작성 원칙은 아래와 같다.

① 휴직자가 휴직한 경우에는 현원에서 제외한다.
② 대체인력을 채용한 경우에는 현원에 가산한다.
③ 대체인력이 무기계약직 또는 비정규직인 경우에는 (3-2) 템플릿에 기입하지 않는다.
④ 휴직자가 복직한 경우에는 현원에 다시 가산한다.

아래의 사례는 1급, 2급, 3급의 직급별 정원과 현원이 각각 1명인 상황에서, 2급 1명이 1년간의 육아휴직을 실시하고 3급 1명을 육아휴직 대체자로 채용한 경우이다. (3-2) 템플릿은 휴직 시점에 현원에서 차감하고 대체인력을 채용한 시점에 현원에 가산하는 방식으로 작성한다(실제 템플릿은 월별로 작성해야 하며, 아래 사례는 개념 이해를 위한 목적으로만 활용한다).

구분	정원	기초 현원	휴직	휴직 후 현원	결원보충	결원보충 후 현원
1급	1	1		1		1
2급	1	1	-1	0		0
3급	1	1		1	+1	2

(나) 휴직자와 대체인력의 관계

공공기관은 「공기업, 준정부기관의 경영에 관한 지침」 제3조에 해당하는 휴직자의 발생을 근거로 결원을 보충할 수 있게 된다. 따라서 이론적으로는 휴직자와 그에 대한 대체인력이 서로 1 : 1로 대응되어야 한다. 하지만 현실적으로는 1 : 1 대응이 어려울 수 있으며, 그 이유는 다음의 두 가지로 요약할 수 있다.

첫 번째 이유는 공공기관이 휴직자에 대한 대체인력만 별도로 채용하기 어렵다는 점이다. 대부분의 경우 공공기관은 공채의 방식으로 다수의 정규직 인력을 채용할 것이고, 이러한 과정을 통해 자연스럽게 휴직자에 대한 결원도 보충하게 될 것이다. 따라서 휴직자와 대체인력은 현실적으로 서로 대응되기 어렵다.

두 번째 이유는 공공기관의 내부 상황에 따라 휴직자와 대체 채용된 인력 사이의 업무, 직급 등의 조건이 서로 다를 수 있다는 점이다. 또한 휴직자의 휴직일과 대체 채용 인력의 입사 일자 사이에도 큰 차이가 발생할 수 있다.

앞의 이유와 같이, 휴직자와 대체인력이 서로 1 : 1로 대응되도록 관리하는 것은 인위적인 작업이기 때문에, 행정상의 비효율을 야기한다. 또한 외부에서 검증하는 것도 매우 어려운 일일 것이다.

(다) (3 – 3) 템플릿의 작성

「총인건비 인상률 템플릿」은 「공기업, 준정부기관의 경영에 관한 지침」 제3조에 해당하는 휴직자가 복직하는 경우, (3–3) 템플릿에 이를 고려하도록 규정하고 있다. 직급별 누적 정원에서 누적 현원을 차감한 이후 누적 복직자를 가산하여 누적차를 산출하도록 규정되어 있다. 복직자의 수만큼 초과 현원이 상쇄되어 누적차가 줄어드는 효과가 나타난다.

실제 누적차를 작성하는 사례는 아래와 같다. 우선 1급의 정원은 5명이고, 현원은 7명으로 초과 현원이 2명이지만 복직자 1명을 고려하여 1급의 누적차는 −1로 계산된다. 다음으로 2급의 누적차를 계산하면, 누적 정원 15명에 누적 현원은 17명이지만 누적 복직자 2명의 효과로 2급의 누적차는 0으로 산출된다.

구분	정원	현원	복직자	누적차
1급	5	7	1	−1[1]
2급	10	10	1	0[2]
합계	15	7	2	

[1] $5-7+1=-1$
[2] $(5+10)-(7+10)+(1+1)=15-17+2=0$

(라) 복직자 입력 기준

복직자를 (3–3) 템플릿에 입력하는 기준은 크게 세 가지이다. 휴직자와 대체인력의 관계 등을 고려하여 복직자를 입력하는 기준이 설계되었다.

복직자 입력 기준

① 복직자를 기준으로 입력한다.
② 복직자의 복직 시점을 기준으로 입력한다.
③ 복직자의 인사 이동을 반영한다.

(입력원칙1) 복직자를 기준으로 입력한다.

(3-3) 템플릿에 복직자를 입력하는 이유는 1명의 정원에 2명의 현원이 존재하여 발생하는 초과 현원을 해소하기 위해서이다. 이때 2명의 현원은 복직자와 대체인력으로, 이 중 누구를 복직자 칸에 입력하는 것이 타당할까? 특히 복직자와 대체인력의 직급이 서로 다를 때는 누구를 입력하는지에 따라 총인건비 한도가 달라지기 때문에, 이는 중요한 결정 사항이다.

앞의 휴직자와 대체인력의 관계에서, 휴직자에 직접 1 : 1로 대응되는 대체인력을 관리하는 것은 매우 어려운 일이라고 설명하였다. 「경영관리 계량지표 교육 교재」는 이러한 상황을 고려하여 (3-3) 템플릿의 복직자에는 복직자와 대체인력 중 복직자를 기준으로 입력하는 것을 원칙으로 정하고 있다.

(입력원칙2) 복직자의 복직 시점을 기준으로 입력한다.

「공기업, 준정부기관의 경영에 관한 지침」 제3조에 따른 초과 현원은 3년 이내에 해소하여야 한다. 이때 어느 시점을 기준으로 3년을 계산해야 하는지가 총인건비 인상률 한도에 중요한 영향을 미친다. 초과 현원 해소를 위한 3년의 기산점은 휴직자의 휴직 시점과 복직 시점 또는 대체인력의 채용 시점이 모두 가능하며, 「경영관리 계량지표 교육 교재」는 휴직자의 복직시점을 기준으로 계산하도록 정하고 있다. 따라서 공공기관의 담당자는 「공기업, 준정부기관의 경영에 관한 지침」 제3조에 해당하는 휴직자에 대해서는 (3-3) 템플릿의 복직자에 입력하기 위한 정보(명단, 휴직시점, 복직시점 등)를 별도로 관리하여야 한다.

(입력원칙3) 복직자의 인사 이동을 반영한다.

복직자가 복직한 이후 승진, 퇴직, 휴직 등 다양한 인사 이동이 있을 수 있다. (3-3) 템플릿의 복직자는 복직자를 기준으로 입력하는 것이 원칙이기 때문에, 복직자의 인사 이동이 있는 경우 이를 어떻게 반영하는 것이 합리적인지 고려해야 한다. 또한 복직자를 입력하는 직급에 따라 총인건비 한도가 달라지기 때문에 이는 중요한 검토사항이다.

(3-3) 템플릿에 3년 동안 최초 복직시점의 직급을 그대로 입력하는 방안과 복직자의 인사 이동을 반영하여 입력하는 방안이 가능하며, 「경영관리 계량지표 교육 교재」는 (3-3) 템플릿은 복직자의 인사 이동을 반영하도록 정하고 있다. 이는 (3-3) 템플릿은 복직자를 기준으로 입력한다는 (입력원칙1)에 따른 것이다. 만약 복직자가 승진하거나 퇴사하는 경우 (3-3) 템플릿의 복직자 칸에는 해당 인사 이동을 그대로 반영해야 한다.

예컨대 「공기업, 준정부기관의 경영에 관한 지침」 제3조에 의한 휴직자가 복직한 이후에, 동일한 사유로 다시 휴직을 할 수도 있다. 이러한 경우 복직자가 다시 휴직한 시점에 초과 현원 문제는 자동적으로 해소되었을 것이다. 따라서 해당 시점에 (3-3) 템플릿의 복직자에서 제외하는 방식으로 반영한다.

(마) 복직자 입력 사례

아래는 복직자가 2급에 1명 있을 때 복직자 1명을 입력한 사례이다. 2급 정원 10명에 2급 현원은 11명이지만, 복직자 1명을 반영하여 누적차는 0으로 산출되었다.

구분	정원	현원	복직자	누적차
1급	5	5		0
2급	10	11	−1	0

아래는 2급의 복직자 1명이 1급으로 승진하였을 때의 (3−3) 템플릿을 작성한 사례이다. 1급의 현원은 5명에서 6명으로 증가하였지만 복직자도 (입력원칙3)에 따라 1급에 입력하였기 때문에 누적차는 0으로 산출된다.

구분	정원	현원	복직자	누적차
1급	5	6	−1	0
2급	10	10		0

아래는 1급의 복직자가 퇴직한 사례이다. 복직자가 퇴직하였기 때문에 복직자 칸에서도 퇴직한 것으로 처리해야 한다. 따라서 1급의 현원이 5명으로 감소하였지만, 복직자도 0으로 변경되었기 때문에 누적차는 0으로 산출되었다.

구분	정원	현원	복직자	누적차
1급	5	5		0
2급	10	10		0

 증원소요인건비 대상 인원의 산출 사례

(1) (3−2) 템플릿

아래의 표는 (3−2) 직급별 평균인원 계산을 위한 Template의 작성 사례이다. 5월과 6월의 직급별 현원을 기준으로 (3−3)의 가. 나. 다. 템플릿을 작성하여 증원소요인건비 대상 인원을 산출한다.

직급	1월	2월	3월	4월	5월	6월	7월	8월	9월	10월	11월	12월	평균 인원
1직급					5	6							
2직급					10	9							
3직급					15	16.5							
4직급					15	16.5							
5직급					20	16							
별도직군					3	5							
합계					68	69							

(2) (3-3)의 가. 정원 및 현원 차이 템플릿

아래의 (3-3)의 가. 템플릿의 현원에는 (3-2) 템플릿의 현원을 그대로 입력한다. 정원과 복직자는 기관의 실제 데이터를 그대로 입력하여 누적차를 계산한다. 누적차는 누적 정원에서 누적 현원을 차감한 후 누적 복직자를 가산하여 산출한다. 아래의 표는 임의의 숫자를 예시로 입력하여 누적차를 산출하였다.

직급	5월				6월			
	정원	현원	복직자	누적차	정원	현원	복직자	누적차
1직급	5	5		–	5	6		-1
2직급	8	10	1	-1	8	9	1	-1
3직급	15	15		-1	15	16.5		-2.5
4직급	18	15	1	3	18	16.5	1	0
5직급	20	20		3	20	16		4
별도직군	3	3		NA	5	5		NA
합계	69	68			71	69		

5월 1직급 누적차: 5-5=0
5월 2직급 누적차: (5+8) - (5+10)+1 = -1
6월 1직급 누적차: 5-6= -1
6월 2직급 누적차: (5+8) - (6+9)+1 = -1

(3) (3-3)의 나. 근속승진 템플릿

(3-3)의 가. 템플릿의 누적차를 기준으로 직급별 근속승진을 산출한다. 직급별 누적차

가 음수인 경우 해당 누적차를 양수로 변환하여 가산하며, 그 바로 아래의 직급에는 해당 누적차를 음수로 변환하여 가산한다.

직급	1월	2월	3월	4월	5월	6월	7월	8월	9월	10월	11월	12월	평균 인원
1직급						1							
2직급					1								
3직급						1.5							
4직급					-1	-2.5							
5직급													
별도직군													
합계					0	0							

(5월)
2직급의 근속승진: 누적차 -1을 $+1$로 변환
3직급의 근속승진: 누적차 -1을 $+1$로 변환$+2$직급의 누적차 -1 반영$=0$
4직급의 근속승진: 3직급의 누적차 -1 가산

(6월)
1직급의 근속승진: 누적차 -1을 $+1$로 변환
2직급의 근속승진: 누적차 -1을 $+1$로 변환$+1$직급의 누적차-1 반영$=0$
3직급의 근속승진: 누적차 -2.5를 $+2.5$로 변환$+2$직급의 누적차-1 반영$=1.5$
4직급의 근속승진: 3직급의 누적차 -2.5 반영

(기타 유의사항)
별도직군에 대해서는 근속승진 산출하지 않음.
월별 근속승진의 합계는 반드시 0이어야 함.

(4) (3-3)의 다. 증원소요인건비 대상 인원 템플릿

(3-2) 템플릿의 직급별 현원에 (3-3)의 나. 템플릿의 근속승진을 차감하여 아래와 같이 증원소요인건비 대상 인원을 산출한다. 5월의 2직급 정원은 8명이고 현원은 10명이지만 복직자를 1명 고려하여 9명의 현원으로 산출되었다. 6월의 1직급 정원은 5명인데 현원은 6명이다. 1명의 현원은 근속승진이기 때문에 (3-3)의 다. 템플릿의 1직급 현원은 5명으로 조정되었다. (3-3)의 다. 템플릿을 작성하게 되면 이와 같이 현원과 정원 그리고 복직자의 관계를 논리적으로 점검하여 (3-3) 템플릿의 정확성을 검증해야 한다.

직급	1월	2월	3월	4월	5월	6월	7월	8월	9월	10월	11월	12월	평균 인원
1직급					5	5							
2직급					9	9							
3직급					15	15							
4직급					16	19							
5직급					20	16							
별도직군					3	5							
합계					68	69							

7 직급과 직군

(1) 직급 체계의 이해

(가) 직급

일반적으로 직급은 직무상의 등급을 의미한다. 현재 공공기관이 직급 체계를 어떻게 구성하고 운영해야 하는지에 대한 구체적인 지침은 없으며, 「공기업, 준정부기관의 경영에 관한 지침」 제3조에서 조직의 관리 원칙(종합적이고 체계적인 편성)만 제시하고 있다.

일반적으로 기관은 5직급 체계를 운영하고 있으며, 기관의 상황에 따라 직급의 개수를 늘리거나(6, 7, 8, 9직급 등), 특수한 직급(별정직, 특정직 등)을 운영하기도 한다.

공공기관마다 다양하게 운영하고 있는 직급 체계하에서, 증원소요인건비 대상 인원을 산출하기 위한 근속승진을 어떻게 산출해야 하는지를 살펴본다.

(나) 누적차의 공유 범위

인정승진은 정부로부터 승인받은 정원의 범위 내에서 이루어지는 승진이라는 의미이며, 근속승진은 인정승진 이외의 승진을 의미한다. 누적차를 산출하는 목적은 이와 같은 근속승진을 계산하기 위한 것이다. 즉, 공공기관에서 이루어진 승진이 인정승진인지 근속승진인지 판별하기 위한 목적으로 누적차를 계산한 것이기 때문에, 누적차는 반드시 승진이 가능한 직급 사이에서 계산해야 한다.

즉, 누적차는 승진을 전제로 발생하며 따라서 누적차를 계산할 수 있는 상위직급과 하위직급의 범위는 승진을 통한 이동 가능성을 기준으로 판단해야 한다. 예를 들어 6급으로 채용된 인원은 직제 규정상 5급으로 승진할 수 없다면, 누적차는 1급부터 5급까지만 계산해야 하며 6급은 별개의 직급으로 구분 관리해야 한다.

공공기관은 아래의 사례와 같이 대졸 신입사원이 입사하는 직급, 고졸 신입사원이 입사하는 직급, 과거 비정규직에서 정규직으로 전환된 인력을 관리하기 위한 직급, 별정직, 특정직, 무기계약직 등 다양한 종류의 직급을 운영하고 있다. 공공기관은 각 직급이 수행하고 있는 업무, 직급 간의 승진 가능성(이동 가능성), 내부 규정 등을 종합적으로 고려하여 누적차를 공유할 수 있는 직급의 범위를 판단해야 한다.

구분	정원	현원	누적 정원	누적 현원
1급	5	6	5	6
2급	10	12	15	18
3급(대졸초임)	20	22	35	40
4급(고졸초임)	15	12	?	?
5급(정규직 전환)	10	8	?	?
무기계약직	12	12	?	?
별정직	5	6	?	?
특정직	3	2	?	?

(다) 누적차 계산 사례

아래의 사례는 1급부터 5급까지 정·현원을 입력한 사례이다. 최하위직급이 4급일 때와 5급일 때 어떤 차이가 있는지 살펴본다.

아래의 사례에서 최하위직급이 5급인 경우 2, 3, 4급의 누적차 여유분이 5급의 근속승진을 상쇄할 수 있다. 왜냐하면 5급과 4급은 승진을 통해 이동이 가능한 직급이기 때문이다. 이와 같은 직급 사이에서는 누적차를 서로 공유할 수 있다.

하지만 최하위직급이 4급인 경우 5급의 근속승진을 2, 3, 4급의 여유분이 상쇄할 수 없다. 왜냐하면 5급에서 4급으로 승진할 수 없기 때문이며, 4급으로의 근속승진과 인정승진 모두 불가능하다. 따라서 5급은 1급부터 4급까지와는 별도로 구분하여 누적차를 계산해야 한다. 5급의 누적차는 정원 30명에서 현원 35명을 차감하여 −5로 산출된다.

구분	정원	현원	누적 정원	누적 현원	누적차
1급	5	6	5	6	−1
2급	10	8	15	14	1
3급	20	18	35	32	3
4급	25	22	60	54	6
5급	30	35	90	89	1/−5
합계	90	89			

1) 최하위직급이 5급인 경우: 1급 1명 근속승진 발생
2) 최하위직급이 4급인 경우: 1급 1명, 5급 5명 근속승진 발생

(2) 직군 체계의 이해

(가) 직군

직군은 수행하는 업무의 성격이나 성질이 유사한 직무를 묶어놓은 것을 말한다. 공공기관은 하나의 직군만 운영할 수도 있고, 여러 개의 직군을 운영할 수도 있다. 여러 개의 직군을 운영하는 공공기관의 경우, 유사한 직무를 묶어 몇 개의 직군으로 구분한 후 각 직군별로 직급 체계를 운영한다. 아래는 4개의 직군(일반직, 행정직, 연구직, 보안직)이 각각 3직급 체계를 운영하고 있는 사례를 나타낸 것이다.

구분	일반직		행정직		연구직		보안직	
	정원	현원	정원	현원	정원	현원	정원	현원
1급	5명	5명	3명	3명	5명	5명	2명	2명
2급	10명	10명	4명	4명	5명	5명	2명	2명
3급	15명	15명	5명	5명	10명	10명	5명	5명

(나) 직군 간의 누적차

공공기관이 두 개 이상의 직군 체계를 가지는 경우, 서로 다른 직군 간에 누적차를 공유할 수 있을지 검토해야 한다. 직군 간에 누적차를 공유할 수 있다면 특정 직군에서 발생한 음(−)의 누적차를 다른 직군의 양(+)의 누적차와 상계할 수 있게 된다. 누적차의 상계 여부는 근속승진의 규모에 영향을 미치기 때문에 증원소요인건비 금액이 달라지게 된다. 또한 이 논리는 임금피크제 효과의 산출 결과에도 영향을 미친다("제4장 임금피크제"에서 자세히 다룬다).

기본적으로 직군은 서로 다른 업무를 수행하는 직무끼리 묶어놓은 것이기 때문에, 특정 직군에서 다른 직군으로 이동하는 것은 드문 일이다. 또한 특정 직군 사이에 상하 관계가 있는 것도 이론적으로 불가능하다. 따라서 직군 간에 순차적으로 승진하여 올라가는 개념은 적용할 수 없으며, 서로 다른 직군 사이에 근속승진을 계산하는 것은 적절하지 않다. 결과적으로 직군 간의 누적차는 서로 상계할 수 없다.

아래 표의 (사례1)은 일반직 1급, 2급, 3급 아래에 행정직 1급, 2급, 3급을 두고 누적차를 계산하는 사례이다. 앞에서 설명한 바와 같이 일반직과 행정직은 서로 상하 관계라고 볼 수 없으며, 승진으로 이동하는 방식도 불가능하기 때문에 (사례1)은 작성 오류라고 보아야 한다.

(사례2)는 일반직과 행정직을 서로 별도의 직군으로 보고 「총인건비 인상률 템플릿」을 각각 작성한 것으로, 정확하게 작성한 사례로 볼 수 있다.

(사례1)	정·현원		(사례2)	일반직		행정직	
	정원	현원		정원	현원	정원	현원
일반직 1급	5명	5명	1급	5명	5명	5명	5명
일반직 2급	10명	10명	2급	10명	10명	5명	5명
일반직 3급	15명	15명	3급	15명	15명	10명	10명
행정직 1급	5명	5명					
행정직 2급	5명	5명					
행정직 3급	10명	10명					

(다) 누적자 구분 사례

공공기관의 직군과 직급 현황이 다음과 같은 경우, 증원소요인건비 산출을 위해 「총인건비 인상률 템플릿」의 구조는 어떻게 설계되는지 아래에서 살펴본다.

> **[공공기관의 직군, 직급 사례]**
> ① 4개의 직군(일반직, 행정직, 연구직, 보안직)을 두고 있다.
> ② 각각의 직군은 6직급 체계로 운영되고 있다.
> ③ 대졸신입사원은 5직급으로 채용된다.
> ④ 고졸신입사원은 6직급으로 채용되며, 5직급으로의 승진 가능성은 매우 낮다.
> ⑤ 일반직과 행정직은 별정직 직급을 운영하고 있으며, 다른 직급으로 이동할 수 없다.

구분	일반직		행정직		연구직		보안직	
	정원	현원	정원	현원	정원	현원	정원	현원
1급								
2급								
3급								
4급								
5급								
6급								
별정직					×	×	×	×

1. 각 직군 내의 1~5급의 누적차는 서로 공유된다.
2. 직군 간의 누적차는 공유할 수 없다.
3. 6급과 별정직은 독립적으로 계산한다.

 8 직급 체계의 변경

(1) 개요

직급 체계를 변경하는 절차에 대한 규정은 별도로 존재하지 않는다. 다만, 「공기업·준정부기관의 경영에 관한 지침」의 내용을 통해 추론해 보면, 사전에 주무부처 및 재정경제부와 협의가 이루어져야 한다고 해석하는 것이 합리적일 것이다. 아래에서는 직급 체계가 변경되는 유형을 세 가지로 구분하여 항목별로 구체적인 내용을 살펴본다.

(2) 유형별 유의사항

직급 체계의 변경은 크게 (가) 신규 직급의 생성, (나) 기존 직급의 소멸, (다) 직급 체계의 전면 개편의 세 가지로 구분할 수 있다.

(가) 신규 직급의 생성

일반적인 5직급 체계에서 6직급, 7직급을 생성하는 방식 또는 1직급과 2직급 사이에 특정직급을 생성하는 방식, 1직급 위 또는 최하위직급 아래에 별정직을 생성하는 방식 등 기관의 사정에 따라 다양한 직급이 새로 만들어질 수 있다. 특히, 2017년도 비정규직의 정규직 전환이라는 정부 정책으로 인해, 신규 직급의 생성과 관련된 많은 사례가 나타났다. 신규 직급의 생성이 총인건비 인상률에 미치는 영향은 중요하며, 아래와 같은 두 가지의 쟁점사항을 검토해야 한다.

(쟁점사항1) 신규 직급과 기존 직급의 관계는 어떻게 해석해야 할지?

예컨대 6직급, 7직급을 새로 생성한 경우, 이러한 신규 직급이 기존 직급(1~5직급)의 체계와 어떤 관계를 가지는지 검토해야 한다. 6직급, 7직급에서 상위직급으로 승진이 가능할지, 승진이 가능하더라도 신규 직급의 규모가 너무 작지는 않은지 등의 사항을 검토해야 한다. 이는 증원소요인건비와 임금피크제의 효과에 영향을 미치기 때문이다.

(쟁점사항2) 신규 직급의 평균단가는 어떻게 정할 것인지?

증원소요인건비는 직급별 전년도의 평균단가에 당기의 인원 증감을 곱하여 계산한다. 당해연도에 생성된 신규 직급에 대해서는 전년도의 평균단가 정보가 없기 때문에, 증원소요인건비를 어떻게 계산하는 것이 합리적인지 고려해야 한다. 이에 대하여 공식적인 계산 방법이 정해져 있지 않기 때문에 공공기관이 신규 직급을 생성한 사유, 신규 직급의 성격, 규모, 총인건비 한도에 미치는 영향 등을 종합적으로 고려해야 한다.

(나) 기존 직급의 소멸

전기까지 유지하던 직급을 더 이상 활용하지 않는 것으로 협의하고 해당 직급의 정원과 현원을 0으로 감소시키는 방식이다. T년도 중 특정 직급의 정원과 현원이 0으로 감소하더라도 일반적으로 T년도의 평균인원은 0보다 크게 산출될 것이다. 이는 12개월의 월별 인원을 기준으로 평균인원을 신출하기 때문이다.

예를 들어 T년도 3월부터 특정 직급이 소멸되는 경우 「총인건비 인상률 템플릿」의 T년도 평균인원은 다음과 같이 산출된다. 즉, 기존 직급이 소멸된다고 하더라도 해당 직급의 인원은 1월과 2월에 남아 있기 때문에 해당 직급의 평균인원은 2명으로 산출된다. 이와 같이 직급별로 남아있는 0보다 큰 평균인원은 「총인건비 인상률 템플릿」의 T+1년도까지 영향을 미친다는 사실에 유의하여야 한다.

직급	1월	2월	3월	……	11월	12월	평균인원
1급							
……							
6급	12	12	0	……	0	0	2

(쟁점사항1) (3-1) 템플릿 산출 시 소멸 직급의 반영 방법

전년도(T-1년도) 6급의 평균인원이 12명이었다고 가정하면, 당해연도(T년도)의 평균인원은 2명으로 산출되었기 때문에 당해연도의 증원소요인건비는 아래와 같이 산출된다.

직급	인원			전년도의 평균단가(D)	증원소요인건비 (C) × (D)
	전년도 (A)	당해연도 (B)	증감 (C)=(B)-(A)		
1급					
...					
6급	12	2	-10	10,000	-100,000

아래는 다음연도(T+1년도)의 「총인건비 인상률 템플릿」이다. T년도의 평균인원이 0보다 크기 때문에 아래 템플릿의 전년도(A)에 해당 값을 입력해야 한다. 결과적으로 증원소요인건비는 다음과 같이 산출되며 해당 값은 총인건비 인상률에 반영되어야 한다.

직급	인원			전년도의 평균단가 (D)	증원소요인건비 (C) × (D)
	전년도 (A)	당해연도 (B)	증감 (C)=(B)-(A)		
1급					
......					
6급	2	0	-2	10,000	-20,000

(쟁점사항2) (3-5) 템플릿 산출 시 소멸 직급의 반영 방법

T년도에 기존 직급이 소멸하는 경우 (3-5) 템플릿도 (3-1) 템플릿과 마찬가지로 T+1년도에 그 영향을 계속해서 고려해야 한다. 아래는 기존 직급이 소멸한 다음 회계연도(T+1년도)의 (3-5) 템플릿을 입력한 사례이다. 전년도에 미승진자 평균인원이 5명 남아 있는 경우, 당해연도 미승진자가 0명이라고 하더라도 아래와 같이 인건비 효과를 산출하여 총인건비 한도에 반영해야 한다.

직급	미승진자 평균인원			전년도의 평균단가			인건비 효과
	전년도	당해연도	증감	승진 전 단가	승진 후 단가	증감	
1급							
......							
6급	5	0	5	12,000	10,000	2,000	10,000

(쟁점사항3) (3-6) 템플릿 산출 시 소멸 직급의 반영 방법

<u>(3-6) 템플릿</u>도 앞의 <u>(3-1) 템플릿</u>, <u>(3-5) 템플릿</u>과 동일한 논리가 적용된다. T년도에 기존 직급이 소멸되더라도, T+1년도의 <u>(3-6) 템플릿</u>상 전년도 평균정원에 소멸 직급의 값을 입력하여 인건비 효과를 산출한다. 아래는 T년도에 6급이 삭제된 공공기관의 T+1년도의 <u>(3-6) 템플릿</u>으로, 이와 같이 산출된 인건비 효과는 총인건비 한도에 반영해야 한다.

구분	평균정원			전년도의 평균단가	인건비 효과
	전년도	당해연도	증감		
1급					
......					
6급	5	0	−5	10,000	−50,000

(다) 직급 체계의 전면 개편

공공기관의 기능조정, 합병, 기관 사업의 중대한 변화 등 여러 가지 이유로 인해, 기관의 직급 체계가 전면 개편될 수도 있다. 이러한 경우 기존의 직급별 정원과 현원이 개편된 직급별 정원과 현원으로 이동하게 되며, 이때 발생하는 쟁점사항을 어떻게 처리할지 검토해야 한다.

(개편사례1) 기존 직급 체계의 세분화

공공기관은 기존의 5직급 체계를 직급별로 세분화하는 방식으로 직급 체계를 변경할 수 있다. 공공기관 주요사업의 중대한 변화, 조직 체계의 중요한 변화, 공공기관 기능 조정에 의한 조직의 흡수 또는 조직의 분할 등 다양한 원인으로 직급 체계가 변경될 수 있다. 변경 원인에 따라 단일 직군을 여러 개의 직군으로 분리히여 직급 체계를 구성할 수도 있다. 이와 같은 직급 체계의 변경은 총인건비 인상률에 중요한 영향을 미치기 때문에, 사전에 충분한 검토가 이루어져야 할 것이다.

기존		개편	
직급	정원	직급	정원
1급	5명	1급(가)	5명
2급	10명	1급(나)	5명
3급	20명	2급(가)	10명
4급	30명	2급(나)	10명
......		......	

(개편사례2) 통합직급관리기관으로 변경

기존 5직급 체계의 공공기관이 통합직급관리기관으로 변경할 수도 있다. 통합직급에 포함되는 직급은 기관마다 다르게 설계할 수 있다. 아래는 3급, 4급, 5급을 통합직급으로 개편한 사례의 모습이다.

기존		개편	
직급	정원	직급	정원
1급	5명	1급	5명
2급	10명	2급	10명
3급	20명		
4급	30명	3급	90명
5급	40명		

상기와 같이 직급 체계가 개편되는 방식은 다양할 수 있으며, 직급 체계가 개편되는 과정, 개편 전·후의 정원과 현원의 변화, 직급별 평균단가의 변화 등에 따라 총인건비 인상률에 미치는 영향이 달라질 수 있다. 이러한 영향은 다음의 5가지 쟁점사항으로 요약될 수 있다.

직급 체계의 개편 방식에 따라 쟁점사항의 반영 방법은 달라질 것이다. 따라서 직급 체계를 어떻게 개편해야 하는지, 개편 방법에 따라 「총인건비 인상률 템플릿」은 어떻게 작성하는 것이 가장 합리적인지 사전에 충분히 검토해야 한다.

[직급 체계가 전면 개편되는 경우 쟁점사항]

(쟁점사항1) (3-1) 템플릿 산출 시 전기 평균인원과 당기 평균인원의 비교방법
(쟁점사항2) (3-5) 템플릿 산출 시 전기 평균인원과 당기 평균인원의 비교방법
(쟁점사항3) (3-6) 템플릿 산출 시 전기 평균인원과 당기 평균인원의 비교방법
(쟁점사항4) (3-4) 템플릿 산출 시 직급별 평균단가 산출방법
(쟁점사항5) (3-4) 템플릿 산출 시 실집행액 기준 총인건비발생액과 일치 여부 검증방법

(1) 개요

두 개 이상의 공공기관이 통합될 때 총인건비 인상률 템플릿을 작성하는 방법은 그 통합 방식에 따라 달라질 것이다. 공공기관이 통합되는 방식은 다음과 같이 유형화할 수 있다.

[공공기관의 통합 방식]
① 통합 후 신설 방식: 유사한 규모의 공공기관이 통합하는 방식으로, 새로운 공공기관을 설립하는 방식이다.
② 흡수 통합 방식: 큰 규모의 공공기관이 작은 규모의 공공기관 또는 공공기관의 일부 조직을 흡수하는 방식이다.

(2) 통합 후 신설 방식

서로 다른 공공기관이 통합시점을 기준으로 소멸하며, 그 구성원은 새로운 공공기관의 직원으로 입사하는 방식이다. 이 경우 통합 이전과 통합 이후의 직급별 정원과 현원이 달라지게 되고 그에 따라 증원소요인건비 산출 효과도 달라진다. 이때 임의의 효과를 별도로 산출해서 반영하기보다는 통합 전, 후 공공기관의 실질을 그대로 반영하는 방법을 적용하는 것이 인상률을 정확하게 산출하는 방법일 것이다.

각 공공기관의 실질을 그대로 반영하기 위해, 통합 이전까지는 각 기관의 직급별 정원과 현원을 기준으로 월별 평균인원을 산출히고 통합 이후부디는 새로운 공공기관의 직급별 정원과 현원을 기준으로 월별 평균인원을 산출하여 증원소요인건비를 계산하는 방식을 적용할 수 있다.

아래는 5직급 체계를 가진 2개 기관이 6월에 소멸하고, 7월부터 통합되면서 4직급 체계의 공공기관으로 신설된 사례이다. 6월까지는 기존 방식으로 직급별 인원과 직급별 평균단가를 집계하여 증원소요인건비를 계산하고, 7월부터는 통합기관의 새로운 직급 체계에 따라 직급별 인원과 직급별 평균단가를 산출한다. A기관과 B기관의 인원은 6월까지만 존재하기 때문에 전년도에 비해 평균인원이 감소하여 증원소요인건비는 감소할 것이고, 통합기관의 평균인원은 전년도 0명에 비해 증가하여 증원소요인건비는 증가할 것이다. 아래와 같이 증원소요인건비를 산정하기 위해서는 통합기관의 직급별 정원과 현원이 우선 확정되어야 한다.

한편, 통합기관의 직급별 평균단가는 7월 이후 직급별 인원의 직전년도 실제 총인건비를
기준으로 산출해야 한다.

기관	직급	1월	…	6월	7월	…	12월	평균
A기관	1직급	5	…	5	0	…	0	2.5
	2직급	10	…	10	0	…	0	5
	3직급	20	…	20	0	…	0	10
	4직급	15	…	15	0	…	0	7.5
	5직급	15	…	15	0	…	0	7.5
B기관	1직급	5	…	5	0	…	0	2.5
	2직급	15	…	15	0	…	0	7.5
	3직급	25	…	25	0	…	0	12.5
	4직급	45	…	45	0	…	0	22.5
	5직급	60	…	60	0	…	0	30
통합 기관	1직급	0	…	0	10	…	10	5
	2직급	0	…	0	30	…	30	15
	3직급	0	…	0	80	…	80	40
	4직급	0	…	0	95	…	95	47.5
합계(검증용)		215		215	215		215	215

(3) 흡수 통합 방식

흡수 통합 방식의 경우 존속 기관의 총인건비 인상률 템플릿에 소멸 기관의 인원을 가산
하는 방식을 적용할 수 있다. 이 방식의 경우 소멸 기관의 인원을 신규채용과 동일하게 각
직급의 증가로 반영하게 된다.

그러나 이러한 방식을 적용하게 되면 존속 기관과 소멸 기관의 직급별 평균단가의 차이
에 따라 유리·불리가 발생할 수 있다. 존속 기관의 평균단가가 높으면 총인건비 상의 유리
함이 발생하고, 소멸 기관의 평균단가가 높으면 불리함이 발생한다. 이러한 부작용을 방지
하기 위해, 통합 후 신설 방식에서 설명한 총인건비 인상률 템플릿 작성 방법을 적용할 수
있을 것이다.

4절 직급별 평균단가

1 직급별 평균단가의 산출

(1) 인건비 총계의 산출

(가) 개요

직급별 평균단가는 아래와 같이 산출한다. 직급별, 월별로 지급한 인건비를 아래의 템플릿에 집계한 이후 직급별로 인건비 총계를 산출한다. 예를 들어 아래의 템플릿에서 1직급의 1월부터 12월까지의 인건비를 모두 합한 값은 A이고 2직급의 1월부터 12월까지의 인건비를 모두 합한 값은 B이다.

A값에는 1직급에 해당하는 인원에게 지급한 총인건비를 합하여 계산한다. 1직급에 3명의 인원이 1년간 근무하였다면 해당 인원에게 지급한 총인건비만 A값에 반영되어야 하며, 다른 직급에 근무하는 직원에게 지급한 금액은 A값에 포함할 수 없다.

전년도	구분	1월	2월		12월	인건비 총계	T(3-2) 평균인원	직급별 평균단가
	1직급					A	ㄱ	A÷ㄱ
	2직급			……		B	ㄴ	B÷ㄴ
	3직급					C	ㄷ	C÷ㄷ
	……							
	별도직군					D	ㄹ	D÷ㄹ
	계					갑		

(나) 집계 대상

상기 인건비 총계에 집계하는 인건비의 기준은 <u>(3)총인건비 인상률 지표의 점수 계산을 위한 Template</u>의 실집행액기준 총인건비 발생액으로, 전년도를 기준으로 집계해야 한다. 총인건비 인상률은 전기와 당기의 총인건비는 실집행액기준 총인건비 발생액을 기준으로 비교하는 방식으로 산출한다. 따라서 전기의 실집행액기준 총인건비 발생액에 직접 가감하는 증원소요인건비도 실집행액기준 총인건비 발생액을 기준으로 산출해야 한다.

실집행액기준 총인건비 발생액은 인건비 총액에서 총인건비에서 제외되는 인건비를 차감하여 구한다. 따라서 총인건비에서 제외되는 항목인 퇴직급여, 공적보험 사용자부담분, 사내근로복지기금 출연금 등은 (3-4) 직급별 평균단가 계산을 위한 Template의 인건비 총계를 산출할 때 제외해야 한다.

(다) 평균인원과 인건비 총계의 대응

직급별 인건비 총계를 산출할 때에는 평균인원의 집계 결과와 대응되도록 해야 한다. 예를 들어, 12월에 5급으로 1명을 신규채용하였다면 해당 직원에게 지급한 인건비는 12월의 5직급에 가산해야 한다.

좀 더 구체적인 사례를 살펴보면, 3월에 2직급에서 1직급으로 승진한 자의 경우 해당 인원은 3월부터 1직급의 평균인원에 반영될 것이다. 따라서 직급별 평균단가를 산출할 때에도 3월부터 1직급에 가산해야 한다. 또한 1월과 2월에 지급한 금액은 2직급에 가산하고 1월과 2월의 평균인원도 2직급에 반영한다. 매월 100원씩 지급하였다면 템플릿은 아래와 같이 월별로 집계하며, 결과적으로 2직급에는 200원, 1직급에는 1,000원이 집계된다.

	구분	1월	2월	3월		10월	11월	12월	인건비 총계
전년도	1직급			100	……	100	100	100	1,000
	2직급	100	100						200

(라) 인건비 총계의 검증

앞의 (3-4) 템플릿에서 직급별 인건비 총계는 A+B+C+⋯+D=(갑)으로 산출한다. 이때 (갑)값은 (3) 템플릿의 전년도 기준 실집행액기준 총인건비 발생액과 일치해야 한다. 이는 (3-4) 템플릿의 주석에서 명시적으로 요구하는 사항이기 때문에 반드시 지켜야 할 절차이다.

한편, 전년도에 총인건비 인상률을 위반한 기관의 경우 증원소요인건비 계산 시 전년도 직급별 평균단가는 전년도 실집행액 인건비가 아닌 위반하지 않았을 경우 직급별 인건비를 기준으로 계산해야 한다. 이는 (3) 템플릿도 동일한 방식으로 산출하기 때문이다.

구분	금액
1. 인센티브 상여금을 제외한 인건비 총액	(A)
2. 총인건비 인상률 계산에서 제외(조정)되는 인건비	(B)
3. 실집행액기준 총인건비 발생액	(C) = (A) - (B)

(2) 평균인원의 산출

평균인원은 (3-2) 템플릿의 직급별 평균인원을 연계하여 사용해야 한다. 왜냐하면 (3-4) 템플릿은 실제 근무하고 있는 직급별 현원을 기준으로 인건비를 집계하였기 때문이다.

(3-3)의 다. 템플릿의 평균인원은 직급별 현원에서 근속승진으로 인한 승진자를 제외하여 산출하기 때문에, (3-4) 템플릿의 직급별 평균단가를 산출할 때 (3-3)의 다. 템플릿의 평균인원을 분모로 사용할 수 없음에 유의해야 한다. 따라서 평균인원의 집계 기준과 인건비 총계의 집계 기준이 대응되도록 (3-2) 템플릿의 직급별 평균인원을 분모로 사용한다.

(3) 직급별 평균단가

(가) 산출방법

직급별 평균단가는 인건비 총계를 (3-2) 템플릿의 직급별 평균인원으로 나누어 계산한다. 앞의 표에서 1직급의 경우 인건비 총계 (A)값을 (3-2) 템플릿의 1직급 평균인원 (ㄱ)값으로 나누어, (A)÷(ㄱ)와 같이 산출한다. 만약 해당 값이 정수가 아닌 유리수로 산출되는 경우에는 소수점 이하에서 반올림 하도록 규정되어 있다.

(나) 분석적 검토

직급별 평균단가가 적절하게 산출되었는지 분석적 검토를 통해 확인할 수 있으며, 두 가지 방법이 가능하다. 일반적으로 하위직급에서 상위직급으로 올라갈수록 직급별 평균단가는 상승한다. 따라서 각 직급별로 평균단가가 합리적인 범위 내에서 상승하고 있는지 확인해 볼 수 있다. 특정 직급 사이의 평균단가에 큰 차이가 있거나 또는 평균단가가 역전되거나 하는 경우에 이를 설명할 수 있는 원인을 파악하면서 분석적 검토를 진행한다.

두 번째 방법은 전년도의 직급별 평균단가와 당해연도의 직급별 평균단가가 총인건비 인상률의 범위 수준에서 증가하였는지 검토하는 것이다. 예를 들어 총인건비 인상률 가이드라인이 1%일 때, 특정 직급의 평균단가가 5% 정도 상승하였다면, 직급별 평균단가의 산출 과정에 오류가 있는지 추가 검토를 해 볼 수 있다. 「총인건비 인상률 템플릿」은 이와 같은 분석적 검토를 통해 인상률 차등적용이 적절하게 이루어졌는지 확인하기를 요구하고 있다.

2　전년도 평균단가의 적용

(1) 원칙

　당해연도의 총인건비 인상률을 산출하기 위해서는 증원소요인건비를 계산할 때 전년도 직급별 평균단가를 적용해야 한다. 이를 위해, (3-4) 템플릿의 전년도 평균단가를 (3-1) 템플릿의 전년도 평균단가에 연계하여 증원소요인건비를 산출한다.

　이를 위해 (3-4) 템플릿의 전년도 인건비 총계는 (3) 템플릿의 전년도의 실집행액기준 총인건비 발생액을 기준으로 산출하게 된다.

(2) 전년도 평균단가 사용의 원리

　전년도 평균단가를 사용하는 이유는 총인건비 인상률 가이드라인에 따른 당해연도의 총인건비 상한액을 구하는 산식이 (전년도 총인건비+증원소요인건비) × (1+총인건비 인상률)이기 때문이다. 즉, 전년도 총인건비에 증원소요인건비를 가산한 후에 당해연도 총인건비 인상률 한도를 곱하는 방식이기 때문에 전년도 평균단가를 적용하는 것이다. 만약 당해연도 평균단가를 적용하여 증원소요인건비를 산정한다면 당해연도의 총인건비 상한액에 당해연도 요소가 중복 적용되는 결과가 나타날 것이다. 이를 구체적인 사례로 설명하면 아래와 같다.

　아래의 (사례1)은 당해연도 총인건비 상한액을 산출할 때, (전년도 총인건비+증원소요인건비) × (1+총인건비 인상률)과 같이 산식을 구성한 것이다. 이는 (전기 요소+전기 요소) × (1+당기 증가율)의 모습으로 그 결과는 당기 요소로 귀결된다. 즉, 총인건비와 증원소요인건비 모두 전기 요소에 해당하며, 여기에 당기 증가율을 곱하여 당기 요소로 변환한 결과를 당기 요소인 당해연도 총인건비와 비교하는 방식이 합리적인 산식일 것이다.

　만약 (사례2)와 같이 증원소요인건비 계산에 당해연도 평균단가를 적용하는 경우, (전기 요소+당기 요소) × (1+당기 증가율)의 방식으로 계산될 것이며, 결과적으로 당기 요소가 중복 적용되어 총인건비 상한액은 과대 계상될 것이다. 따라서 (사례2)는 (사례1)보다 당해연도 총인건비 인상률은 적게 산출되며, (사례2)는 잘못된 계산 결과이다.

[평균단가 적용 예시]

전년도 총인건비: 2명 × 10,000원 = 20,000원
당해연도 총인건비: 3명 × 11,000원 = 33,000원
당해연도 총인건비 인상률 가이드라인: 10%

(사례1) 전년도 평균단가를 적용한 경우

증원소요인건비 = (3명 − 2명) × 전년도 평균단가(10,000원) = 10,000원
당해연도 총인건비 상한액 = (20,000 + 10,000)) × (1 + 10%) = 33,000원
당해연도 총인건비 인상률 = (33,000 − (20,000 + 10,000)) / (20,000 + 10,000)
= 10%

(사례2) 당해연도 평균단가를 적용한 경우

증원소요인건비 = (3명 − 2명) × 당해연도 평균단가(11,000원) = 11,000원
당해연도 총인건비 상한액 = (20,000 + 11,000)) × (1 + 10%) = 34,100원
당해연도 총인건비 인상률 = (33,000 − (20,000 + 11,000)) / (20,000 + 11,000)
= 6.45%

3 직급별 평균단가 특수 사례

(1) 국내와 해외의 구분

(가) 개요

일부 공공기관은 다수의 직원을 해외에 파견을 보내고 있다. 이러한 공공기관은 해외 직원에 대하여 해외근무수당 등을 추가로 지급하고 있다. 그 결과 동일한 직급이라고 하더라도 국내에서 근무하는 직원과 해외에서 근무하는 직원에 대한 총인건비의 규모에 중요한 차이가 발생한다.

이와 같은 차이를 총인건비 인상률의 증원소요인건비에 정확히 반영하기 위해, 일부 공공기관은 증원소요인건비 대상 인원(직급별 정원과 현원)과 직급별 평균단가를 국내 직원과 해외 직원으로 구분하여 관리하였다. 이는 앞에서 설명한 직급 체계와 직군 체계 또는 특수한 정원의 내용과는 또 다른 방식으로, 특정 조건을 갖춘 공공기관에 한해 적용된 방식이다.

(나) 인원의 구분 관리

아래의 표는 직급별 정원과 현원을 국내와 해외로 구분하여 관리한 사례이다. 공공기관이 재정경제부와 증원에 대하여 협의할 때는 총정원을 기준으로 협의가 이루어진다. 국내와 해외에 대해서는 재정경제부와 구체적으로 협의를 하지는 않기 때문에, 아래와 같은 방식으로 국내 정원과 해외 정원을 구분하는 것은 공공기관의 자체 판단에 의한 임의의 구분 방식일 것이다. 이는 총인건비 한도에 대한 공공기관의 조절 가능성에 영향을 미친다. 예를 들어, ① 총인원을 국내 인원과 해외 인원으로 구분할 때의 임의성과 ② 평균인원이 변동하는 방향성에 대한 평균단가 산출의 임의성 등은 총인건비 한도에 영향을 미칠 수 있으며, 따라서 이와 같은 방식의 정당성은 다소 약할 수밖에 없다.

구분	총인원		국내 인원		해외 인원	
	정원	현원	정원	현원	정원	현원
1급	10	8	8	6	2	2
2급	20	18	15	14	5	4

(다) 평균단가의 구분 관리

증원소요인건비 대상 인원을 국내와 해외로 구분하였기 때문에 증원소요인건비 계산을 위한 직급별 평균단가도 국내와 해외로 구분하여 산출해야 한다.

구분	국내 평균단가	해외 평균단가
1급	100,000,000	145,000,000
2급	80,000,000	110,000,000

(라) 현재 관리 방침

2021년도에 대한 총인건비 인상률 평가 이후 현재는 모든 공기업, 준정부기관에 대해 상기와 같이 총인원을 국내 인원와 해외 인원으로 구분하는 방식은 적용하지 않는다. 해외에서 근무하는 인원이 많다고 하더라도 직급별 정원을 국내와 해외로 구분하지 않고, 각 직급에 대하여 단일의 평균단가를 적용하여 증원소요인건비를 산출한다. 국내와 해외를 구분하지 않기로 한 공통 적용 지침을 통해, 공공기관이 직급별 정원을 임의로 구분할 수 있는 여지를 제거하였다.

(2) 전년도 평균단가의 수정

(가) T년도의 당기와 T+1년도의 전기의 총인건비 집행액

당해연도의 총인건비 인상률 산출에 활용한 당해연도의 총인건비 금액은 다음 회계연도의 총인건비 인상률을 산출할 때 전년도 총인건비 금액과 일치해야 한다. 예를 들어 T년도의 총인건비 인상률 산출에 사용된 T년도의 총인건비는 T+1년도의 총인건비 인상률 산출에 사용된 T년도의 총인건비와 같아야 한다. 아래의 사례에서는 두 값이 모두 100으로 동일하다.

T년도의 총인건비 인상률 템플릿과 T+1년도의 총인건비 인상률 템플릿에서의 T년도 총인건비는 서로 동일하기 때문에, 두 회계연도 총인건비 인상률 템플릿의 T년도 직급별 평균단가도 원칙적으로는 동일해야 한다.

T년도 총인건비 인상률		T+1년도 총인건비 인상률	
T−1년도 총인건비	T년도 총인건비	T년도 총인건비	T+1년도 총인건비
80	100	100	120
총인건비 인상률 25%		총인건비 인상률 20%	

(나) 전년도 평균단가의 수정

만약 T년도의 총인건비 인상률 집계 기준과 T+1년도의 총인건비 인상률 집계 기준이 달라진다면, T+1년도의 총인건비 인상률 템플릿상 T년도와 T+1년도의 총인건비는 달라진 집계 기준에 따라 산출해야 한다.

예를 들어 「2026년 공기업·준정부기관 예산운용지침」은 자녀수당을 총인건비에서 제외할 수 있도록 규정을 개정하였다. 따라서 2024년도 총인건비 인상률 템플릿은 이를 반영하여 총인건비에서 자녀수당을 제외해야 한다. 만약 2023년도 총인건비 100원 중 10원이 자녀수당이고 2024년도 총인건비 120원 중 15원이 자녀수당이라면 2023년도와 2024년도의 총인건비 인상률 산출 구조는 아래와 같이 달라진다.

2023년도 총인건비 인상률		2024년도 총인건비 인상률	
2022년도 총인건비	2023년도 총인건비	2023년도 총인건비	2024년도 총인건비
80	100	90	105
총인건비 인상률 25%		총인건비 인상률 16.67%	

2023년도의 총인건비 인상률은 변동 없이 유지되며, 2024년도 총인건비 인상률을 계산할

때는 변경된 지침에 따라 2023년도와 2024년도의 총인건비를 집계하여 인상률을 계산해야 한다. 따라서 2024년도 총인건비 인상률을 계산할 때의 2023년도 총인건비는 100원에서 10원을 차감한 90으로 계산한다.

한편, 2024년도 총인건비 인상률을 계산할 때 증원소요인건비는 2023년도(직전연도)의 평균단가를 사용해야 한다. 2023년도의 평균단가는 2023년도의 총인건비 집행액과 일치해야 하기 때문에, 전년도 총인건비 인상률 산출에 사용된 금액인 100원이 아니라 변경된 지침에 의한 총인건비 금액 90원을 기준으로 계산해야 한다.

(다) 전년도 평균단가의 수정 사례

상기와 같이 총인건비 집계 기준이 달라지는 경우에는 전년도 총인건비 금액이 변경되고, 이에 따라 전년도 평균단가도 동시에 수정해야 한다. 전년도 평균단가를 수정해야 하는 사례에는 다음과 같은 항목이 있다.

[전년도 평균단가의 수정 사례]
1. 해외근무수당의 총인건비 포함 → 제외
2. 자녀수당의 총인건비 포함 → 제외
3. 기관의 통합으로 인한 직급 체계의 변경
4. 원화표시 해외인건비의 전기 환율 조정
5. 오류로 인해 총인건비에서 제외하던 항목을 총인건비에 포함하도록 수정하는 경우
6. 전년도 총인건비 인상률 위반으로 총인건비 상한액을 하향 조정하는 경우

제 4 장

임금피크제

1 개요

(1) 임금피크제 도입 배경

임금피크제 도입 배경에 대해 「공공기관 임금피크제 권고안」('15. 5.) 및 「공공기관 임금피크제 운영 가이드라인」('20. 9.)은 다음과 같이 설명하고 있으며, 따라서 임금피크제의 핵심 목표 세 가지는 ① 정년 연장, ② 신규채용, ③ 인건비 부담 완화로 요약할 수 있다. 즉, 정년 연장으로 인해 공공기관의 인건비가 증가하여 신규채용에 필요한 정원과 재원을 마련하지 못하기 때문에, 임금피크제는 이를 보완하기 위해 시행하는 제도이다.

> **공공기관 임금피크제 운영 가이드라인('20. 9.)**
>
> ① 공공기관이 연공급적 급여체계로 인해 연령별 생산성 수준 등이 보수에 적절히 반영되지 않음.
>   – 특히, 고령자고용촉진법 개정('13. 5.)으로 '16년부터 60세 정년이 보장됨에 따라 인건비 증가, 신규채용 감소 등 문제점 발생
> ② 고령자 임직원의 인건비 부담을 완화하고 청년일자리를 창출할 수 있도록 공공기관의 임금피크제 도입 필요

(2) 임금피크제 관련 규정

재정경제부는 2015년 「공공기관 임금피크제 권고안('15. 5.)」을 통해 공공기관으로 하여금 임금피크제를 도입하도록 독려하였고, 이를 위해 2015년도 「공공기관 경영평가 편람」에 임금피크제 운영의 적절성 등을 평가지표로 반영하기 시작하였다. 또한 2016년도 「총인건비 인상률 템플릿」은 임금피크제가 총인건비에 미치는 영향을 산출하여 총인건비 한도에 가감하도록 규정하였으며, 현재까지 해당 계산 방식은 유지되고 있다.

2026년 현재 공공기관의 임금피크제 운영, 관리에 대한 규정은 크게 두 가지로 구분된다. 우선 임금피크제를 어떻게 운영해야 하는지에 대해서는 「공기업, 준정부기관의 경영에 관

한 지침」 제10조(임금피크제)에 규정되어 있다. 해당 지침은 임금피크제의 대상자, 신규채용 목표 설정방법, 임금피크제 대상자의 관리방식, 임금피크제 도입의무 및 도입하지 않았을 때의 불이익 등에 대하여 규정하고 있다.

두 번째 지침은 「총인건비 인상률 템플릿」으로 임금피크제 대상자와 신규채용 인원에 따라 총인건비 한도 금액을 조정하도록 규정하고 있다. 「총인건비 인상률 템플릿」은 「공기업, 준정부기관의 경영에 관한 지침」의 임금피크제에 대한 개념과 규정을 기초로 설계되었다. 따라서 임금피크제가 총인건비 인상률에 미치는 영향을 정확히 산출하기 위해서는 두 가지 지침을 정확히 이해해야 한다.

아래에서는 「공기업, 준정부기관의 경영에 관한 지침」과 「총인건비 인상률 템플릿」의 개념을 이해하고 템플릿을 정확하게 작성하는 방법 그리고 임금피크제로 인한 영향 금액을 정확히 산출하는 방법에 대해 설명한다.

② 임금피크제의 개념

(1) 임금피크제의 개념

임금피크제는 사업주가 근로자에게 일정 연령 이상까지 고용을 보장하는 조건으로 임금을 조정하는 제도이다. 여기서 사업주는 공공기관을 의미하며, 또한 임금의 조정이라는 표현은 근로자 입장에서는 임금의 감액을 의미한다. 상기 임금피크제의 개념에 따라 임금피크제는 아래의 5가지 요소로 구성되며, 아래에서는 각 항목별로 설명한다.

1) 임금피크제 대상 공공기관
2) 임금피크제 대상 근로자
3) 근로자의 정년
4) 정년의 보장 또는 연장(임금피크제의 종류)
5) 임금의 조정(임금지급률[27]과 임금조정기간)

(2) 임금피크제의 대상 사업주(공공기관)

「공공기관 임금피크제 권고안」('15. 5.)은 모든 공공기관으로 하여금 임금피크제를 도입하도록 권고하였다.

---

27) 「공기업, 준정부기관 경영에 관한 지침」에서 사용하고 있는 용어이며, "1 - 임금감액률"과 같은 값을 가진다.

모든 공공기관은 동 가이드라인에 따라 임금피크제를 도입하고, 전 직원을 대상으로 하여야 함.

또한 「공기업, 준정부기관 경영에 관한 지침」은 신규로 지정된 공기업, 준정부기관에 대하여 임금피크제를 도입하도록 규정하고 있다. 만약 임금피크제를 도입하지 않은 기관의 경우 다음연도의 총인건비 상한을 계산할 때 예산운용지침에서 규정하고 있는 총인건비 인상률의 1/2만 적용해야 한다. 예를 들어 예산운용지침에서 다음연도 총인건비 인상률을 3%로 규정하고 있다면 임금피크제 미도입기관은 1.5%를 적용해야 한다.

> **「공기업, 준정부기관 경영에 관한 지침」**
>
> 제10조(임금피크제) ⑨ 법 제4조, 법 제5조 및 법 제6조의 규정에 따라 신규로 지정된 공기업, 준정부기관은 해당 연도의 말까지 임금피크제를 도입하여야 한다.
> ⑩ 제9항의 규정에도 불구하고 임금피크제를 도입하지 않은 공기업, 준정부기관에 대해서는 다음연도 총인건비에 관하여 예산편성지침상 인상률의 1/2을 상한으로 적용한다.

「공공기관의 혁신에 관한 지침」 제21조는 기타공공기관도 청년일자리 창출을 위하여 임금피크제를 준용하도록 규정하고 있다. 따라서 기타공공기관도 반드시 「공기업, 준정부기관 경영에 관한 지침」의 임금피크제 규정을 준수해야 한다.

> **「공공기관의 혁신에 관한 지침」**
>
> 제21조(일자리 창출 노력 및 사회형평적 인력활용) ④ 기타공공기관은 청년일자리 창출을 위하여 법 제50조에 따른 공기업, 준정부기관의 경영에 관한 지침(이하 '경영지침'이라 한다) 제10조에서 규정한 임금피크제를 준용한다.

(3) 임금피크제의 대상 근로자

임금피크제 대상 근로자에 대해서는 아래의 「공기업, 준정부기관 경영에 관한 지침」에서 두 가지 내용을 규정하고 있다.

> 「공기업, 준정부기관 경영에 관한 지침」
>
> 제10조(임금피크제) ① 공기업, 준정부기관은 전 직원을 대상으로 임금피크제를 운영한다. 다만, 급여수준이 최저임금의 150% 수준 이하인 직원 등 급여수준이 매우 낮은 경우에는 임금피크제 적용을 제외할 수 있다.

(가) 임금피크제는 전 직원을 대상으로 한다.

「공공기관 임금피크제 권고안」('15. 5.)은 임금피크제를 전 직원으로 대상으로 하도록 권고하였다. 또한 「공기업, 준정부기관 경영에 관한 지침」도 동일한 내용을 임금피크제 대상자에 대한 원칙으로 두고 있다. 따라서 모든 공공기관의 정규직과 무기계약직 근로자는 임금피크제 적용 대상이 된다.

단, 「총인건비 인상률 템플릿」은 무기계약직 근로자는 제외하고 정규직 근로자에 대해서만 총인건비 인상률을 산출하기 때문에, 「총인건비 인상률 템플릿」에는 정규직 근로자의 임금피크제의 효과만 반영된다.

(나) 급여수준이 매우 낮은 직원은 임금피크제 대상에서 제외할 수 있다.

급여수준이 최저임금의 150% 수준 이하인 직원은 임금피크제 적용을 제외할 수 있다. 왜냐하면 임금피크제는 근로자의 임금을 감소하도록 조정하기 때문이다. 만약 최저임금의 150% 수준의 임금을 받는 직원이 임금피크제 대상이 되어, 33%의 임금이 감액된다면 결과적으로 최저임금의 100%만 수령하게 된다. 따라서 임금 감액률이 33%를 초과한다면 최저임금 미만으로 급여를 받게 된다. 「공기업, 준정부기관 경영에 관한 지침」은 이와 같은 불합리함을 제거하기 위해 상기 규정을 반영하였다.

> **[예시] 급여수준이 낮은 직원에 대한 임금피크제 적용**
>
> 임금피크제 적용 후의 임금 = 최저임금의 $150\% \times (1-33\%) =$ 최저임금의 100%

(4) 근로자의 정년

근로자의 정년은 고령자고용법 제19조(정년)에 규정되어 있다. 고령자고용법은 근로자의 정년을 60세 이상으로 정하도록 규정하고 있다. 또한 사업주가 만약 정년을 60세 미만으로 정하였다고 하더라도, 고령자고용법은 정년을 60세로 정한 것으로 보기 때문에 60세의 정년은 보장된 것으로 해석할 수 있다.

「고용상 연령차별금지 및 고령자고용촉진에 관한 법률」

제19조(정년) ① 사업주는 근로자의 정년을 60세 이상으로 정하여야 한다.

② 사업주가 제1항에도 불구하고 근로자의 정년을 60세 미만으로 정한 경우에는 정년을 60세로 정한 것으로 본다.

「공공기관 임금피크제 권고안」('15. 5.)은 임금피크제 도입을 이유로 정년을 60세를 초과하여 연장할 수 없도록 규정하였다. 따라서 공공기관은 고령자고용법에서 정한 정년의 최저 연령(60세)까지만 정년을 연장할 수 있었고, 이에 따라 대부분의 공공기관은 임금피크제 도입 이후에 정년을 60세로 정하였다.

또한 직급별로 정년이 다른 공공기관이 직급별 정년 일치를 위해 60세 미만인 직급의 정년을 60세를 초과하도록 변경하는 것도 불가능하도록 규정하였다. 예를 들어 1급의 정년이 62세이고 나머지 직급의 정년이 58세인 경우, 임금피크제 도입 이후에 나머지 직급의 정년은 60세까지만 연장할 수 있다.

(5) 임금피크제의 종류

임금피크제의 종류에는 이론적으로 정년연장형, 정년보장형, 고용연장형이 포함되며, 「공기업, 준정부기관의 경영에 관한 지침」은 정년연장형과 정년보장형의 두 가지 형태에 대해서만 규정하고 있다.

(가) 정년연장형

공기업, 준정부기관은 임금피크제 도입 이후에 근로자의 정년을 최대 60세까지 보장한다. 임금피크제를 도입하기 이전의 정년이 60세 미만인 공공기관은 임금피크제를 도입한 이후에 60세까지 정년을 연장할 수 있다. 이와 같이 정년을 연장하는 유형의 임금피크제는 사업주가 취업규칙 등에서 정한 정년을 연장하는 것을 전제로 임금을 조정하는 제도이다. 예를 들어 기존정년이 58세이거나 59세인 공공기관은 정년을 60세로 연장할 수 있다.

정년연장형을 선택한 공공기관은 「공기업, 준정부기관 경영에 관한 지침」에 따라 정년연장으로 인해 증가한 퇴직연장자만큼 매년 신규채용을 해야 할 의무가 생긴다. 신규채용에 필요한 인건비는 임금피크제로 인한 절감 재원을 통해 충당해야 한다. 따라서 임금피크제 대상자는 임금을 조정해야 한다. 이때 임금을 감액하는 연령과 얼마나 감액해야 하는지는 각 공공기관이 기관의 상황에 따라 직접 설계해야 한다.

(나) 정년보장형

임금피크제의 개념은 근로자에게 일정 연령 이상까지 고용을 보장하는 것이다. 공기업, 준정부기관은 임금피크제 도입 이후에 근로자의 정년을 60세까지 보장하기 때문에, 임금피크제를 도입하기 이전에도 정년이 60세 이상이라면 임금피크제를 도입한 이후에도 60세의 정년은 그대로 유지된다. 즉, 정년보장형은 과거에 정한 60세 이상의 정년을 임금피크제 이후에도 보장하는 것을 전제로 임금을 조정하는 제도이다.

정년보장형을 선택한 공공기관의 정년은 임금피크제 도입 전·후에 달라지지는 않았지만, 신규채용 의무는 가진다. 즉, 정년보장에 대한 대가로 신규채용 목표를 설정해야 하며 신규채용을 위한 재원을 마련해야 한다. 따라서 임금피크제 대상자의 임금을 조정해야 하고 이를 위해 임금지급률과 임금조정기간 등 임금피크제에 대한 세부사항을 공공기관이 자율적으로 설계해야 한다.

(다) 고용연장형

고용연장형은 사업주가 근로자에게 정년퇴직 이후에 계약직 등의 형식으로 고용하는 대신 임금을 조정하는 제도이나, 공공기관은 도입할 수 없는 방식이다.

(6) 임금의 조정(임금지급률과 임금조정기간)

「공공기관 임금피크제 권고안」('15. 5.)은 정년을 연장하거나 보장하는 방식, 임금을 조정하는 방식(임금지급률, 임금조정기간) 등 임금피크제 세부사항에 대해서는 각 공공기관이 자율적으로 정할 수 있도록 규정하였다. 또한 「공기업, 준정부기관 경영에 관한 지침」은 각 기관의 신규채용에 필요한 인건비를 충당할 수 있도록, 임금피크제 세부사항(임금지급률과 임금조정기간)을 합리적으로 설계하도록 규정하고 있다. 따라서 각 공공기관은 임직원의 연령분포, 직군별, 직급별 임금체계 등을 고려하여, 총인건비 인상률의 한도 내에서 임금피크제 세부사항(임금지급률과 임금조정기간)을 합리적으로 설계해야 한다.

「공기업, 준정부기관 경영에 관한 지침」

제10조(임금피크제) ⑤ 임금피크제 관련 신규채용 인원의 인건비는 임금피크제 절감재원을 통해 충당하는 것을 원칙으로 하며, 임금지급률과 임금조정기간 등 임금피크제

(가) 임금감액연령

임금피크제의 원리는 임금의 감액을 통해 절감한 인건비 재원을 활용하여 신규채용을 하는 것이며, 「공공기관 임금피크제 권고안」('15. 5.)은 이와 같은 작동 원리가 원활하게 이루어지도록 공공기관으로 하여금 임금감액연령을 설계하도록 권고하였다. 이에 따라 각 공공기관은 임직원의 연령 분포, 임금 체계 등을 고려하여 언제부터 임금을 감액하는 것이 최적의 연령인지 검토하였고, 그 결과에 따라 임금감액연령을 자율적으로 설계하였다. 임금감액연령에 대해서는 구체적인 제한 규정은 없다. 따라서 임금감액연령은 기관마다 다르게 설정할 수 있으며, 정년 도래 1년 전부터 감액할 수도 있고, 정년 도래 5년 전부터 감액할 수도 있다.

(나) 임금감액연령과 기존정년

임금감액연령을 정할 때 기존정년연령과 일정한 규칙을 가지도록 관련 규정을 정하지 않았다. 따라서 임금감액연령과 기존정년연령이 반드시 일치할 필요는 없으며, 그 결과 각 공공기관의 임금감액연령은 기존정년연령과 다르게 설계하는 것도 가능하다.

[임금피크제 임금감액연령과 기존정년의 비교(예시)]

나이	56세	57세	58세	59세	60세
A기관	임금감액연령		기존정년		임피정년
B기관			기존정년 임금감액연령		임피정년
C기관			기존정년	임금감액연령	임피정년
D기관				임금감액연령 기존정년	임피정년
E기관				임금감액연령	기존정년 임피정년

예를 들어, A기관과 같이 기존정년이 58세인 기관이 임금피크제 도입 이후의 정년을 60세로 정하면서 임금감액은 56세부터 시작할 수 있다. 또한 기존정년과 임금피크제 도입 이후의 정년은 A기관과 동일하면서 임금감액연령만 B기관과 같이 58세로 다르게 정하거나, C기관과 같이 임금감액연령을 59세로 정하는 것도 가능하다. D기관은 정년을 1년 연장한 기관으로 임금감액연령을 59세로 정한 사례이며, 임금감액연령을 이와 다르게 정할 수 있다.

E기관은 기존정년과 임금피크제 도입 이후의 정년이 60세로 동일한 정년보장형 기관으로, 임금감액연령을 60세로 정하는 것도 가능하다. 즉, 임금감액연령은 신규채용 인건비를 충당하는데 문제가 없다는 것을 전제로 기관의 자율에 따라 정할 수 있다.

(다) 임금지급률

임직원이 임금감액연령에 도달한 이후, 각 나이에 따른 임금지급률도 공공기관마다 자율적으로 선택할 수 있도록 정하였다. 이 또한 임금의 감액을 통해 확보한 인건비 재원으로 신규채용을 하는 임금피크제의 원리에 따라, 각 공공기관이 자율적으로 결정하면 되기 때문에 기관별, 연령별 임금지급률은 모두 다르게 정할 수 있다.

[임금피크제 임금지급률의 비교(예시)]

구분	나이	56세	57세	58세	59세	60세
A기관	지급률	90%	90%	80%	80%	정년퇴직
	내용			기존정년		임피정년
B기관	지급률	100%	100%	65%	55%	정년퇴직
	내용			기존정년		임피정년

(라) 임금지급률과 임금조정기간의 설계

임금지급률과 임금조정기간은 임직원의 연령분포, 직군별, 직급별 임금체계 등을 고려하여 합리적으로 설계해야 한다. 기존정년이 만 59세인 공공기관이 정년을 1년 연장하고, 임금 감액은 만 58세부터 시작한다고 가정하자. 해당 공공기관의 연령분포를 통해 임금감액 연령과 별도정원 그리고 신규채용의 연도별 스케줄은 아래와 같이 작성할 수 있다. 임금피크제 대상자는 1년간 임금감액 연령에 해당하고, 그 다음 해에 별도정원에 반영된다. 또한 별도정원에 반영된 인원수만큼 신규채용이 이루어진다. 만약 임금피크제 대상자가 모두 임금을 20%씩 감액하고, 절감재원 50%p당 1명씩 채용할 수 있다면 어떻게 될지 살펴보자.

구분	20×1년	20×2년	20×3년	20×4년	20×5년	20×6년	20×7년
임금감액연령(58세)	10명	15명	5명	20명	8명	12명	17명
별도정원(59세)	5명	10명	15명	5명	20명	8명	12명
임금감액(20%)	300%	500%	400%	500%	560%	400%	580%
신규채용 재원	6명	10명	8명	10명	11.2명	8명	11.6명
신규채용 의무	5명	10명	15명	5명	20명	8명	12명
신규채용 과/부족	+1명	−	−7명	+5명	−8.8명	−	−0.4명

(산출 산식)
20×1년 임금감액: (10명+5명) × 20% = 300%
20×1년 신규채용 재원: 300%÷50% = 6명 채용 가능
20×5년 임금감액: (8명+20명) × 20% = 560%
20×5년 신규채용 재원: 560%÷50% = 11.2명 채용 가능

임금조정기간은 58세부터 2년, 임금지급률은 80%로 결정한 공공기관은 상기와 같이 임금피크제의 신규채용 의무에 대응해야 한다. 20×1년, 20×2년에는 여유 있게 임금피크제를 운영할 수 있지만, 20×3년, 20×5년에는 임금피크제 대상자의 임금감액을 통한 절감재원만으로는 신규채용 인원에 필요한 인건비를 충분히 마련할 수 없다. 20×3년에는 7명, 20×5년에는 8.8명을 신규채용하는데 필요한 총인건비 한도를 별도로 확보해야 한다. 별도의 인건비 재원을 확보하는 방법은 ① 총인건비 제도가 허용하는 방법으로 그리고 ② 해당 공공기관의 총인건비 한도 이내에서 이루어져야 한다.

기본적으로는 임금지급률을 더 줄이거나 임금조정기간을 더 길게 설계하는 방법이 있을 것이다. 만약 상기의 표에서 임금감액을 30%로 늘린다면 어떻게 되는지 살펴보자.

구분	20×1년	20×2년	20×3년	20×4년	20×5년	20×6년	20×7년
임금감액연령(58세)	10명	15명	5명	20명	8명	12명	17명
별도정원(59세)	5명	10명	15명	5명	20명	8명	12명
임금감액(30%)	450%	750%	600%	750%	840%	600%	870%
신규채용 재원	9명	15명	12명	15명	16.8명	12명	17.4명
신규채용 의무	5명	10명	15명	5명	20명	8명	12명
신규채용 과/부족	+4명	+5명	−3명	+10명	−3.2명	4명	5.4명

(산출 산식)
20×1년 임금감액: (10명+5명) × 30% = 450%
20×1년 신규채용 재원: 450%÷50% = 9명 채용 가능
20×5년 임금감액: (8명+20명) × 30% = 840%
20×5년 신규채용 재원: 840%÷50% = 16.8명 채용 가능

임금감액률을 30%로 증가시키는 경우, 인건비 부족분은 20×3년에는 3명, 20×5년에는 3.2명으로 감소하였다. 즉, 공공기관은 상기와 같이 임금지급률과 임금조정기간을 조정하는 방안에 대하여 다양한 시나리오를 작성해 볼 수 있으며, 신규채용에 필요한 인건비 재원을 마련하는 최적의 방법을 도출할 수 있을 것이다. 그러나 위의 방법은 개념 설명을 위해 사례를 단순화한 것으로, 실제 시나리오를 작성할 때에는 아래의 사항들을 추가적으로 고려해야 한다.

> **임금지급률과 임금조정기간 산출 시 고려해야 할 사항**
>
> 1) 연도별 임금감액연령에 도달하는 직급별, 직군별 인원, 평균단가, 감액 금액
> 2) 연도별 별도정원에 반영되는 직급별, 직군별 인원, 평균단가, 감액 금액
> 3) 연도별 신규채용 의무 인원, 평균단가와 실제 지급액
> 4) 연도별 정년퇴직 인원
> 5) 별도정원 반영 방식(별도직군 방식 vs 초임직급 방식)
> 6) 각 항목이 「총인건비 인상률 템플릿」에 미치는 영향

3 임금피크제의 설계

(1) 별도정원의 관리 방식

임금피크제 대상자는 일반정원에서 제외된 후에 별도정원에 반영된다. 별도정원으로 반영되는 방식은 크게 별도직군 방식과 초임직급 방식의 두 가지 방식으로 구분된다. 두 가지 방식의 정의는 아래와 같으며, 각각의 운영방식의 차이에 따라 「총인건비 인상률 템플릿」이 설계되었다.

> **「공기업, 준정부기관 경영에 관한 지침」**
>
> 제10조(임금피크제) ④ 매년 설정하는 임금피크제 관련 신규채용 규모만큼 별도정원으로 반영하며, 별도정원은 별도직군 정원으로 반영하거나 초임직급 정원으로 반영한다. 기관의 임금피크제 운영방식에 따라 별도정원 중 일부는 별도직군 정원으로 반영하고 나머지는 초임직급 정원으로 반영할 수 있다.
>
> 1. 별도직군 방식: 임금피크제 대상자를 기존 직급에서 제외하여 별도직군의 현원으로 관리

2. 초임직급 방식: 임금피크제 대상자를 기존 직급의 현원으로 관리

⑦ 공기업, 준정부기관은 임금피크제 대상자의 업무 능력 및 기관별 직위, 직무 구조 등을 고려하여 적합한 직위, 직무를 개발하여 부여하여야 하며, 임금피크제 대상자의 동기 부여와 직무 등에 따른 적절한 보상을 위해 임금지급률 및 임금조정기간 차등이나 직무급, 역할급 등을 지급할 수 있다.

(가) 별도직군 방식

별도직군 방식은 임금피크제 대상자를 기존 직급에서 제외한 후 별도직군의 현원으로 관리하는 방식으로, 별도직군에 1명의 별도정원을 부여하게 된다. 예를 들어 임금피크제 대상자인 1직급 1명이 별도직군으로 이동하게 되면, 2직급의 1명이 1직급의 빈자리로 승진할 수 있다는 장점이 있다.

(나) 초임직급 방식

초임직급 방식은 임금피크제 대상자를 기존 직급의 현원으로 관리하는 방식이다. 별도직군 방식과 달리 임금피크제 대상자는 기존의 직급에서 기존 업무를 그대로 수행할 수 있다. 따라서 인사가 적체된 기관이 초임직급 방식을 선택하는 것은 적절하지 않을 수 있다. 초임직급 방식을 선택한 경우, 임금피크제 대상자에 대한 별도정원은 초임직급에 1명을 부여하게 된다.

(다) 직위, 직무의 개발

공기업, 준정부기관은 임금피크제 대상자의 업무 능력 및 기관별 직위, 직무 구조 등을 고려하여 적합한 직위, 직무를 개발하여 부여하여야 한다. 특히, 별도직군 방식을 선택한 공공기관은 임금피크제 대상자를 별도직군의 현원으로 관리해야 하기 때문에, 별도직군으로 이동한 이후에 어떤 직무를 수행해야 할지 개발하는 것이 중요하다. 기존에 담당했던 업무의 분야, 능력 등을 고려하여 담당 업무가 계속적으로 유지되는 것을 고려할 필요가 있다. 또한 별도직군으로 이동한 이후에 기존의 직위, 직급이 심리적으로 영향을 미칠 수 있다는 점도 고려해야 한다.

(2) 임금피크제의 설계

임금피크제에 대해 이해한 내용에 따라 각 공공기관은 임금피크제 세부 항목에 대해 필

요한 사항을 정하여 취업규칙 등에 반영하여야 한다. 이때 외부 규정을 그대로 받아들여야 하는 부분이 있고, 공공기관이 자율적으로 정할 수 있는 부분이 있다. 이 구분에 따라 각 공공기관이 어떤 세부 항목을 정해야 할지 아래에서 살펴본다.

임금피크제 설계 시 고려해야 할 항목

(1) 임금피크제를 도입할지?
　　(사실상 강제) 도입 여부는 자율이지만, 미도입에 대한 penalty 존재
(2) 임금피크제 대상에서 제외할 근로자가 있는지?
　　(강제) 최저임금의 150% 기준으로 계산
(3) 근로자의 정년은 60세로 정함.
　　(강제) 공기업, 준정부기관은 60세로 정해야 함.
(4) 정년보장형인지, 정년연장형인지?
　　(강제) 기존정년에 따라 정해짐.
(5) 임금의 조정(임금지급률과 임금조정기간)
　　(자율) 총인건비에 미치는 영향 있음.
(6) 별도직군 방식, 초임직급 방식?
　　(자율) 총인건비에 미치는 영향 있음.
(7) 임금피크제 대상자에 대한 직위와 직무 개발
　　(자율) 임금피크제 대상자에게 적합한 직위, 직무를 개발해야 함.

상기 설계 항목 중에서 공공기관이 자율적으로 선택할 수 있으면서 총인건비 인상률에 영향을 미치는 항목은 임금지급률, 임금조정기간, 별도정원의 관리방식(별도직군 방식, 초임직급 방식)이다. 따라서 공공기관은 임금피크제를 설계할 때, 상기 세 가지 항목이 총인건비에 미치는 영향을 분석하여야 하며, 이러한 분석에는 반드시 「총인건비 인상률 템플릿」을 기반으로 한 내용이 포함되어야 한다.

(3) 임금피크제 제도의 변경

공기업, 준정부기관이 설계한 임금피크제 제도는 운영 과정에서 다양한 문제점이 발생할 수 있다. 특히 임금지급률, 임금조정기간은 신규채용에 필요한 인건비 재원을 마련하는데 중요한 영향을 미치는 요소이며, 이러한 부분의 설계에 문제가 생기는 경우 총인건비 범위 내에서 임금피크제를 운영하기 어려울 수 있다. 또한 별도정원을 별도직군 방식으로 운영할지 초임직급 방식으로 운영할지에 대해서도 공공기관의 노조, 노사협의회, 개별 임금피크제 대상자 등의 다양한 요구가 있을 수 있다.

　상기와 같이 공공기관이 자율적으로 결정할 수 있는 부분에 대하여 「공기업, 준정부기관 경영에 관한 지침」은 공기업, 준정부기관이 직접 임금피크제 제도를 변경할 수 있도록 규정하고 있다. 변경을 위해선 관련 사항을 이사회 개최일 15일 전까지 주무기관의 장과 재정경제부장관에게 송부하여야 한다.

「공기업, 준정부기관 경영에 관한 지침」

제10조(임금피크제) ⑫ 공기업, 준정부기관이 임금피크제 제도를 변경하고자 하는 경우에는 보수규정 등 관련 제도 변경 사항을 이사회 개최일 15일 전까지 주무기관의 장 및 재정경제부장관에게 송부하여야 한다.

임금피크제의 운영

1 임금피크제의 운영 절차

「공기업, 준정부기관 경영에 관한 지침」에 따라 임금피크제를 운영하기 위해 공공기관이 수행해야 할 절차는 아래와 같이 요약된다. 공공기관은 임금피크제 시행에 대한 세부사항을 임금피크제 시행 직전연도(T−1년도)에 결정해야 한다. 즉, 신규채용의 규모, 임금피크제 대상자, 별도정원 반영 규모 등을 결정하고, 그 결과를 별도정원 요구서(재정경제부 양식)로 작성하여 재정경제부와 협의해야 한다.

그리고 임금피크제 시행연도(T년도)에는 재정경제부와 협의한 바에 따라 임금의 감액, 임금피크제 대상자의 인사발령, 신규채용 등 임금피크제 운영 사항을 시행해야 한다. 모든 사항을 시행한 이후, 임금피크제를 시행한 다음 해(T+1년도)에는 「총인건비 인상률 템플릿」에 관련 효과를 반영하여 총인건비의 범위 내에서 임금피크제를 운영하였는지 평가해야 한다.

또한 아래의 절차는 매년 반복적으로 수행해야 한다. 예를 들어 20×2년도에는 20×3년도에 대한 계획을 수립해야 하고, 20×2년도의 임금피크제를 시행해야 하며, 20×1년도의 임금피크제 시행 결과에 대한 평가도 이루어져야 한다.

| 임금피크제 운영 절차 |

T−1년도
 (계획)
	(1) 신규채용 목표의 설정
	   −정년연장기관, 정년보장기관의 구분에 따라 결정
	 (2) 별도정원의 규모
	   −임금피크제 대상자의 결정
	   −별도정원 운영방식
	 (3) 별도정원 요구
	   −임금피크제 설계안과 별도정원 요구서를 작성하여 재정경제부와 협의

T년도
 (시행)
	(4) 임금피크제 시행
	   −임금피크제 대상자의 인사발령
	   −임금피크연령에 도달한 자의 임금감액
	   −신규채용 목표 달성

T+1년도 (평가)	(5) 「총인건비 인상률 템플릿」 −임금피크제의 효과를 반영한 「총인건비 인상률 템플릿」 작성

아래에서는 임금피크제 운영 절차의 각 항목에 대하여 실제로 어떻게 산출하고 적용해야 하는지 살펴본다. 특히 신규채용 목표 규모를 산출하는 방법, 임금피크제 대상자를 선별하는 방법, 별도정원 요구서를 작성하는 방법에 대해 자세히 설명한다.

② 신규채용 목표의 설정

「공기업, 준정부기관 경영에 관한 지침」은 임금피크제 운영에 있어서 우선 신규채용 목표를 산출하도록 요구하고 있다. 신규채용 목표의 산출 방법은 정년연장기관과 정년보장기관에 대해 각각 다르게 규정되어 있다.

> **「공기업, 준정부기관 경영에 관한 지침」**
> ② 공기업, 준정부기관은 임금피크제를 통해 청년일자리 창출에 적극 노력하여야 하며, 다음 각 호의 기준에 따라 매년 신규채용 목표를 설정하여야 한다.
> 1. 정년연장기관: 정년연장으로 인한 퇴직연장자 증가분
> 2. 정년보장기관: 정년도래 1년 전 인원의 증가분

(1) 정년연장기관

(가) 정년연장기관의 신규채용 목표

정년연장기관은 신규채용 목표를 정년연장으로 인한 퇴직연장자 증가분만큼 설정해야 한다. 퇴직연장자 증가분은 전년도의 퇴직연장자와 당해연도의 퇴직연장자를 비교하는 방식으로 산출한다. 즉, 전년도 퇴직연장자가 2명이고, 당해연도 퇴직연장자가 5명이면 당해연도의 퇴직연장자 증가분은 3명으로 산출된다.

신규채용 목표를 산출할 때 유의하여야 할 사항은 두 가지이다. 첫 번째는 신규채용 목표를 퇴직연장자가 아닌 퇴직연장자 증가분으로 계산해야 한다는 점이다. 퇴직연장자로 계산하는 경우 신규채용 목표가 너무 크게 산출되어 총인건비의 범위 내에서 신규채용을 할 수 없는 결과가 나타난다.

퇴직연장자 증가분은 전년도와 당해연도의 퇴직연장자를 비교하는 방식으로 계산한다. 따라서 퇴직연장자를 산출하는 과정에서 음(−)의 값이 산출될 수 있다. 두 번째 유의사항은 퇴직연장자가 음수로 계산되는 경우에는, 신규채용 목표는 0으로 조정해야 한다는 점이다.

(나) 1년 연장 기관 사례

아래는 정년이 1년 연장된 기관이 신규채용 목표를 어떻게 산출하는지에 대한 사례이다. 기존정년이 만 59세인 공공기관이 임금피크제를 도입했을 때, 퇴직연장자가 연도별로 얼마나 발생하는지 그리고 이를 토대로 퇴직연장자 증가분과 신규채용 목표는 어떻게 계산되는지 확인할 수 있다.

아래 사례의 내용을 요약하면, A공공기관에서 4년 동안 정년이 연장된 인원은 총 48명이고 신규채용 목표 인원은 16명이다. 신규채용 목표 총인원은 퇴직연장자가 가장 많았던 20×3년의 퇴직연장자와 동일한 값이 나타난다. 즉, 임금피크제로 인한 정년연장의 효과는 기존정년에 도래한 모든 인원에게 영향을 미치지만, 신규채용 목표는 이보다 작은 값으로 계산된다.

또한 연도별 퇴직연장자 인원의 변동을 놓고 보았을 때, 신규채용 목표는 두 개의 변곡점 구간 내에서 퇴직연장자의 최저점과 최고점의 차이만큼 산출되는 것을 확인할 수 있다. 아래의 사례에서 퇴직연장자가 매년 12명으로 동일하였다면, 정년이 연장된 인원은 동일하게 48명이지만 신규채용 목표의 총인원은 12명으로 계산되었을 것이다. 즉, 일정 구간 내의 퇴직연장자가 유사하더라도, 연도별 퇴직연장자가 얼마나 변동하는지 그리고 최저 값과 최고 값의 차이가 얼마나 큰지에 따라 신규채용 목표가 다르게 나타나며, 이론적으로는 총인건비 인상률의 결과 값에도 영향을 미친다.

[신규채용 목표 설정 사례–정년연장기관(1년)]

기존정년이 만 59세인 A공공기관의 정년이 1년 연장되어 만 60세에 정년퇴직하는 경우, 연도별 신규채용 목표는 아래와 같이 산출된다.

구분	20×1년	20×2년	20×3년	20×4년
20×1년 기존정년 도래자	10명	정년퇴직		
20×2년 기존정년 도래자	미도래	14명	정년퇴직	
20×3년 기존정년 도래자	미도래	미도래	16명	정년퇴직
20×4년 기존정년 도래자	미도래	미도래	미도래	8명
퇴직연장자	10명	14명	16명	8명
퇴직연장자 증가분	10명	4명	2명	−8명
신규채용 목표	**10명**	**4명**	**2명**	**−**

(20×1년) 20×1년의 퇴직연장자가 10명이고 전년도의 퇴직연장자가 없었기 때문에, 퇴직연장자 증가분은 10명−0명=10명으로 계산되고 그 결과 신규채용 목표는 10명으로 산출된다.

(20×2년) 퇴직연장자 증가분은 당해연도 퇴직연장자 14명에서 전년도 퇴직연장자 10명
을 차감하여 4명으로 산출되며, 따라서 신규채용 목표는 4명이다.
(20×3년) 퇴직연장자 증가분과 신규채용 목표는 2명으로 계산된다.
(20×4년) 당해연도 퇴직연장자가 8명이고 전년도 퇴직연장자가 16명으로 퇴직연장자 증
가분이 −8명으로 산출된다. 퇴직연장자 증가분이 음수(−)이기 때문에, 신규
채용 목표는 0명으로 조정한다.

(다) 2년 연장 기관 사례

아래는 정년이 2년 연장된 기관의 사례이다. 정년퇴직 시점이 만 58세가 되는 해의 12월 말에서 만 60세가 되는 해의 12월 말로 변경한 경우로, 20×1년에 만 58세가 되는 근로자는 해당 연도에 정년퇴직을 해야 하지만, 임금피크제 도입으로 만 60세가 되는 20×3년에 정년퇴직하게 된다.

4년 동안 정년이 2년 연장된 인원은 48명이며, 신규채용 목표 인원은 30명으로 계산된다. 정년이 연장된 인원은 1년 연장 사례와 동일하게 48명으로 계산되지만, 퇴직연장자는 누적 기준 88명으로 정년 연장 인원의 2배로 나타난다. 정년이 2년 연장됨에 따라 퇴직연장자가 증가하고 그 결과 퇴직연장자 증가분도 증가한다. 따라서 신규채용 목표도 30명으로 산출된다.

한편, 신규채용 목표인원은 퇴직연장자가 가장 많았던 20×3년의 퇴직연장자 30명과 동일한 값으로 나타났다. 이는 정년이 1년 연장된 것과 동일한 결과로, 신규채용 목표는 두 변곡점 사이의 구간 내에서 퇴직연장자 수의 최저점과 최고점의 차이만큼으로 계산된다.

[신규채용 목표 설정 사례 - 정년연장기관(2년)]

기존정년이 만 58세인 A공공기관의 정년이 2년 연장되어 만 60세에 정년퇴직하는 경우, 연도별 신규채용 목표는 아래와 같이 산출된다.

구분	20×1년	20×2년	20×3년	20×4년
20×1년 기존정년 도래자	10명	10명	정년퇴직	
20×2년 기존정년 도래자	미도래	14명	14명	정년퇴직
20×3년 기존정년 도래자	미도래	미도래	16명	16명
20×4년 기존정년 도래자	미도래	미도래	미도래	8명
퇴직연장자	10명	24명	30명	24명
퇴직연장자 증가분	10명	14명	6명	−6명
신규채용 목표	**10명**	**14명**	**6명**	−

> (20×1년) 전년도의 퇴직연장자가 없는 상황을 가정하였으므로 퇴직연장자 증가분은 당
>   해연도의 퇴직연장자인 10명으로 산출되며, 따라서 신규채용 목표도 동일하게
>   10명으로 설정해야 한다.
> (20×2년) 퇴직연장자는 10명에서 24명으로 증가하였기 때문에 신규채용 목표를 14명으
>   로 설정해야 한다.
> (20×3년) 퇴직연장자가 24명에서 30명으로 6명 증가하였기 때문에, 신규채용 목표를 퇴
>   직연장자 증가분인 6명으로 계산한다.
> (20×4년) 퇴직연장자는 24명으로 전년도에 비해 6명이 감소하였다. 따라서 퇴직연장자
>   증가분은 −6명의 음수로 산출되며, 음(−)의 신규채용 목표는 0명으로 계산
>   해야 한다.

(라) 요약

정년연장기관은 신규채용 목표를 정년연장으로 인한 퇴직연장자 증가분으로 설정해야
하며, 이로 인한 영향은 크게 세 가지가 있다. 첫 번째 신규채용 목표는 정년이 연장된 인원
보다 적게 산출된다. 두 번째 신규채용 목표는 두 개의 변곡점 구간 내에서 퇴직연장자의
최저점과 최고점의 차이만큼 산출된다. 이로 인해 연도별 퇴직연장자의 변동이 적을수록
신규채용 목표는 적게 산출된다. 세 번째 정년이 1년 연장된 기관과 2년 연장된 기관을 비
교한 결과, 퇴직연장자의 수는 동일하더라도 신규채용 목표는 2배 가까이 증가한 것을 볼
수 있다. 이는 정년이 2배 증가하면 퇴직연장자 증가분도 2배 증가하기 때문이다. 즉, 신규
채용 목표는 정년이 얼마나 연장되었는지에 따라 달라진다.

(2) 정년보장기관

(가) 정년보장기관의 신규채용 목표

정년보장기관은 정년연장기관과 달리 기존정년을 그대로 유지하기 때문에 퇴직연장자라
는 개념이 없다. 따라서 신규채용 목표를 설정하기 위해 임의의 기준점을 설정해야 한다.
「공기업, 준정부기관 경영에 관한 지침」은 정년보장기관의 신규채용 목표를 정년도래 1년
전 인원의 증가분으로 규정하였다. 예를 들어 기존정년이 60세인 정년보장기관의 경우
20×4년에 만 60세가 되는 자는 20×3년이 정년도래 1년 전 시점이 되며, 신규채용 목표는
이 시점을 기준으로 산출해야 한다.

(나) 정년보장기관 사례

기존정년이 60세인 공공기관이 임금피크제를 도입한 이후에 기존정년을 보장하는 아래의 사례를 살펴보자. 20×2년에 60세로 정년퇴직 대상자가 되는 인원은 20×1년 시점에 정년도래 1년 전 인원이 된다. 신규채용 목표는 이를 기준으로 계산한다.

[신규채용 목표 설정 사례-정년보장기관]

기존정년 만 60세를 보장하는 정년보장기관의 연도별 신규채용 목표는 아래와 같이 산출된다.

구분	20×1년	20×2년	20×3년	20×4년
20×2년 기존정년 도래자	10명	정년퇴직		
20×3년 기존정년 도래자	미도래	14명	정년퇴직	
20×4년 기존정년 도래자	미도래	미도래	16명	정년퇴직
20×5년 기존정년 도래자	미도래	미도래	미도래	8명
정년도래 1년 전 인원	10명	14명	16명	8명
증가분	10명	4명	2명	−8명
신규채용 목표	**10명**	**4명**	**2명**	−

(20×1년) 정년도래 1년 전 인원은 10명이고 전년도는 0명으로 가정하였기 때문에, 신규채용 목표는 10명으로 설정한다.

(20×2년) 정년도래 1년 전 인원이 10명에서 14명으로 증가하였기 때문에, 신규채용 목표를 4명으로 설정해야 한다.

(20×3년) 정년도래 1년 전 인원이 14명에서 16명으로 2명 증가하였기 때문에, 신규채용 목표를 2명으로 계산한다.

(20×4년) 정년도래 1년 전 인원이 8명으로 전년도에 비해 8명이 감소하였다. 정년도래 1년 전 인원이 음수로 산출되었기 때문에, 신규채용 목표는 0명으로 계산한다.

정년보장기관은 정년도래 1년 전 인원을 기준으로 계산하고, 정년연장기관은 퇴직연장자를 기준으로 계산한다. 정년보장기관 사례에서 20×2년에 정년퇴직하는 인원이 20×1년에 신규채용 목표 산출의 기준이 되고, 정년을 1년 연장한 기관의 사례에서도 정년연장으로 20×2년에 정년퇴직하는 인원이 20×1년의 신규채용 목표 산출 기준이 된다. 즉, 두 가지 사례는 같은 대상자를 기준으로 신규채용 목표를 산출하게 된다. 그 결과 정년보장기관의 사례와 정년을 1년 연장한 기관의 사례는 연도별 신규채용 목표 값이 동일하게 나타나며, 산출 과정에서 나타나는 특징 또한 같다.

(1) 별도정원의 운영

(가) 별도정원 반영 방식

신규채용 목표를 설정한 이후에는 신규채용 규모만큼 별도정원에 반영해야 한다. 공공기관의 임금피크제 운영방식(즉, 별도정원의 운영방식)은 임금피크제 대상자를 어떻게 관리하는지에 따라 별도직군 방식과 초임직급 방식으로 구분된다. 「공기업, 준정부기관 경영에 관한 지침」은 별도직군 방식과 초임직급 방식을 어떻게 운영해야 하는지 규정하고 있다. 별도직군 방식은 임금피크제 대상자를 기존 직급에서 제외하여 별도의 직군으로 이동시키는 방식이며, 초임직급 방식은 임금피크제 대상자를 기존 직급의 현원으로 관리하는 방식이다.

「공기업, 준정부기관 경영에 관한 지침」

제10조(임금피크제) ④ 매년 설정하는 임금피크제 관련 신규채용 규모만큼 별도정원으로 반영하며, 별도정원은 별도직군 정원으로 반영하거나 초임직급 정원으로 반영한다. 기관의 임금피크제 운영방식에 따라 별도정원 중 일부는 별도직군 정원으로 반영하고 나머지는 초임직급 정원으로 반영할 수 있다.
  1. 별도직군 방식: 임금피크제 대상자를 기존 직급에서 제외하여 별도직군의 현원으로 관리
  2. 초임직급 방식: 임금피크제 대상자를 기존 직급의 현원으로 관리

(나) 「총인건비 인상률 템플릿」

「총인건비 인상률 템플릿」은 임금피크제의 기본 원리와 별도정원을 운영하는 두 가지 방식이 임금피크제로 인한 인원 변동에 미치는 영향 등을 기준으로 설계되었다. 이때 어떤 방식을 선택하였는지에 따라 총인건비 인상률에 미치는 영향이 달라진다면 이는 불합리한 제도일 것이다. 따라서 「총인건비 인상률 템플릿」은 어떤 별도정원 운영방식을 선택하더라도 총인건비에 미치는 영향은 동일하게 나타나도록 설계되었다. 이론상으론 하지만 실제로는 공공기관이 임금피크제를 운영하는 과정에서 발생하는 다양한 요소는 연도별, 기관별로 총인건비의 유불리에 영향을 미칠 수 있다.

(다) 공공기관의 운영

공공기관은 일반적으로 별도직군 방식과 초임직급 방식 중 한 가지를 선택하여 운영한다. 또한 두 가지 방식을 동시에 운영할 수도 있다. 예컨대 1급, 2급은 초임직급 방식을 적용하고 3급, 4급, 5급은 별도직군 방식을 적용하는 것도 가능하다. 아래에서는 각 방식이 임금피크제 대상자를 어떻게 관리하고, 신규채용 목표는 어떻게 달성할 수 있는지 구체적으로 살펴본다.

(2) 임금피크제 대상자의 결정

(가) 별도정원 규모

「공기업, 준정부기관 경영에 관한 지침」은 신규채용 목표를 산출한 이후에, 그만큼 별도정원으로 반영하도록 요구하고 있다. 하지만 실무적으로는 별도정원의 규모와 신규채용의 목표는 구분하여 산출하며, 서로 다른 값이 나타날 수도 있다.

별도정원 요구서 양식은 실제로 아래와 같으며, 연도별 별도정원 규모를 우선 산출해야 하고, 신규채용 목표는 그 이후에 당해연도의 별도정원에서 전년도의 별도정원을 차감하여 산출하도록 설계되어 있다. 따라서 각 공공기관은 실무적으로 당해연도의 별도정원 규모를 우선 산출해야 한다.

「별도정원 요구서 양식 요약」

구분	지침기준 인원 (가)	적용 제외 (나)	목표 조정 (다)	당년도 별도정원 (a=가-나-다)	전년도 별도정원 (b)	당년도 신규채용 목표 (c=a-b)
일반직						
전문직						
......						
무기계약직						
합계						

(나) 퇴직기준일

별도정원 규모를 산출하기 위해서는 반드시 퇴직기준일에 대한 개념을 이해해야 한다. 퇴직기준일은 정년퇴직자가 만 60세가 되는 해가 되었을 때, 정확히 어떤 날짜에 퇴직하게 되는지를 의미한다. 퇴직기준일은 기관마다 내부 규정으로 다르게 설정하고 있으며, 아래와 같이 다양한 사례가 있다.

> **퇴직기준일 예시**
>
> 1. 만 60세가 되는 해의 6월 30일
> 2. 만 60세가 되는 해의 12월 31일
> 3. 만 60세가 되는 해의 상반기 출생자: 6월 30일, 하반기 출생자: 12월 31일
> 4. 만 60세가 되는 해의 분기별 말일

(다) 기존정년의 도래

별도정원에 반영하는 시점은 기존정년이 도래하는 연도를 기준으로 산출해야 한다. 예컨대 임금피크제 도입으로 정년이 1년 연장되어 20×2년에 정년퇴직하는 자는 기존정년이 도래하는 20×1년에 별도정원에 반영해야 한다.

이때 「총인건비 인상률 템플릿」은 평균인원을 월별로 구분하여 작성하는 것이 원칙이다. 따라서 별도정원에 반영하는 시점은 연도뿐만 아니라 몇 월(月)에 반영해야 하는지까지 동시에 결정해야 한다. 이를 계산하는 방식은 퇴직기준일을 활용하는 방식으로, 각 기관의 퇴직기준일에서 정년이 연장된 기간을 차감하여 계산한다.

예를 들어 정년이 1년 연장된 기관의 퇴직기준일이 만 60세가 되는 해의 6월 30일이라고 가정하자. 20×1년에 만 59세가 되는 인원이 10명이라면 이들은 20×2년까지 정년이 1년 연장되며 20×2년 6월 30일에 정년퇴직하게 된다. 따라서 기존정년인 만 59세가 속한 20×1년에 10명을 별도정원에 반영해야 한다. 「총인건비 인상률 템플릿」 기준으로는 20×1년 6월부터 별도정원에 10명을 가산하는 방식이다.

퇴직기준일을 두 개(상반기 출생자: 6월 30일, 하반기 출생자: 12월 31일)로 운영하는 기관이 정년을 1년 연장하였다면 만 59세가 되는 시점에 상반기 출생자는 6월에, 하반기 출생자는 12월에 별도정원으로 반영하면 된다.

(라) 기존정년과 임금감액연령

별도정원에 반영하는 인원을 산정하는 기준은 "기존정년"이 도래한 시점이다. 일부 기관은 기존정년이 아닌 "임금감액이 시작되는 연령"을 기준으로 별도정원에 반영하기도 하였으며, 이는 임금피크제와 관련하여 오류가 가장 많이 발생하는 부분이다.

이와 같은 오류는 기존정년과 임금감액을 시작하는 연령을 다르게 설정하고 있는 기관이

있기 때문에 발생하며, 따라서 이러한 기관은 두 가지 개념이 다르다는 점을 인지하고 있어야 한다. 임금감액연령과 기존정년이 다른 경우, 일반적으로 임금감액연령이 더 빠르게 시작되기 때문에 임금감액연령을 기준으로 별도정원을 산정하는 경우에는 총인건비에 큰 부담이 생긴다. 왜냐하면 별도정원에 인원이 반영되면 총인건비의 증가 없이 추가로 신규채용이 이루어져야 하기 때문이다. 즉, 기존정년이 도래한 이후에 별도정원으로 반영해도 됨에도 불구하고 더 빠른 시점에 별도정원으로 반영하였고, 이는 공공기관에게 매우 불리한 영향을 미치는 오류인 것이다.

(마) 별도정원 반영일과 인사발령

만약, 위에서 산출한 별도정원 반영 시점과 별도정원 대상자에 대한 인사발령 시점이 다른 경우에는 어떤 시점을 우선 적용해야 할까?

일반적으로 별도정원 요구서상 재정경제부와 협의하는 별도정원 반영 시점은 3월 말, 6월 말, 9월 말, 12월 말이다. 또한 공공기관은 대부분 퇴직기준일을 6월 또는 12월로 설정하고 있기 때문에, 사실상 별도정원은 6월, 12월에 반영하게 된다. 하지만 공공기관은 내부 규정 또는 여러 가지 상황상 별도정원 대상자에 대한 인사발령을 7월 초, 12월 초에 할 수 있으며 이러한 경우 별도정원 반영일과 인사발령일 사이에 한 달의 차이가 발생한다. 「총인건비 인상률 템플릿」은 월(月) 평균으로 계산하기 때문에, 위와 같은 차이는 총인건비 한도액에 한 달분 인건비만큼 영향을 미치게 된다.

「총인건비 인상률 템플릿」은 별도정원 반영일과 인사발령 일자가 서로 다른 경우, 별도정원 요구서에 따른 별도정원 부여일(3월 말, 6월 말, 9월 말, 12월 말)을 기준으로 작성하도록 규정하고 있다. 아래는 2016년 공공기관 임금피크제 설명회 자료이며, 이를 근거로 「총인건비 인상률 템플릿」은 인사발령 일자기 이닌 "별도정원 반영일"을 기준으로 임금피크제 대상자를 별도정원에 반영하여 템플릿을 작성하도록 원칙이 수립되었다.

[2016년 공공기관 임금피크제 설명회 자료]
〈Q&A〉 별도정원 부여일(6/30 , 12/31)과 별도직군 전직일(7/1, 'X2. 1/1)에 차이가 발생하면 어떻게 하나요?
→ 별도정원 부여일인 6월 30일과 12월 31일에 전환된 것으로 봄.

(3) 별도직군 방식

(가) 별도직군 방식의 운영

별도직군 방식은 임금피크제 대상자를 기존 직급에서 제외한 후, 이들을 별도직군의 현원으로 관리하는 방식이다. 따라서 별도직군 방식을 운영하는 공공기관은 "별도직군"이라는 직군을 새로 신설해야 한다. 기존 1급, 2급 등의 직급에서 근무하던 근로자가 별도직군 정원에 포함된다면 대상자를 기존 직급에서 제외하고, "별도직군"으로 이동시킨다.

별도직군으로 이동한다는 것은 크게 두 가지를 의미한다. 첫 번째는 기관 내부의 공식적인 인사 발령에 따라 임금피크제 대상자를 특정 직급에서 별도직군으로 이동시키는 것이다. 두 번째는 「총인건비 인상률 템플릿」상 별도직군에 별도의 정원이 생성되면서 기존 직급의 현원을 차감하고 별도직군의 현원은 증가하는 것이다. 임금피크제 대상자가 별도직군으로 이동하면서 기존 근무하던 직급에는 정·현원 차이(빈자리)가 생기고 하위직급에서 해당 상위직급으로 이동이 가능하게 된다. 이는 최하위직급까지 영향을 미치며, 최하위직급의 빈자리에 신규채용을 할 수 있게 된다.

(나) 별도직군 방식 사례

아래는 1급, 2급에서 각각 1명씩 별도직군으로 이동한 사례이다. 별도직군에 2개의 별도 정원이 생성되면서 1급의 1명, 2급의 1명이 별도직군으로 이동하게 되었고, 그 결과 1급과 2급에 각각 1개씩의 빈자리가 생겼다. 1급의 빈자리에는 2급에서 승진하는 것도 가능하고, 신규채용을 하는 것도 가능하다.

[별도직군 방식 사례]

별도직군 방식을 채택하고 있는 공공기관에서 20×1년 1월 1일 1급 5명, 2급 10명이 근무하던 중 1급, 2급 각 1명씩 별도직군으로 전환되는 경우 기말의 직급별 현원은 아래와 같이 달라진다.

직급	기초	기말
1급	5명	5명−1명=4명
2급	10명	10명−1명=9명
별도직군	0명	1명+1명=2명
합계	15명	15명

(다) 별도직군 방식 기본 설계

별도직군 방식을 통해 신규채용 목표 달성을 이루기까지는 다음과 같이 3단계(별도직군 전환, 승진, 신규채용)를 거쳐야 한다. 기초 시점에 1급 1명, 2급 1명인 공공기관을 가정하자. 별도직군 방식은 기본적으로 다음의 3단계로 설계되었다.

(1단계) 1급 1명이 별도직군으로 전환되고, (2단계) 2급 1명이 1급으로 승진한 후, (3단계) 2급의 빈자리에 1명을 신규채용한다. 3단계를 거친 결과 1급에 1명, 2급에 1명, 별도직군에 1명이 근무하는 것으로 인원 이동이 이루어진다. 결과적으로 임금피크제의 목표인 정년연장과 신규채용이 모두 달성된 것을 확인할 수 있다.

구분	기초	1단계	2단계	3단계
1급	1	0	1	1
2급	1	1	0	1
별도직군	0	1	1	1

[단계별 요약]
(기 초) 1급 1명, 2급 1명인 공공기관
(1단계) 1급 1명을 기존 직급에서 제외하고, 별도직군으로 이동
(2단계) 1급의 빈자리로 2급 1명이 승진
(3단계) 2급의 빈자리로 1명을 신규채용

(라) 별도직군 방식의 종료

임금피크제가 총인건비 인상률에 미치는 효과는 신규채용 단계에서 끝나지 않고, 정년이 연장된 임금피크제 대상자가 정년퇴직하는 시점까지 이어진다. 즉, 기초의 인원 구성과 정년퇴식 후의 인원 구성이 일치하는 시점에 임금피크제의 순환이 마무리 된다.

아래의 표는 별도직군 방식의 설계 3단계(신규채용) 이후, 별도직군에서 근무하던 근로자가 정년퇴직하는 것까지 표시하였다. 정년퇴직까지 이루어진 시점의 인원 구성(1급 1명, 2급 1명)이 기초 시점의 인원 구성(1급 1명, 2급 1명)과 일치하게 되며, 이때 임금피크제가 총인건비 인상률에 미치는 영향이 모두 완결된다.

구분	기초	1단계	2단계	3단계	정년퇴직
1급	1	0	1	1	1
2급	1	1	0	1	1
별두직군	0	1	1	1	0

(4) 초임직급 방식

(가) 초임직급 방식의 운영

초임직급 방식은 임금피크제 대상자를 기존 직급의 현원으로 관리하는 방식이다. 별도직군 방식과 달리 임금피크제 대상자의 인사 이동은 없다. 즉, 기존 1급, 2급에 근무하던 자가 임금피크제 대상자가 되더라도 기존 직급에서 그대로 근무한다. 따라서 초임직급 방식은 별도정원을 별도의 직군에 부여하는 별도직군 방식을 적용할 수 없다. 그래서 초임직급 방식은 별도정원을 초임직급에 부여하는 것으로 설계되었고, 초임직급에 추가된 정원에 신규채용을 하는 방식이다.

한편, 상기와 같은 초임직급 방식의 원리에 따라 승진은 이루어지지 않는다. 이는 별도직군 방식과 가장 큰 차이점이다. 「총인건비 인상률 템플릿」의 구조는 별도직군 방식과 초임직급 방식이 총인건비에 미치는 영향이 같도록 설계되었지만, 실제로는 기관의 정·현원 현황, 승진의 실시 여부 등 운영을 통한 차이가 연도별로 다르게 나타날 수 있다.

(나) 초임직급 방식 기본 설계

초임직급 방식은 신규채용 목표 달성을 위해 아래의 2단계를 거친다. 기초 시점에 1급 1명, 2급 1명인 공공기관을 가정하자.

구분	기초	1단계	2단계
1급	1	1	1
2급	1	1	2

[단계별 요약]
(기초) 1급 1명, 2급 1명인 공공기관
(1단계) 1급 1명은 기존 직급 유지
(2단계) 2급에 1명 신규채용

(1단계) 1급 1명이 기존정년에 도래하면서 초임직급 정원을 부여받지만 직급 이동은 하지 않는다. (2단계) 1단계에서 부여받은 초임직급(2급)의 정원을 기초로, 2급에 1명을 신규채용한다. 2단계를 거친 결과 1급에 1명, 2급에 2명이 근무하게 되며, 초임직급 방식 또한 별도직군 방식과 마찬가지로 임금피크제의 목표인 정년연장과 신규채용이 모두 이루어졌다.

(다) 초임직급 방식의 종료

초임직급 방식도 별도직군 방식과 마찬가지로 총인건비 인상률에 미치는 영향이 2단계 이후까지 이어진다. 초임직급 방식은 2단계가 종료된 이후, 1급에 근무하던 임금피크제 대상자가 정년퇴직을 하면 1급 0명, 2급 2명으로 인원 구성이 변동된다. 또한 그 이후에 2급 1명이 1급으로 승진하면 기초 시점의 인원 구성인 1급 1명, 2급 1명과 일치하게 되면서 임금피크제로 인한 인원 변동이 모두 종료된다.

구분	기초	1단계	2단계	정년퇴직	승진
1급	1	1	1	0	1
2급	1	1	2	2	1

(라) 별도직군 방식과 초임직급 방식

일반적으로 별도직군 방식은 인사적체가 심한 공공기관일수록 적용에 유리하다고 평가한다. 왜냐하면 초임직급 방식은 정년이 연장됨에 따라 승진시기가 그만큼 늦어지는데 비해, 별도직군 방식은 임금피크제 대상자가 별도직군으로 이동하면서 즉시 승진이 가능하기 때문이다. 아래의 표와 같이 별도직군 방식은 2단계에서 승진이 이루어지지만, 초임직급 방식은 임금피크제 대상자의 정년퇴직 이후에 승진이 가능하다. 즉, 이론적으로 별도직군 방식과 초임직급 방식의 승진 시기의 차이는 정년이 연장된 기간과 일치한다.

[별도직군 방식과 초임직급 방식의 비교]

1. 별도직군 방식

구분	기초	1단계 (별도직군)	2단계 (승진)	3단계 (신규채용)	정년퇴직
1급	1	0	1	1	1
2급	1	1	0	1	1
별도직군	0	1	1	1	0

2. 초임직급 방식

구분	기초	1단계 (초임직급)	2단계 (신규채용)	정년퇴직	승진
1급	1	1	1	0	1
2급	1	1	2	2	1

4 별도정원의 요구

(1) 사전 협의

지금까지 각 공공기관이 ① 신규채용 목표를 어떻게 설정하고, ② 별도정원 규모는 어떻게 계산해야 하는지, ③ 별도정원은 언제부터 반영해야 하는지에 대해 알아보았다. 공공기관은 앞의 내용에 따라 산출한 결과 값을 그대로 시행하면 되는지 사전에 재정경제부와 협의하는 절차를 거쳐야 한다.

「공기업, 준정부기관 경영에 관한 지침」은 공공기관에게 임금피크제 설계안과 별도정원 요구서를 작성하여, 다음 회계연도의 신규채용 목표와 별도정원의 규모를 재정경제부와 협의하도록 요구하고 있다.

> 「공기업, 준정부기관 경영에 관한 지침」
>
> 제10조(임금피크제) ⑪ 공기업, 준정부기관이 임금피크제와 관련한 신규채용 규모 및 별도정원을 인정받고자 하는 경우에는 임금피크제 설계안과 별도정원 요청서를 작성하여 재정경제부장관과 협의하여야 한다.

(2) 협의, 운영, 평가

(가) 시점 차이

공공기관은 별도정원 요구서를 작성하여 재정경제부장관과 사전에 협의해야 한다. 따라서 실제 운영 대상 회계연도(T년도)의 전년도(T−1년도)에 관련 사항을 확정하여 별도정원 요구서를 작성해야 하고 이를 기준으로 재정경제부와 협의해야 한다. 또한 대상 회계연도(T년도)에 대한 총인건비 인상률의 평가는 그 다음 회계연도(T+1년도)에 이루어지기 때문에 사전 계획 시점과 그에 대한 평가 시점 간에는 2년의 차이가 발생한다. 즉, 별도정원 요구서에 대한 협의 시점과 임금피크제 운영시점 그리고 총인건비 인상률 평가 시점에는 다음과 같은 차이가 발생한다.

T−1년도 : T년도에 대한 별도정원 요구서 제출 및 협의
T년도   : 임금피크제 운영(신규채용, 별도정원 운영)
T+1년도 : T년도에 대한 총인건비 인상률 평가

(나) 별도정원 요구서 오류의 영향

별도정원 요구서 작성에 오류가 발생하였음에도 불구하고 수정하지 못하고 그대로 협의가 완료되었다면, 그 오류는 2년이 지난 이후 「총인건비 인상률 템플릿」 평가 시에 발견될 가능성이 크다. 임금피크제와 관련된 「총인건비 인상률 템플릿」은 공공기관과 재정경제부 간에 협의가 이루어진 별도정원 요구서를 기준으로 작성하는 것이 원칙이다. 따라서 별도정원 요구서에 오류가 있다고 하더라도, 「총인건비 인상률 템플릿」은 별도정원 요구서에 표시된 인원을 그대로 반영해야 한다. 이때 "별도정원 요구서는 잘못 작성되었기 때문에, 실질에 따라 「총인건비 인상률 템플릿」을 작성해야 한다."고 주장하더라도, 실제 평가에서 이 주장은 불수용될 가능성이 매우 크다. 따라서 별도정원 요구서의 오류는 정정할 수 없다는 점을 인지하고, T−1년도부터 유의하여 별도정원 요구서를 작성하여 협의해야 한다.

(다) 오류 사례

실제 별도정원 규모보다 더 큰 인원을 별도정원 요구서에 기입하여 이를 기준으로 재정경제부와 협의가 종료된 경우, 해당 공공기관은 총인건비 관리에 큰 어려움을 겪게 된다. 왜냐하면, 별도정원의 규모가 늘어날수록 총인건비 한도액은 감소하기 때문이다. 따라서 별도정원 규모를 실제 대상 인원보다 더 크게 작성하지는 않았는지 충분히 검토해야 한다. 아래의 예시를 살펴보자.

- A공공기관은 기존정년 만 58세에서 만 60세로 정년이 2년 늘어난 정년연장기관이다. 임금감액연령은 55세부터, 매년 10%씩 임금을 감액하는 것으로 임금피크제를 도입하였다. 20×2년 퇴직연장자 증가분이 10명이고, 임금감액 대상자는 15명이다.
- 20×1년 별도정원 요구서 작성 시 담당자의 실수로 별도정원 규모와 신규채용 목표를 15명으로 작성하고 재정경제부와 협의를 완료하였다.
- 20×3년 3월 경영평가 시, 20×2년도 「총인건비 인상률 템플릿」의 별도정원은 몇 명을 기준으로 작성해야 하는가?
  → 별도정원 요구서의 15명을 기준으로 「총인건비 인상률 템플릿」을 작성해야 한다.

(라) 신규채용 규모의 조정

위에서 설명한 내용에도 불구하고, 공공기관은 재정경제부장관과 협의를 거쳐 신규채용 규모, 별도정원 규모를 조정할 수 있다. 이와 같은 조정은 별도정원 요구서 협의 시점에, 관련 내용을 반영하여 협의한다. 예를 들어 정년연장기관에서 정년연장으로 인한 퇴직연장자 증가분의 산식에 따라 단순 계산한 신규채용 목표가 기관의 사정상 감당하기 어려운 수준인 경우, 사전에 재정경제부와 협의하여 조정할 수 있다.

> **「공기업, 준정부기관 경영에 관한 지침」**
> 제10조(임금피크제) ③ 공기업, 준정부기관은 제2항 각 호의 기준에도 불구하고 재정경제부장관과 협의를 거쳐 신규채용 규모를 조정할 수 있다.

① 적용 제외: 별도정원 요구서는 급여수준이 150% 이하인 자에 대하여 그리고 별도정원을 통해서도 사실상 청년층의 고용창출을 기대하기 어려운 경우에 대해서는 임금피크제의 적용 제외가 가능하다고 설명하고 있다.
② 목표 조정: 신규채용자와 임금피크제 대상자 간 임금 격차가 공공기관 평균보다 매우 낮은 경우 신규채용 규모를 조정할 수 있도록 규정하고 있다. 또한 특정연도의 정년연장자 수가 매우 많은 경우에도 신규채용 규모를 조정할 수 있다. 이는 임금지급률의 급격한 변동을 방지하기 위한 것으로, 이 규정을 실제 적용하기 위해서는 별도정원 요구서에 구체적인 데이터를 제시해야 한다.

1   임금피크제의 원리

(1) 개요

지금까지는 공공기관이 임금피크제를 어떻게 설계해야 하는지, 그리고 그에 따라 실제로 임금피크제를 어떻게 운영해야 하는지에 대하여 살펴보았다. 공공기관은 정년연장형인지, 정년보장형인지 선택해야 하고 매년 신규채용 목표와 별도정원의 규모를 산출해야 한다. 그리고 별도정원을 운영하는 방식, 즉 별도직군 방식과 초임직급 방식 중 어떤 방식을 선택할 수 있는지도 살펴보았다. 아래에서는 상기에서 결정한 임금피크제의 각 요소가 총인건비 인상률에 어떤 영향을 미치는지 설명한다.

(2) 임금피크제의 원리

(가) 임금피크제의 원리

「공기업, 준정부기관 경영에 관한 지침」은 임금피크제를 통해 신규채용된 인원의 인건비는 임금피크제 절감 재원을 통해 충당하도록 규정하고 있다. 또한 절감 재원을 마련하기 위한 구체적인 사항(임금지급률과 임금조정기간)은 기관이 자율적으로 정할 수 있지만 총인건비 인상률 한도 내에서 설계되어야 한다.

> 「공기업, 준정부기관 경영에 관한 지침」
>
> 제10조(임금피크제) ⑤ 임금피크제 관련 신규채용 인원의 인건비는 임금피크제 절감재원을 통해 충당하는 것을 원칙으로 하며, 임금지급률과 임금조정기간 등 임금피크제 세부사항은 기관의 연령분포, 임금체계 등을 감안하여 합리적으로 설계하되, 총인건비 인상률 한도 범위 내에서 임금피크제와 관련하여 설정한 신규채용 목표 인원의 인건비가 충당되도록 설계한다.

(나) 해석

임금피크제의 원리에 대한 규정은 크게 두 가지 측면(임금피크제가 당기 총인건비 한도액에 미치는 영향과 당기 총인건비 집행액에 미치는 영향)으로 해석해야 한다. 첫 번째는 임금피크제 절감 재원을 통해 신규채용이 이루어져야 한다는 원리이다. 「총인건비 인상률 템플릿」은 이 논리를 바탕으로 설계되었다. 예를 들어 인건비가 100원인 근로자 1명이 기존 정년에 도래하여, 인건비가 30원인 근로자 1명을 신규채용하는 경우 임금피크제 대상자는 정년이 연장된 기간 동안 인건비를 30% 감액해야 한다. 즉, (근로자 1명, 인건비 100원)은 임금피크제 도입으로 (근로자 2명, 인건비 100원)이 되는 원리이다.

이와 같이 「총인건비 인상률 템플릿」은 근로자가 2명으로 늘어나더라도 인건비는 100원만 집행하도록 한도를 설정해야 한다. 즉, 아래의 표와 같이 「총인건비 인상률 템플릿」은 임금피크제의 효과를 별도로 산출하여 당기 한도액에 반영하도록 설계되었으며, 공공기관은 템플릿 작성 방법에 따라 한도 금액을 산출하면 된다.

두 번째는 당기 총인건비의 집행에 미치는 영향에 대한 내용이다. 임금피크제가 총인건비 한도액에 미치는 영향을 산출하면 당기에 총인건비를 얼마나 집행할 수 있는지 확인할 수 있다. 이를 통해 임금피크제 설계안에 규정된 임금지급률과 임금조정기간을 통해 절감된 재원이 신규채용에 충분한지 검증할 수 있다. 만약 총인건비 내에서 운영이 불가능한 경우 총인건비의 다른 여러 가지 요소를 조정해야 하며, 장기적으로는 임금지급률과 임금조정기간에 조정이 필요하지 않은지 검토할 수도 있다.

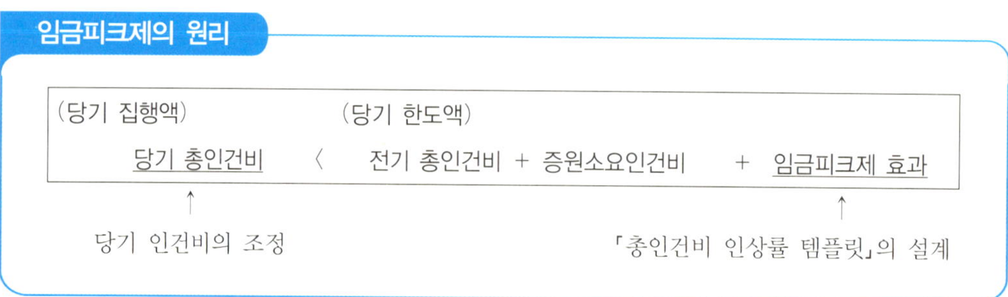

「총인건비 인상률 템플릿」설계 원리

(1) 별도직군 방식

(가) 별도직군 방식의 총인건비 한도

별도직군 방식의 인원 변동은 아래와 같다. 즉, 전기에는 1급 1명, 2급 1명이 근무하였으나 당기에는 1급 1명, 2급 1명, 별도직군 1명으로 총 2명에서 총 3명으로 인원이 증가한다. 이때 임금피크제의 원리는 인원이 증가하더라도 총인건비는 전기와 동일한 한도 내에서 집행하는 것이다. 따라서 전기의 집행액 130원(1급 1명 100원, 2급 1명 30원) 내에서 당기 총인건비를 집행해야 한다. 한편, 아래 사례에서 별도직군에 대한 임금지급률은 70%를 적용하여 별도직군에 대한 평균단가를 70원으로 기입하였다.

구분	전기	당기	인원 변동	평균단가
1급	1	1	–	100
2급	1	1	–	30
별도직군	0	1	+1	70
합계	2	3	+1	

(나) 「총인건비 인상률 템플릿」의 장치

「총인건비 인상률 템플릿」은 인원이 증가하면, 증원소요인건비를 통해 총인건비 한도를 늘림으로서 당기 집행액도 증가시킬 수 있도록 조정한다. 하지만 임금피크제는 인원이 늘어나도 총인건비 한도를 증가시키지 않는 원리를 따르기 때문에, 「총인건비 인상률 템플릿」은 이에 대한 별도의 장치를 마련하였다. 그 방식은 증원소요인건비를 계산할 때 별도직군에 대해서는 평균단가를 0을 적용하는 방식이다. 상기의 사례에서 인원변동은 별도직군에서 +1명인데 여기에 평균단가 0원을 적용하면 당기 총인건비 한도금액은 130원으로 계산된다.

(다) 총인건비 한도와 실제 지급

당기의 인원이 1급 1명, 2급 1명, 별도직군 1명으로 변동된 이후에, 기존의 직급별 평균단가를 그대로 지급하는 경우에는 총인건비는 200원이 집행되어야 한다. 하지만 당기의 총인건비 한도금액은 130원이기 때문에 기존 평균단가 그대로 집행하는 것은 불가능하다. 총인건비 범위 내에서 총인건비를 집행하기 위해서는 1급으로 승진한 자에게 승진 이후의 단가 (100원)를 지급하는 것이 아닌 승진 이전의 2급 단가(30원)를 지급해야 한다. 아래 표의 당기 실제 지급에서 1급 1명에게 30원을 지급하는 경우 당기 총인건비는 130원으로 산출된다.

구분	당기 평균단가 적용		당기 실제 지급	
	인원	평균단가	인원	지급
1급	1	100	1	30
2급	1	30	1	30
별도직군	1	70	1	70
합계	2	200	3	130

(라) 정년퇴직

상기와 같이 1급으로 승진하더라도 실지급액은 30원에 한정되는 형태는 불합리한 상황으로 여겨질 것이다. 하지만 이와 같은 상황은 별도직군으로 전환된 대상자가 정년퇴직하면서 해소된다. 아래의 표에서 정년퇴직 전에는 3명이 130원의 총인건비를 집행할 수 있다. 정년퇴직 후에는 인원이 감소하더라도 별도직군에 대한 평균단가를 0으로 적용하기 때문에 증원소요인건비도 0원으로 계산된다. 따라서 1급 1명 100원, 2급 1명 30원을 지급하여 총인건비는 130원을 집행할 수 있게 된다. 즉, 별도직군 방식은 인원의 변동뿐만 아니라 총인건비 측면에서도 별도직군의 전환부터 정년퇴직까지 원상회복하는 순환과정을 거친다.

구분	정년퇴직 전	정년퇴직 후	인원 변동	평균단가
1급	1	1	–	100
2급	1	1	–	30
별도직군	1	0	–1	70
합계	3	2	–1	

(마) 결론

위에서 설명한 별도직군 방식의 특징은 크게 세 가지이다. ① 별도직군에 대한 평균단가는 0원을 적용한다. ② 승급재원을 별도로 인정하지 않는다. ③ 별도직군 대상자가 퇴직하는 시점에 기존 상태로 회복된다.

(2) 별도직군 방식의 보완

(가) 별도직군 방식의 한계

별도직군 방식은 별도직군의 이동, 승진, 신규채용의 3단계로 구성된다. 이 중 승진 과정이 누락되면 총인건비 한도가 감소하게 된다. 아래는 당기에 승진이 이루어지지 않은 사례이다. 1급은 1명이 감소하고, 2급은 1명이 증가하여 증원소요인건비는 −70원으로 산출되기 때문에 당기의 총인건비 한도액은 60원으로 계산된다. 전기에는 2명의 인건비로 130원을 집행하였지만, 당기에는 3명의 인건비로 60원만 집행해야 하는 것이다.

구분	전기	당기(승진×)	인원 변동	평균단가
1급	1	0	−1	100
2급	1	2	+1	30
별도직군	0	1	+1	70
합계	2	3	+1	

하지만 공공기관은 내부 사정상 적시에 승진을 할 수 없는 경우가 발생할 수 있다. 이와 같이 공공기관의 불가피한 사정으로 승진을 할 수 없는 경우임에도 불구하고, 총인건비 한도에 불이익이 있다면 이는 불합리한 결과일 것이다. 따라서 「총인건비 인상률 템플릿」은 이와 같은 불합리함을 제거하기 위해 별도의 템플릿을 추가하였다. 해당 템플릿의 명칭은 <u>별도직군 승진시기 차이에 따른 인건비 효과 조정을 위한 템플릿</u>이다.

(나) 조정의 원리

상기의 승진을 하지 못함으로 인해 발생하는 불이익 70원은 1급의 평균단가(100원)와 2급의 평균단가(30원)의 차이만큼 발생하였다. 이는 미승진으로 인한 음(−)의 증원소요인건비만큼 공공기관의 총인건비 한도를 감소시킨 결과이다. 따라서 별도직군 승진시기 차이에 따른 인건비 효과 조정을 위한 템플릿은 승진을 하지 못함으로 인해 감소된 총인건비와 동일한 금액을 다시 총인건비에 가산하는 방식으로 설계되었다.

한편, 승진을 하지 못한 자가 향후에 승진을 하게 되면, 해당 승진 시점에는 승진으로 인한 증원소요인건비가 총인건비 한도에 가산되는 효과가 발생한다. 이렇게 되면 미승진 시점에는 미승진으로 인한 총인건비의 가산 조정이 발생하고, 실제 승진 시점에는 증원소요인건비로 인한 총인건비의 가산이 일어난다. 즉, 총인건비 한도에서 두 번의 가산 조정이 일어나는 것이며, 이는 불합리한 결과일 것이다. 따라서 실제로 승진이 일어나서 증원소요인건비가 증가하는 연도에는 미승진자의 감소로 인한 총인건비 한도의 차감 효과를 산정하여 반영해야 합리적일 것이다. 이를 위해 「총인건비 인상률 템플릿」은 미승진자가 0명이될 때까지 연도별로 계속해서 관리해야 한다.

상기 조정의 효과를 종합하면, 임금피크제로 인한 미승진자만큼 총인건비 한도를 가산하는 조정은 미래의 증원소요인건비를 당기에 빌려오는 방식이며, 실제로 승진이 이루어져서 미승진자가 감소하는 시점에 빌려온 증원소요인건비를 다시 상환하는 것으로 이해할 수 있다.

아래의 표는 승진하지 못한 해와 실제 승진이 이루어진 해의 증원소요인건비와 별도직군 승진시기 차이 조정에 의한 총인건비 효과를 요약한 것이다. 승진이 이루어지지 않은 T년도의 효과는 별도직군 승진시기 차이 조정으로 (+) 금액의 효과가 발생하였고, 승진이 이루어진 T+1년도에는 (−) 금액 효과를 통해 증원소요인건비의 (+) 금액의 효과를 상쇄시키고 있다. 결과적으로 효과의 합계는 한 번의 (+) 금액 효과만 발생하였다.

구분	T년도: 승진 못함	T+1년도: 승진함	효과 합계
증원소요인건비	0	(+) 금액	(+) 금액
별도직군 승진시기 차이조정	(+) 금액	(−) 금액	0
효과 합계	(+) 금액	0	−

(다) 템플릿의 구조

별도직군 승진시기 차이에 따른 인건비 효과를 구하기 위해서는 네 단계를 거쳐야 한다. 각각의 가지는 의미는 다음과 같다.

[1단계] 별도직군 승진 가능 인원(승진T.O) 계산

별도직군 승진시기 차이에 따른 인건비 효과 조정을 위한 템플릿은 임금피크제로 전환된 인원의 규모 내에서 승진하지 못한 인원수(이하, 미승진자)를 구하는 과정을 거친다. 이때 미승진자는 직급별 정원 이내에서 산출해야 한다. 임금피크제로 인해 발생한 미승진자라고 하더라도 정원 이내에서 발생한 경우에만, 미승진으로 인한 불이익을 조정해야 하기 때문이다. 따라서 근속승진이 있는 경우 그만큼 제한을 두도록 수식이 설계되었다.

[2단계] 별도직군 승진 가능 인원 내 미승진자 인원 계산

1단계에서 산출한 승진T.O 중에서 실제 승진이 이루어진 경우에 그만큼은 보정할 필요가 없다. 따라서 승진T.O에서 승진이 이루어진 인원을 차감하여 미승진자를 산출한다. 또한 미승진자는 연도별로 누적하여 계산해야 한다. 왜냐하면 전년도와 당해연도의 미승진자의 차이만큼 효과를 산출해야 하기 때문이다. 따라서 당해연도의 미승진자를 산출하기 위해서는 전년도 12월 말의 미승진자까지 포함해야 한다.

[3단계] 미승진자 평균인원

「총인건비 인상률 템플릿」은 전년도와 당해연도의 미승진자의 차이에 평균단가를 곱하여 미승진자의 효과를 산출한다. 미승진자는 월별로 증가와 감소가 계속해서 발생하기 때문에, 전년도와 당해연도의 미승진자를 매월 산정하여 월 평균 값을 구한다.

[4단계] 별도직군의 승진시기 차이에 따른 인건비 효과

미승진자의 효과를 구할 때 평균단가는 승진 전 단가와 승진 후 단가의 차이를 기준으로 산출한다. 직급별 미승진자 평균인원의 증감에 단가차이를 곱하여 미승진자로 인한 인건비 효과를 계산한다.

(라) 승진과 미승진이 총인건비 한도에 미치는 효과 비교

별도직군 승진시기 차이에 따른 인건비 효과 조정을 위한 템플릿은 별도직군 방식을 선택한 공공기관이 승진을 바로 시행한 경우의 불이익을 조정하기 위한 목적으로 설계되었다. 따라서 승진을 바로 시행한 경우와 승진을 하지 못한 경우의 총인건비 효과는 동일해야 한다. 아래의 표는 두 경우가 총인건비 한도에 미치는 효과를 비교하였다. 승진을 한 경우와 하지 못한 경우의 T년도와 T+1년도의 효과는 동일한 것으로 나타난다.

[승진과 미승진이 총인건비 한도에 미치는 효과]

(1) T년도에 승진하지 못한 경우

구분	T년두: 승진 못함	T+1년도: 승진함	효과 합계
증원소요인건비	0	(+) 금액	(+) 금액
별도직군 승진시기 차이조정	(+) 금액	(−) 금액	0
효과 합계	(+) 금액	0	−

(2) T년도에 승진한 경우

구분	T년도: 승진함	T+1년도: 불변	효과 합계
증원소요인건비	(+) 금액	0	(+) 금액
별도직군 승진시기 차이조정	0	0	0
효과 합계	(+) 금액	0	−

(마) 승진과 미승진의 집행액과 한도액의 비교

승진이 이루어지는 경우의 집행액과 한도액 그리고 승진을 못한 경우의 집행액과 한도액을 각각 비교하였다. 비교한 결과 승진한 경우와 하지 못한 경우 모두 집행액과 한도액은 130원으로 동일하게 산출되었다. 차이점은 미승진의 경우 1급 인원이 0명이고 2급 인원이 2명이라는 점이다. 따라서 공공기관이 임금피크제로 인한 승급 재원을 자체적으로 충당할 수 없다면 실제로 승진을 하지 않고 별도직군 승진시기 차이에 따른 인건비 효과 조정을 위한 템플릿을 통한 인건비 조정 효과만 적용하는 방안을 검토해 볼 수 있다.

① 승진

집행액: 1급 1명 30원+2급 1명 30원+별도직군 1명 70원＝130원

한도액: 전년도 총인건비 130원+증원소요인건비 0원+임금피크제 조정 0원＝130원

② 미승진

집행액: 2급 2명 60원+별도직군 1명 70원＝130원

한도액: 전년도 총인건비 130원－증원소요인건비 70원+임금피크제 조정 70원＝130원

(3) 초임직급 방식

(가) 초임직급 방식의 총인건비 한도

초임직급 방식의 인원 변동은 아래와 같다. 전기에 1급 1명, 2급 1명이 당기에 1급 1명, 2급 2명으로 총 2명에서 총 3명으로 인원이 증가한다. 초임직급 방식도 마찬가지로 인원이 증가하더라도 총인건비 한도는 전기와 동일하게 산출해야 한다. 따라서 당기의 총인건비는 전기의 집행액 130원(1급 1명 100원, 2급 1명 30원) 내에서 집행해야 한다. 임금피크제 대상자에 대한 임금지급률을 70%로 가정한다.

구분	전기	당기	인원 변동	평균단가
1급	1	1	－	100
2급	1	2	+1	30
합계	2	3	+1	

(나) 「총인건비 인상률 템플릿」의 장치

초임직급 방식도 별도직군 방식과 마찬가지로 인원이 늘어나도 총인건비 한도를 늘리지 않는 임금피크제의 원리를 따르고 있다. 초임직급 방식은 초임직급에 신규채용을 할 수 있

도록 별도의 정원을 부여한다. 따라서 초임직급의 인원이 늘어난 만큼 증원소요인건비도 동시에 증가한다. 초임직급 방식은 늘어난 증원소요인건비를 다시 차감하기 위한 별도의 장치를 마련하였다. 그 방식은 초임직급 정원 변동에 따른 인건비 효과 조정을 위한 템플릿을 통해 산출된 금액을 증원소요인건비와 상쇄시키는 방식이다.

(다) 총인건비 한도와 실제 지급

당기 한도액은 전기 총인건비 집행액(130원)에 증원소요인건비(30원)를 가산하고 초임직급 효과 조정 금액(30원)을 차감하여 결과적으로 130원이 산출된다. 당기의 총인건비 한도 금액을 맞추기 위한 실제 총인건비 집행액은 1급 1명에게 70원을 지급하고 2급 2명에게 각각 30원을 지급하는 방식으로 계산된다.

(라) 템플릿의 구조

초임직급 정원 변동에 따른 인건비 효과 조정을 위한 템플릿은 두 단계로 구성된다. 각 단계가 가지는 의미는 다음과 같다.

[1단계] 초임직급 정원

초임직급 정원을 월별로 집계하여 평균정원을 구한다. 이때 초임직급의 현원을 기준으로 집계하는 것이 아니며, 정부로부터 승인받은 초임직급 정원을 기준으로 계산해야 한다. 초임직급 정원은 기재부와 협의한 별도정원 요구서를 통해 확인할 수 있다.

[2단계] 초임직급 정원 변동에 따른 인건비 효과

전기와 당기의 초임직급 정원의 차이에 평균단가를 곱하여 임금피크제 효과를 산출한다.

(마) 초임직급

초임직급이 어떤 직급을 의미하는지 일률적으로 정의할 수는 없다. 왜냐하면 각 공공기관의 조직 체계, 인력 운영의 방식에 따라 초임직급이 의미하는 바가 달라질 수 있기 때문이다. 초임직급이 어떤 직급인지 결정하는 것이 중요한 이유는 초임직급의 평균단가만큼 총인건비 한도를 차감해야 하기 때문이다.

따라서 다음의 여러 가지 상황에 따라 기관에 적합한 초임직급이 무엇인지 결정하고 이를 바탕으로 「총인건비 인상률 템플릿」을 작성해야 한다. 어떤 직급을 초임직급으로 정해야 할지 명확하지 않은 경우에는 임금피크제로 인해 신규채용이 이루어졌고 그 신규채용된 인원의 증원소요인건비만큼 차감해야 한다는 초임직급의 원리를 기준으로 검토할 수 있다.

(사례1) 5직급 체계

일반적인 5직급 체계의 경우 대졸 신입사원이 5급으로 채용되며, 고졸 신입사원은 채용하지 않는다. 이러한 공공기관의 경우 5급이 초임직급이 된다.

(사례2) 6직급 체계

대졸 신입사원이 5급으로 채용되고, 고졸 신입사원은 6급으로 채용되는 경우에는 기관의 인사 운영에 대한 정책을 종합적으로 검토하여 결정하여야 한다. 예를 들어 공공기관의 공채 대상이 대졸 신입사원에 집중되어 있거나, 임금피크제로 인한 신규채용을 대졸 신입사원 위주로 진행한다면 초임직급은 5급으로 정해야 한다.

만약 대졸 신입사원과 고졸 신입사원을 매년 공채의 형태로 채용한다면, 특정 직급만을 초임직급이라고 결정하는 것은 불합리한 결과가 나타날 수 있다. 이러한 경우에는 초임직급 방식의 원리에 따라, 신규채용된 5급과 6급의 인원 비율을 기준으로 초임직급 정원을 5급과 6급에 배분하는 방식도 적용할 수 있다.

(사례3) 7직급 체계

대졸 신입사원은 5급, 고졸 신입사원은 6급, 기타 직군은 7급인 직급 체계를 가진 경우도 가능하다. 이와 같은 직급 체계 또한 6직급 체계와 같은 논리를 통해 어떤 직급이 초임직급일지 검토해야 한다.

(사례4) 다(多)직군 체계

일반직, 행정직, 연구직 등 여러 개의 직군별로 직급 체계를 가진 공공기관이 직군별, 직급별로 증원소요인건비를 계산하는 경우에는 초임직급도 직군별로 구분하여 정해야 한다. 왜냐하면 직군별로 초임직급의 평균단가가 다르고 직군별로 채용하는 인원의 규모도 다르기 때문이다. 임금피크제로 인한 신규채용 규모를 명확하게 구분할 수 없는 경우에는 상기의 논리와 마찬가지로 직군별 채용인원의 비율로 배분할 수도 있을 것이다.

구분	일반직	행정직	연구직
1직급			
2직급			
3직급	(초임직급)	(초임직급)	(초임직급)

(바) 정년퇴직

아래의 표와 같이 임금피크제 대상자가 정년퇴직하기 전에는 3명이 130원의 총인건비를 집행할 수 있다. 만약 임금피크제 대상자가 정년퇴직하는 경우 2급 1명이 1급으로 승진하게 되면서, 1급 1명에게 100원을 지급하고 2급 1명에게 30원을 지급해야 최초의 총인건비 집행액과 일치하게 된다. 하지만 아래의 인원 변동은 2급에서 1명이 감소하면서, 증원소요인건비에서 30원이 차감되는 결과가 나타난다.

구분	정년퇴직 전	정년퇴직 후	인원 변동	평균단가
1급	1	1	–	100
2급	2	1	−1	30
합계	3	2	−1	

　상기와 같은 불합리함을 조정하기 위해 초임직급 정원 변동에 따른 인건비 효과 조정을 위한 템플릿은 초임직급의 정원이 감소하는 경우에 총인건비 한도를 늘려주도록 설계되었다. 이는 당기의 초임직급 정원을 기준으로 계산하지 않고 당기에서 전기의 정원을 차감한 값을 사용하는 방식으로 구현하고 있다. 따라서 초임직급의 정원이 0명이 되더라도, 계속해서 해당 템플릿의 효과를 산출해야 한다. 정년퇴직 전과 후의 집행액과 한도액의 구체적인 계산 결과는 아래와 같다.

① 정년퇴직 전

집행액: 1급 1명 70원+2급 2명 60원=130원

한도액: 전년도 총인건비 130원+증원소요인건비 30원−초임직급 조정 30원=130원

② 정년퇴직 후

집행액: 1급 1명 100원+2급 1명 30원=130원

한도액: 전년도 총인건비 130원−증원소요인건비 30원+초임직급 조정 30원=130원

(4) 기타 규정

(가) 정원 외 인력 전환

　임금피크제 대상자는 각 공공기관에서 정한 임금지급률, 임금감액기간에 따라 반드시 임금을 감액해야 한다. 하지만 임금을 감액하지 않기 위해, 임금피크제 대상자가 고의적으로 퇴사를 한 후 비정규직으로 재입사하는 사례가 있을 수 있다. 이와 같은 방식으로 임금피크제의 적용을 회피하는 것을 방지하기 위해 「공기업, 준정부기관 경영에 관한 지침」은 아래와 같은 규정을 두고 있다.

　따라서 공공기관은 임금피크제 대상자를 정원 내 인력(정규직 또는 무기계약직)으로 관리해야 하며, 정년도래 전에 정원 외 인력(비정규직)으로 전환할 수 없다. 전환의 방식은

그 실질에 따라 판단해야 하며, 퇴사 후 재입사 등 여러 가지 방식이 포함될 것이다.

「총인건비 인상률 템플릿」은 상기와 같이 임금피크제로 인한 임금감액의 회피를 방지하기 위한 페널티(penalty) 규정을 정하고 있다. 구체적인 방식은 (3) 템플릿에 "정년 이후 재고용을 전제로 전환된 정원 외 인력의 인건비 효과 조정 금액"을 입력할 수 있도록 별도의 칸을 두는 방식이다. 해당 칸에는 정원 외 인력으로 전환된 임금피크제 대상자에게 지급한 인건비를 입력해야 하고, 그 금액은 직전연도 총인건비를 차감하는 방식으로 적용되어 결과적으로 당기의 총인건비 한도가 감소하게 된다.

한편, 「공공기관 임금피크제 운영 가이드라인」('20. 9.)은 합리적으로 임금피크제가 정착되기 위한 인센티브를 강화하기 위해, 임금피크 기간 중 탁월한 성과가 있는 경우 등에 대하여 퇴직 후 계약직으로 재고용이 가능하도록 규정하였다. 재고용 기간은 2년 이내로 정하도록 명시하고 있다. 이 방식은 임금피크제가 종료된 시점(정년퇴직 이후)에 계약직으로 재고용하는 방식이기 때문에 「공기업, 준정부기관 경영에 관한 지침」 제10조 제8항의 내용과 상충되는 것은 아니다.

(나) 임금피크제 감액 대상자의 유연근무

「총인건비 인상률 템플릿」은 평균인원 산정에 대하여 아래와 같은 규정을 가지고 있다. 주당 40시간 미만으로 근무하는 유연근무제 근로자의 평균인원은 해당 근로자의 근로시간을 소정근로시간(주당 40시간)으로 나누어 산출하는 것이 원칙이다. 예를 들어 주당 20시간 근로하는 경우에는 0.5명으로 적용한다.

하지만 임금피크제 도입으로 근무시간을 40시간 미만으로 감소시킨 경우에, 해당 인원의 근로시간을 주당 40시간으로 나누어 평균인원도 감소하게 되면 증원소요인건비도 동시에 줄어들게 된다. 증원소요인건비가 줄어든다는 것은 총인건비 한도액이 감소한다는 것을 의미한다. 임금피크제의 원리가 임금피크제 대상자의 임금감액으로 신규채용 인건비를 확보하는 것인데, 근무시간이 감소하였다고 평균인원을 감소시켜 총인건비 한도액을 줄이면 임금피크제를 통해 마련한 인건비 재원을 신규채용 대상자에게 사용할 수 없게 된다. 이와 같은 불합리함을 방지하기 위해, 「총인건비 인상률 템플릿」은 임금피크제 감액 대상자의 근무시간이 감소하더라도 한 명으로 보도록 규정하였다.

> **총인건비 인상률 템플릿**
>
> 평균인원 산정 시 유연근무제 근로자는 평균인원 산정 시점의 근로조건상 주당 평균근로시간을 해당기관의 소정근로시간(일반적으로 주당 40시간)으로 나누어서 산출할 수 있다. 다만, 임금피크제 감액 대상자의 근무시간을 40시간 미만으로 감소시킨 경우에는 한 명으로 본다.

3 「총인건비 인상률 템플릿」의 작성

(1) 별도직군 방식의 평균단가

앞에서 별도직군 방식의 원리에 따라 별도직군은 평균단가를 0으로 입력해야 함을 설명하였다. 이를 위해 (3-1) 템플릿은 별도직군에 대하여 전년도의 평균단가를 0으로 입력하도록 규정하고 있다.

아래의 표는 재정경제부에서 배포하고 있는 실제 템플릿 양식으로, 별도직군에 대한 전년도 평균단가가 0으로 이미 입력되어 있음을 확인할 수 있다. 또한 템플릿의 주석을 통해 별도직군의 평균단가는 기재하지 않도록 설명하고 있다.

직급	인원			전년도의 평균단가 (D)	증원소요인건비 (C) × (D)
	전년도 (A)	당해연도 (B)	증감 (C)=(B)-(A)		
1직급					
2직급					
3직급					
……					
별도직군				–	–
계					(갑)

〈주3〉 전년도의 평균단가는 (3-4)직급별 평균단가 계산을 위한 Template에서 계산된 전년도 평균단가임(별도직군의 경우 평균단가는 기재하지 않음).

(2) 별도직군 승진시기 차이에 따른 인건비 효과 조정을 위한 Template

(3-5) 별도직군 승진시기 차이에 따른 인건비 효과 조정을 위한 Template은 아래와 같이 4개의 템플릿으로 구성되어 있다. 각각의 템플릿이 가지는 의미와 산출목표는 앞에서 설명하였으며, 아래에서는 구체적으로 어떻게 템플릿에 숫자를 입력해야 하는지 설명한다.

별도직군 승진시기 차이에 따른 인건비 효과 조정을 위한 Template

가. 별도직군 승진 가능 인원(승진T.O) 계산
나. 별도직군 승진 가능 인원 내 미승진자 인원 계산
다. 미승진자 평균인원
라. 별도직군의 승진시기 차이에 따른 인건비 효과

(가) 별도직군 승진 가능 인원(승진T.O) 계산

별도직군으로 전환된 인력을 기준으로 승진 가능 인원(승진T.O)을 산출하기 위한 템플릿이다. 당해전환, 근속승진, 승진T.O를 각각 계산하여 입력해야 한다.

① 당해전환의 입력

"당해전환"에는 별도직군으로 전환된 임금피크제 대상자 규모를 입력하며, 별도정원 반영일 또는 별도정원 부여일을 기준으로 템플릿에 입력해야 한다. 기관의 인사발령일이 아닌 별도정원 반영일이 기준이라는 점에 유의해야 한다. 구체적으로는 당해전환에 별도직군으로 전환된 인력을 직급별, 월별로 누적하여 입력해야 한다. 특히, 직급별, 월별로 누적하여 입력해야 하기 때문에 아래의 사항에 유의해야 한다.

㉠ 전환된 시점부터 입력하고, 12월까지 누적해야 한다.
㉡ 전환된 직급부터 입력해야 한다.
㉢ 최하위직급은 공란으로 비워두어야 한다. 왜냐하면 최하위직급으로는 승진이 이루어지지 않기 때문이다.

아래는 5직급 체계를 가지고 별도직군 방식을 선택한 공공기관의 사례이다. 1월에 1급 2명이 전환되었고, 2월에 2급 3명이 전환된 경우에 당해전환을 실제로 어떻게 입력해야 하는지 표시하였다.

당해연도	직급	1월			2월		
		당해전환	근속승진	승진T.O	당해전환	근속승진	승진T.O
	1직급	2			2		
	2직급	2			2+3		
	3직급	2			2+3		
	4직급	2			2+3		
	5직급	–			–		

(1월 1급 2명)
1) 1급이 전환되었기 때문에 1직급부터 입력한다.
2) 최하위직급으로는 승진이 이루어지지 않기 때문에 5직급은 비워둔다.
3) 1월에 전환되었기 때문에 1월부터 입력한다.
4) 월별로 누적해야 하기 때문에 2월 이후에도 계속 가산한다.

(2월 2급 3명)
1) 2급이 전환되었기 때문에 2직급부터 입력한다.
2) 4직급까지만 입력한다.
3) 2월에 전환되었기 때문에 2월부터 입력한다.
4) 3월 이후에도 누적하여 가산한다.

② 최하위직급의 이해

　당해전환의 개념은 기관의 불가피한 사정으로 승진하지 못한 것을 조정하는 것에서 출발한다. 즉, 실제로는 승진하지 못한 것을 마치 승진한 것처럼 간주하는 가상의 작업인 것이다. 따라서 템플릿을 입력할 때에는 서로 승진이 가능한 직급인지, 그 승진가능성을 전제로 검토해야 한다. 예를 들어, 3직급에서 2직급으로는 승진하는 것과 같이 통상적인 경우에는, 해당 직급 간에 승진가능성이 있다고 보고 당해전환에 인원을 입력할 수 있다.

　이와 같은 승진가능성은 특히 어떤 직급이 최하위직급인지 결정하는 것과 관련 있다. 또한 최하위직급을 어떤 직급으로 보는지에 따라 총인건비 보정 금액이 달라지기 때문에 최하위직급을 결정하는 것은 매우 중요한 절차이다. 최하위직급을 판단하기 위해 고려해야 할 사항은 다음과 같으며, 각 항목을 종합적으로 검토해야 한다.

일반적으로 5직급 체계의 공공기관은 5직급을 최하위직급으로 보고 당해전환은 1직급에서 4직급까지 입력하게 된다. 하지만 6직급을 초과하는 직급을 가지고 있거나, 특정직, 별정직 등 특수직급을 운영하거나 다양한 직군을 운영하는 공공기관의 경우에는 어떤 직급을 최하위직급으로 설정해야 하는지 깊게 검토해야 한다. 우선 6직급 체계의 공공기관이 5직급은 대졸 신입사원으로, 6직급은 고졸 신입으로 운영하고 있다면 어떤 직급을 최하위직급으로 보아야 하는지 다음의 두 가지 사례를 통해 알아보자.

첫 번째 사례는 1급의 5명이 기존정년에 도래하여 별도직군으로 전환된 이후 6급부터 차례대로 승진을 하고 신규채용이 6급에서 이루어진 경우이다. 만약 미승진자가 발생하여 (3-5) 템플릿을 작성하여야 한다면, 첫 번째 사례는 6급을 최하위직급으로 설정할 수 있다. 왜냐하면 6급에서 5급으로 승진하는 것도 가능하고 신규채용도 6급에서 이루어지기 때문이다.

직급	기초	별도직군 이동	승진	신규채용	기말
1직급	10명	10명-5명	5명+5명	10명	10명
2직급	10명	10명	10명-5명+5명	10명	10명
……					
5직급	10명	10명	10명-5명+5명	10명	10명
6직급	10명	10명	10명-5명	5명+5명	10명
별도직군	-	5명	5명	5명	5명

두 번째 사례는 1급에서 별도직군으로 5명이 이동한 이후, 인사이동은 5급에서 상위직급으로의 승진과 5급에 대한 신규채용만 이루어진 경우이다. 6급에서는 임금피크제와 관련된 인사이동은 전혀 발생하지 않았다는 점이 첫 번째 사례와 다르다. 결과적으로 6급에서 5급으로의 승진가능성은 없다고 판단할 수 있다. 따라서 아래 사례에서는 최하위직급을 5급으로 보고 템플릿을 작성해야 한다.

직겁	기초	별도직군 이동	승진	신규채용	기말
1직급	10명	10명-5명	5명+5명	10명	10명
2직급	10명	10명	10명-5명+5명	10명	10명
			……		
5직급	10명	10명	10명-5명	5명+5명	10명
6직급	10명	10명	10명	10명	10명
별도직군	-	5명	5명	5명	5명

위의 사례에서 최하위직급이 5급이기 때문에 당해전환에는 최하위직급인 5급과 그 아래의 6급을 모두 비워두어야 한다. 이와 같은 경우 템플릿은 5급과 6급 모두 0명으로 기입해야 하며, 아래와 같이 작성한다.

직급	1월			2월		
	당해전환	근속승진	승진T.O	당해전환	근속승진	승진T.O
1직급	2			2		
2직급	2			5		
			……			
5직급	-			-		
6직급	-			-		

아래의 사례는 당해전환을 입력할 때 최하위직급과 관련하여 실제로 자주 발생하는 오류 3가지이다. 공공기관 총인건비 담당자는 다음 사례에 유의해야 한다.

(오류사례1) 실제 승진이 불가능한 직급 간에도 당해전환을 입력

공공기관의 직제규정상 가장 아래에 있는 직급에서 그 한 단계 상위직급으로 승진할 수 없도록 규정되어 있거나, 실제로는 규정이 있다고 하더라도 그 절차와 과정이 사실상 새로 입사하는 것과 같이 까다로운 경우에는 직제규정의 가장 아래에 있는 직급을 최하위직급으로 볼 수 없다. 이러한 경우에는 해당 직급을 제외하고, 그 한 단계 상위직급을 최하위직급으로 보고 템플릿을 작성해야 한다. 이 경우에도 마찬가지로 최하위직급은 당해전환에 0을 입력해야 한다.

(오류사례2) 별정직, 특정직

공공기관은 특수한 업무를 담당하는 직군을 별도로 둘 수 있다. 이러한 직군을 별정직, 특정직 등으로 칭하고, 기존의 5직급과 구분된 별도의 단일 직급으로 두는 방식으로 운영한다. 이와 같은 직급의 업무 특성상 별정직, 특정직에서는 5직급 체계로 이동하거나 승진하

는 것은 사실상 어려운 일이다. 따라서 (3-5) 템플릿에서 별정직이나 특정직을 최하위직급으로 두고 인건비 효과를 계산하는 것은 잘못된 계산이다. 별정직, 특정직을 운영하는 공공기관은 반드시 기존 직급 체계와 구분하여 당해전환을 작성해야 한다.

(오류사례3) 과도한 누적 미승진자

예를 들어, 7직급 체계의 공공기관이 7직급부터 1직급까지 승진이 가능하도록 내부 규정을 갖추고, 또한 실제로 7직급에서 6직급으로 승진한 인원이 있을 수 있다. 그러나 7직급에 극소수의 인원만이 근무하는 경우라면, (3-5) 템플릿 측면에서는 7직급을 최하위직급으로 보는 것이 타당하지 않을 것이다.

미승진자는 당해전환 대상 직급부터 아래 직급으로 누적해서 계산하는 구조이기 때문에 최하위직급으로 내려갈수록 누적 미승진자는 계속해서 증가하게 된다. 이렇게 증가한 미승진자는 향후에 승진을 통해 감소하여 장기적으로는 0으로 수렴하는 것을 가정하고 설계되었다. 즉, 미승진자가 증가하면 총인건비 한도가 증가하고, 미승진자가 감소하면 총인건비 한도를 감소시켜 증원소요인건비만큼 상쇄시키게 된다.

하지만 상기와 같은 사례는 7직급에 극소수의 인원만이 근무하기 때문에, 누적적으로 증가한 미승진자를 상쇄할 만큼 승진이 일어날 수 없게 된다. 이와 같은 방식으로 총인건비 한도를 늘리는 것은 템플릿의 설계 취지가 아니며 이는 최하위직급을 잘못 설정함에 따른 오류라고 볼 수 있다. 구체적인 사례는 아래의 표와 같다.

아래의 사례에서 5직급에는 임금피크제 도입 이후로 167명의 미승진자가 누적되었으며, 6직급에는 255명의 미승진자가 누적되었다. 6직급에 누적된 255명의 미승진자가 해소되기 위해서는 7직급에서 6직급으로 승진이 일어나야 한다. 하지만 7직급에는 실제로 3명의 정원 밖에 없기 때문에 매년 3명을 신규채용하고 즉시 승진시키더라도 미승진자 해소에 85년(255÷3)이 필요한 것으로 계산된다. 결국 아래의 사례와 같이 7직급 또는 6직급을 최하위직급으로 설정하는 것은 공공기관이 총인건비 한도를 증가시키는 결과만 가져오게 된다.

직급	(3-5) 템플릿, 미승진자 평균인원		(3-3) 템플릿	
	전년도 미승진자	당해연도 미승진자	정원	현원
1직급	2	3	10	12
2직급	7	9	20	21
……				
5직급	158	167	500	468
6직급	221	255	5	4
7직급	–	–	3	2

2025년도 「총인건비 인상률 템플릿」은 과도한 누적 미승진자가 발생하지 않도록 하기 위하여 다음과 같은 규정을 신설하였다. 또한 신설된 규정을 검증하기 위해, 하위직급 정원 합계를 입력하도록 〈검증양식5〉도 수정되었다.

[나. 별도직군 승진 가능 인원 내 미승진자 인원 계산]

* 단, 각 직급의 '미승진자'는 하위직급의 (3-3)템플릿상 정원의 합계를 초과할 수 없음. 예를 들어 3직급의 '산식에 의해 계산된 미승진자 인원'이 10명이고, 4직급 및 5직급의 (3-3)템플릿상 정원이 각각 5명, 4명인 경우, 3직급의 미승진자 인원은 10명이 아닌 9명(=5명+4명)을 기재함.

상기 규정에 따르면 앞의 사례에서 5직급 미승진자 인원은 167명이지만 6직급과 7직급의 정원 합계인 8명(=5명+3명)까지만 미승진자로 인정된다. 또한 6직급 미승진자 인원은 255명이지만 7직급의 정원 합계인 3명까지만 미승진자로 인정된다.

이 경우 2025년도 5직급의 미승진자 변동은 150명 감소(전년도 158명에서 당년도 8명)이고, 6직급의 미승진자 변동은 218명 감소(전년도 221명에서 당년도 3명)로 산출된다. 해당 미승진자 인원 변동에 직급별 승진 전·후 단가 차이를 곱하여 산출한 인건비 효과는 총인건비 한도에 중대한 영향을 미치게 될 것이다.

만약 앞의 사례와 다르게 6직급과 7직급의 정원과 현원이 상기와 다르게 피라미드 형태를 보인다면 어떻게 판단해야 할까? 예를 들어 6직급과 7직급의 정원과 현원이 아래와 같은 모습이고, 실제 7직급에서 1직급까지 승진이 가능한 경우라면 7직급을 최하위직급으로 설정할 수 있을 것이다.

2025년도 「총인건비 인상률 템플릿」에 추가된 규정을 적용하더라도 6직급의 정원이 600명이고 7직급의 정원이 650명이기 때문에 5직급과 6식급의 낭해연도 미승진자는 모두 그대로 인정될 것이다.

직급	(3-5) 템플릿, 미승진자 평균인원		(3-3) 템플릿	
	전년도 미승진자	당해연도 미승진자	정원	현원
1직급	2	3	10	12
2직급	7	9	20	21
......				
5직급	158	167	500	468
6직급	221	255	600	583
7직급	–	–	650	627

③ 최하위직급의 변경

공공기관 입장에서는 상기에서 논의한 것과 반대의 상황이 발생할 수 있다. 예를 들어 7직급 체계를 가진 공공기관이 상기의 여러 가지 요소를 검토하여 6직급을 최하위직급으로 설정하고 계속해서 (3-5) 템플릿을 작성하였지만, 기관의 실질이 바뀔 수 있다. 이러한 경우에 최하위직급을 7직급으로 변경할 수 있는지에 대한 검토를 해야 한다. 이러한 경우, 앞에서 언급한 요소를 종합적으로 고려하여 최하위직급을 변경하는 것도 가능하다.

④ 근속승진의 입력

근속승진은 (3-3)의 가. 템플릿에 표시된 누적차를 기재한다. 단, 직급별 누적차가 음(-)수인 경우에는 해당 누적차를 양수로 변환하여 기재하고, 직급별 누적차가 양(+)수인 경우에는 영(0)으로 기입한다. 예를 들어, 1월의 누적차가 3직급에 대해서 -3, 나머지 직급은 양수이고 또한 2월의 누적차가 4직급에 대해서 -4, 나머지 직급은 양수라면 음수인 값만 양수로 변환하여 입력한다. 나머지 직급에 대해서는 0을 입력한다. 구체적인 템플릿 표시 방법은 아래와 같다.

	직급	1월			2월		
		당해전환	근속승진	승진T.O	당해전환	근속승진	승진T.O
당해연도	1직급		-			-	
	2직급		-			-	
	3직급		3			-	
	4직급		-			4	
	5직급		-			-	

⑤ 승진T.O의 산출

승진T.O는 당해전환에서 당해전환과 근속승진 중 작은 값을 차감하여 산출한다. 단, 승진T.O는 직급별 누적차가 음수인 경우에는 영(0)을 한도로 하고, 직급별 누적차가 음수가 아닌 경우에는 해당 누적차에 승진(누적)을 합한 값을 한도로 한다. 구체적인 수식은 아래와 같이 표현되며, 누적차에 따른 한도 규정이 있다는 사실에 유의해야 한다.

[승진T.O의 산식]
승진T.O = 당해 전환 - min(당해 전환, 근속승진)
if 직급별 누적차 < 0 then 승진TO < 0
if 직급별 누적차 ≥ 0 then 승진TO < 누적차 + 승진(누적)

누적차는 <u>(3-3) 템플릿</u>의 값을 활용하고, 승진(누적)은 <u>(3-5)</u>의 나. 템플릿의 승진 값을 적용한다. 앞의 사례의 1월을 기준으로 승진T.O를 계산하면 아래와 같다.

직급	1월								
	당해 전환	근속 승진	승진T.O (a)	누적차	승진 (누적)	한도1 (b)	한도2 (c)	결과 값 d=min(a, b/c)
1직급	2	–	2-min(2, 0)=2	–	–	NA	0	–
2직급	2	–	2-min(2, 0)=2	1	1	NA	2	2
3직급	2	3	2-min(2, 3)=0	-3	1	0	NA	–
4직급	2	–	2-min(2, 0)=2	1	2	NA	3	2
5직급	–	–	–	–	–	–	–	–

- 누적차와 승진(누적)은 임의의 값을 입력하였다.
- 한도1은 누적차가 0보다 적을 때 적용하고, 한도2는 누적차가 0보다 클 때 적용한다.
- 미적용 값은 NA로 표시하였으며, 결과 값(d)은 적용 값을 기준으로 계산한다.

(나) 별도직군 승진 가능 인원 내 미승진자 인원 계산

<u>(3-5)</u>의 나. 템플릿은 승진 가능 인원(승진T.O) 중에서 실제 승진한 인원과 전년도 기말 미승진자를 고려하여 당기의 월별 미승진자를 산출하기 위한 템플릿이다. 아래의 입력 기준에 따라 승진T.O, 승진, 전년 말 미승진, 미승진자를 각각 계산하여 입력해야 한다.

① 승진T.O의 입력

승진T.O에는 <u>(3-5)</u>의 가. 템플릿에서 산출한 승진T.O 값을 그대로 입력한다.

② 승진의 입력

승진에는 해당 직급으로 실제 승진한 인원을 월별로 누적하여 입력해야 한다. 당해전환은 직급별로도 누적해야 하지만 승진은 직급별로는 누적하지 않는다. 이와 같이 승진의 입력 방법은 별도직군의 입력 방법과 다르며, 아래의 사항에 유의하여야 한다.

㉠ 승진한 월(月)부터 입력한다.
㉡ 당해전환보다 승진이 먼저 이루어지더라도, 승진이 발생한 시점부터 입력한다.
㉢ 승진한 시점부터 12월까지 월별로 누적한다.
㉣ 승진한 직급에 입력한다(2급에서 1급으로 승진하면 1급에 입력함).
㉤ 직급별로는 누적하지 않는다(2급에서 1급으로 승진하면 1급에만 입력함).

아래는 당해연도 1월에는 2직급에서 1직급으로 1명이 승진하고 3직급에서 2직급으로 2

명이 승진하였으며, 2월에는 2직급에서 1직급으로 2명이 승진하고 3직급에서 2직급으로 3명이 승진한 사례로, 템플릿은 아래와 같이 작성한다.

직급	1월				2월			
	승진T.O	승진	전년도 말 미승진	미승진자	승진T.O	승진	전년도 말 미승진	미승진자
1직급		1				1+2		
2직급		2				2+3		
3직급								
4직급								
5직급								

(1월 승진: 1급으로 1명, 2급으로 2명)
1) 승진은 승진 후의 직급에 입력한다.
2) 승진은 직급별로는 누적하지 않기 때문에 해당 직급에만 입력한다.
3) 승진은 월별로 누적해야 하기 때문에 2월 이후에도 계속 가산한다.

(2월 승진: 1급으로 2명, 2급으로 3명)
1) 1직급에는 1월 승진자 1명과 2월 승진자 2명을 합산하여 기재한다.
2) 2직급에는 1월 승진자 2명과 2월 승진자 3명을 합산하여 기재한다.

③ 전년도 말 미승진의 입력

전년도 말 미승진에는 (3-5)의 다. 템플릿의 전년도 12월 미승진자 인원을 그대로 기입한다. 이때 해당 템플릿의 "평균인원"을 입력하는 것이 아니라는 점에 유의해야 한다. 아래의 사례는 (3-5)의 나. 템플릿의 "전년도 말 미승진"에 (3-5)의 다. 템플릿의 전년도 12월 인원을 입력한 사례이다. (3-5)의 다. 템플릿의 평균인원을 기입하는 것은 잘못된 입력 방법이다.

직급	다. 미승진자 평균인원 Template(전년도)				나. 미승진자 인원계산 Template			
	…	11월	12월	평균인원	승진T.O	승진	전년도 말 미승진	미승진자
1직급		3	2.55				3	
2직급		5	5.75				5	
3직급		7	6.77				7	
4직급		10	12.21				10	
5직급		20	21.35				20	

④ 미승진자의 산출

　미승진자는 승진T.O에서 승진자를 차감하고 전년도 말 미승진자를 가산하여 작성해야 한다. 단, 해당 값이 음수가 나올 수 없기 때문에 아래와 같은 산식을 적용하여 계산한다. 승진T.O가 (승진－전년도 말 미승진) 값보다 적은 경우 미승진자는 0으로 계산되며, 그 반대의 경우 미승진자는 승진T.O에서 승진을 차감하고 전년도 말 미승진자는 가산하여 산출한다.

[미승진자의 산식]
미승진자＝승진T.O－min{승진T.O, (승진－전년도 말 미승진)}

　아래는 임의의 값을 입력하여 미승진자를 산출한 사례이다. 승진에서 전년도말 미승진을 차감한 값이 음수로 산출되는 경우에는 그 음의 값을 그대로 적용해야 함에 유의해야 한다. 1직급에서 그 산출과정을 확인할 수 있다.

직급	1월			
	승진T.O	승진	전년도 말 미승진	미승진자
1직급	4	0	1	$4-min(4, (0-1))=5$
2직급	4	3	1	$4-min(4, (3-1))=2$
3직급	4	4	0	$4-min(4, (4-0))=0$
4직급	4	7	2	$4-min(4, (7-2))=0$
5직급	－	－	－	－

(다) 미승신자 평균인원

　<u>(3-5)의 나. 템플릿</u>에서 산출한 미승진자를 아래 양식의 당해연도에 월별로 입력한다. 평균인원은 1월부터 12월까지 미승진자를 합산하여 12로 나누어 산출하며, 최종 값이 정수로 표시되지 않는 경우에는 소수점 이하 둘째 자리에서 반올림한다. 전년도 평균인원은 전년도 총인건비 인상률 산출에 사용한 값을 그대로 반영해야 하며, 원칙적으로는 수정할 수 없다.

직급	1월	2월	3월	4월	5월	6월	7월	8월	9월	10월	11월	12월	평균인원
1직급													
2직급													
3직급													
4직급													
5직급													
계													

(라) 별도직군의 승진시기 차이에 따른 인건비 효과

(3-5)의 라. 템플릿은 미승진자 평균인원의 차이에 승진 전 평균단가와 승진 후 평균단가를 곱하여 산출한다. 미승진자 평균인원은 (3-5)의 다. 템플릿을 활용하고, 전년도 평균단가는 (3-4) 템플릿의 전년도 값을 활용한다. 각각의 값을 (3-5)의 라. 템플릿에 입력하여 직급별로 인건비 효과를 계산한 후, 그 합계를 산출하여 (3) 템플릿에 반영한다.

(유의사항1: 승진 전/후 단가의 입력)

승진 후 단가에는 해당 직급의 단가를 입력하고, 승진 전 단가에는 해당 직급의 한 단계 아래 직급의 단가를 입력한다. 1직급의 단가가 100원이고, 2직급의 단가가 90원, 3직급의 단가가 75원인 경우에는 아래와 같이 입력한다. 또한 승진 후 단가에서 승진 전 단가를 차감하여 증감 칸에 반영한다.

직급	미승진자 평균인원			전년도의 평균단가			인건비 효과
	전년도	당해연도	증감	승진 전 단가	승진 후 단가	증감	
1직급	3	5	2	90	100	10	$2 \times 10 = 20$
2직급	3	2	-1	75	90	15	$-1 \times 15 = -15$
3직급	4	5	1	65	75	10	$1 \times 10 = 10$
…							…
합계							$20 - 15 + 10 \cdots$

(유의사항2: 평균단가의 감소)

공공기관의 특수한 상황에 따라, 상위직급의 평균단가가 하위직급의 평균단가보다 적을 수도 있다. 이러한 경우에는 승진단가의 차이가 음수로 산출되어 인건비 효과도 음수로 계산된다. 이와 같이 특수한 케이스에 대해서는 (3-5) 템플릿은 항상 증원소요인건비와 연계되어 있다는 것을 전제로 검토해야 한다. (3-5) 템플릿은 승진을 하지 못하여 증원소요 인건비에서 불이익이 생긴 공공기관의 인건비를 조정하기 위한 목적으로 설계되었다. 즉, 평균단가가 역의 관계인 경우라면 승진하지 못함으로 인해 증원소요인건비에서는 오히려 이익이 발생하였다는 것을 의미한다. 따라서 이러한 경우 (3-5) 템플릿은 그 이익을 상쇄하기 위하여 평균단가의 차이에 음수가 산출되더라도 이를 그대로 적용하는 것이 타당할 것이다.

(유의사항3: 미승진자의 감소)

미승진자는 증가할 수도 있고 감소할 수도 있기 때문에, 직급별 인건비 효과에 음(-)의 값이 산출될 수 있다. 음의 값이 나타나는 경우에는 총인건비 한도를 그만큼 감소시키라는 의미이기 때문에, 영(0) 또는 양수로 수정할 수 없으며, 음수를 그대로 반영해야 한다.

(유의사항4: 음(-)의 인건비 효과 합계)

"별도직군의 승진시기 차이에 따른 인건비 효과"의 1직급부터 최하위직급의 상위직급까지의 합계가 음수로 산출될 수 있다. 이러한 경우에는 음의 값을 그대로 (3) 템플릿에 반영해야 하며, 이를 임의로 삭제하거나 0으로 변경해서는 안 된다.

(3) 초임직급 정원 변동에 따른 인건비 효과 조정을 위한 Template

(3-6) 초임직급 정원 변동에 따른 인건비 효과 조정을 위한 Template은 아래와 같이 2개의 템플릿으로 구성되어 있다. 각 Template을 작성하는 방법과 유의사항을 설명하고, 작성 사례를 살펴본다.

> **초임직급 정원 변동에 따른 인건비 효과 조정을 위한 Template**
>
> 가. 초임직급 정원
> 나. 초임직급 정원 변동에 따른 인건비 효과

(가) 초임직급 정원

초임직급 정원에는 정부로부터 승인받은 초임직급 정원을 월별로 기재해야 한다. 초임직급 정원을 입력할 때에는 ① 현원이 아닌 정원을 기준으로 입력해야 한다는 점, ② 임금피크제 대상 직원의 직급이 아닌 초임직급에 입력해야 한다는 점, ③ 신규채용 인원이 아닌 별도정원 부여 인원을 기준으로 입력해야 한다는 점에 유의해야 한다. 유의사항에 대해서는 아래에서 항목별로 설명한다.

한편, 초임직급의 평균정원은 1월부터 12월까지의 인원 총계를 12로 나누어 구해야 하며, 해당 값이 정수가 아닌 유리수로 산출될 경우 소수점 이하 둘째 자리에서 반올림해야 한다.

① 정원 기준 입력

(3-6) 템플릿은 초임직급의 정원을 기준으로 입력해야 하며, 현원을 기준으로 입력해서는 안 된다. 따라서 별도정원 요구서에 따라 정부와 협의한 별도정원 부여 인원을 그대로 입력해야 한다.

초임직급 정원은 별도정원 대상자가 퇴사한 달에 차감해야 한다. 이는 월중 퇴사자에 대해서는 월기본급의 100%가 지급되는 경우에 월말 인원에 포함해야 하는 현원 집계의 원칙과는 다른 부분이다. 이와 같이 정원과 현원을 집계하는 원칙이 다르기 때문에, 초임직급의 정원과 현원에는 한 달의 차이가 발생할 수 있다.

예를 들어 공공기관의 초임직급 정원이 5명이고 이 중 3명이 10월에 퇴사하였다면 (3-6) 템플릿은 다음과 같이 작성한다. 10월에 퇴사한 3명에게 기본급의 100%를 지급하였다고 하더라도, 아래의 템플릿은 정원을 기준으로 입력해야 하기 때문에 10월부터 3명을 차감하여 입력해야 한다. 해당 공공기관의 초임직급은 5급이라고 가정한다.

직급	1월	2월	3월	⋯⋯	10월	11월	12월	평균정원
1직급				⋯⋯				
				⋯⋯				
5직급	5	5	5	⋯⋯	2	2	2	4.25

② 초임직급 기준 입력

초임직급의 정원은 임금피크제 대상자의 직급이 아닌 해당 공공기관의 초임직급에 기재해야 한다. 초임직급은 공공기관의 상황마다 다르며, 초임직급이 어떤 직급인지 결정할 때 고려해야 할 사항은 앞에서 설명하였다. 아래에서는 (3-6) 템플릿의 초임직급과 관련된 작성사례 세 가지를 살펴본다.

(작성사례1)

초임직급이 5급인 공공기관에서, 3월에 1직급 3명이 초임직급 정원으로 부여된 경우 (3-6) 템플릿의 초임직급 정원은 아래와 같이 작성한다. (3-6) 템플릿은 초임직급 정원을 임금피크제 대상자의 직급에 기입하는 방식이 아니라 초임직급에 기입하는 방식으로 작성해야 한다. 아래의 사례는 초임직급인 5직급에 초임직급 정원의 숫자를 입력하였다.

직급	1월	2월	3월	……	10월	11월	12월	평균정원
1직급				……				
				……				
5직급	–	–	3	……	3	3	3	2.5

(작성사례2)

일부 공공기관은 초임직급 정원에 대하여 대졸 신입사원(5직급)과 고졸 신입사원(6직급)을 모두 채용하는 정책을 운영하고 있다. 이와 같은 경우 초임직급을 5직급이라고 정하거나 6직급이라고 정하는 것과 같이, 초임직급이 특정한 단일의 직급에 해당된다고 정하는 방식은 적용하기 어려울 것이다. 「경영관리 계량지표 교육 교재」는 이에 대하여 전체 초임직급 정원을 실제 5직급과 6직급에 신규채용된 인원의 비율로 배분하는 방식을 제시하고 있다.

예를 들어 초임직급 정원을 10월에 10명 부여한 공공기관이 다음과 같이 신규인력을 채용한 경우 (3–6) 템플릿의 초임직급 정원은 아래와 같이 작성한다(5직급 신규채용 인원: 연평균 30명, 6직급 신규채용 인원: 연평균 70명).

직급	1월	2월	3월	……	10월	11월	12월	평균정원
1직급				……				
				……				
5직급	–	–	–	……	3	3	3	0.75
6직급	–	–	–	……	7	7	7	1.75

5직급: 10명 × 30명 ÷ (30명 + 70명) = 3명
6직급: 10명 × 70명 ÷ (30명 + 70명) = 7명

(작성사례3)

통합직급관리기관이 초임직급 방식을 운영하고 있는 경우 초임직급의 정원을 어떤 직급에 반영해야 할지 검토해야 한다. 통합직급은 여러 개의 직급을 통합하여 운영하는 방식이지만, 「총인건비 인상률 템플릿」은 통합직급을 다시 세분화하여 증원소요인건비를 계산하고 있다.

앞에서 초임직급은 일반적으로 공공기관의 최하위직급을 의미한다고 설명하였다. 따라서 통합직급관리기관은 초임직급을 통합직급의 각 직급에 비례하여 배분할 수 없으며, 통합직급의 최하위직급에 반영해야 한다.

예를 들어 3직급, 4직급, 5직급을 통합하여 관리하고 있는 공공기관은 「총인건비 인상률 템플릿」을 작성할 때 해당 통합직급의 정원을 직급별로 배분한다. 이때 초임직급 정원을

이와 동일한 방식으로 3직급, 4직급, 5직급에 배분할 수 없으며, 초임직급인 5직급에 모두 반영해야 한다. 통합직급관리기관이 3월에 3명의 초임직급 정원을 부여받은 경우, <u>(3−6)</u> 템플릿의 초임직급 정원에는 아래와 같이 5직급만 입력해야 한다.

직급	1월	2월	3월	……	10월	11월	12월	평균정원
1직급				……				
				……				
3직급	−	−	−	……	−	−	−	−
4직급	−	−	−	……	−	−	−	−
5직급	−	−	3	……	3	3	3	2.5

③ 별도정원 부여 인원 기준

초임직급 정원에는 신규채용 인원이 아닌 별도정원으로 부여된 인원을 기준으로 입력해야 한다. 별도정원 부여일과 신규채용 인원이 입사하는 날짜에는 차이가 발생할 수 있다. 임금피크제 대상자 6명에 대한 별도정원 부여일이 6월이고, 신규채용일이 3월에 2명, 9월에 3명이라면, <u>(3−6)</u> 템플릿의 초임직급 정원에는 아래와 같이 별도정원 부여일인 6월에 6명을 반영해야 한다.

직급	1월	2월	3월	4월	5월	6월	7월	8월	9월	10월	11월	12월	평균
1직급													
					……								
5직급	−	−	−	−	−	6	6	6	6	6	6	6	3.5

1) 별도정원 부여일인 6월에 입력한다.
2) 별도정원 부여 인원(6명)과 신규채용 인원(2명+3명=5명)이 다를 수 있다.

④ 초임직급 정원 Template 입력 사례

초임직급의 정원이 아래와 같이 변동되는 경우, <u>(3−6)</u> 템플릿의 초임직급 정원을 어떻게 입력해야 하는지 T년도와 T+1년도 각각 살펴본다. 정원을 기준으로 입력해야 하고, 초임직급에 입력해야 한다는 점에 유의하여 작성해야 한다.

초임직급 정원 변동 사례

① 정년 1년 연장기관, 초임직급 5직급
② 6월에 3명 부여, 9월에 1명 퇴사, 12월에 4명 부여
③ 6월에 5명 부여, 12월에 1명 부여

(T년도, 초임직급 정원)

직급	1월	2월	3월	4월	5월	6월	7월	8월	9월	10월	11월	12월	평균
1직급													
					......								
5직급	−	−	−	−	−	3	3	3	2	2	2	6	1.75

(T+1년도, 초임직급 정원)

직급	1월	2월	3월	4월	5월	6월	7월	8월	9월	10월	11월	12월	평균
1직급													
					......								
5직급	6	6	6	6	6	9	9	9	9	9	9	6	7.5

(나) 초임직급 정원 변동에 따른 인건비 효과

당해연도 초임직급 정원에서 전년도의 초임직급 정원을 차감한 값에 전년도 평균단가를 곱하여 인건비 효과를 산출한다. 초임직급 정원은 앞에서 산출한 값을 활용하고, 전년도 평균단가는 (3-4) 템플릿에서 연계한다. 실제 템플릿의 모습은 아래와 같다.

구분	평균정원			전년도 평균단가	인건비 효과
	전년도(A)	당해연도(B)	증감(B−A)		
1직급					
		......			
5직급					
계					

(1) (검증양식) 별도정원 규모 확인

(가) 별도정원의 월별 규모

「총인건비 인상률 템플릿」은 월별로 별도정원의 규모를 반영해야 한다. 그러나 공공기관이 재정경제부와 별도정원의 규모를 협의[28] 하는 것은 1년에 한 번만 이루어지기 때문에 공식적인 별도정원의 규모는 연간 1회 정해지는 상황이다.

실제로 별도정원의 규모는 임금피크제 대상자의 인사이동[29]에 영향을 받기 때문에, 공공기관은 별도정원 대상자의 퇴사 현황을 월별로 관리해야 한다. 그리고 이를 반영한 월별 별도정원의 규모를 기준으로 「총인건비 인상률 템플릿」을 작성해야 한다.

특히 초임직급 방식은 초임직급의 정원을 기준으로 임금피크제 효과를 산출하여 총인건비 한도에 반영해야 하기 때문에, 별도정원의 변동을 월별로 산출하는 것은 매우 중요한 과정이다. 다음의 사례를 통해 별도정원의 변동이 월별로 어떻게 반영되는지 살펴본다.

> **별도정원의 변동 사례**
>
> ① 전년도 별도정원 3명 당기초로 이월
> ② 6월에 5명 부여, 12월에 2명 부여
> ③ 9월에 3명 퇴사

| 월별 별도정원 |

구분	1월	2월	3월	4월	5월	6월	7월	8월	9월	10월	11월	12월
별도정원	3	3	3	3	3	8	8	8	5	5	5	7

전년도 이월 3명 → 1~5월에 반영
6월에 5명 부여: 3명+5명=8명 → 6~8월에 반영
9월에 3명 퇴사: 8명−3명=5명 → 9~11월에 반영
12월에 2명 부여: 5명+2명=7명 → 12월에 반영

상기의 사례는 별도정원의 변동 현황을 수기로 하나씩 계산하여 그 결과만 집계한 방식이기 때문에, 오류가 발생할 가능성이 높다. 또한 정년퇴직 이전에 퇴사한 인원이 언제 퇴사하였는지에 따라 별도정원 규모가 달라지기 때문에, 이 또한 고려해야 한다. 아래에서는 월별 별도정원을 정확하게 산출하기 위해 고안된 (검증양식)을 소개하고 이를 입력하는 방법을 설명한다. 이 (검증양식)을 통해 월별 별도정원(별도직군 방식, 초임직급 방식)을 정확하게 산출할 수 있을 것이다.

(나) 협의 기준 별도정원

별도정원의 규모를 확인하기 위한 검증양식은 재정경제부와 협의한 별도정원(협의 기준 별도정원)과 임금피크제 대상자의 퇴직을 반영한 실제 별도정원을 모두 확인할 수 있도록

---

28) 별도정원 요청서를 통해 협의한다.
29) 대부분은 퇴직이다.

작성해야 한다.

협의 기준 별도정원은 재정경제부와 협의하여 별도정원에 추가된 인원을 가산하고, 예정된 정년퇴직일에 해당 별도정원 대상 인원을 차감하여 산정한다. 즉, 협의 기준 별도정원은 중도 퇴사를 고려하지 않는다. 이와 같이 산출된 협의 기준 별도정원은 별도정원 요구서와 비교하여 정확성을 검증할 수 있다.

예를 들어, T년도 6월에 5명, 12월에 4명의 별도정원을 반영하기로 재정경제부와 T−1년도에 협의하였다고 가정하자. 정년이 1년 연장된 기관에서 별도정원 대상자가 모두 정년퇴직하였다면 월별 별도정원의 변동은 다음과 같이 작성하여 산출한다.

구분	T년도							T+1년도					
	6월	7월	8월	9월	10월	11월	12월	1월	2월	3월	4월	5월	6월
별도정원 추가	5						4						
정년퇴직 예정													5
월말 정원	5	5	5	5	5	5	9	9	9	9	9	9	4

별도정원 부여시점은 T년도 6월, 12월이고, 모두 정년퇴직하였다.
T년도 6월의 협의 기준 별도정원은 5명이다.
T년도 12월의 협의 기준 별도정원은 9명이다.
T+1년도 6월의 협의 기준 별도정원은 4명이다.

(다) 실제 별도정원

정년퇴직 예정일 이전에 퇴사한 인원이 있는 경우, 실제 별도정원은 앞에서 설명한 협의 기준 별도정원과 달라진다.[30] 따라서 실제 별노성원은 협의 기준 별도정원에 퇴직으로 인한 인원을 월별로 가산·차감하여 산정한다.

실제 별도정원을 산출하기 위해 검증양식을 입력하는 방법은 임금피크제 대상자의 퇴직시점에 따라 다르다. 임금피크제 대상자의 퇴직시점은 다음과 같이 두 개로 구분되며, 아래에서는 각각의 입력 방법과 그 결과에 대하여 설명한다.

> **임금피크제 대상자의 퇴직 시점에 따른 분류**
>
> 1) 재정경제부 협의 후, 별도정원 부여 전 퇴직
> 2) 별도정원 부여 후, 정년도래 전 퇴직

---

30) 임금피크제 대상자가 정년퇴직한 경우, 실제 별도정원과 협의 기준 별도정원은 같다.

(라) 퇴직 시점에 따른 검증양식의 작성

아래는 실제 별도정원 규모 확인을 위한 (검증양식)으로 임금피크제 대상자의 퇴직 시점에 따라 구분하여 내용을 입력해야 한다. 이와 같이 산출한 실제 별도정원은 인사명령서, 조직도 등과 비교하여 정확성을 검증할 수 있다.

월말 정원은 전월 말 정원에 당월에 발생한 각종 변동사항을 가산하거나 차감하여 산출한다. 산출된 월말 정원은 그 이후의 달에 계속해서 연계한다.

구분	1월	2월	3월	4월	5월	6월	7월	8월	9월	10월	11월	12월
별도정원 추가					A							
정년퇴직 예정					B							
협의 후 부여 전 차감					C							
협의 후 부여 전 가산					D							
부여 후 도래 전 차감					E							
부여 후 도래 전 가산					F							
월말 정원				X	Y							

월말 정원(Y) = X + A − B − C + D − E + F

① 재정경제부 협의 후, 별도정원 부여 전 퇴직

재정경제부와 협의한 인원에 포함되지만 아직 별도정원으로 부여되지는 않은 인원이다. 재정경제부 협의 후, 별도정원 부여 전 퇴직은 아래의 방식을 기준으로 입력한다. 별도정원 부여 전 퇴직은 <u>별도정원 추가 시점</u> 또는 정년퇴직 예정 시점에만 검증양식을 입력한다는 점에 유의한다.

> **재정경제부 협의 후, 별도정원 부여 전 퇴직**
>
> ① (부여인원) 별도정원 추가 시점에 "별도정원 추가"에 반영한다.
> ② (퇴직자) 별도정원 추가 시점에 "기재부 협의 후 별도정원 부여 전 퇴직(차감)"에 반영한다.
> ③ (부여인원) 정년퇴직 예정 시점에 "정년퇴직 예정"에 반영한다.
> ④ (퇴직자) 정년퇴직 예정 시점에 "기재부 협의 후 별도정원 부여 전 퇴직(가산)"에 반영한다.

예를 들어 T−1년도에 재정경제부와 T년도의 별도정원을 협의하였다고 가정하자. T년도 6월에 5명, 12월에 4명의 별도정원을 반영하기로 협의하였으나, 6월 별도정원 대상자 5명

중 3명이 T−1년도 12월에 퇴직하였다. 정년이 1년 연장된 기관이라면 월별 별도정원은 아래와 같이 산출한다.

구분	T년도							T+1년도					
	6월	7월	8월	9월	10월	11월	12월	1월	2월	3월	4월	5월	6월
별도정원 추가	5						4						
정년퇴직 예정													5
협의 후 부여 전−	3												
협의 후 부여 전+													3
월말 정원	2	2	2	2	2	2	6	6	6	6	6	6	4

별도정원 부여시점은 T년도 6월이지만, 일부 인원이 그 전(T−1년도 12월)에 퇴직하였다.
T년도 6월의 협의 기준 별도정원은 5명이지만, 실제 별도정원은 2명이다.
T년도 12월의 협의 기준 별도정원은 9명이지만, 실제 별도정원은 6명이다.
T+1년도 6월의 협의 기준 별도정원은 4명이고, 실제 별도정원도 4명이다.

② 별도정원 부여 후, 정년도래 전 퇴직

별도정원으로 부여된 인원이 정년퇴직 하지 않고 그 전에 퇴직하는 경우이다. 이와 같은 경우 아래와 같이 검증양식을 입력한다.

별도정원 부여 후, 정년도래 전 퇴직

① (부여인원) 별도정원 추가 시점에 "별도정원 추가"에 반영한다.
② (퇴직자) 실제 퇴사 시점에 "별도정원 부여 후 정년도래 전 퇴직(차감)"에 반영한다.
③ (부여인원) 정년퇴직 예정 시점에 "정년퇴직 예정"에 반영한다.
④ (퇴직자) 정년퇴직 예정 시점에 "별도정원 부여 후 정년도래 전 퇴직(가산)"에 반영한다.

예를 들어 T−1년도에 재정경제부와 T년도의 별도정원을 협의하였다고 가정하자. T년도 6월에 5명, 12월에 4명의 별도정원을 반영하기로 협의하였으나, 6월 별도정원 대상자 5명 중 3명이 T년도 12월에 퇴직하였다. 정년이 1년 연장된 기관이라면 월별 별도정원은 아래와 같이 산출한다.

구분	T년도							T+1년도					
	6월	7월	8월	9월	10월	11월	12월	1월	2월	3월	4월	5월	6월
별도정원 추가	5						4						
정년퇴직 예정													5
부여 후 도래 전-							3						
부여 후 도래 전+													3
월말 정원	5	5	5	5	5	5	6	6	6	6	6	6	4

별도정원 부여시점은 T년도 6월이고, 그 후(T년도 12월)에 퇴직한 사례이다.
T년도 6월의 협의 기준 별도정원은 5명이고, 실제 별도정원은 5명이다.
T년도 12월의 협의 기준 별도정원은 9명이지만, 실제 별도정원은 6명이다.
T+1년도 6월의 협의 기준 별도정원은 4명이고, 실제 별도정원도 4명이다.

(마) 작성 유의사항

  정년이 1년 연장된 공공기관의 별도정원에 반영된 시점과 정년퇴직 시점 사이에는 1년의 기간이 있기 때문에 검증양식은 2개의 회계연도를 작성해야 한다. 만약 정년이 2년 연장된 경우라면 3개의 회계연도를 작성해야 별도정원 반영 시점과 정년퇴직 시점을 모두 반영할 수 있을 것이다.

  상기와 같이 산출한 결과 중 협의 기준 별도정원은 별도정원 요구서와 검증하는 목적으로 활용하고, 실제 별도정원은 「총인건비 인상률 템플릿」에 반영하는 방식으로 활용한다. 검증양식은 실제 연도별로 작성하게 되며, 연도별로 작성한 별도정원 중 초임직급 정원은 (3-6) 템플릿에 그대로 반영한다. 별도직군 방식의 월별 별도정원은 (3-5) 템플릿에 직접 반영하지는 않지만, (3-2) 템플릿, (3-5) 템플릿에 입력한 별도정원의 월별 현원과 비교하여 템플릿의 정확성을 검증할 수 있다. 즉, 검증양식의 용도가 별도직군 방식과 초임직급 방식별로 각기 다르기 때문에, 별도직군 방식과 초임직급 방식을 모두 운영하는 공공기관은 두 가지 방식 모두 구분하여 작성해야 한다.

(2) (검증양식) 별도직군 미승진자의 검증

(가) 목적

(3-5) 템플릿은 4개의 하위 템플릿으로 구성되어 있으며, 각 템플릿의 항목을 산출하는 산식은 다소 복잡하게 얽혀있다. 이 (검증양식)은 엑셀의 수식을 활용하여 별도직군 미승진자의 월별 규모가 정확하게 산출되었는지 확인하기 위한 목적으로 설계되었다.

(나) (검증양식)의 구성과 입력방법

(검증양식)은 다음과 같이 구성되어 있으며, 엑셀의 9개 셀 중에서 5개의 셀에는 산식이 이미 입력되어 있다. 따라서 담당자는 4개의 빈칸(당해전환, 누적차, 승진, 전년도 말 미승진)에만 내용을 입력하면 된다.

구분	1급	2급	……
당해전환			
누적차			
근속승진	산식	산식	산식
차감 계	산식	산식	산식
T.O한도	산식	산식	산식
승진T.O	산식	산식	산식
승진			
전년도 말 미승진			
미승진자	산식	산식	산식

(입력방법)
1. 당해전환: 별도직군 전환으로 인해 발생한 승진T.O를 월별로 누적
2. 누적차: (3-3)의 가. 템플릿의 누적차
3. 승진: 실제 승진한 인원을 월별로 누적
4. 전년도 말 미승진: 전년도 12월 말 미승진자

(다) 미승진자의 확인

상기 검증양식을 통해 산출된 월별, 직급별 미승진자는 (3-5)의 나. 템플릿의 월별, 직급별 미승진자와 일치하는지 확인한다.

별도직군 방식과 초임직급 방식의 변경

(1) 개요

공공기관은 「공기업, 준정부기관 경영에 관한 지침」에 따라 과거에 선택하여 운영하고 있던 임금피크 제도를 변경할 수 있다. 공공기관이 변경할 수 있는 임금피크 제도의 세부 사항은 임금지급률, 임금조정기간, 별도정원의 운영 방식(별도직군 방식, 초임직급 방식)이다.

이 중 별도정원의 운영 방식을 변경한다는 의미는 기존에 별도직군 방식으로 운영하던 대상자를 초임직급 방식으로 변경하거나 또는 초임직급 방식으로 운영하던 대상자를 별도직군 방식으로 변경하는 것을 의미한다. 이와 같이 별도직군 운영 방식을 변경하게 되면 임금피크제 효과를 산출하기 위한 템플릿을 변경된 형태에 따라 조정해야 한다. 조정 과정에 오류가 발생하는 경우 그 오류 금액이 총인건비 한도에 미치는 효과가 중요할 수 있기 때문에, 변경할 때의 유의사항을 정확히 이해해야 한다.

> **「공기업, 준정부기관 경영에 관한 지침」**
>
> 제10조(임금피크제) ⑫ 공기업, 준정부기관이 임금피크제 제도를 변경하고자 하는 경우에는 보수규정 등 관련 제도 변경 사항을 이사회 개최일 15일 전까지 주무기관의 장 및 재정경제부장관에게 송부하여야 한다.

(2) 별도직군 방식에서 초임직급 방식으로 변경

(가) 작성 개요

별도직군 방식에서 초임직급 방식으로 변경하는 경우, 변경된 월(月)을 기준으로 별도직군 방식 대상자가 초임직급 방식 대상자로 이동한 것처럼 관련 템플릿을 작성한다. 관련 템플릿은 (3-2) 템플릿, (3-3)의 가. 템플릿, (3-5)의 가. 템플릿, (3-5)의 나. 템플릿, (3-6)의 가. 템플릿이다. 상기의 템플릿을 변경된 상황에 맞게 작성하는 경우, 그 효과는 (3-1) 템플릿, (3-5)의 라. 템플릿, (3-6)의 나. 템플릿에 자동으로 반영되어, 최종적으로 (3) 템플릿의 총인건비 인상률에 영향을 미치게 된다.

뒤에서는 별도직군 방식에서 초임직급 방식으로 변경된 효과를 각 템플릿에 어떻게 반영해야 하는지 아래의 사례를 기준으로 설명한다.

1) 별도직군 대상자 3명을 초임직급 방식으로 변경
2) 변경 기준일은 6월
3) 임금피크제 대상자 3명 1직급
4) 초임직급은 5직급
5) 전년도 말 미승진자는 7명

(나) (3 - 2) 템플릿의 작성

(3-2) 템플릿은 변경 대상 인원을 별도직군에서 제외하고, 초임직급 방식의 해당 직급에 가산하는 방식으로 작성한다. 임금피크제 대상자는 1직급으로 돌아가는 것을 가정하였기 때문에 6월부터 1직급에 3명의 현원을 가산한다.

직급	1월	2월	3월	4월	5월	6월	7월	8월	9월	10월	11월	12월	평균 인원
1직급	8	8	8	8	8	11	11	11	11	11	11	11	9.75
......													
별도직군	3	3	3	3	3	–	–	–	–	–	–	–	1.25

(다) (3 - 3)의 가. 템플릿의 작성

(3-3)의 가. 템플릿의 현원은 (3-2) 템플릿의 변경 내용과 동일하게 작성한다. 정원도 같은 원리에 따라 별도직군 방식의 정원에서 차감하여 초임직급 방식의 정원에 가산한다. 단, 초임식급 방식의 정원은 초임직급(5직급)의 정원임에 유의해야 한다.

아래의 사례에서 5월의 별도직군 현원 3명은 6월의 1직급 3명으로 이동하기 때문에 1직급의 현원은 8명에서 11명으로 증가한다. 5월의 별도직군의 정원 3명은 6월의 초임직급(5직급) 정원 3명으로 이동하였다. 따라서 초임직급인 5직급 정원은 5월 30명에서 6월 33명으로 증가하였다. 별도직군 정원과 현원은 모두 6월에 0명으로 감소하게 되었다. 임금피크제와 무관한 직급(2직급, 3직급, 4직급)에는 영향을 미치지 않는다.

직급	5월				6월			
	정원	현원	복직자	누적차	정원	현원	복직자	누적차
1직급	12	8	–	4	12	11	–	1
2직급	15	15	–	4	15	15	–	1
3직급	15	15	–	4	15	15	–	1
4직급	15	15	–	4	15	15	–	1
5직급	30	24	–	10	33	24	–	10
별도직군	3	3		NA	–	–		NA

(라) (3 – 5)의 가. 템플릿의 작성

당기에 별도직군 방식으로 전환된 인력이 있다면 (3–5)의 가. 템플릿은 기존과 동일한 방식으로 당해전환과 근속승진에 해당 데이터를 입력해야 한다. 앞의 사례에서 별도직군 대상자는 6월부터 0명이 되었지만 5월 이전에 당해전환이 있었다면 해당 인원을 (3–5)의 가. 템플릿에 월별로 누적하여 반영해야 한다.

만약 당기 중에 별도직군으로 전환된 대상자가 없었다면 (3–5)의 가. 템플릿의 당해전환은 0명으로 입력하여 작성해야 한다. 왜냐하면 이 템플릿은 (3–5)의 나. 템플릿을 작성하기 위한 기초 자료이며, 당해전환, 승진T.O의 값이 0명으로 산출된다고 하더라도 인건비 효과는 나타날 수 있기 때문이다. 앞의 사례에서 5월 이전에 발생한 당해전환 인원은 없었기 때문에, 아래와 같이 0명으로 작성한다.

	직급	5월			6월		
		당해전환	근속승진	승진T.O	당해전환	근속승진	승진T.O
당해연도	1직급	–			–		
	2직급	–			–		
	3직급	–			–		
	4직급	–			–		
	5직급	–			–		

(마) (3 – 5)의 나. 템플릿의 작성

(3–5)의 나. 템플릿은 당기에 새로 생긴 승진T.O에 전년도 말 미승진까지 포함하여 미승진자를 산출하는 방식으로 구성되어 있다. 따라서 (3–5)의 가. 템플릿에서 산출한 승진T.O가 0명이라고 하더라도 전년도 말 미승진이 남아있다면 (3–5)의 나. 템플릿은 계속해

서 작성해야 한다. 앞의 사례에서 승진T.O는 0이지만 전년도 말 미승진자는 7명이라고 가정하였기 때문에, 아래와 같이 월별 미승진자가 산출된다.

직급	5월				6월			
	승진T.O	승진	전년도 말 미승진	미승진자	승진T.O	승진	전년도 말 미승진	미승진자
1직급	–	–	7	7	–	–	7	7
2직급	–	–	7	7	–	–	7	7
3직급	–	–	7	7	–	–	7	7
4직급	–	–	7	7	–	–	7	7
5직급	–	–	7	7	–	–	7	7

(바) (3-5)의 라. 템플릿의 작성

(3-5)의 라. 템플릿은 당해연도 미승진자 평균인원이 0이 되더라도 전년도 미승진자 평균인원이 0보다 큰 경우에는 인건비 효과가 0보다 크거나 적게 산출된다. 이와 같은 (3-5)의 라. 템플릿의 구조상 인건비 효과가 0이 아닌 경우에는 반드시 이 템플릿을 작성하여 (3) 템플릿에 반영해야 한다.

단, (3-5)의 라. 템플릿은 전년도와 당해연도의 미승진자 평균인원이 모두 0이 되는 회계연도부터는 작성하지 않아도 된다. 전년도와 당해연도의 미승진자 평균인원이 모두 0이 되는 경우에 인건비 효과가 0으로 계산되기 때문이다.

앞의 사례는 전년도 말 미승진자가 7명이기 때문에, 당해연도의 미승진자 평균인원이 0보다 크게 산출된다. 따라서 별도직군 대상자가 더 이상 없다고 하더라도, 전녀도와 당해연도의 평균 비승진사가 모두 0명이 되는 시점까지 (3-5)의 라. 템플릿을 작성해야 한다.

직급	미승진자 평균인원			전년도의 평균단가			인건비 효과
	전년도	당해연도	증감	승진 전 단가	승진 후 단가	증감	
1직급	7	4	−3	250	200	50	−150
				……			
4직급	9	5	−4	100	120	20	−80
합계							……

(사) (3-6)의 가. 템플릿의 작성

<u>(3-6)의 가.</u> 템플릿은 6월부터 초임직급인 5직급에 초임직급의 정원을 입력한다. 아래와 같이 입력하면 초임직급의 평균정원은 1.75명으로 산출된다.

직급	1월	2월	3월	4월	5월	6월	7월	8월	9월	10월	11월	12월	평균 인원
5직급	–	–	–	–	–	3	3	3	3	3	3	3	1.75

(아) (3-6)의 나. 템플릿의 작성

당해연도의 평균정원이 상기와 같이 1.75명으로 산출되었기 때문에, <u>(3-6)의 나.</u> 템플릿의 인건비 효과는 다음과 같이 산출해야 한다.

구분	평균정원			전년도 평균단가	인건비 효과
	전년도	당해연도	증감		
1직급	–	–	–	–	–
......					
5직급	–	1.75	1.75	100	175
계					175

(3) 초임직급 방식에서 별도직군 방식으로 변경

(가) 작성 개요

초임직급 방식에서 별도직군 방식으로 변경하는 경우, 변경된 월(月)을 기준으로 초임직급 방식 대상자가 별도직군 방식 대상자로 이동한 것처럼 관련 템플릿을 작성한다. 관련 템플릿은 <u>(3-2)</u> 템플릿, <u>(3-3)의 가.</u> 템플릿, <u>(3-5)의 가.</u> 템플릿, <u>(3-6)의 가.</u> 템플릿이다. 상기의 템플릿을 변경된 상황에 맞게 작성하는 경우, 그 효과는 <u>(3-1)</u> 템플릿, <u>(3-5)의 라.</u> 템플릿, <u>(3-6)의 나.</u> 템플릿에 자동으로 반영되어, 최종적으로 <u>(3)</u> 템플릿의 총인건비 인상률에 영향을 미치게 된다.

뒤에서는 초임직급 방식에서 별도직군 방식으로 변경된 효과를 각 템플릿에 어떻게 반영해야 하는지 아래의 사례를 기준으로 설명한다.

1) 초임직급 대상자 3명을 별도직군 방식으로 변경한다.
2) 변경 기준일은 6월이나.
3) 임금피크제 대상자 3명 1직급
4) 초임직급은 5직급
5) 1월에 직급별로 1명씩 승진한다.
6) 전년도 말 미승진자는 0명

(나) (3-2) 템플릿의 작성

(3-2) 템플릿은 변경 대상 인원을 해당 직급에서 제외하고, 별도직군에 가산하는 방식으로 작성한다. 아래와 같이 6월부터 별도직군에 3명의 현원을 가산한다.

직급	1월	2월	3월	4월	5월	6월	7월	8월	9월	10월	11월	12월	평균 인원
1직급	11	11	11	11	11	8	8	8	8	8	8	8	9.25
……													
별도직군	–	–	–	–	–	3	3	3	3	3	3	3	1.75

(다) (3-3)의 가. 템플릿의 작성

(3-3)의 가. 템플릿의 현원은 (3-2) 템플릿의 변경 내용과 동일하게 작성한다. 초임직급의 정원은 차감하고 별도직군의 정원은 증가시킨다.

앞의 사례에서 1직급 현원은 5월 11명에서 3명이 감소하여 6월에 8명으로 변경된다. 별도직군의 정원과 현원은 5월에 0명에서 6월에는 각각 3명으로 증가한다. 초임직급인 5직급의 정원은 33명에서 30명으로 3명 감소하게 된다. 임금피크제와 무관한 직급(2직급, 3직급, 4직급)에는 영향을 미치지 않는다.

직급	5월				6월			
	정원	현원	복직자	누적차	정원	현원	복직자	누적차
1직급	12	11	–	1	12	8	–	4
2직급	15	15	–	1	15	15	–	4
3직급	15	15	–	1	15	15	–	4
4직급	15	15	–	1	15	15	–	4
5직급	33	24		10	30	24	–	10
별도직군	–	–	–	NA	3	3		NA

(라) (3 – 5)의 가. 템플릿의 작성

6월에 별도직군으로 전환된 인력을 (3–5)의 가. 템플릿의 당해전환에 반영해야 한다. 앞의 사례에서 별도직군 방식으로 변경된 3명의 인원을 변경기준일인 6월에 당해전환에 누적하여 입력하며, 최하위직급인 5직급은 0을 입력한다. 그리고 당해전환과 근속승진 값을 기준으로 승진T.O를 산출한다.

직급	5월			6월		
	당해전환	근속승진	승진T.O	당해전환	근속승진	승진T.O
1직급	–	–	–	3	–	3
2직급	–	–	–	3	–	3
3직급	–	–	–	3	–	3
4직급	–	–	–	3	–	3
5직급	–	–	–	–	–	–

(마) (3 – 5)의 나. 템플릿의 작성

(3–5)의 나. 템플릿은 (3–5)의 가. 템플릿에서 산출한 승진T.O를 그대로 입력한다. 승진은 당해연도 1월부터 실제 있었던 승진 인원을 월별로 누적하여 반영한다. 전년도 말 미승진자는 없는 것으로 가정하였기 때문에, 당해연도의 월별 미승진자는 아래와 같이 계산된다.

직급	5월				6월			
	승진T.O	승진	전년도 말 미승진	미승진자	승진T.O	승진	전년도 말 미승진	미승진자
1직급	–	1	–	–	4	1	–	4
2직급	–	1	–	–	4	1	–	4
3직급	–	1	–	–	4	1	–	4
4직급	–	1	–	–	4	1	–	4
5직급	–	–	–	–	–	–	–	–

(바) (3 – 5)의 라. 템플릿의 작성

(3-5)의 나. 템플릿을 통해 당해연도 연평균 미승진자는 0보다 크게 산출될 것이다. 따라서 해당 미승진자 평균인원을 (3-5)의 라. 템플릿의 당해연도에 반영해야 한다. 직급별 인건비 효과는 아래와 같이 계산될 것이며, 그 결과는 (3) 템플릿에 반영한다.

직급	미승진자 평균인원			전년도의 평균단가			인건비 효과
	전년도	당해연도	증감	승진 전 단가	승진 후 단가	증감	
1직급	–	2.3	2.3	250	200	50	115
				⋯⋯			
4직급	–	2.3	2.3	100	120	20	46
합계							⋯⋯

(사) (3 – 6)의 가. 템플릿의 작성

·(3-6)의 가. 템플릿은 5월까지만 초임직급인 5직급에 초임직급의 정원을 입력한다. 아래와 같이 입력하면 초임직급의 평균정원은 1.25명으로 산출된다.

직급	1월	2월	3월	4월	5월	6월	7월	8월	9월	10월	11월	12월	평균 정원
5직급	3	3	3	3	3	–	–	–	–	–	–	–	1.25

(아) (3 – 6)의 나. 템플릿의 작성

당해연도의 평균정원이 상기와 같이 1.25명으로 산출되었기 때문에, (3-6)의 나. 템플릿의 인건비 효과는 다음과 같이 산출해야 한다. (3-6) 템플릿은 전년도와 당해연도의 평균정원이 모두 0이 되어 인건비 효과가 나타나지 않을 때까지 계속해서 작성해야 한다.

직급	평균정원			전년도 평균단가	인건비 효과
	전년도(A)	당해연도(B)	증감(B-A)		
1직급	−	−	−	−	−
......					
5직급	3	1.25	−1.75	100	−175
계					−175

제5장

총인건비 관리 전략

1절 총인건비의 관리

1 내부 규정

(1) 내부 규정의 관리

공공기관의 보수 및 복리후생 제도는 내부 규정에 따라 운영되어야 한다. 내부 규정을 가리키는 용어는 공공기관마다 다양하게 사용할 수 있다. 아래의 표는 공공기관이 운영하고 있는 인사, 채용, 보수, 복리후생 등과 관련된 내부 규정의 예시이다.

공공기관의 내부 규정이 만들어지는 과정에는 해당 내부 규정이 외부 규정을 준수하고 있는지, 내부의 요구가 반영되어 있는지 등이 검토되어야 할 것이다.

공공기관 내부 규정의 예시

취업규칙, 인사규정, 직제규정, 보수규정, 복리후생규정, 노사협의회 규정, 교육훈련규정, ESG운영규정, 인권규정, 윤리규정, 채용규정 등

(2) 외부 규정의 준수

공공기관이 보수 및 복리후생 제도를 운영함에 있어 반드시 지켜야 할 외부 규정은 법률과 지침의 형태로 존재한다. 보수 및 복리후생 제도의 근거가 되는 공공기관의 내부 규정은 근로기준법, 최저임금법 등의 법률을 준수해야 하며, 재정경제부가 제시하는 각종 지침의 내용에도 부합해야 한다. 특히 재정경제부의 각종 지침은 국가공무원법, 공무원 보수규정 등 공무원과 관련된 규정을 준용하도록 요구하고 있기 때문에, 각종 공무원 규정에 반하지 않도록 내부 규정을 관리해야 한다.

공공기관의 담당자는 외부 규정의 취지와 내용을 이해하고 이를 내부 규정에 반영할 수 있도록 유의해야 한다. 또한 법률이나 지침이 개정되는 경우에는 해당 사항이 즉시 내부 규정에도 반영될 수 있도록 준비해야 한다.

- 법률: 「근로기준법」, 「파견근로자보호 등에 관한 법률」, 「기간제 및 단시간근로자 보호 등에 관한 법률」, 「산업안전보건법」, 「남녀고용평등과 일, 가정 양립지원에 관한 법률」, 「최저임금법」, 「근로자퇴직급여 보장법」, 「노동조합 및 노동관계조정법」, 「고용상 연령차별금지 및 고령자고용촉진에 관한 법률」 등

- 지침: 공공기관 경영평가 편람, 공기업, 준정부기관 예산운용지침, 공기업, 준정부기관 경영에 관한 지침, 공공기관의 혁신에 관한 지침, 총인건비 인상률 템플릿, 공기업, 준정부기관 임원 보수지침, 공공기관 인사운영 혁신방안 등

- 준용 규정: 「국가공무원법」, 「공무원 보수규정」, 「공무원 수당 등에 관한 규정」, 「공무원 여비규정」, 「국가공무원 복무규정」, 「국가공무원 복무, 징계 관련 예규」

(3) 내부의 요구

내부 규정에는 내부 임직원의 요구도 반영되어야 한다. 임직원의 단순한 의견이 반영될 수도 있고, 노동조합, 노사협의회, 임금단체협약 등 법률 규정에 의한 공식적인 의견 수렴의 과정을 거쳐 반영될 수도 있다. 내부 임직원의 요구는 외부 규정을 준수하는 선에서 반영되어야 할 것이다.

2 총인건비의 관리

(1) 인건비 제도

「공기업, 준정부기관 예산운용지침」은 공공기관의 인건비 제도에 대하여 조직과 인력의 효율화, 연공성의 완화, 직무와 성과중심으로의 임금체계 개편, 과도한 복리후생제도의 합리화 등 방향성을 제시하고 있다.

또한 공공기관이 이를 잘 따르고 있는지 「공공기관 경영평가 편람」은 직무급제, 임금피크제, 유연근무제, 탄력정원제, 인사교류 제도, 개방형계약직 제도 등에 대하여 아래와 같이 반영하고 있다.

공공기관은 아래와 같은 각종 인사 제도를 내부 규정에 반영하고 실제로 운영하면서, 매년 그 운영의 결과가 총인건비 인상률 가이드라인을 준수하도록 관리해야 한다. 예컨대 호

봉제를 유지하고 있는 공공기관이 임금피크제와 직무급제 또한 내부 규정에 연도별로 반영하였다고 가정하자. 해당 공공기관은 총인건비 인상률의 범위 내에서 호봉제와 임금피크제, 직무급제를 모두 동시에 운영해야 한다. 각각의 제도별로 최소한 반영해야 하는 인상 요인이 있기 때문에, 여러 제도를 복합적으로 운영하는 것은 매우 어려운 일일 것이다. 특히 지침 개정에 따라 새로운 제도가 도입되는 해에는 그 개정의 효과가 미치는 영향이 얼마나 되는지 정확히 파악하는 절차는 매우 중요하다.

2024년도 공공기관 경영평가 편람

- 일자리 및 균등한 기회
  - 교대제 변경, 시간선택제, 유연근무제 및 탄력정원제 실시 등

- 조직 및 인적자원관리 일반
  - 기관 특성에 따른 개방형계약직제 및 전문직위제의 운영, 인사교류제도 및 특별승진 제도의 근거 규정 마련 등 제도기반 구축, 순환보직 원칙 수립 등

- 보수 및 복리후생 관리
  - 직무분석 등 사전절차의 이행 여부 및 직무급 도입을 위한 보수규정 개정 등 직무중심 보수체계 개편 노력과 성과
  - 예산운용지침, 혁신지침 등 관련 규정에 따른 편성, 집행 여부
  - 기관별 복리후생 제도 개선 및 과도한 복리후생 항목의 존재 여부
  - 공공기관 임금피크제 권고안에 따라 임금피크제를 운영하기 위한 노력과 성과

---

(2) 자료의 제출과 공시제도

공공기관은 인건비와 관련된 각종 지침에 따라 재정경제부에 필요한 자료를 제출해야 한다. 정원의 증원을 위해서는 중기인력운영계획, 정원조정안을 제출해야 하고 임금피크제 운영을 위해서는 별도정원요청서를 제출해야 한다. 또한 공공기관의 경영실적 평가를 위해서 관련 경영실적보고서, 참고자료, 회계감사보고서, 총인건비 인상률 템플릿 등 관련 자료를 평가단에 제출해야 한다.

또한 공공기관은 「공공기관의 통합공시에 관한 기준」에 따라 공공기관 경영정보 공개시스템에 임직원 수, 평균보수, 복리후생비 등을 공시해야 한다.

(3) 임금 단체협약, 노사협의회

　공공기관은 인건비 인상률을 결정하기 위하여 임금 단체협약, 노사협의회 등의 절차를 진행해야 한다. 일반적으로 공공기관의 임금 협상은 총인건비의 윤곽이 나타나는 연말 11월, 12월에 진행된다. 총인건비 인상률 가이드라인을 준수하는 범위 내에서, 앞에서 설명한 각종 인사 제도의 효과가 반영된 임금 인상률을 기준으로 협의가 이루어진다. 따라서 임금 협상은 총인건비에 대한 정확한 정보가 모두 반영된 기초 자료를 통해 진행되어야 할 것이다.

1 채용과 승진의 관리

(1) 개요

공공기관에 근무하고 있는 직원의 인사 이동과 관련된 요소에는 채용, 승진, 유급휴직, 무급휴직, 정직, 복직, 별도정원의 반영, 퇴직 등이 있다. 이 중 총인건비 제도하에서 공공기관이 통제할 수 있는 요소는 채용과 승진이다. 채용은 증원소요인건비를 통해 총인건비 한도에 영향을 미친다. 또한 승진도 증원소요인건비를 통해 총인건비 한도에 영향을 미치며, 별도직군 방식을 운영하고 있는 경우에는 승진시기의 차이로 인한 효과만큼 총인건비 한도에 영향을 미치게 된다. 즉, 공공기관은 채용과 승진에 대한 장·단기 계획을 수립하여 총인건비 인상률 한도를 관리할 수 있다.

(2) 승진의 관리

1명의 인원이 승진하게 되면 그 효과는 여러 가지 방면에서 나타난다. 승진자에 대한 급여 인상은 총인건비 집행액에 영향을 미친다. 또한 승진 전 직급과 승진 후 직급의 인원 변동은 직급별 평균단가와 연계되어 증원소요인건비에 영향을 미친다. 이때 정원 이내의 승진인지 여부, 즉 근속승진과 인정승진의 규모에 따라 효과가 달라질 수 있다. 또한 별도직군 방식을 운영하고 있는 경우 당해전환의 규모와 미승진자의 규모에 따라 별도직군의 승진시기의 차이로 인한 효과만큼 영향을 미치게 된다.

즉, 승진 1단위가 총인건비에 미치는 영향은 승진 대상자의 직급, 승진 전·후의 급여 수준, 승진 전·후의 직급별 정원, 현원, 평균단가, 임금피크제 운영 방식, 당해전환, 미승진자의 규모 등의 요인에 따라 달라진다. 따라서 승진 여부가 총인건비 한도의 유불리에 영향을 미치는지 여부는 각각의 공공기관 상황에 따라 다르다.

또한 공공기관의 직급별 인원 규모는 정적인 상태가 유지되지 않는다. 무급휴직, 유급휴직, 정직, 복직, 퇴직과 같이 다양한 요소로 인해 월별로 계속해서 변동하게 된다. 따라서 공공기관은 통제할 수 없는 인사 이동의 영향을 받는다는 것을 전제로 승진이 미치는 영향을 분석할 필요가 있으며, 공공기관은 다양한 시나리오 분석을 통해 총인건비 측면에서 최적의 직급별 승진 규모를 확인한 후 이를 토대로 연도별 승진 계획을 수립해야 한다. 연도별 승진 계획에는 승진 시기, 직급별 승진 규모, 승진 대상자 선정 등에 대한 내용이 포함될 것이다.

아래의 사례는 승진 규모에 따라 총인건비 한도가 얼마나 달라지는지 시뮬레이션한 결과를 그래프로 표현한 모습이다. 아래의 시뮬레이션을 통해 특정 직급에 대하여 8~10명을 승진시키는 경우 총인건비 한도가 가장 크게 상승한 것을 확인할 수 있다. 10명 이상 승진하는 경우에는 총인건비 한도가 감소하는 모습을 보이며, 이는 정·현원 차이에 의한 근속승진이 중요한 영향을 미쳤기 때문으로 해석할 수 있다.

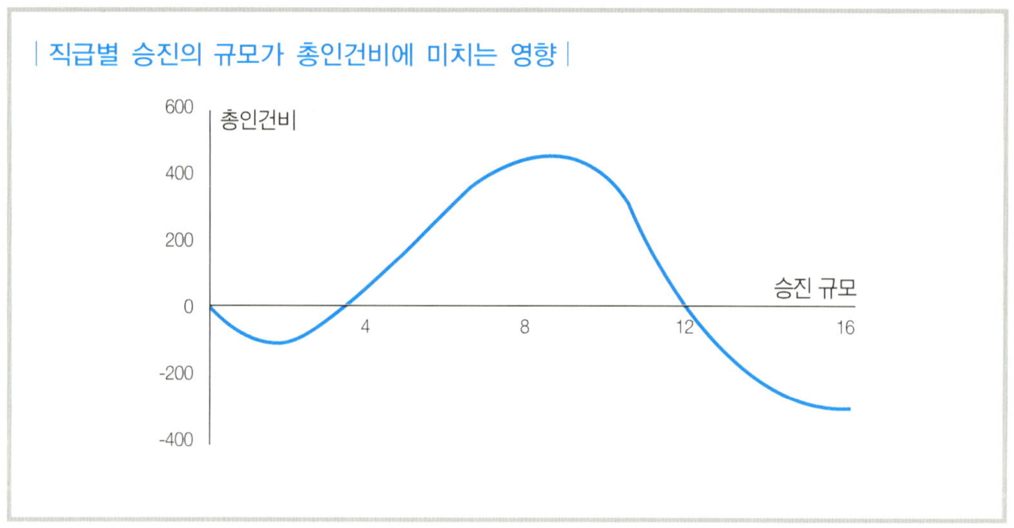

(3) 채용의 관리

1명의 인원을 신규채용하는 경우 그 효과 또한 승진과 마찬가지로 다양하게 나타난다. 신규 인력에게 지급하는 인건비만큼 총인건비 집행액에 영향을 미친다. 또한 채용 직급의 인원이 증가하고 그 직급의 평균단가만큼 증원소요인건비가 증가한다. 공공기관은 정원의 증가·감소, 휴직, 퇴직, 복직과 같은 원인으로 인한 인원 변동을 고려하여 채용이 총인건비에 미치는 영향을 분석해야 하며 이를 토대로 연간 채용 계획을 수립해야 한다. 해당 계획에는 연중 채용 시기, 채용 규모, 채용 직급에 대한 계획이 포함될 것이다.

2 임금피크제의 관리

(1) 개요

별도정원 대상자의 임금감액으로 마련한 인건비 재원으로 신규 인력을 채용하는 것이 임금피크제의 원리이고, 이 원리를 기반으로 임금피크제 템플릿이 설계되었다. 하지만 실제 임금피크제는 그 이론에 따라 운영되기는 어려우며, 현실과 이론 사이에는 다양한 형태의 괴리가 존재한다.

임금피크제 대상자는 임금감액 연령부터 임금을 감액하고 기존정년이 도래하는 시점부터 별도정원에 반영되며 연장된 정년 시점에 따라 정년퇴직을 하게 된다. 기존정년이 59세로 정년이 1년 연장된 공공기관이 기존정년 도래 1년 전인 58세부터 20%의 감액률만큼 임금감액을 시작한다고 가정하자. 아래 사례에서, T−2년에는 15명 재원으로 5명을 신규채용하고, T−1년에는 15명 재원으로 10명을 신규채용해야 하기 때문에 상대적으로 T−2년에는 인건비 재원에 여유가 있고, T−1년에는 인건비 재원이 부족할 것이다.

구분	T−2년	T−1년	T년	T+1년
임금감액연령(58세)	10명	5명	15명	12명
별도정원(59세)	5명	10명	5명	15명
신규채용	5명	10명	5명	15명

(가정)
임금감액연령 1년, 별도정원 1년
별도정원에 반영된 인원만큼 신규채용 규모 설정

(산식)
T−2년: 15명(임금감액 10명+별도정원 5명)의 임금절감 재원 → 5명 신규채용
T−1년: 15명(임금감액 5명+별도정원 10명)의 임금절감 재원 → 10명 신규채용
T년: 20명(임금감액 15명+별도정원 5명)의 임금절감 재원 → 5명 신규채용
T+1년: 27명(임금감액 12명+별도정원 15명)의 임금절감 재원 → 15명 신규채용

상기의 사례와 같이 연도별 임금피크제 대상 인원의 변동성이 크게 나타나는 경우, 임금피크제 절감 재원과 신규채용 인건비 수요를 일치시키기 어렵다. 여기서 확인할 수 있는 임금피크제 운영의 어려운 점은 다음과 같이 크게 4가지로 요약할 수 있다.

임금피크제 운영의 어려운 점

1) 임직원의 연령 분포가 일정하지 않다. → 임금피크제 대상 인원을 통제할 수 없다.
2) 한 번 정한 임금지급률과 임금조정기간을 수정하기 어렵다.
3) 인건비 재원(총인건비 한도)을 통제할 수 없다.
4) 인건비 재원(인건비 예산)을 통제할 수 없다.

(2) 임금피크제 대상 인원의 통제 가능성

공공기관에 근무하는 임직원의 연령 분포는 일정하지 않다. 현재 임직원의 연령 분포는 과거 연도별 채용 규모, 입사 인원의 연령 분포, 중도 퇴사 인원의 규모와 연령 분포 등의 영향을 받을 것이다. 즉, 임금피크제로 인한 인사 이동은 승진, 채용과 달리 공공기관이 직접 통제할 수 없다. 연간 별도정원에 반영되는 인원의 규모는 임직원의 연령 분포에 영향을 받고 또한 월별로 별도정원에 반영해야 하는 인원의 규모는 근무하고 있는 임직원의 생년월일에 영향을 받기 때문이다.

아래의 표는 A 공공기관의 별도정원 현황으로, 임금피크제 대상자의 수가 연도별로 크게 변동하는 모습을 볼 수 있다. 이와 같이 별도정원 대상자 수는 공공기관이 조절할 수 있는 변수가 아니다. 아래와 같이 변동률이 크게 나타날수록 임금피크제가 총인건비에 미치는 영향이 커지기 때문에 총인건비 관리 제도를 운영하기 어려워질 것이다.

연도	2018년	2019년	2020년	2021년	2022년	2023년
별도정원(명)	343	412	220	254	366	454
변동률(%)	–	20%	−47%	15%	44%	24%

(3) 임금지급률과 임금조정기간의 통제 가능성

임금피크제 대상자에 대한 임금지급률과 신규채용 인원에게 지급하는 인건비는 정확히 일치할 수 없다. 따라서 임금피크제 절감 재원과 신규채용 인건비의 차이는 공공기관이 총인건비 내에서 자율적으로 조정해야 한다.

이때 원칙적으로 조정 대상이 되어야 하는 항목은 임금피크제 대상자의 임금지급률과 임금조정기간이다. 하지만 임금지급률과 임금조정기간은 공공기관의 보수규정으로 정해진 사항이기 때문에 이를 개정하는 것은 쉬운 일이 아니다. 규정 개정의 절차적인 측면에서는 노조와의 협의, 이사회의 승인, 주무부처 및 재정경제부와의 사전 협의 등을 거쳐야 한다.

또한 임직원 입장에서는 보수규정을 기준으로 미래의 인생 계획을 세우기 때문에, 보수규정은 반드시 예측 가능성을 갖추어야 하며 따라서 임금지급률과 임금조정기간을 자주 수정하는 것은 지양해야 한다. 결과적으로 공공기관은 임금지급률과 임금조정기간을 유연하게 조정하는 방식을 적용할 수 없으며, 이 또한 임금피크제 운영을 어렵게 하는 원인 중의 하나이다.

(4) 인건비 재원(총인건비 효과)의 통제 가능성

공공기관은 임금피크제 대상자의 임금을 조정하여 인건비 재원을 마련한다. 여기서 중요한 부분은 인건비 재원이라는 용어에는 두 가지 의미가 포함되어 있다는 점이다. 첫 번째는 임금을 적게 지급했기 때문에 발생하는 인건비 예산(현금)상의 여유분이고, 두 번째는 총인건비 한도의 여유분이다. 즉, 임금피크제 대상자가 임금을 감액하는 경우, 해당 회계연도에는 인건비 예산과 총인건비 한도에서 모두 여유 재원이 발생한다.

임금피크제로 인건비 재원을 마련하였지만 해당 회계연도에 신규 인력을 채용하지 못하여 이를 사용하지 못한 경우, 인건비 예산상의 여유분은 다음 회계연도로 이월하는 것이 가능하지만 총인건비 한도는 이월할 수 없다. 아래의 표는 이러한 상황을 직관적으로 이해할 수 있도록 작성한 사례이다.

T−1년도 6월부터 임금감액을 시작한 직원은 T년도 6월부터 별도정원으로 반영되고 T+1년도에 정년퇴직한다. 신규채용 의무는 T년도에 1명 발생한다. 만약 다른 임금피크제 대상자가 없다고 한다면 T−1년에 절감한 인건비 재원은 신규채용에 활용되지 못할 것이다.

구분	T−1년도												T년도												T+1년도					
	6	7	8	9	10	11	12	1	2	3	4	5	6	7	8	9	10	11	12	1	2	3	4	5	6
임금피크제	임금감액												정년연장												
절감재원	30%												40%												
신규채용	−												1명												

즉, 「총인건비 인상률 템플릿」의 특성상 특정 회계연도의 총인건비 부족분과 다른 회계연도의 총인건비 여유분을 서로 상쇄하도록 운영하는 것은 불가능하며, 회계연도가 다른 경우 임금피크제 대상자의 임금감액을 통해 마련한 절감 재원을 필요한 시기에 사용할 수 없게 된다.

결과적으로 임금감액을 통해 여유재원을 마련하는 시기와 신규채용에 사용하기 위해 여유 재원이 필요한 시기가 서로 일치하지 않는 경우, 공공기관은 매 회계연도마다 총인건비 제도에서 허용하는 다른 방법을 강구하여 인건비 재원을 마련해야 한다. 이는 총인건비 인상률 제도 고유의 특성으로 임금피크제 운영의 가장 어려운 부분일 것이다.

(5) 인건비 재원(인건비 예산)의 통제 가능성

임금피크제 효과를 조정하기 위한 템플릿의 특성상, 별도정원에 반영된 인원의 수가 늘어나면 총인건비 한도가 줄어들고 해당 대상자가 퇴직하면 총인건비 한도가 다시 원상 회복된다. 별도정원 규모가 증가하는 시기에는 총인건비 한도가 감소하게 되면서 일반적으로 부족한 총인건비 한도는 다른 임직원이 부담하게 된다. 이 시기의 공공기관은 총인건비 한도 측면에서 어려운 시기를 겪게 된다. 하지만 그 이후에 별도정원 대상자가 퇴사하면서 별도정원 규모가 감소하는 시기에는 총인건비 한도에 여유가 생긴다.

자체수입비율이 높은 공기업의 경우에는 총인건비 한도에 여유가 생기면 이를 활용할 수 있을 만큼의 충분한 인건비 예산(자금)을 보유하고 있을 것이다. 하지만 준정부기관과 같이 정부로부터 예산을 지원받아 인건비를 지급하는 경우에는 총인건비 한도가 늘어났다고 하더라도, 실제 지급할 수 있는 인건비 예산이 부족하여 총인건비 한도를 활용하지 못할 수도 있다. 다음의 사례를 살펴보자. 20×1년에 별도정원이 100명으로 총인건비 한도가 100억 원이었으나, 20×2년에 별도정원이 200명으로 늘어나자 총인건비 한도는 95억 원으로 감소하였다. 따라서 20×2년에는 총인건비로 95억 원만 집행할 수 있다. 별도정원이 0명으로 감소하는 20×4년에는 총인건비 한도가 110억 원으로 늘었지만, 보유하고 있는 인건비 예산은 100억 원으로 총인건비는 100억 원만 집행하는 상황이 나타난 것을 확인할 수 있다.

구분	20x1년	20x2년	20x3년	20x4년
별도정원	100명	200명	100명	0명
총인건비 한도	100억 원	95억 원	100억 원	110억 원
인건비 예산	100억 원	100억 원	100억 원	100억 원
총인건비 집행	100억 원	95억 원	100억 원	100억 원

(6) 임금피크제 관리 전략

앞에서 설명한 바와 같이 임금피크제와 관련된 변수는 대부분 공공기관이 통제하기 어려우며, 따라서 공공기관은 주어진 조건하에서 기존 근로자의 임금인상률 등을 조정하는 소극적인 방식으로 총인건비를 관리하게 된다.

만약 공공기관이 총인건비를 적극적으로 관리한다면 앞에서 설명한 바와 같이, 공공기관 임직원의 연령 분포를 기준으로 연도별 신규채용 목표에 따른 총인건비 한도 감소액을 산출하고 이에 대응하기 위한 별도정원의 관리방식, 임금지급률과 임금조정기간의 변경, 신규채용 규모의 조정 협의 등을 사전에 계획하여 대응해야 할 것이다.

참고문헌

[법률]

국가연구개발혁신법
국가재정법
공공기관의 운영에 관한 법률
근로기준법
근로복지기본법
발명진흥법
소득세법
소득세법 시행령
지방공기업법
특정연구기관육성법
혁신도시 조성 및 발전에 관한 특별법
고용상 연령차별금지 및 고령자고용촉진에 관한 법률

[규정]

(~2025년도) 공공기관 경영평가 편람
(~2026년도) 공기업, 준정부기관 예산운용지침
(~2025.12.30.개정) 공기업, 준정부기관 경영에 관한 지침
(~2025.12.30.개정) 공공기관의 혁신에 관한 지침
(~2025년도) 총인건비 인상률 템플릿
(~2025년도) 경영관리 계량지표 교육 교재
개방형 계약직제 시행지침(2020.4.)
공공기관 인사교류제도 시행지침(2020.4.)
공공기관 상품권 구매 및 사용의 투명성 제고 방안
공공기관 성과연봉제 권고안
공공기관 임금피크제 운영 가이드라인
공공기관의 통합공시에 관한 기준
공공부문 비정규직 근로자 정규직 전환 가이드라인(2017.7.20.)

공기업, 준정부기관 개방형 계약직제 권고안(2015.12.)

공기업, 준정부기관 임원 보수지침

공무원보수 등의 업무지침(인사혁신처 예규 제167호)

공무원수당 등에 관한 규정

국가연구개발사업 연구개발비 사용 기준

국립대병원 진료비 감면제도 개선방안(교육부, 2013.7.25.)

방만경영 정상화계획 운용 지침

탄력정원제를 활용한 공공기관 일자리나누기 도입·확산방안(2017.9.28.)

■ 이 진 관 공인회계사

〈학력〉
- 서울대학교 농경제사회학부
- 충남대학교 경영학 석사

〈자격〉
- 공인회계사, 세무사, 공인중개사, 가맹거래사

〈경력〉
- (전) 삼정회계법인
- (전) 한국조세재정연구원 계량평가팀장
- (현) 창의회계법인(세종지점)

〈주요 논문〉
- 공공기관 경영실적평가 제도의 효과성 검증(계량지표의 목표부여(편차) 방법을 중심으로)
- 공기업의 사회적책임이 경영성과에 미치는 영향
- 공기업의 공시와 이익조정
- 공공기관 위탁사업수익 회계처리의 개선방안 연구
- 총인건비 제도에 반영된 출산 지원제도의 현황과 개선 방향

〈공기업, 준정부기관 평가위원〉
- 2015년도 공기업, 준정부기관 경영평가 평가위원, 강소형
- 2016년도 공기업, 준정부기관 경영평가 평가위원, 위탁집행형
- 2017년도 공기업, 준정부기관 계량평가위원회, 강소형 팀장
- 2018년도 공기업, 준정부기관 계량평가위원회, 기금관리형 팀장
- 2019년도 공기업, 준정부기관 계량평가위원회, 공기업
- 2020년도 공기업, 준정부기관 계량평가위원회, 공기업 팀장
- 2023년도 공기업, 준정부기관 계량평가위원회, 공기업 팀장
- 2024년도 공기업, 준정부기관 직무급 평가위원

〈총인건비 교육 문의〉
- 창의회계법인 세종지점(044-867-3320)
- jlee3b@changeui.co.kr

개정증보판　　　공공기관 충인건비인상률

2024년 7월　5일 초판 인쇄
2026년 2월 26일　2판 발행

저　　자 이　　진　　관
발　행　인 오　　연　　관
발　행　처 **삼일피더블유씨솔루션**

저자협의
인지생략

서울특별시 용산구 한강대로 273 용산빌딩 4층
등록번호 : 1995. 6. 26 제3－633호
전　　화 : (02) 3489－3100
F　A　X : (02) 3489－3141
I S B N : 979－11－6784－473－6　93320

※ '삼일인포마인'은 '삼일피더블유씨솔루션'의 단행본 브랜드입니다.

※ 파본은 교환하여 드립니다.

정가　35,000원

삼일인포마인 발간책자는 정확하고 권위 있는 해설의 제공을 목적으로 하고 있습니다. 다만, 그 완전성이 항상 보장되는 것은 아니고 또한 특정 사안에 대한 구체적인 의견제시가 아니므로, 적용결과에 대하여 당사가 책임지지 아니합니다. 따라서 실제 적용에 있어서는 충분히 검토하시고, 저자 또는 능력 있는 전문가와 상의하실 것을 권고합니다.